文献学读书记

乔秀岩 叶纯芳 著

Classics & Civilization

生活·讀書·新知 三联书店

图书在版编目（CIP）数据

文献学读书记／（日）乔秀岩，叶纯芳著. —北京：生活·读书·
新知三联书店，2018.9 （2025.3 重印）
（古典与文明）
ISBN 978－7－108－06160－7

Ⅰ. ①文…　Ⅱ. ①乔…②叶…　Ⅲ. ①文献学　Ⅳ. ① G256

中国版本图书馆 CIP 数据核字（2018）第 018050 号

责任编辑　钟　韵
装帧设计　薛　宇
责任印制　李思佳
出版发行　**生活·讀書·新知** 三联书店
　　　　　（北京市东城区美术馆东街 22 号 100010）
网　　址　www.sdxjpc.com
图　　字　01-2018-6209
经　　销　新华书店
排　　版　北京金舵手世纪图文设计有限公司
印　　刷　北京建宏印刷有限公司
版　　次　2018 年 9 月北京第 1 版
　　　　　2025 年 3 月北京第 3 次印刷
开　　本　880 毫米×1092 毫米　1/32　印张 16
字　　数　318 千字　图 18 幅
印　　数　7,001－7,800 册
定　　价　65.00 元
（印装查询：01064002715；邮购查询：01084010542）

"古典与文明"丛书
总 序

甘阳　吴飞

　　古典学不是古董学。古典学的生命力植根于历史文明的生长中。进入 21 世纪以来，中国学界对古典教育与古典研究的兴趣日增并非偶然，而是中国学人走向文明自觉的表现。

　　西方古典学的学科建设，是在 19 世纪的德国才得到实现的。但任何一本写西方古典学历史的书，都不会从那个时候才开始写，而是至少从文艺复兴时候开始，甚至一直追溯到希腊化时代乃至古典希腊本身。正如维拉莫威兹所说，西方古典学的本质和意义，在于面对希腊罗马文明，为西方文明注入新的活力。中世纪后期和文艺复兴对西方古典文明的重新发现，是西方文明复兴的前奏。维吉尔之于但丁，罗马共和之于马基雅维利，亚里士多德之于博丹，修昔底德之于霍布斯，希腊科学之于近代科学，都提供了最根本的思考之源。对古代哲学、文学、历史、艺术、科学的大规模而深入的研究，为现代西方文明的思想先驱提供了丰富的资源，使他们获得了思考的动力。可以说，那个时期的古典学术，就是现代西方文明的土壤。数百年古典学术的积累，是现代西方文明的命脉所系。19世纪的古典学科建制，只不过是这一过程的结果。随着现代研究性大学和学科规范的确立，一门规则严谨的古典学学科应运而生。但我们必须看到，西方大学古典学学科的真正基础，乃在于古典教育在中学的普及，特别是拉丁语和古希腊语曾长期为欧洲中学必修，才可能为大学古典学的高深研究源源不断地提供人才。

19世纪古典学的发展不仅在德国而且在整个欧洲都带动了新的一轮文明思考。例如，梅因的《古代法》、巴霍芬的《母权论》、古朗士的《古代城邦》等，都是从古典文明研究出发，在哲学、文献、法学、政治学、历史学、社会学、人类学等领域带来了革命性的影响。尼采的思考也正是这一潮流的产物。20世纪以来弗洛伊德、海德格尔、施特劳斯、福柯等人的思想，无不与他们对古典文明的再思考有关。而20世纪末西方的道德思考重新返回亚里士多德与古典美德伦理学，更显示古典文明始终是现代西方人思考其自身处境的源头。可以说，现代西方文明的每一次自我修正，都离不开对古典文明的深入发掘。正是在这个意义上，古典学绝不仅仅只是象牙塔中的诸多学科之一而已。

由此，中国学界发展古典学的目的，也绝非仅仅只是为学科而学科，更不是以顶礼膜拜的幼稚心态去简单复制一个英美式的古典学科。晚近十余年来"古典学热"的深刻意义在于，中国学者正在克服以往仅从单线发展的现代性来理解西方文明的偏颇，而能日益走向考察西方文明的源头来重新思考古今中西的复杂问题，更重要的是，中国学界现在已经超越了"五四"以来全面反传统的心态惯习，正在以最大的敬意重新认识中国文明的古典源头。对中外古典的重视意味着现代中国思想界的逐渐成熟和从容，意味着中国学者已经能够从更纵深的视野思考世界文明。正因为如此，我们在高度重视西方古典学丰厚成果的同时，也要看到西方古典学的局限性和多元性。所谓局限性是指，英美大学的古典学系传统上大多只研究古希腊罗马，而其他古典文明研究例如亚述学、埃及学、波斯学、印度学、汉学以及犹太学等，则都被排除在古典学系以外而被看作所谓东方学等等。这样的学科划分绝非天经地义，因为法国和意大利等的现代古典学就与英美有所不同。例如，著名的西方古典学重镇，韦尔南创立的法国"古代社会比较研究中心"，不仅是古希腊研究的重镇，而且广泛包括埃及学、亚述学、汉学乃至非洲学等各方面专家，在空间上大大突破了古希腊罗马的范围。而意大利的古典学研究，则由于意大利历史的特殊性，往往在时间上不完全限于古希腊罗马的时段，而与中世纪及文艺复兴研究多有关联（即使在英美，由于晚近以来所谓"接受研究"成为古典学的显学，也使得古典学的研究边界越来越超出传统的古希腊罗马时期）。

从长远看，中国古典学的未来发展在空间意识上更应参考法国古典学，不仅要研究古希腊罗马，同样也应包括其他的古典文明传统，如此方能参详比较，对全人类的古典文明有更深刻的认识。而在时间意识上，由于中国自身古典学传统的源远流长，更不宜局限于某个历史时期，而应从中国古典学的固有传统出发确定其内在核心。我们应该看到，古典中国的命运与古典西方的命运截然不同。与古希腊文字和典籍在欧洲被遗忘上千年的文明中断相比较，秦火对古代典籍的摧残并未造成中国古典文明的长期中断。汉代对古代典籍的挖掘与整理，对古代文字与制度的考证和辨识，为新兴的政治社会制度灌注了古典的文明精神，堪称"中国古典学的奠基时代"。以今古文经书以及贾逵、马融、卢植、郑玄、服虔、何休、王肃等人的经注为主干，包括司马迁对古史的整理、刘向父子编辑整理的大量子学和其他文献，奠定了一个有着丰富内涵的中国古典学体系。而今古文之间的争论，不同诠释传统之间的较量，乃至学术与政治之间错综复杂的关系，都是古典学术传统的丰富性和内在张力的体现。没有这样一个古典学传统，我们就无法理解自秦汉至隋唐的辉煌文明。

从晚唐到两宋，无论政治图景、社会结构，还是文化格局，都发生了重大变化，旧有的文化和社会模式已然式微，中国社会面临新的文明危机，于是开启了新的一轮古典学重建。首先以古文运动开端，然后是大量新的经解，随后又有士大夫群体仿照古典的模式建立义田、乡约、祠堂，出现了以《周礼》为蓝本的轰轰烈烈的变法；更有众多大师努力诠释新的义理体系和修身模式，理学一脉逐渐展现出其强大的生命力，最终胜出，成为其后数百年新的文明模式。称之为"中国的第二次古典学时代"，或不为过。这次古典重建与汉代那次虽有诸多不同，但同样离不开对三代经典的重新诠释和整理，其结果是一方面确定了十三经体系，另一方面将"四书"立为新的经典。朱子除了为"四书"做章句之外，还对《周易》《诗经》《仪礼》《楚辞》等先秦文献都做出了新的诠释，开创了一个新的解释传统，并按照这种诠释编辑《家礼》，使这种新的文明理解落实到了社会生活当中。可以看到，宋明之间的文明架构，仍然是建立在对古典思想的重新诠释上。

在明末清初的大变局之后，清代开始了新的古典学重建，或可称为"中国的第三次古典学时代"：无论清初诸遗老，还是乾嘉盛时的各位大师，虽然学问做法未必相同，但都以重新理解三代为目标，以汉宋两大古典学传统的异同为入手点。在辨别真伪、考索音训、追溯典章等各方面，清代都取得了巨大的成就，不仅成为几千年传统学术的一大总结，而且可以说确立了中国古典学研究的基本规范。前代习以为常的望文生义之说，经过清人的梳理之后，已经很难再成为严肃的学术话题；对于清人判为伪书的典籍，诚然有争论的空间，但若提不出强有力的理由，就很难再被随意使用。在这些方面，清代古典学与西方 19 世纪德国古典学的工作性质有惊人的相似之处。清人对《尚书》《周易》《诗经》《三礼》《春秋》等经籍的研究，对《庄子》《墨子》《荀子》《韩非子》《春秋繁露》等书的整理，在文字学、音韵学、版本目录学等方面的成就，都是后人无法绕开的必读著作，更何况《四库全书总目提要》成为古代学术的总纲。而民国以后的古典研究，基本是清人工作的延续和发展。

我们不妨说，汉、宋两大古典学传统为中国的古典学研究提供了范例，清人的古典学成就则确立了中国古典学的基本规范。中国今日及今后的古典学研究，自当首先以自觉继承中国"三次古典学时代"的传统和成就为己任，同时汲取现代学术的成果，并与西方古典学等参照比较，以期推陈出新。这里有必要强调，任何把古典学封闭化甚至神秘化的倾向都无助于古典学的发展。古典学固然以"语文学"（philology）的训练为基础，但古典学研究的问题意识、研究路径以及研究方法等，往往并非来自古典学内部而是来自外部，晚近数十年来西方古典学早已被女性主义等各种外部来的学术思想和方法所渗透占领，仅仅是最新的例证而已。历史地看，无论中国还是西方，所谓考据与义理的张力其实是古典学的常态甚至是其内在动力。古典学研究一方面必须以扎实的语文学训练为基础，但另一方面，古典学的发展和新问题的提出总是与时代的大问题相关，总是指向更大的义理问题，指向对古典文明提出新的解释和开展。

中国今日正在走向重建古典学的第四个历史新阶段，中国的文明复兴需要对中国和世界的古典文明做出新的理解和解释。客观地说，这一轮古典学的兴起首先是由引进西方古典学带动的，刘小枫和甘阳教授主编的"经典与解释"丛书在短短十五年间（2000—2015年）出版了三百五十余种重要译著，为中国学界了解西方古典学奠定了基础，同时也为发掘中国自身的古典学传统提供了参照。但我们必须看到，自清末民初以来虽然古典学的研究仍有延续，但古典教育则因为全盘反传统的笼罩而几乎全面中断，以致今日中国的古典学基础以及整体人文学术基础都仍然相当薄弱。在西方古典学和其他古典文明研究方面，国内的积累更是薄弱，一切都只是刚刚起步而已。因此，今日推动古典学发展的当务之急，首在大力推动古典教育的发展，只有当整个社会特别是中国大学都自觉地把古典教育作为人格培养和文明复兴的基础，中国的古典学高深研究方能植根于中国文明的土壤之中生生不息茁壮成长。这套"古典与文明"丛书愿与中国的古典教育和古典研究同步成长！

2017 年 6 月 1 日于北京

目　录

2

....

札记

....

理解版本的方法与效用

叶纯芳

一、前言

每一个学科研究的成立，都有其深层的价值与意义，吸引后继者不断地投入这个行列中，深化研究的内涵，活络研究的生气。学术追求创新思想，但印象中的"文献学"似乎与这样的想法背道而驰。学习文献学的意义在哪里？教授文献学的老师告诉我们，有正确的文献学知识，可以辨别资料的真伪、可以勘正古书资料的错误。当然这个答案确实是精通文献学后最大的获益，不过，学习文献学的目的若只围绕在"纠正错误""避免错误"上打转，这样的学科似乎没有太大的魅力。

在古籍研究中，"内容"与"版本"原本应该是密不可分的一体两面，但实际情况却正好相反。学者大多关注文本内容所隐藏的作者思想，不了解或者认为不必要了解版本的相关问题；而研究版本的学者则因深陷在版本的鉴定上，对文本的内容不关注或者已无力关注文本的内容。再加上学术研究的主流在于理解内容，进而提出各自的创见，对于版本目录上的问题，以为是枝微末节，不需花费时间探讨，只要引用现成的工具书即可，导致二者渐行渐远，成为表面上互不相涉的学科。但相较于理解内容，笔者认为更亟须学者们理解的，是版本。

在《儒藏》编纂与研究中心工作的一年，笔者担任初审、通审的工作，这个表面上看似枯燥乏味的工作，却让我们从中领会文献学研究的极大兴味，又能让我们摆脱停留在"纠谬"阶段的消极意义，进而体会文献学研究的积极意义。是故，有了这篇文章的构想。为了让读者能够更清楚明白，本文所举的例子，大部分都是笔者在《儒藏》中心审稿时，针对实际发生的一些情况所提出的想法，通过这些例子，希望读者能够认同"理解版本"的重要性。需要说明的是审稿时所提出的建议，有些或幸蒙整理者采纳，有些则否，相信会与实际出版时的情况有所出入。

二、理解版本的方法

（一）追踪线索

从事古籍整理的学者，不管是否经过文献学的专业训练，都知道第一步要从现有的善本书目、古籍线装书目中选择底本。看似再正常不过的步骤，却仍然常常发生选择错误的版本作为底本，原因在于不理解这些工具书的性质与作用。

《中国古籍善本书目》所著录之善本书，以有特色、稀少的古籍作为收录的标准，以《五礼通考》为例，仅录有清乾隆十八年（1753）秦氏味经窝的初印本与清抄本二种。若不了解《中国古籍善本书目》的编纂体例，而认为此初印本为世上仅存的孤本，则会失去认识其他版本的机会。此处所著录的味经窝刻本，是王欣夫所藏，后有台湾圣环书局影印出版的初印本，不是秦蕙田此书最后的定本。卢文弨曾云："《五礼通考》虽已刊刻完竣，未即行世，恐其中或有参错不及细检处，须及今改订为善。"味经窝初印本于乾隆二十六年（1761）刊成后，秦氏就交付卢文弨等人审阅，"未即行世"，说明初印本是一种半成品，不可视其为定本。在初印本上我们可以看到有朱笔的校记，这些校记，大致上都吸收进后来的定本中。卢文弨阅毕致函给秦氏后（乾隆二十九年），至江苏采辑遗书、进呈四库（乾隆三十七年，1772）这段时间，初印本将众人校记吸收，在原版块上修改后印行，成为此书的"定本"，并且广泛流传，产生影响。若进一步言版本种类，除味经窝刻本外，有光绪六年（1880）江苏书局刻本及光绪二十二年（1896）三味堂翻刻江苏书局本，流传之广，可想而知。《中国古籍善本书目》著录味经窝刻本只有一部，仅仅说明有卢文弨等朱笔校记的初印本只有一部，手写批校自然唯一无二，不能因此认为味经窝刻本是孤本。

又如王重民先生《中国善本书提要》根据《宝礼堂宋本书录》所载《资治通鉴纲目》嘉定己卯刻本的刻工资料，对照"北图本"之刻工，发现两本刻工相同，而推断"北图本"亦为宋本。又根据修补页所记刻工，知为移入南雍后刷印者。王氏所云之"北图本"，阙第三十二、四十卷，又卷一抄补，则其所载之"北图本"，实际上为早期"北平图书馆"所藏书，今藏于台北故宫博物院者（可参见《"国立中央图书馆"善本书目》）。而《宝礼堂宋本书录》所载本，才是现今藏于北京图书馆、卷四十六配一宋刻本、卷四十七至五十一配另一宋刻本的内容。若不明白"北平图书馆"旧藏书的历史，与今存于北京图书馆的藏书混为一谈，自然无法得到合理的解释。

有些工具书是根据众多工具书所汇整的资料，大部分这类书籍没有一一核实资料的能力，若所根据的工具书出现错误，编纂者又无法察觉，只能沿袭错误，或因此做出错误的判断。如《日藏汉籍善本书录》，著录有京都大学所藏《春秋公羊传注疏》，京都大学藏本是所谓"十行本"，世传十行本大多是元版明修，为学界众所周知。《日藏汉籍善本书录》根据日本静嘉堂所藏《监本附音春秋公羊注疏》，推断京都大学藏本与静嘉堂藏本应是同版本，匪夷所思的是，静嘉堂藏本是"元泰定、至和间刊至明正德递修"，但《日藏汉籍善本书录》对京都大学藏本却做出"据版式及刻工推考，乃金大定年间刊，明正德至隆庆间递修本"这样的推断。世存金刻本少之又少，金刊本经"正德至隆庆间递修"更是天方夜谭，此处所做的推断，恐怕是编纂者误涉"元泰定"为"金大定"所致。不了解十三经版本的相关问题，又对历代刻本没有基本的认识，极容易落入这种荒谬信息的陷阱中。

版本目录学家需要面对成千上万种古籍，只能根据每部古书的客观情形做记录与鉴定，无法针对某一部古书从横向（同时代的不同版本）、纵向（版本的流传历史）做调查，古籍目录所记载的资讯，只能是古籍的表象。因此，理解版本的首要工作，是追踪线索，通过掌握这些线索，将所要整理的古籍做版本历史的串联，该选择哪本作为底本，便一目了然了。以目前的研究成果而言，经部古籍首要参考阿部隆一先生的《中国访书志》《日本国见在宋元版本志经部》，其次，可参考张丽娟先生的《宋代经书注疏刊刻研究》、顾永新先生的《经学文献的衍生和通俗化——以近古时代的传刻为中心》；史部古籍参考尾崎康先生的《正史宋元版之研究》；子部与集部虽无集中的版本鉴定工具书，但针对个别的古籍考证文章可以搜集参考。我们不会无理地要求古籍整理者都需具备版本鉴定的能力，但至少对各种古籍目录要有仅能当作理解版本的"线索"，不能当作是"定论"的认识。

（二）选择底本与参校本

一部水准之上的古籍整理，常常取决于是否选用了好的本子当作底本。有时候，这是一件难下决定的工作。选择好的底本，直接影响的是校勘记的多寡，许多人误以为校勘记越多，代表这部书的整理品质越好，其实不然。古籍整理的目的，是经过专业人士整理后，让这部古籍更方便读者阅读。若每页动辄十数条的校勘记，使阅读不断停顿，这样还不如看未经整理过的原书来得畅快。

以十三经附校勘记的《春秋公羊注疏》为例，从版本的源流来看，十行本为经注疏合刻最早的本子，嘉庆本为阮刻最早的本子；从底本的适切性来看，嘉庆本较十行本更有意义，作为底本应属自然，但实际经过校勘比对，嘉庆本的错误不少，现存十行本[①]有补版，该选择哪一部作为底本，让人举棋不定。不过，就版本价值而言，嘉庆本有指标性的作用，自刊行以来，使用的学者最多，流传最广，而学者皆知要小心使用。参校本应选择与底本相同系统的版本，阮刻在道光年间有重修本，作为参校本可以看出先后的差异。此外，单疏本作为校勘内容确实有帮助，不过因为单疏本所解经注文的起始与十行本的体例不同，使用上要多留心，避免出现不必要的校勘记。

又如《新学伪经考》，1917 年的重刻本除了改正初刻本中的错误外，并有康氏重刊《后序》，这是坊间比较常用来作为底本的本子。重刻本虽经由康氏修订，但初刻本（1891）"一出版，就有翻刻和石印的本子"（钱玄同《重论经今古文学问题——重印新学伪经考序》），并曾"三次被清廷降旨毁板"，在晚清更具有影响力及时代意义。若要整理此书，可以使用初刻本为底本，重刻本为参校本。

因为古籍刻本获得不易，又受到各个图书馆的种种借阅、复印限制，许多古籍整理者转而选用易于取得的丛书影印本，以图省事。这样做虽无可厚非，但前提必须是我们

---

① 目前较易取得阅读的电子版影印元刻明修本有京都大学藏本、东洋文化研究所藏本、再造善本影印本。

要确定这些丛书影印本对版本没有误判、误植。《续修四库全书》收录有《周易集解纂疏》道光二十二年（1842）有获斋刻本，是此书最早的刻本，为古籍整理者提供方便使用的底本。但经由我们比对，《续修》所收非真正的有获斋刻本。我们拿《续修》本与上海古籍出版社据《湖北丛书》影印出版的《周易集解纂疏》（1994）比对，皆为半页十行，每行大字十八，小注双行，行二十四字，同属一个版本，唯不同处在上海古籍本卷一下有"湖北丛书用安陆李氏家藏本"等字，而《续修》本卷一下无。再比对北大图书馆所藏四套《湖北丛书》本，证实所用版片与《续修》本均同，举例来说，卷五，页三十，《湖北丛书》本版框裂缝处与《续修》本一致，且《续修》本的裂缝更大，可证明《续修》所收是同版较晚印本。此种情况有好几处，可确定《续修》本即为《湖北丛书》本。《续修》本将"湖北丛书用安陆李氏家藏本"等字删去，充当有获斋刻本。真正的有获斋刻本为每半页十行，每行字二十二，与《续修》本截然不同。

目前流通的点校本《周易集解纂疏》有中华书局"十三经清人注疏"本，《前言》说"以三馀草堂刻本为底本，参校《丛书》本（《湖北丛书》本）与陈校本"，实际上三馀草堂刻本即是《湖北丛书》本。整理者没有去理解这些版本之间的关系，导致其所使用的底本与参校本为同一版本。在中华本的校记中，有三处提到《湖北丛书》本与底本的不同："隋志"作"隋志有"；"从易义也"作"从易言也"；"而古如通"作"而古通如"。此三处，《湖北丛书》本均同三馀草堂本，仅有《丛书集成》本作"有""言""通如"，说明整理者所使用的是《丛书集成》根据《湖北丛书》排印的本子。《丛书集成》本与《湖北丛书》本偶有出入，整理者因此误将三馀草堂本与《湖北丛书》本当作不同的版本。三馀草堂刻本（中华本的校点底本）、《湖北丛书》本（《续修》本、上海古籍单行影印本、《孔子文化大全》影印本）为一个版本，若要整理此书，底本当用道光有获斋原刊本，参校本则应选择流通较广、具有代表性和校勘价值的《湖北丛书》本（即三馀草堂刻本）与陈宝彝考校本（即思贤书局本）。

　　有些整理者在无法获得古本的情况下，会退而求其次，选择时代较晚的本子作为底本。若晚刻本子有数种可供选择，先决的条件必须是校勘精良、印刷精美。以《徂徕集》为例，本书整理者舍弃了"在南宋之后第一次刊刻，对石介作品的流传发挥了重要作用"的康熙五十五年（1716）石键校刻本，选择据明抄本刊刻的光绪本作为底本，原因是光绪本"底本源于南宋高宗时刻本，凡'构'（南宋高宗讳）字必缺""卷内行款，一仍明抄之旧""此本虽然后出，却最接近宋刻原貌"。

　　这里有几点需要说明：首先，避讳字只能作为鉴定版本的一项参考，不能作为直接证据。而"卷内行款，一仍明抄之旧"，只能说明行款与明抄相同，没能说明内容文字是否也"一仍明抄之旧"。光绪本若只是避"构"字、行款与明抄相同，反而应该推测在传抄、刻版时可能出现不少出入，才比较符合常理。用作校本的石本，据清人丁咏淇校后跋语："然遗编久远，展转仍讹，既无精本可证，而其中疑者缺之，缺者仍之，确有可据者补之，颠倒舛误者正之、订之，枝赘脱落而于文理有必当然者略增删之，总计一百八十五字。"说明石本的整理者至少在主观上和光绪本的整理者一样，是以追求保存宋本原貌为目标；在客观上，石本的改动才一百八十五字，光绪本究竟改动的文字有多少，没有说明，我们无法估算。至于光绪本所根据的明抄本与宋本之间文字出入有多少，亦难以估量。光绪本与石本，到底哪一本更接近宋本原貌，则不易遽断。又根据本书的校记，可以发现光绪本无谓的错误非常多，与其认为这些是宋本的错字，不如推测光绪本当中包含不少在传抄过程中所产生的错字。初步统计全书（不包括附录）所出校语，约有二百三十条校记是根据石本改、补、删。说明若以石本作为底本，则全书约可减少二百三十条校记；但若据石本作底本，所必须面临的问题是对石本错误的地方出校记。经由整理者对石本、《四库》本、张本有错误的地方所出的校记，我们可以推测石本的错误远远比光绪本少。当然，石本中凡遇"戎""狄"之语皆以"□"代替，作为底本来说不是非常方便，不过，这就和光绪本"构"字必缺，注"字犯御名"一样的道理，有规则可循，可以据校本改。所以与其拿错误较多的光绪本作为底本，石键本作参校本，不如反过来，省去许多不必要的校勘记。

　　稍微接触过目录版本学的人都知道，除非在不得已的情况下，不会使用《四库全书》本作为底本。可是由于《四库全书》本容易取得，再加上近年来电子版《四库全书》方便使用，有些整理者不明白《四库》本的性质，有些整理者为了省麻烦，而采用作为底本。以《五礼通考》为例，如上文所言，味经窝初印本刊成后（乾隆二十六年，1761），经由卢文弨等人校勘，在原版块上修改后印行，成为此书的"定本"。之后才由抄手誊抄，成为《四库全书》本。在誊抄的过程中，不论多小心，都会产生与原本不同的情况，如卷一"建卯而尽夜分"，味经窝初印本、定本"尽"皆作"昼"，《四库》本误作"尽"。其次，《四库》本因政治考量，将秦氏引钱谦益文或抽换、或删除，已经不再是秦蕙田《五礼通考》的原貌，而成为《四库全书》的《五礼通考》。且《四库》本删去钱氏《徐霞客传》一条，却忘了删去秦蕙田相关的按语，导致秦氏按语所言"徐氏"无所指，令读者不知所云。再者，《四库》本对辽、金、元史译名的变更，随处可见，举例来说，秦氏引《金史·百官志》，其中提到"勃极烈""都勃极烈""孛堇"，《四库》本一律改作"贝勒"。但观"故太祖以都勃极烈嗣位"下文，有"太宗以谙版勃极烈居守"，因此"勃极烈"上所冠之字，应代表着程度上的差别。即使一般读者不谙金人语，都能察觉有程度上的不同，《四库》本如何都统一作"贝勒"？《四库》本在誊抄的过程中容易发生错误，又基于政治考量、思想控制的因素窜改内容，成为另一种与原书文本不相同的版本，当然不适合作为底本。而电子版《四库》本更加不可靠，整理者若复制转换成文字档，又将形成新的错误。古人说校书如秋风扫落叶，旋扫旋生，古籍整理者若使用《四库》本作为底本，不巧又遇到部头较大的书，应该是没有扫干净的一天吧。

（三）留意原刻、覆刻与补版

即使我们认真地调查了版本，有时一个不注意也会被版本所蒙骗——将覆刻本当作原刻，除了对我们理解版本造成障碍，大部分的覆刻本品质都劣于原刻。以整理陈澔《礼记集说》为例，我们对此书的认识，是先有十六卷本，再析为三十卷本，最后才合并为十卷本。元代有十六卷本[①]而无三十卷本，三十卷本[②]是依据明代《礼记大全》抽出单行，而十卷本[③]则为坊贾由三十卷本合并而成，且明代中期已经盛行。北大图书馆古籍部藏有一部明司礼监刻本十六卷《礼记集说》，一般来说，内府刻书在外在形式上有一定的水准，也不至于有离谱的错字。拿台湾"国家图书馆"藏明司礼监本对照，虽版式行款皆同，但仔细比对，此本不仅字体难

---

① 以十六卷本而言，元天历元年（1328）刊十六卷本是本书最早最原始的刊本，首都图书馆的藏本是足本、北京大学图书馆藏本则阙四卷。首图的足本理应作为最重要的参校本，如果不便借阅，可查看《再造善本》影印北图藏本，以补其中二卷（请参本书第48页【补白】）。

② 以三十卷本而言，元代无三十卷本。三十卷本由《礼记大全》抽出单行，《礼记大全》应可作为整理本参校的一个重要依据。

③ 以十卷本而言，在明代中期已经盛行。明弘治十七年（1504），慎独斋刻正德十六年（1521）建阳书户刘洪重修十卷本《礼记集说》，卷十末有牌记云："正德十六年十一月内蒙宁府知府张、邵武府同知邹同校正过《礼记集注》，计改差讹二千五百八十五字，书户刘洪改刊。"同一个明代中期刊十卷本，先后印本之间就有两千多字的差讹改动。

看，还有离奇的错字，举其中一个例子来说：《曲礼》下第二，页六十九左，第七行，北大本作"不为守进退趋走，僬僬□无所考，大抵人走促文"，台湾"国图"本作"不为容进退趋走，僬僬虽无所考，大抵趋走促数，不为容之貌也"。此书应是坊间书贾仿司礼监本的覆刻本。在当时作为科举考试必备书籍，因需求量大，无法兼顾品质，才会有"趋走促数"误作"人走促文"的情形。若不能分辨原刻与覆刻的差异，而有凡是内府刻本都是如此水准的坏印象，会影响我们将来对其他版本判断的准确度。

台湾艺文印书馆所影印的嘉庆本《十三经注疏附校勘记》在大陆通行之前，大陆学者习惯使用中华书局的缩印本。此本的来源，是影印自原世界书局缩印的阮刻本。不过，世界书局缩印本的底本并不是真正的嘉庆年间的阮刻本，而是道光年间的覆刻本（请参本书第325页【补白】）。同样也因需求量大，经过长期的刷印，造成文字模糊不清，中华书局对底本也进行过多次大量描改，每次印本之间有不少文字出入，是只适合平日检索阅读之用的通俗版本，绝不适合作为整理文本的依据。例如《春秋公羊注疏》阮元《校勘记》云："闽、监、毛本删，'监本附音'四字，正增'汉何休学'四字，与后复，非也。""正增'汉何休学'四字"语意不通，其实本来应该是"下增'汉何休学'四字"。仔细看中华本，"正"字的最后两笔是描摹的。又如卷一，"自夏初以生"，"生"应作"上"，中华本描摹为"生"；卷十六，"月尽正月正"，后一"正"字应作"止"，中华本描补作"正"，这样的情形遍布全书，同样也存在于中华本的其他经书中。

其中又出现不似描补而致误者，如卷一，"立敬自长始，救人顺也"，"救"应作"教"，中华本误作"救"。卷十，"坐事有渐"，"坐"应作"生"，各本原不误，俱作"生"，中华本误作"坐"。取之与清道光六年（1826）后印本《重刊宋本十三经注疏附校勘记》对校，除去描补的情况，凡中华本误，道光本亦误，几乎可以推断世界书局所根据影印的本子即为道光六年的后印本，而中华本又据此影印发行。所有的错误中，约有四分之一是中华本误描，四分之三是后印本所发生的错误，当然也有道光后印本正确而嘉庆本错误者。嘉庆本为阮元十三经的初刻本，整理时若舍此不用，会造成许多根本不必要的校记出现。同时，嘉庆本的错误，我们可以溯其源，但中华书局在影印时为保证印面清晰，往往不考虑文义，随意乱描，造成大量非刻本的讹误，没有规则可循。

除了有原刻、覆刻的问题之外，补版的问题也为整理者所忽略。例如《朱子全书》校点本《仪礼经传通解》以台湾"国家图书馆"藏张钧衡旧藏本为底本，此本为宋刻元明递修本。整理者完全不考虑宋版与补版的情况，出了大量校记。今核张本，知所出校有许多是因为元明补版或描补的错误。

（四）选择他校本

选择他校本的工作重要性并不亚于选择底本。在现代，各国的善本古籍几乎都集中于公家图书馆中，少部分虽由私人珍藏，但仍有机会可以观览，如日本静嘉堂文库。清代以前，大部分好的版本都藏于私人，甚至秘不示人。我们现有的古书阅览条件，是自古以来最好的环境，即使清代负有盛名的学者，都无法像现在，一部书可以看到许多不同的版本。有了这样的认知，才能设身处地考虑古书作者的背景与环境，从"作者所能见到的本子有哪些"这个角度思考，我们才能找到适合的他校本，努力接近大部分人想要"恢复古书原本面貌"的境界，但这点常常为整理者所忽视。

应该说，大部分的整理者都充满了热情，想要在能力范围内找到不同版本当作他校本，不过这种热情有时候却适得其反。台湾"中央研究院"文哲所出版的《礼经释例》整理本，因本书所引《仪礼》经、注、疏文颇多，整理者取唐石经、《四部丛刊》本、《嘉业堂丛书》本作为校对《仪礼》经注疏文之依据。凡遇不同处，整理本往往校改正文，使凌廷堪的引文符合此三本的文字。虽然整理者认为此三本是《仪礼》经注疏最好的版本，但凌廷堪不一定是依据这些版本来撰作此书。例如卷十三，页六六六，行一，"明日，朝筮尸，如筮日之礼"，校语云："'礼'，原误作'仪'，今据《唐石经》改。"然毛本《仪礼注疏》亦作"仪"。阮元《仪礼校勘记》云："'仪'，唐石经、徐本、集释、通解、敖氏俱作'礼'，是也。杨氏作'仪'。"是知凌氏作"仪"的确有他的依据，"仪"字不是讹字，而是凌廷堪的原貌。如果改作"礼"，是违背"以孔还孔"的校勘原则。又，卷十二，页六二一，行十一，"绩麻三十升布，衣之，上以玄，下以繂”，校语云：“‘布’下，原衍‘衣之’二字，今据《丛书》本删。”按《仪礼集释》释曰：“爵弁服者……以三十升布，衣之，上玄下繂，前后有旒。”又《周礼·弁师》疏云：“古者绩麻三十升布，染之，上以玄，下以朱，衣之于冕之上下。”又《礼记·王制》正义云：“故注《弁师》云皆玄覆朱里，师说以木版为中，以三十升玄布衣之于上，谓之延也。”又《春秋左传》疏云：“《论语》云‘麻冕，礼也，盖以木为干，而用布衣之，上玄下朱’。”故凌氏盖有所本，校语云“原衍”，又“据丛书本删”，恐不恰当。可出校记说明情况，但不宜轻易删之。同时，以凌廷堪当时的时空背景，势必无法见到丛刊本、丛书本。未经过与各种版本的经注疏校对，亦无法确定凌氏引文所据版本。不加分析，直接按此三种版本改文，恐有窜改之意，不若回改为底本文字。

又如上文所举的《春秋公羊传注疏》，不管是阮元的经注疏《校勘记》或是杉浦氏的单疏本《校记》，都不是为中华本随意描补而作的校记。所以出现中华本描补笔画，而校点者忽略未出校的情况发生。即使整理者很认真地找了解诂、单疏、释文较好的版本，都无法忠实呈现经注疏合刻的实际情形，而多出好些不需出校的校勘记。这是最容易被大多数整理者所忽略的问题。

（五）了解使用工作底本的风险

经过数十年的努力，坊间已有许多古籍的点校整理本，若整理者要重新整理某本古籍，不可避免地要参考原有的整理本成果，或者直接以原来的整理本作为工作底本，深化校勘与点校的工作。这种做法无可厚非，但坊间原有的整理本品质参差不齐，我们能不能辨别其中的错误？又，前人整理亦耗费不少工夫，能够清楚交代参考的程度，不干没前人成果，也是古籍整理工作重要的学术态度。

三联书店的《新学伪经考》整理本出版之前，已有北平文化学社 1931 年排印本、上海商务印书馆 1936 年《国学基本丛书》排印本、古籍出版社 1956 年本等几种整理本。由于在时间上都属于较早的整理本，今人取得不易，点校者重新整理，实为佳音。不过，在本书《汉书艺文志辨伪第三上》出现了以下难理解的叙述，页六十六第一行："其他以《风》《小雅》《大乐》，即正《诗》也。"这里所说的"《大乐》"，不知所指为何？也未听过《风》《小雅》为"正《诗》"的说法。又，页六十七第三行："至谓《雅》《颂》为'四始'，与《韩诗外传》及《史记》'《关雎》为《风》始，《鹿鸣》为《小雅》始，《文王》为《大雅》始，《清庙》为《颂》始'不同。"下文言"四始"，上文仅有"《雅》《颂》"二者，显然也有问题。查核原文，不论是初刻本或重刻本，都作"其他以《风》《小雅》**《大雅》《颂》为四始**""孔子曰：'吾自卫反鲁，而后乐正，《雅》《颂》各得其所。'**正乐，即正《诗》也**""陈启源为回护毛序之故，**至谓'古人诗、乐分为二教'**"。也就是说，"《风》《小雅》"下所接文字，应为"**《大雅》《颂》为'四始'，……孔子曰：'吾自卫反鲁，而后乐正，《雅》《颂》各得其所。'正**"等文（共五百二十六字），三联本误将"乐，即正《诗》也。……，至谓"（三联本第 66 页行一至第 67 页行三）大段文字（共五百四十字）错置于前。令人不解的是，发生错置，通常会出现在分页的地方，但初刻本与重刻本此二处并非分页所在。于是我们做了一种很离谱的假设，与古籍出版社排印本核对，结果有些悲哀地发现我们的假设不误，这就是古籍出版社本的分页。三联本将古籍出版社本的第六四、六五页前后错置，按页六五→六四→六六的次序连读，导致整个论述完全混乱、文意不通。三联本未察觉此混乱，即按混乱的文本加以标点，因此产生如"其他以《风》《小雅》**《大乐》，即正《诗》也**""**至谓**《雅》《颂》为四始""**正**'古人诗、乐分为二教'"等极其明显的错误。虽然三联本声称以重刻本为底本，并且批评古籍本："作为一般学者可以信赖的校点本，则古籍 1956 年本的缺陷也很明显，因为它忽视他校，致使标点问题甚多，校记也时现不妥。"但从此处错乱可以证明，三联本其实是以古籍本作为工作底本进行加工，也没有认真与初刻本、重刻本对勘。

另外有一种同样据刻本作为工作本的情形，如《资治通鉴纲目》，《朱子全书》在《校点说明》称以北图所藏宋温陵初刻印本为底本，而以台湾"中央图书馆"所藏温陵本为工作本。虽然此二本皆为温陵本，因所缺卷数各不同，所补版、补抄亦不同，在文字上应有出入，但《全书》本见不到底本（北图本）与工作本（台湾本）的校勘。而经对校后发现，《全书》本的文本（未出校处）与北图本（底本）之间存在大量出入。《全书》本虽然称以北图本为底本，但实际上并非如此，应该说《全书》本已然成为另一种版本，非北图本，亦非台湾本。不知是否当初在整理时，已将两部混合为一部而不出校语。笔者推测，《全书》本的文本与北图本不合之处恐怕是工作本台湾本的文本。这些都是使用工作底本容易造成混淆的地方。

三、理解版本的效用

大部分的人都认为评断古籍整理的优劣标准重在标点的正确率，笔者以为正好相反，能否选择一个好的版本才是关键。我们常常可以看到讨论某某古籍整理的标点商榷的文章，除去破句不论，有些整理者点得较宽泛，有些整理者点得较细腻，可以讨论的空间较大，但都对内容的理解无伤。即使整理者点错了，除了少数极具争议的句读，读者也可以在阅读时根据上下文意改正过来。但是版本误选或因对版本的不理解而产生错误的叙述，所造成的影响才是最最令人担忧的。因为古籍整理完成后，读者无法看到原版本，除非将整理者的版本叙述一一还原，否则只能相信整理者的叙述。不过，话说回来，如果读者阅读一部古籍整理本需要耗费这么多检查的工作，那么，"整理本"非但不能提供给读者一个方便阅读的本子，还会为现有严峻的古籍整理环境雪上加霜。

上文所举例，是笔者在审稿时所发现的一些情况，这些情况都不是个案，有些是同时发生在几个整理者所整理的书上。这个现象说明，大部分的整理者对版本的各种情况并不十分理解，或理解得不够透彻。

诚然，理解文本的内容，进而提出个人的见解、创见，确实比较有吸引力，但经由以上的例证，我们也不能否认版本目录学更有神秘的吸引力，借由寻找线索、比较各种版本，做出推论，它所耗费的智力与精力绝不逊于对文本内容的研究。同时，当我们结合一部书的横向研究（同时代的各种版本）与纵向研究（版本的源流）做探讨，常常会有意想不到的收获。例如，我们因为充分理解相关版本的情况，所以能够发现三联版《新学伪经考》在前言里对古籍出版社版诸多讥评的同时，在背地里却依靠古籍出版社版的实情。虽然这种结果未免令人有些沮丧，但知道真实情况，总比被人蒙蔽强。令人高兴的发现自然更多，如北大图书馆藏"司礼监刻本"十六卷《礼记集说》，只要有理解版本的意识，就能发现其中的问题，稍微调查即可看到司礼监刻本的真面貌。虽然司礼监刻本也不算是很好的版本，但较之北大图书馆藏的覆刻本，就是天壤之别，不仅没有那么多无谓的讹字，字体也很美观。能够看到更美好的真版本，岂非令人高兴的事情吗？

又如《周易集解纂疏》，以往的几种影印本及校点本无不用《湖北丛书》本为底本，而《续修四库全书》本误以《湖北丛书》本为有获斋刊本；中华校点本以三馀草堂本为底本，误以包含错字的《丛书集成》排印《湖北丛书》本校三馀草堂本，不知三馀草堂本就是《湖北丛书》本。我们经过初步分析，不仅纠正影印本、校点本的各种误会，还能找到真正的有获斋刊本，并且发现有获斋刊本原来比《湖北丛书》本漂亮许多，这才是此书的最佳版本。因为过去所有影印本、校点本都据《湖北丛书》本，《续修》本又以《湖北丛书》本冒充有获斋本，导致真正的有获斋本一直被学界忽视，长此以往，有获斋本将来也会失传。只需要我们进一步深入思考版本问题，就能破除辗转因袭的误会，挖掘未经学界利用的重要材料，何乐而不为。

朱熹的《仪礼经传通解》，历来研究的学者都将《通解》做了详细的说明，但对朱熹托付给弟子黄干的《丧》《祭》礼，与黄干托付给弟子杨复的《祭礼》往往交代不清。《朱子全书》所收的整理本《仪礼经传通解》，对此书的版本介绍又出现许多因对版本理解不清的叙述，如将"宋代版本"与"元明递修本"分列二目，既然称为"递修"，则有相对应的"原本"，才能有"递修"这样的步骤。实际上其原本就是"宋版"，因为版片磨损，元明两朝皆经过修版的工作，整理者所说的"台北'中央图书馆'尚存一部宋版"就是这样的情形。不仅如此，整理者在"元明递修本"条所说的"南京图书馆藏的《通解》，是目前所能见到的年代晚于宋本的本子"，以及目前藏于东京大学东洋文化研究所的《通解》，都属于同一宋版系统，只是刷印时间有先后的不同而已。此处应将"元明递修本"条删除，"宋代版本"条改为"宋刻元明递修本"。而附录中所有的序跋也没有厘清之间的关系，使读者越看越混乱。若整理者能稍加理解版本，注意这些序跋的内容，会发现许多矛盾可疑之处，可惜未能做到。

通过对《仪礼经传通解》从编纂到刊刻过程的考察，我们可以理解宋版《通解》在嘉定十年（1217）由朱熹子朱在刊刻于南康军，十六年由张虑补刊《丧》《祭》二礼（仍在南康军），即今所谓之《通解续》。嘉定年所刊刻的《通解》与《通解续》的版片后来都被收归于国子监，所以宝祐元年（1253）才由王伱提议于南康重刊全书，而此次的《祭礼》则改用杨复所撰，这一部重刊的版片，很可能在宋末战乱时焚毁于白鹿洞书院。其次，今日通行的《通解续》"祭礼"部分一直被四库馆臣误导为杨复所撰，实际上杨复仅仅是对黄干的《祭礼》做编次的工作，在工作完成之后的十数年，他又以黄干《祭礼》的内容为蓝本、朱熹的祭礼思想为主轴，续编另一部《祭礼》。但因书成后流传极少，相关资料又暧昧不明，致使杨复所编撰的《祭礼》被埋没五百年而没有人理会，它从未亡佚，但后人皆与黄干的《祭礼》混为一谈。我们只要尝试着去理解《仪礼经传通解》的版本，就能了解这部海内孤本藏在日本静嘉堂中，一直等待有心人去阅读的心情。于是，我们将它抄出来，经过整理，公之于世，供学林共同研究，这是一件多么令人振奋快乐的事。原来理解版本可以有这么乐观积极的意义与效用，而非总是哀怨地去纠正别人的错误。

校勘也并非仅仅是枯燥的对校文字的异同，我们可以从作者所使用的底本、引用书，探讨作者的学术走向，与理解内容而提出创见的贡献可说是不相上下，这又是理解版本另一个积极正面的意义。

总之，我们要能从"书的历史"的角度出发，不盲从现有的工具书与点校本，在版本学者的基础上做学科的结合，充分吸收前人鉴定成果并理解版本，不仅能够提高古籍整理的品质，也能够让文献学成为有魅力的学科。

本文 2012 年刊登于《儒家典籍与思想研究》第四辑。

札记：《汉书》集注

嘉定元年（1208）前后建安蔡琪一经堂刊本卷首题"颜师古集注"，较他本作"颜师古注"者多出"集"字，瞿中溶、吴骞并以有"集"为是，杨绍和亦从其说。《校史随笔》以为非，云："师古虽集众人之说，而实一家之言。"今按：瞿、吴未见刘之问刻本，误以一经堂本（或其覆刻本）当刘之问本。刘之问刊本今有三部，均有影印本（上杉氏旧藏本有 1977 年影印本，狩谷棭斋旧藏本有 2007 年影印本，北京大学藏本有 2003 年、2006 年两套影印本）。三部均有黄善夫刊记（上杉、北大二本有卷三十一末木记，狩谷旧藏本又有目录后题识），知黄善夫与刘之问合作刊行（《版刻图录》失检卷三十一木记，遂误谓黄善夫有《史记》《后汉书》而无《汉书》），而检此三部首题固无"集"字。当知蔡氏一经堂据刘之问本仿刻，首题臆补"集"字，于旧本无所依据。使瞿、吴得见刘之问真本，必不曾为当有"集"字之论。《校史随笔》谓不当有"集"字，是矣，而以刘之问本与蔡琪本同作"集注"，则又失实。近代学人征引颜注，偶有称"集注"者，因袭瞿、吴说之遗绪，未尝考其实。盖古无影印之便，论说不免偶失实。

版本的缺环或历史概念的形成

乔秀岩

一、世界书局版《四书五经》的底本

传统文化的核心是经学，我们学习传统文化就离不开《十三经注疏》。元明以后，《四书集注》、《五经》宋元人注盛行，官方指定为标准注本，影响深远。近代以来所谓科学的文献研究认为自己的路数与清代"汉学"接近，汉唐注疏成为最重要的研究材料，宋元人注对研究唐以前的历史似乎没有参考价值。研究宋元以后历史的学者，都有专门的研究范围和研究方法，除了研究思想史的学者，其他人往往都认为《四书五经》思想迂腐，无益于研究。实际上，明清一直到民国，几乎所有知识分子的知识结构都以《四书五经》为基础，就是清代"汉学"家也不例外。要理解宋元以后知识分子参与过的各种文化、政治活动，要了解清代"汉学"家的思路，我们都需要参照《四书五经》的文化体系。我们的传统文化并不局限于唐以前的历史文化，而是历宋元明清一脉相承一直到民国、当代。为了学习传统文化，《四书五经》宋元人注的重要性并不小于《十三经注疏》。

《十三经注疏》有中华书局以及台湾艺文印书馆的影印

本在不断重印，上海古籍、江苏广陵、浙江古籍也出过影印本，近年来大陆和台湾都有点校本问世，可以看出出版部门的高度重视和读者的大量需求。相比之下，《四书五经》虽也不算冷门，中国书店的影印本印数可观，巴蜀书社也出过精巧可爱的影印巾箱本，但较之《十三经注疏》，则还是处境冷寂。中国书店影印本据我手头的1994年印本，除了版权页上方有"据世界书局影印本影印"十个字外，对所据版本没有任何说明。不注重出版说明是中国书店的一贯作风，如他们影印的《说文解字》，1992年印本版权页上方有"据商务印书馆版本影印"十个字，还能知道它的底本是商务印书馆影印藤花榭本，而1997年印本连这十个字的说明都不见了。《四书五经》版权页上的十字说明也很难保证哪一天不忽然消失。就是这样连版本来历都不太清楚的中国书店版《四书五经》，竟是今天我们可以方便利用的唯一版本。除了《四书集注》已经有中华书局《新编诸子集成》点校本外，朱氏《易本义》、蔡氏《书集传》、朱氏《诗集传》、陈氏《礼记集说》等宋元人注本目前都没有单行本，巴蜀书社的巾箱本也早已脱销，一般的学者要读这些书，只有买中国书店版《四书五经》。至于《春秋》，中国书店《四书五经》所收为《三传》汇编本，不是《胡传》。要看《胡传》，就要看巴蜀书社的巾箱本（2013年补注：今有2010年浙江古籍出版社出版校点本《胡传》）。过去最普及、最常见的《四书五经》宋元人注本，现在的版本情况就是这样的萧条，不能不让人想到社会以及人们思想的变化对版本的消长有直接的影响。

一套《四书五经》新注,《春秋》自当是《胡氏传》,而中国书店《四书五经》的《春秋》却不取《胡传》,而用《三传》汇编本,自乱体例,且此汇编本编例不清楚,卷首一大堆资料,正文加按语,都不明来历,令人感觉十分奇怪。大约十年前在某历史文献方面的杂志上看过一篇文章,专门讨论这个问题,通过分析具体内容,说明这种汇编本的来源,功力很深,指出并点破人们隐约感觉到但没有认识清楚的重要问题,感觉非常新鲜。可惜当时对新注、对《春秋》兴趣不大,后来竟忘记这篇文章登在什么刊物上,找过几次都没有找到。直到最近有朋友赠送新出的刘家和先生论文集《史学、经学与思想》,其中惊喜地看到那篇论文《〈春秋三传〉与其底本〈钦定春秋传说汇纂〉》。在此简单介绍刘先生的研究结论如下:中国书店《四书五经》的底本于1936年由世界书局出版,编者为"国学整理社",书脊题"宋元人注"。其中《春秋三传》备录《三传》之外,又引后儒议论,还有评议《三传》及后儒议论的按语,这些内容都是从《钦定春秋传说汇纂》来的。但《春秋三传》与《汇纂》也并不完全一样。《春秋三传》的卷首部分对《汇纂》有所取舍,另外增添《名号归一图》等内容。《汇纂》对《三传》有所删节,而《春秋三传》备录《三传》全文。《春秋三传》书末附录《三传释文音义》,为《汇纂》所无。国学整理社对《汇纂》进行这些调整,有些做得合理,有些做得粗糙。如宣公四年的按语批评《左传》"弑君称君,君无道也"的观点,并说"删而不录",《汇纂》不载这部分《左传》文句。今《春秋三传》备载《传》文，仍留"删而不录"的按语，是驴唇不对马嘴。《春秋三传》的书脊题"宋元人注"显然也是文不对题。以上是刘先生的观点。论文集《史学、经学与思想》中有好几篇《春秋》学方面的论文，无不显示刘先生对《春秋》学的深湛体会，这种学问绝非我等只知皮毛的年轻学者所敢望其项背。若不是刘先生这样的饱学之士，不会去阅读《汇纂》那样"过时"的书，发现《春秋三传》的来源。

叹服之余，再拿中国书店的《四书五经》漫不经心地翻看，突然发现刘先生忽略了一个外在问题，即这种《四书五经》的底本是木版雕刻本。经过缩印和影印，乍看不知什么版本，但《五经》部分的文字有点类似于中华书局影印的《十三经注疏》。中华书局影印的《十三经注疏》也是以世界书局缩印本为底本，缩印的底本是阮元刻本的覆刻本。《四书五经》的字体接近现在所谓的宋体，而不够规范，且有圈发与文字笔画成一体，可以肯定这不是铅字，而是木版刻字。《四书》部分的文字风格接近现在电脑字库所谓的楷体，也不像活字。考虑到国学整理社当年自己编撰的《诸子集成》用仿宋活字排印，如果他们自己编撰《春秋三传》，也应该用铅字排版，不会自己木版雕刻，更不会自己雕版以后再进行十分麻烦的缩拼整理。

当年世界书局缩印的古籍有阮刻《十三经注疏》、胡刻《文选》、胡刻《资治通鉴》等，所选底本都是当时评价较高、学术界最通用的标准版本，所以至今仍被影印使用。现在中华书局版《十三经注疏》、中州古籍版《文选》、上海古籍版《通鉴》的影印本，都以世界书局缩印本为底本。虽然世界书局使用的不是阮元、胡克家的原刻本，而是后来的覆刻本，但与原刻本的差异并不很大，至少版式完全一致，文字风格基本一致。世界书局在缩印时，按照开本大小，采用了不同的缩拼方式。《十三经注疏》《资治通鉴》用十六开大本，所以一页分上中下三栏，每一栏收原书大约一页半。《文选》用三十二开本，所以不分栏，一行直下，一行收原书大约两行。《四书五经》是三十二开不分栏的形式，情况应该与《文选》相同。

于是我们几乎可以推断当年国学整理社编的这套《四书五经》应该是以当时学术界评价较高、被认为较有代表性的一种清代后期刻本为底本，《春秋三传》也不是他们自己参考《汇纂》编订的。《四书》部分和《五经》部分之间在行格、文字风格上有明显的差别，因此可以考虑它的底本并不一定是一套《四书五经》，也许是一套《四书》和一套《五经》，而《春秋三传》与其他四经应该是一套。要找符合这样条件的刻本，首先可以参考的是《书目答问》。通过《书目答问》我们可以了解到清末最常见、学术界评价较高的版本有哪些。以下摘录《书目答问》的有关部分：

明监本宋元人注《五经》。明经厂本，扬州鲍氏刻本，南昌万氏刻本，又江宁局本，又崇道堂本，又武昌局本……

《易》宋朱子《本义》四卷。　宋程子《传》四卷。江宁本《本义》，依朱子原本十二卷，兼刻程《传》，他本无。　《书》宋蔡沈《集传》六卷。　《诗》朱子《集传》八卷。　《春秋》旧用宋胡安国《传》，乾隆间废，改用《左传》杜注三十卷。江宁本《左传》有姚培谦《补注》。鲍本合刻《三传》，附《春秋传说汇纂》。　《礼记》元陈澔《集说》十卷。明洪武定制，试士经义，用注疏及此数本。《春秋》兼用左、公、谷、胡、张洽五传。永乐《五经大全》成书后，即专用此本。国子监雕版，因至今沿称监本。今明监本希见，姑以旧名统摄之。

《四书章句集注》十九卷。明经厂大字本，扬州鲍刻本，南昌万刻本，武昌局本，皆合《五经》刻。

**　　　以上正经、正注合刻本。**

翻刻宋淳祐大字本《四书集注》二十六卷。国朝刻本。

璜川吴氏仿宋本《四书集注》二十六卷，附考四卷。吴志忠校。嘉庆辛未刻本。

**　　以上正经、正注分刻本。**注疏乃钦定颁发学官者，宋元注乃沿明制通行者。《四书》文必用朱注，《五经》文及经解，古注仍可采用。不知古注者，不得为经学。

既然提到经厂本，顺便参看陶湘《清代殿板书目》。此目过去流传不广，今幸有《新世纪万有文库》横排简体本，虽则难看，尚可征引。

雍正朝

《四书集注》十九卷

《周易本义》四卷

《书经》蔡氏集传六卷

《诗经》朱子集传八卷

《春秋》胡氏传二十卷

《礼记》陈氏集说十卷

> 右《四书五经读本》六十七卷，颁国子监及八旗官学、各直省学院。凡坊本刻均以此为程式，世称"监本"。《春秋》犹用《胡传》。高宗中年，场屋除四传合题之制，专用《左氏传》，《翻译春秋》即用《左氏传》。道光二年（1822），《钦定春秋左氏传读本》颁行天下，《胡氏传》不废而废。

据《书目答问》可知，明代监本有宋元人注《五经》，《春秋》用《胡传》。而"胡安国《传》乾隆间废，改用《左传》杜注"，说明《春秋》学的环境发生了一次大变革。改用杜注，而沿用旧名"宋元人注"，所以出现名不副实的情况。另外，扬州鲍氏刻本"宋元人注"《五经》的《春秋》既非《胡传》，亦非《左传》杜注，而是"合刻《三传》，附《春秋传说汇纂》",也是对《胡传》被废用的一种反映。通过刘先生的研究,我们已经知道世界书局版《四书五经》的《春秋三传》是备录《三传》再加上《春秋传说汇纂》引用的先儒议论以及按语的。显而易见,所谓"扬州鲍氏刻本"的情况符合世界书局缩印的《四书五经》。

"扬州鲍氏刻本",《中国丛书综录》著录为"《四书五经读本》嘉庆十年(1805)扬州鲍氏樗园刊本",其中《春秋》十六卷,卷首一卷,附《陆氏三传释文音义》十六卷,编辑者姓名不详。这些条件完全符合世界书局本的底本。据《丛书综录》"收藏情况表",只有上海图书馆收藏这种《四书五经读本》,可是北京图书馆的联网目录上有两种鲍氏《四书五经》版本,除了嘉庆十年刻本外,还有同治三年(1864)覆刻本。北京大学图书馆的联网目录上查不到鲍氏《四书五经》,却有单种《春秋三传》,而且嘉庆本、同治本各一部,版本与北京图书馆藏本一样,另外还有一套没有说明版本的《五经四书》,《五经》部分其实也是嘉庆鲍氏本。以下介绍这两种版本的概况。

嘉庆十年刻本《四书五经》,北京图书馆藏本虽然是足本全套,书上都不见"四书五经"或"四书五经读本"的书名。第一册的封面写"嘉庆十年冬至刊版/监本四书/宁化伊秉绶题",以下各种中间书名部分分别写"易经""书经""诗经""礼记""春秋三传",左右两边的文字都一样,这应该是认定刊刻时间的依据。这套《四书五经》没有任何编刊说明,没有序跋题记,没有凡例,只在各种末尾有小字刊记"樗园客隐检校／江宁王景桓董工"。想来这种版本是供学生诵习用的课本,怀疑本来就没有类似出版说明的内容,并不是后来的缺失。虽然没有说明,口耳相传,大家都知道是扬州鲍氏的版本。近有《扬州刻书考》一书提到:"樗园,清代扬州鲍氏家园,位于广储门内。嘉庆间,仪征书院山长王铁夫寓此较久。园主人鲍氏生平不详。"此刻行格九行十七字,一仍殿本(笔者未见殿本,此据《清代内府刻本目录解题》),只有《周易》卷首部分是十一行二十三字,《春秋》卷首部分是十一行二十二字。同治三年刻本是嘉庆十年刻本的覆刻本,封面简化,单写"四书""周易"等,牌记写"同治三年仲夏／浙江抚署刊行",就是认定刊刻时间的依据。尽管笔画往往稍微简化,还有《诗经传序》的"淳熙四年"避讳作"湻"等小差异,不能否认也是相当精致的覆刻本,字体笔画基本保持嘉庆本的原貌。至于内容,《五经》部分与中国书店版《四书五经》完全一致,刘先生认为国学整理社做过的整理工作,包括驴唇不对马嘴等问题,实际上也都见于鲍氏本。虽然还不知道这些整理工作出自何人之手,至少可以肯定这种整理汇编本出现的时间在嘉庆十年以前,而不在民国时期。

北京大学图书馆收藏的《春秋三传》,除了鲍氏嘉庆本、同治本外,还有一种"蓬峰书屋"本。据《台湾公藏普通线装书目书名索引》,台湾大学有"《五经三传读本》(原有'八种'二字,疑误)四十四卷,清万青铨校,清道光至咸丰间浔阳万氏莲峰书屋刊本",《东京大学东洋文化研究所汉籍分类目录》也有"《五经三传读本》，清万青铨辑，咸丰二年（1852）浔阳万氏莲峰书屋刊本"。东京大学东洋文化研究所的联网目录更提供刊行识语的图片，抄录如下："道光甲午（十四年，1834），铨在南昌学署曾刊《四书》《正蒙》，以便初学，嗣有长宁之役，未及接刊《五经》。戊申（二十八年，1848）自皖归里，见《四书》翻刻多讹，乃加套板别之。己酉（二十九年）夏校刊《十三经集字》，以《说文》正画，《韵目》定音，复经坊肆翻刻，致多讹舛。兹校刊《五经》，以偿前愿。惟《春秋》则并列《三传》，敬遵御案而兼录众说，便于经传同读。与西昌喻廷玉，共择良工，精缮雕刻，为家塾课本，敬梓先人《札记》于前。望同志者有以教之。咸丰壬子（二年）浔阳蓬山万青铨识。"北京大学图书馆的蓬峰书屋本《春秋三传》就是《五经三传读本》之一，刊成年代可以定为咸丰初年。刊行识语特别提到《春秋》"并列《三传》，敬遵御案而兼录众说"，实际上这一版本的内容与鲍氏本基本一样。只是将《左传》改为大字，体例有所改变。至于行格、文字风格，仍然与鲍氏本一致，虽然刻字稍失精审，不如同治本的逼近嘉庆本原貌，而且出现"胡传"讹作"朝传"等荒唐错讹，总体来说，这一版本也属于鲍氏本的翻刻本。《春秋三传》封面背面还有广告词曰："窃谓字体正，则书法精而获选；句读清，则讲义明而入彀。奈坊本类多俗笔，句读亦少校对，以讹传讹，习焉不察，既误于初学，难正于后来。因此前有《四书》《正蒙》之刻，已被坊肆屡翻，讹舛又甚。兹复校刊六经，敬遵《字典》，参考

《说文》，以正字体，详究讲义，以定句读，为家塾课本，且欲公诸同志，以资参校。但只江西省学古堂甲戌坊、鸿文斋两处出售，外此又属翻本，望诸君察之，庶不致误。蓬山又识。"与刊行识语合观，不难看出这一版本的性质以及社会意义。内容首《春秋目录》，次《春秋三传序》，这两部分虽然次序不同，版面仍然是覆刻鲍氏本。次《凡例》一页，为鲍氏本所无，抄录如下：

凡例

一、每句经文之下，即接《左传》，次《公》《谷》，次众说，而折中御案。其无《左》者，则直接《公》《谷》。

一、《左传》之首句与经文同者则删之，以便经传同读。如"三月公及邾仪父盟于蔑""秋七月天王使宰咺来归惠公仲子之赗"之类是也。其或与经文虽同，而有一字之增减者，仍存之。如"元年春王周正月"之类是也。其传与经句同而传亦只一句，并未接有下文者，则"左"字下注"句同经"。如隐公六年"冬宋人取长葛"之类是也。

一、有传无经者，以"附录"二字别之。其经文无《左》有《公》《谷》者，《公》《谷》接经文之下，而"附录"后之。

一、《三传》之经文，其字画间有不符者，则宗《左》以归画一，经文下注明"《公》作某""《谷》

作某"。如隐公二年"无骇帅师入极""骇，《谷》作
侅""纪子帛莒子盟于密""帛，《公》《谷》作伯"之
类是也。

一、经文系两句，《公》《谷》亦分解，而《左》
之文则两句系一气读者，则经文前句注"《左》见下
句"，或后句注"《左》见上句"。如隐公五年"九月考
仲子之宫""初献六羽"之类是也。至《公》《谷》系
分解者，仍接经文分之。

这五条《凡例》中，第一条、第三条、第五条与鲍氏本的体
例也一致，而第二条、第四条则是蓬峰书屋本独特的体例。
可以看出蓬峰书屋本虽然以鲍氏《三传》汇编本为底本，但
明显以《左传》为主。正如刘先生就世界书局本所言，鲍氏
本备载《三传》文，并无删节。蓬峰书屋本将《左传》改为
大字，与经文同大，前有经文，后面《左传》述经文，显得
重复，所以有第二条的体例。第四条引隐公二年"纪子帛莒
子盟于密"，《汇纂》及鲍氏本都以《公》《谷》经文为正，
经文作"纪子伯"，而注云"伯，《左》作帛"。蓬峰书屋本
"宗《左》以归画一"，经文作"纪子帛"，注云"帛，《公》
《谷》作伯"。《凡例》之后，还有明人万衣《六经札记》中
有关《春秋》的部分共十二页，即刊行识语所谓"先人《札
记》"。总之，蓬峰书屋本是鲍氏本咸丰时期的翻刻本，是以
应试学生为销售对象的通俗版本。它的内容与鲍氏本一样，
但是改变鲍氏本《三传》并列的体裁，而以《左传》为主，

是其特点。

言归正传，鲍氏《四书五经》版本的内容以及字体，与中国书店版的《五经》部分完全吻合，无论异体字混用的情况还是笔画的细微差异，凡是笔者注意到的特点莫不一致。中国书店版已经通过国学整理社的整理、中国书店的复制，与它的底本之间不免存在一定的差异。另一方面，鲍氏本在我看到过的嘉庆本、同治本、蓬峰书屋本之外，也会存在另外的覆刻本。因此，断定世界书局本的底本暂时有困难，我们只好这样总结：世界书局版《四书五经》其《五经》部分的底本是嘉庆年间扬州鲍氏编刊的《四书五经》，或者是其覆刻本。

鲍氏《四书五经》中《四书》部分的文字风格与《五经》部分一致。中国书店版《四书》部分的文字风格与《五经》部分迥异，可知这部分的底本不是鲍氏《四书五经》。幸好我手头有台湾艺文印书馆影印的吴志忠编刊《四书集注》，也就是《书目答问》所谓"璜川吴氏仿宋本"，又是中华书局《新编诸子集成》点校本的底本。吴本的行格是半页九行，每行十七字。中国书店版《四书》部分是一页十八行，每行三十四字，将吴本的二行拼成一行，三十二开本一页收吴本两页（四半页）的内容，就会成为中国书店版的样子。就字体而言，中国书店版《四书》部分与艺文影印吴本是酷似的，甚至每个字的每一笔画都惟妙惟肖，最精致的覆刻本也很难做到这样的程度。两种影印本之间，也有两点明显的不同。一为句点的位置。艺文影印吴本的句点大部

分在文字右旁偏下的位置，而中国书店版的句点在文字右下
方，比文字笔画更低。这种差异大概是国学整理社影印前的
加工所致，他们所据底本应该与艺文影印吴本一样，句点在
文字右旁。所以中国书店版《孟子集注》卷二第十页第十五
行正文"旅""莒"以及第九行注文"育"，第十二行注文
"天""天"（两见）"也"，第十五行注文"发"字分别都有两
个句点。偏上一个是底本原有的，偏下一个是他们自己加
的。在加工这页时，他们在字的右下角加句点，却忘了涂掉
底本原有的偏上的句点，以致出现双句号现象。第二点不同
是避讳字的处理。中国书店版"丘""玄""弘""歷""曆"
均缺笔，而艺文影印吴本不缺笔。这种差异大概是艺文印书
馆影印前的加工所致，他们所据底本应该与中国书店版一
样，都缺笔。所以艺文版也有漏补的，如《论语集注》卷十
第七页《尧曰》经文"敢用玄牡"补了缺笔，而注"用玄
牡"仍然缺笔。《尧曰》"天之曆数"中国书店版的"曆"字
去掉"秝"头两撇作"曆"，而注文"曆数"更去掉"日"，
作"厂"下"林"，可见底本虽对经注偶作不同处理，但其
缺笔是一样的。如果说国学整理社思想反动，故弄玄虚，自
己避清讳，避讳的方法应该先后一致，不会出现这么复杂的
变化。中国书店版《五经》部分"丘"字多不缺笔，也与
《四书》部分不一致，可见这些缺笔不是国学整理社所为。
总之，艺文影印吴本与中国书店版《四书》部分，所据底本
应当一样。即使不一样，那也只能是极其精致、以假乱真的
覆刻本。两种影印本的表面不同是，艺文描补了清讳缺笔，

国学整理社除了缩拼外，对句点的位置进行过调整，如此而已。中国书店、艺文印书馆两种影印本的底本应该一样，但那共同的底本是否为吴氏原刊本是另外一个问题。像这样以校定精善著称的仿宋刻本，在同治以后至清末期间大概也出现过几种覆刻本。这就有待于版本学家对吴氏《四书》系统各种版本的全面研究。所以我们暂时只能认定：中国书店版《四书》部分的底本是嘉庆年间吴氏父子校刊的《四书集注》，或者是其覆刻本。

吴氏刊本的文本经过吴英、吴志忠父子的校勘，与当时流行的《四书大全》系统的文本不同。中华书局《新编诸子集成》本《四书章句集注》附录吴氏《四书章句集注定本辨》一文，吴氏在文中举了三个例子说明自己的考订方法。中国书店版、艺文版都不收这篇文章，但正文自然都是经过吴氏考订的。吴氏的考订工作至嘉庆十六年（1811）才完成，嘉庆十年（1805）的扬州鲍氏《四书五经》不可能吸收吴氏的校定成果。实际上，鲍氏本的《四书》部分就是《四书大全》系统的文本。后人对吴氏校定本的评价极高，到最后《新编诸子集成》选用吴氏本为底本，已经形成吴氏本独行天下的局面。有一点我们应该注意，吴氏刊本出现的时间较晚，乾嘉学者诵习的自然是《四书大全》系统的文本，就算在嘉庆以后，《四书大全》系统的文本也并没有马上被淘汰。吴英自述其校定工作曰："斯役也，固幼学壮行者所不屑为之事也。乡使英于屡踬场屋之年，即得所愿，则儿（按：指吴志忠）当亦相从于青云之路，求所谓通经致用之学而学焉，又奚暇为此学？"可见他们对《四书集注》进行校定研究，在当时属于特殊行为。乾隆年间翟灏校勘《四书》而作《四书考异》，甚负盛名，阮元也将其"条考"部分收入到《皇清经解》里。可是翟灏的校勘对象只限于《四书》经文，所以"汉学"家也很重视，而吴氏校勘的重点就在朱注上，两者的工作不可同日而语。北京大学图书馆也有一套光绪三年（1877）江苏书局汇刊的《四书五经》，《春秋》用的是《钦定左传读本》，即上引陶湘《清代殿板书目》所说道光二年（1822）颁行的书。不用鲍氏《三传》而换用新颁行的《读本》，堪称善于与时俱进。但他们的《四书》部分仍然是《四书大全》系统的文本，没有改用出现时间比《左传读本》更早的吴氏校定本。想来对于志在一举成名、"通经致用"的应举学生，吴氏的校定工作意义不大。《四书大全》系统的文本即非朱子定本，仍是朱子初本，朝廷也没有表示废用，与其招致标新立异之嫌，不如用旧本较为保险。只有到后来科举停废，没有人为了考试自幼背诵《四书集注》，学者开始用研究的眼光看《四书集注》，自然觉得通俗的《四书大全》系统文本不可取，认为只有吴氏刊本才好。实际上，也不是所有人都开始将注意力集中于朱子定本，真正注意吴氏校定内容的应该只限于极少数学者，对绝大多数读者来说，吴氏校定本与《四书大全》系统文本在实用价值上几乎没有任何差别。只是风气所趋，大家都觉得《四书大全》系统的版本已经过时，如此而已。国学整理社以"整理"国学自任，不会认同过去为了科考背诵《四书五经》的旧套，缩印扬州鲍氏《四书五经》的《五经》，而《四书》部分换用吴氏刊本，自在情理之中。他们不仅不用《春秋胡传》，也不用后来较通行的《钦定左传读本》，而用鲍氏《三传》汇编本，也是出于同样的考虑。

明代的《四书五经》，《四书集注》用《四书大全》系统文本，《春秋》用《胡传》。乾隆以后《胡传》被废，以后的《四书五经》刊本改用《左传》杜注。这样，已经不是真正的"宋元人注"了。国学整理社沿用"宋元人注"的名称，是保留乾隆以前的习惯。嘉庆年间，扬州鲍氏利用《钦定汇纂》，并吸收《四库全书提要》等新成果，新编一种《春秋三传》（尚不知是鲍氏新编，还是鲍氏之前已经有如此编撰者）；稍后吴氏父子对《四书集注》进行较科学的文献学整理，刊行一种新版本。国学整理社采用的就是鲍氏《四书五经》的《五经》部分以及吴氏校定的《四书》，分别反映这种新的整理内容，并不代表乾隆以前的传统内容。但道光以后，未经吴氏校定的《四书大全》系统《四书》文本仍然盛行，所以同治年间仍然有人覆刻《四书》部分用《四书大全》系统文本的鲍氏《四书五经读本》；道光二年，《春秋》又出现《钦定左传读本》，所以光绪年间又出现《春秋》部分换用《钦定左传读本》、《四书》部分仍用《四书大全》系统文本的新一套《四书五经读本》。国学整理社要尽量脱离科举旧习的窠臼，所以不取《四书大全》系统的《四书》版本，不取《胡传》，也不取《钦定左传读本》，而选用鲍氏《四书五经》的《五经》部分和吴氏《四书》

部分，搭配成又一种《四书五经读本》，是崭新的。可以说国学整理社的《四书五经》反映的是民国时期对《四书五经》的代表性认识，既非明代的《四书五经》，又非清代的《四书五经》，是糅合不同时期因素而成的。《四书五经》是传统文化的核心经典，"《四书五经》宋元人注"是明代以来传统的概念，然而具体内容因时而异。传统文化就是这样不断变化的。

二、殿本《通典》的底本

王文锦老师校勘的中华书局版《通典》是近几十年来最重要的古籍整理成果之一，虽然不断有人发表修改意见，王老师自己也一再进行补校，但既已取得的贡献是有目共睹的。而王老师对此并不完全满意，曾经告诉笔者说希望将来有人重新整理出更好的校点本。他认为中华版以殿本系统的书局本为底本，没能用北宋本为底本，是一个遗憾。另外，在他校方面再多下工夫，应该能够校出更多问题。当时没能用北宋本为底本，是因为日本影印出版北宋本在他们开始进行校点工作之后。中华书局约请多人分卷校点，要求按照王老师订立的校点凡例去做，事涉多人，不便中途改动工作条例，因而无法改换底本。

殿本系统的书局本是流传最广、最普及的版本。在影印北宋本没有出现之前，选择书局本作为底本，是合理的。可是，校勘的结果显示，殿本错误的情况非常严重，虽然改动的结果往往文从字顺，但毕竟与北宋本、南宋本不合，而且北宋本、南宋本的文字自有根据，只能认为殿本凭臆窜改，必须出校改从北宋本。所以王老师说应该用北宋本为底本，再整理一次。从高起点上开始工作，更容易提高水准。这种判断无疑是正确的，笔者也希望将来出现那样的新校点本。至于"殿本窜改"的说法，有必要具体讨论，因为"殿本窜改"往往有所本。

日本影印的北宋本《通典》精装九本，最后一本是"别卷"，除了对底本缺卷、补抄部分提供南宋版、元版的影印外，还有尾崎康先生的"解题"，对《通典》的各种版本有系统详细的论述。尾崎先生介绍的《通典》版本，除了北宋、南宋、元版外，还有三种明版、一种朝鲜活字版、殿本系统诸版本以及《增入诸儒议论通典详节》的各版本。"解题"后面还有《选举典》卷十三至十八共五卷的"对校一览表"，长达六十页，详细表列上述几种版本的文字异同，让我们从文字内容方面探讨这几种版本之间的关系。

通观"对校一览表"，可以看出北宋本、南宋本、元本属一类，三种明刻本、朝鲜活字本、殿本属另一类，同类不同版本之间文字多一致，而两类之间文字差异较大。这种归类，与中华版《点校前言》有关版本的论述也相符合。中华版《点校前言》进一步说到殿本"基本上是据王吴本校刻的，又有许多改动"。由于殿本不是覆刻某一种旧版本，而是经过校勘、择善而从、又有许多改动的新版本，因此不便确定它的底本为某一种旧版本，只能说"基本上是据王吴本校刻的"。但从"对校一览表"看来，三种明刻本之间的关系似较复杂，中华版对殿本主要所据版本的论定，需要重新讨论。

用文字异同的情况来讨论版本系统，需要慎重考虑每条异文的不同意义。比如说，"对校一览表"所列出的异文有很多不过是异体字或通用字，一致不一致，偶然的因素很大。还有一些异文是由于校勘而产生，所据底本不同，也会得到相同的校改结果。比如卷十三引汉景帝后元二年诏，其下小字注"限赀十万乃得为吏"，北宋、南宋、元本以及两种明刻本、朝鲜活字本皆作"乃时为吏"，唯独王吴本与殿本作"乃得为吏"。可是这部分文字出于《汉书》注，只要核对《汉书》注，都会校定作"乃得为吏"，因此这些例子不适合作为讨论殿本主要底本的依据。只有全面进行认真校勘，才能确切地判断各种异文的意义，从而推定殿本的主要底本。笔者现在不具备这种条件，但仍然可以做简单的推测。用不同的底本，经过校改，也会变成同样正确的文本；但同样的错误，通常不可能是校勘的结果，而是因袭旧版本而已。依据这种原理，我们挑中华版有校记的地方核对"对校一览表"，不失为比较简便的方法，因为中华版有校记，说明那些异文并不是单纯的异体字或通用字，而是殿本的错误。结果发现，殿本的错误往往与王吴本、李元阳本一致，而且有不少地方只有李元阳本与殿本错误相同，其他诸版本都不一致。举卷十七为例，中华版有一百一十二条校记，其中有第十五、二一、三二、三四、四〇、八四、八八、

八九、九一、九三、一〇二、一〇九条校记的共十二处,只有李元阳本与殿本同样错误。我们似乎有理由怀疑殿本的主要底本是李元阳本,而不是王吴本。

中华版《点校前言》认为殿本的主要底本是王吴本,是因为点校时没有见过李元阳本。这大概是因为李元阳本每卷后附录"宋儒议论",并不是纯粹的《通典》。其实,李元阳本除了"宋儒议论"部分以外,正文部分并没有增删,仍然是完整的《通典》。如果我们从"对校一览表"中去掉李元阳本的栏位,就会看到大量只有王吴本与殿本同样错误的情况。所以必须承认,在没有见到李元阳本的情况下,他们的判断是合理的。现在我们知道李元阳本了,认定李元阳本为殿本主要的底本乃是合理的推测。但又有谁能保证不存在比李元阳本更接近殿本的版本。如果存在的话,我们的推测又需要修正了。

虽然我们推测殿本的主要底本是李元阳本,而不是王吴本,中华版《点校前言》殿本"基本上是据王吴本校刻的,又有许多改动"的判断,也不能说完全错误。可以说完全错误的是,校记中多次出现的"清人擅改"的说法。如《选举典》有四条校记指出"清人擅改"(卷十四第九十四条,卷十六第二十条、第三十八条,卷十七第十五条),说殿本妄改文字。实际上,殿本这四处的文字都与李元阳本一致,换言之,擅改的是明人,清人是因袭明人的错误而已。我们不得不说这四条校记是错误的。

过去常说"明人刻书而书亡",但明版其实不一定都那么糟糕。现在我们多认为殿本往往擅改文字，其实我们对殿本也并不太了解。王老师他们校勘殿本系统的《通典》，等于对殿本的文字做过全面深入的研究，但他们也没有搞清殿本的底本，误把因袭明本的错误归咎于殿本擅改。前人对明本、今人对殿本，认识上出现偏差，问题的根本在于不了解。看到殿版文字内容问题较多，遂认为是殿本擅改，而不知殿本另有所本，是只知其一，不知其二；看到有些明本文字内容问题较多，遂认为明本都不好，忽视明本也有好版本，是以偏概全；没摸过明版书，没读过殿本，而认为那些都不是好版本，不屑一顾，是人云亦云。我们可以通过更具体更深入的研究，逐渐纠正这些错误的或者肤浅的认识。然而，反过来看问题，我们也不可能要求每一个人对所有明版或殿本一本一本进行深入的研究。既然不能那样专门研究，不人云亦云，不以偏概全，我们甚至无法认识这些对象。或许可以说，形成这些错误或肤浅的认识，是因为我们不太重视这些版本。现在有点校本，有影印宋本，还有多少人关心明版书和殿本？换个角度也许可以说，我们的社会状况规定了我们对这些历史事物的认识的深浅。我们不是万能的，认识能力毕竟有限，某些方面知道得多，其他方面知道得必然要少。每个时代、每个社会关注的重点不一样，这就产生每个时代、每个社会对同样事物的不同认识。那些错误的或者肤浅的认识，都打上了时代或者社会的烙印。必须知道，不管在什么时代、什么社会，人类的认识都免不了这些错误和肤浅。

三、问题的提出

上面讨论有关版本的两个问题。但笔者并不是版本学家，所以笔者的结论是问题的提出。首先，希望有人对清代《四书》《五经》的版本做全面的调查，让我们知道到底存在过哪些版本，这些版本的内容如何，互相之间的关系如何，流传、影响的范围如何。也希望有人研究《通典》等殿本的底本以及校改问题，让我们对殿本有更深入、更正确的了解。除了这些具体问题之外，还有一个有关版本的根本问题则是，我们到底能知道什么？刘先生没见过鲍氏《四书五经读本》，误以为《春秋三传》是国学整理社编的；王老师没见过李元阳本《通典》，误以因袭为擅改。他们就是因为少见一种版本，下过错误的判断。我们自当引以为戒，在自己研究的时候，要注意网罗所有相关版本。可是，这一点我们实际上无法完全做到。我们的精力、条件都有限，要看各地图书馆收藏的多种版本，实在不容易，更何况还会有已经失传、谁也无法看到的版本。人非上帝，没有人有能力知道历史上存在过的所有版本。我们能看到的毕竟有限，从而我们的判断总是包含着错误的可能性。

最近偶然有机会重读程千帆的论文《张若虚〈春江花月夜〉的被理解和被误解》。很久以前读的时候，只觉得他通过描述一篇唐诗由隐之显的遭遇，折射出文学思想的长期转变，饶有趣味。这次重读，我发现这篇文章真正有价值的是他对历史认知问题的深层认识。文章末尾这样写道："每一理解的加深，每一误解的产生和消除，都能找出其客观的和主观的因素。认识，是无限的。今后，对于张若虚《春江花月夜》的理解将远比我们现在更深，虽然也许还不免出现新的误解。"笔者上文说过我们的认识能力有限，是就个人或某一历史阶段而言；程先生说认识是无限的，是就人类或整个历史过程而言。历史上人们对《春江花月夜》的理解有过逐渐深化的过程，与此同时人们对它也不断地产生过不同的误解。不仅过去如此，现在如此，将来也会如此。所以说，认识是无限的。将来的理解总会比现在更深刻，反过来说，现在的理解不是最深刻的，而且永远不是。在我们的理解越来越深刻的同时，我们也不可避免地不断地产生新的误解，而且永远如此。历史大概是不断往前发展，或者至少是螺旋式发展的。但无论什么时代，人们对历史事物的认识总是有局限，永远不会达到最完美的终点，永远不会有最后的定论，我们怎么知道哪一方向才是前方？实际上，我们根据自己有限的认识，假设一个完美终点或者一个方向，才能看出历史发展的脉络。我们说近代学者对《春江花月夜》的认识比明代人更深刻，也是以自己对这首诗的理解为标准从而得出的判断。人类认识的历史会永远发展、不断变化下去，也没有固定的发展方向，而我们正是在这个过程当中形成属于自己的历史认知。这不是什么后现代，而是程老先生在1982年的文章中给予我们的启示。

人类的认识是无限的，所以个体的认识只能是有限的。因为有限，我们应该谦虚，应该谨慎；因为无限，我们的世界才有无穷的意义。我们研究历史，是否也要想想我们是怎样面对无穷的历史事物以及无穷变化的历史认识的？

本文报告于 2005 年清华大学召开的"首届中国经学学术研讨会"，发表在《中国典籍与文化》2005 年第 4 期。

札记：孙觉《春秋经解》

孙觉《春秋经解》有通志堂本、聚珍本、《四库》本及《正谊斋丛书》本。

> 《郑堂读书记》著录《春秋经解》十五卷"通志堂专刻本"，周氏云："康熙丙辰，纳喇容若得旧本重刊，并为之序，以补所刊《经解》之未备云。"（按：通志堂刻本《春秋经解》，未见。中国大陆与台湾影印《通志堂经解》均据同治重刻本，固不收此书。纳兰性德《通志堂集》收录其《刻春秋经解序》。）

《四库全书》本十三卷，十二公各一卷，独庄公分上下两卷。其卷一、卷二（即隐、桓）内容全同孙复《尊王发微》，盖传本偶缺，取孙复书冒充者。聚珍本十五卷，隐、桓、庄各分上下，首四卷（即隐、桓）未误据孙复书，《丛书集成》用聚珍本排印，可用。文渊阁本书前《提要》、《总目提要》均以十三卷为正，特辨陈振孙《书录》作十五卷为误，《玉海》作"《学纂》十三卷"为是，此乃为伪本所误。后朱彝湖编聚珍版，得秦恩复所藏通志堂刻本，始悟《四库》本首二卷之伪，遂改从通志堂刻本。故聚珍版所载《提要》亦经修改，以十五卷为正，辨《玉海》作十三卷为误，陈振孙作十五卷为是。

> 姚元之《竹叶亭杂记》云："《通志堂经解》，云云。书中有宋孙莘老《春秋经解》十五卷，而目录中无之。山东朱鸢湖在武英殿提调时得是本，以外间无此书，用活字板印之，盖以通志堂未曾付刻也。其时校是本者，为秦编修敦甫恩复，秦家有通志堂刻本，持以告朱，朱愕然，不知当日目中何以缺此也。秦云，据其所见，为目中所无者，尚不止此。岂是书（按：此谓《通志堂经解》）有续刻欤？"

【补白】陈澔《礼记集说》十六卷本有《再造善本》影印北图藏本，而北图藏本缺卷七、卷八，故我们后来到内阁文库申请复制卷六至卷八。多复制卷六，是因为内阁文库申请复制要以一册为单位，而此部卷六至卷八为一册。于是持此多出之卷六与《再造善本》影印本对校，发现两者虽属同版，而北图藏本颇多补版。卷六凡二十七页，而其中第一页至第十四页及第二十三页共十五页皆补版。唯补版字体风格酷似原版，故只有直接用早印本对校始可辨识。第二十三页左半页第九行注"四世而缌"，北图本"四"讹"酉"。北图藏本当著录为"元刊元修"。若非对校不易察觉，特此补白。

古籍整理中的存真标准问题

乔秀岩

一、古籍复制的存真标准

现存南宋初期刊本当中，有不少已被认定为北宋刊本的覆刻本。据版本研究者介绍，这些南宋覆刻本的风格与北宋原刊本基本类似，所以很多南宋覆刻本过去被误认为北宋本，可是若能拿出来对照看，哪一种是原刻本，哪一种是覆刻本，往往立竿见影，因为北宋原刊本的文字接近手写楷体，圆润遒劲，而南宋覆刻本的笔画则趋于单纯化，线条直线化，差异明显。由于现存北宋刊本数量非常有限，因此现在能够直接对照北宋原刊本和南宋覆刻本的，只有《通典》等极少数样例，可是通过这些典型例子，我们可以认识到原刊本与覆刻本各自不同的特点，依此类推，有助于辨别原刊本和覆刻本。

实际上，在南宋以后到民国时期的整个雕版印书的历史过程中，覆刻本[①] 种类和数量之多应该远远超过原刊本，

---

① 为行文方便，本文对覆刻本、影刻本、摹刻本、仿刻本等词汇的不同含义不加以分别，一概用"覆刻本"这一广义的概念。

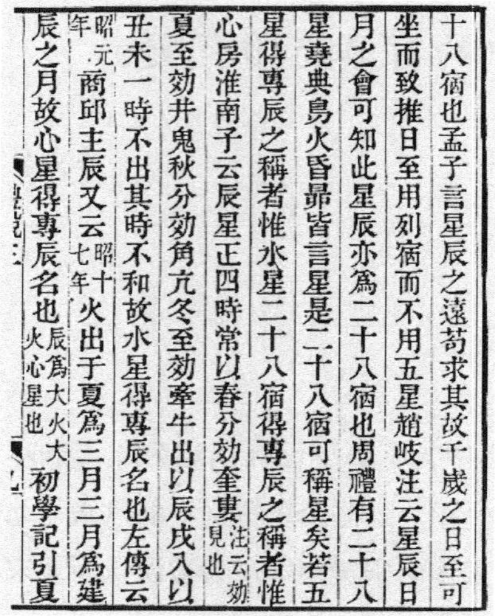

十八宿也孟子言星辰之遠苟求其故千歲之日至可坐而致推日至用列宿而不用五星趙岐注云星辰日月之會可知此星辰亦爲二十八宿也周禮有二十八星堯典鳥火昏昴皆言星是二十八宿可稱星矣若五星得專辰之稱者惟水星二十八宿得專辰之稱者惟心房淮南子云辰星正四時常以春分効奎婁注云効見也夏至効井鬼秋分効角亢冬至効牽牛出以辰戌入以丑未一時不出其時不和故水星得專辰名也左傳云昭元年商邱主辰又云昭十七年火出于夏爲三月三月爲建辰之月故心星得專辰名也辰爲大火大火心星也初學記引夏

图版一：道光三十年（1850）刻本《求古录礼说》（《孔子文化大全》影印本）

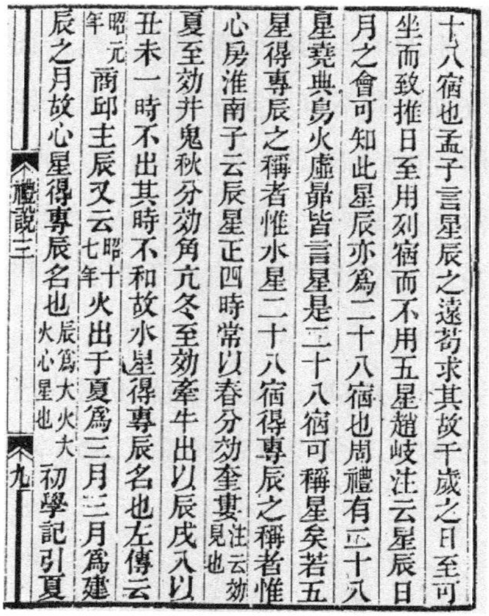

十八宿也孟子言星辰之遠苟求其故千歲之日至可坐而致推日至用列宿而不用五星趙岐注云星辰日月之會可知此星辰亦爲二十八宿也周禮有二十八星堯典鳥火虛昴皆言星是二十八宿可稱星矣若五星得專辰之稱者惟水星二十八宿得專辰之稱者惟心房淮南子云辰星正四時常以春分効奎婁注云効見也夏至効井鬼秋分効角亢冬至効牽牛出以辰戌入以丑未一時不出其時不和故水星得專辰名也左傳云昭元年商邱主辰又云昭十七年火出于夏爲三月三月爲建辰之月故心星得專辰名也辰爲大火大火心星也初學記引夏

禮說二　九

图版二：光绪二年（1876）覆刻本《求古录礼说》（《续修四库全书》影印本）

也超过我们的想象。随着图书馆事业和版本学研究的发展，我们认识到的覆刻本种类越来越多，现在应该考虑过去只认为是一种版本的，其实可能包括很多种覆刻本在内，历史上好像曾经存在过大量的覆刻本，还没有被我们认知。这里随便举一个覆刻本的例子，看看这种覆刻本与原刊本多么像。图版一是金鹗《求古录礼说》的原刊本，图版二是覆刻本（卷三第九页）。因为是清代中期学者的著作，时代近，原刊本刊行以及制造覆刻本的经过可以了解得很清楚。据有关记载，原刊本刻成不久，原版即被毁，印本流传甚少，所以有覆刻之举，时间相差只有二十几年。制作覆刻本的时候，原刊本已经较难看到，可是二十几年前的普通刻本，虽然内容重要，自然没有什么文物价值。但我们对照两个版本看，覆刻本复制得非常逼真，几乎看不出什么不同来，只有如最后一行第五个字"心"原刻本往上钩的末笔拉得很长而覆刻本短等细微差异，并没有字体风格方面的不同。这里自然也要考虑到原刊本虽然用些古字，但笔画线条已经标准化，所以二十几年后的刻字工仿刻起来也很顺手，不像北宋本接近手写楷体，对刻工要求较高。虽然如此，这种覆刻本本来没有必要做到以假乱真，可是做出来的结果却与原刊本一模一样，这一点值得我们注意。另外也应该指出，第四行第六个字原刊本有误，覆刻本已经改正过来了。覆刻本对这些校改的地方，另编一篇《校勘记》附在书后，可见他们编辑态度的认真。这就是说，覆刻本在文字笔画方面刻得毫毛毕真的同时，对原刊本中的错讹字也进行了积极的校改。其实，

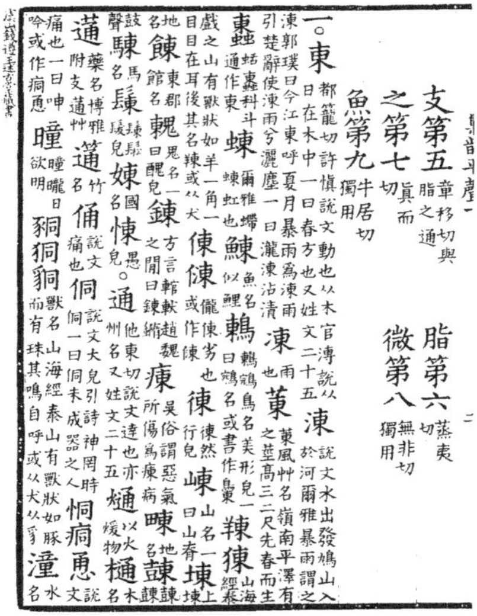

图版三：钱曾影宋抄本《集韵》（上海古籍出版社影印本）

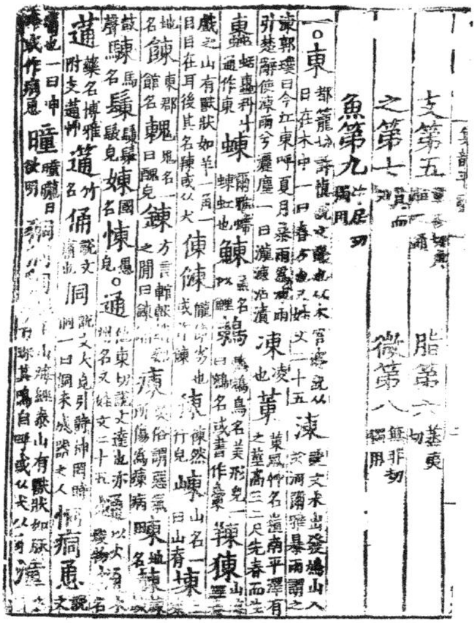

图版四：宋版《集韵》（《常熟翁氏世藏古籍善本丛书》影印本）

南宋初期覆刻北宋本也有很多校改的地方，虽然没有任何说明。从文字校改这一点看，可以认为他们制作覆刻本的目的并不在单纯地保存原刊本的原始面貌，这跟照相是不一样的。

与上述南宋覆刻北宋本、《求古录礼说》等不同，有些复制本是认定古版本的文物价值，刻意仿制的。明末清初的藏书家毛晋（汲古阁即其藏书处）做过多种影宋抄本，是完全摹写宋版书，后来的藏书家都非常重视这些"毛抄本"，认为仅下宋版一筹。图版三是比毛晋稍晚的钱曾命人制作的影宋抄本。幸好它的底本现在还存在，几年前也有影印本出版（图版四），可以比较。可以看出，影抄本字体风格与底本基本一致，因为笔写与刀刻毕竟不同，不能说完全一样，也应该说可以传神。不仅如此，底本是后印本，很多地方漫漶不清，但影抄本字画完整，比底本更干净。钱曾有"佞宋"之称，对宋版书嗜爱如命。他留下的影抄本仿佛体现着他对宋版书的痴情。

影宋抄本价值很高，可是影抄本只有一本，远没有覆刻本的影响大。制作覆刻本最著名的是黄丕烈，他也钟爱宋版本，干脆自号"佞宋主人"。他在嘉庆年间编刻的《士礼居丛书》包括几种覆宋刻本，刻印极讲究，后世的评价也很高，至同治年间其中好几种书都被覆刻，清末民国间也有几种整套丛书的影印本。且看其中《仪礼》的编刻情况。《仪礼》是覆刻宋严州本，后来严州本原本亡佚，现在无法核对。可是据黄氏自己的介绍，他在刻意保存严州本原貌的同时，也进行了必要的校订工作。书前的《精校重雕缘起》说：

> 今以陆、贾、李、张四家之书校此本刊行之。不
> 尽改其字于十七篇内者，存严刻之旧面目也。必为校
> 语以附后者，犹忠甫"识误"之意也。

书后附录《续校》的识语说：

> 余于是刊，悉存严本面目。其中讹阙断坏之字，
> 间据陆、贾、张、李四家书是正完补，即《校语》有
> 未尽举出之字，多见芸台侍郎《仪礼校勘记》及段若
> 膺《仪礼汉读考》中，读者自能得之。

据此可知底本也有漫漶不清以及讹误之处，他对此进行了精
细的校勘工作，但正文部分没有完全校改，注意保留了底本
的原貌。

黄氏做过的影刻本也有完全保留原样，没有做过校改
的。图版五是黄氏覆刻钱曾影抄宋本《孟子音义》，书耳部
分"虞山钱遵王述古堂藏书"与图版三的钱氏影抄《集韵》
一模一样，可见黄氏的覆刻非常传神。黄氏在《跋》中说：

> 余偶得影宋钞本，为虞山钱遵王述古堂藏书，即
> 以付梓。其用为校勘者，复假香严书屋藏本，系汲古
> 阁影宋钞，与此同出一源。卷中有一二误字，两本多

> 同，当是宋刊原有，且文义显然，读者自辨，弗敢改
> 易，致失其真。

据知，他在覆刻之前还是进行过比较仔细的校勘。可是校勘的结果认为那些错讹字应该是宋刊本本来具有，并不是由影抄造成的，而且依据文义内容很容易看出是什么字的错讹，不会让读者迷惑或误解，所以决定不校改，完全按照底本覆刻。《孟子音义》篇幅很小，也应该是让他选择这种处理方法的一个因素。

　　黄丕烈等人注意保留底本的面目，可是并不是机械地去复制古版本，而是经过精详的校勘，该改补的改补，不必改动的就不改动，考虑得很周到。流传到后世的宋版书往往是后印本，很多地方漫漶不清，像图版四的《集韵》那样。制作覆刻

图版五：黄丕烈覆刻钱曾影宋抄本《孟子音义》(《吉石盦丛书》影印本)

古籍整理中的存真标准问题

禮記卷第二

檀弓上第三　禮記　鄭氏注

公儀仲子之喪檀弓免焉　故為非禮以非仲子
免袒也　仲子舍其孫而立其子　此其所友皆在他邦
檀弓曰何居我未之前聞也　蓋魯同姓禮朋友皆在他邦
趨而就子服伯子於門右曰仲子
舍其孫而立其子何也　去實位就主人兄弟之賢者
昔者文王舍伯邑考而立武王微子舍其
孫腞而立衍也夫仲子亦猶行古之道也

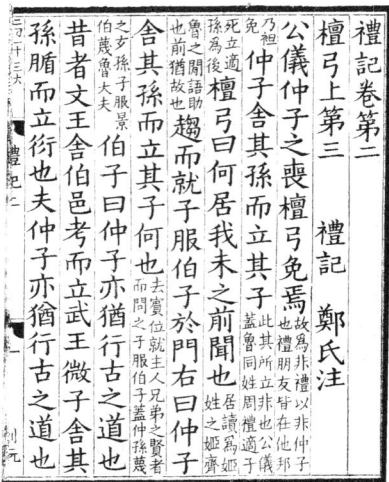

图版六：清嘉庆十一年（1806）
覆刻宋抚州本《礼记》

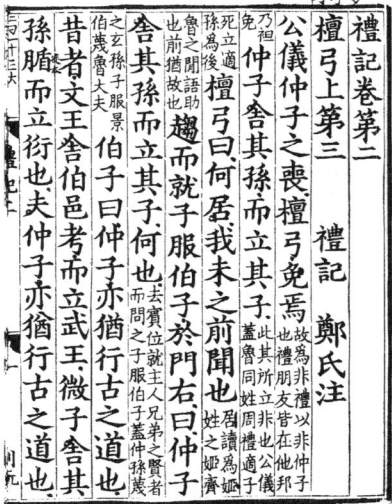

禮記卷第二

檀弓上第三　禮記　鄭氏注

公儀仲子之喪檀弓免焉　故為非禮以非仲子
免袒也　仲子舍其孫而立其子　此其所友皆在他邦
檀弓曰何居我未之前聞也　蓋魯同姓禮朋友皆在他邦
趨而就子服伯子於門右曰仲子
舍其孫而立其子何也　去實位就主人兄弟之賢者
昔者文王舍伯邑考而立武王微子舍其
孫腞而立衍也夫仲子亦猶行古之道也

图版七：宋抚州本《礼记》
（《古逸丛书三编》影印本）

本的时候，先就原本制作影抄本，再把影抄本作为底稿进行雕版。影抄不可能把那些版面的磨损状况如实地表达出来，覆刻本也不可能把这些原本难看的地方直接提供给读者。笔画不完整的要补完整，有些不应有的错讹字也该改掉。但有些错讹字是宋版原有的，而且容易辨识或者另有校记可以让读者知道，不进行校改，保留原貌，并不影响覆刻本的价值。

图版六是嘉庆十一年（1806）张敦仁覆刻的宋本《礼记》，是清代最有名的覆宋刻本之一。主持覆刻工程的是顾千里，顾氏也曾为黄丕烈主持覆刻。底本为宋抚州本，现归北图典藏，十几年前也有影印本（图版七），我们可以对照来看。覆刻本的笔画比原本细，而且线条明显单纯化、直线化，大概是因为以影抄本作覆刻底稿，受到不可避免的技术限制。虽然如此，版式特点、文字笔画结构等，仍然忠实于底本。另外值得注意的是，原本有眉批、标点，被覆刻本统统删去。有人认为这些眉批也出自宋代人手笔（2013年补注：2012年北京大学出版社出版《儒家典籍与思想研究》第四辑收录廖明飞《抚本礼记金履祥批点小识》可参），如果是的话，自然也很有价值，可是覆刻本不考虑保留这些。似乎可以认为他们覆刻的目的在于恢复宋版的本来面貌，并不在保存这一传本的现实状态。

光绪九年（1883）莫祥芝覆刻宋本《毛诗要义》，是据两种影抄宋刊本以及几种抄本校勘编订的。实际承担编刊工作的学者萧穆留下一篇文章，透露具体校订工作的情况。他说，影宋抄本文字脱讹甚多，而且两种影本脱讹情况基本一致，可以推测宋版原来就有那么多讹脱字。这种情况与上面介绍的《孟子音义》类似。于是萧穆说：

> 其脱讹不可读者，亦就原书所引古书善本及阮芸
> 台相国《校勘记》稍为改正，不过十之二三，恐大失
> 魏公之旧也。

他说魏了翁的原书大概就有那么多脱讹，如果改正了反而失
去原书的面目，可是完全不改动底本也显得太乱，有些地方
简直无法阅读，只好对一部分讹脱进行校改，大部分仍旧。
这种处理方法与上面介绍《仪礼》的情况类似，只是随意性
好像比黄丕烈他们更大一些。既然是覆刻本，自然要尽量保
存底本原貌，但与此同时也不得不考虑文本的可阅读性。文
字错讹若很严重，没法阅读，只能校改。只有像《孟子音
义》那样文义浅显，即使有错讹读者也不难发现，才可以不
改动底本。可见覆刻本的编者们首先对文本进行详细认真的
校勘，然后考虑各种因素，编订雕版底稿。

到了清末民国时期，已经有照相制版技术，古籍善本
书可以影印，不须再用木版摹刻了。照相影印可以做到毫发
毕现，不仅比雕版影刻简便省事，也可以避免覆刻失去原
本风韵的缺点。假使毛晋、钱曾那些人在当时能用上照相
机，无疑会欣喜若狂；黄丕烈他们能用上影印技术，也应该
会制作大量的影印本。照相影印技术具有划时代意义，它的
出现似乎意味着木版摹刻技术将被淘汰，但历史的发展却并
不那么简单。图版八是《方言》的三种复制本。一种是傅增

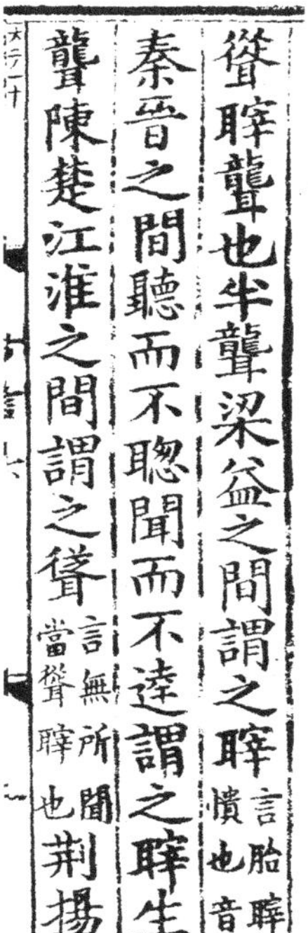

聳聹聾也半聾梁益之間謂之聹言胎聹煩憒也音宰秦晉之間聽而不聰聞而不達謂之聹生而聾陳楚江淮之間謂之聳言無所聞當聳聹也荊揚之

《四部丛刊》石印本

聳聹聾也半聾梁益之間謂之聹言胎聹煩憒也音宰秦晉之間聽而不聰聞而不達謂之聹生而聾陳楚江淮之間謂之聳言無所聞當聳聹也荊揚之

傅氏覆刻本

聳聹聾也半聾梁益之間謂之聹言胎聹煩憒也音宰秦晉之間聽而不聰聞而不達謂之聹生而聾陳楚江淮之間謂之聳言無所聞當聳聹也荊揚之

傅氏珂罗版影印本

图版八：宋版《方言》复制本三种

湘制作的珂罗版影印本，一种是傅增湘制作的覆刻本，一种是《四部丛刊》影印本。显而易见，所据底本是同一个宋版《方言》，这一宋版原本现在也归北图典藏。傅增湘于民国元年（1912）购得原本，缪荃孙见到后劝他复制，于是傅氏"先浼绥经同年寄日本小林氏制珂罗版百部，旋又属艺风督陶子麟精摹付刊"。就是说，先做珂罗版一百套，又做了覆刻本。实际上，不仅傅氏如此，其他如潘明训复制宋版《礼记正义》，董康（即上引傅氏语中的"绥经"）复制宋版《周礼注疏》等，都是珂罗版与覆刻本同时并做。既然有珂罗版，他们为什么还要做覆刻本？对这个问题最简单的答案是技术上的原因。珂罗版是效果最精美的影印技术，但要印得效果最好，必须依赖熟练工人的技术，所以傅氏也要托董康让日本的专业技师制作。而且珂罗版不适合大量印刷，一个版片印到一百张，如要继续印刷需要清洗保养版面，由于版面经不起反复的摩擦，最大印数不超过三百乃至五百张〔技术介绍据《中国印刷近代史（初稿）》〕。傅氏印的就是一百部，据说潘氏的珂罗版《礼记正义》也是一百部，傅氏对珂罗版《周易正义（单疏本）》也说"数百年孤行之秘籍化为百本"，可见珂罗版的印数是一百部，至少是当时人们较普遍的概念。（2013年补注：董康影印《刘梦得集》亦云"属小林氏用佳纸精制百部"。）所以若希望善本古籍广泛流传，只做珂罗版自然不够用，必须再做雕版印本以应广大读者的需求。这是技术方面的原因。可是通过上面对清代复制古籍情况的简单介绍，我们也可以看到照相影印本还不能满足他们对覆刻本的要求。清代覆刻本的目标并不只是制作底本的复印本，而是要提供适合学者阅读的精良版本，要制作比底本更好、更理想的新版本。从这个角度来看的话，《方言》的珂罗版确实还有遗憾。这个宋本也是经过长期刷印、版面开始漫漶的后印本，很多地方字画模糊不清，再加上后来保存不好，有些地方有蛀蚀残破，很不完美。习惯于看黄丕烈等复制的精美古籍版本的人，心中自然会兴起要把它做成更完美的覆刻本的愿望。于是有傅氏的覆刻本。对照图版八的珂罗版与覆刻本，覆刻本的字画比原本细，线条单纯化、直线化，情况与上面介绍的《礼记》类似。只是《礼记》的底本是早印本，字画清晰，保存也完好，没有缺损，所以不存在校订补缺的问题。《方言》底本条件不好，所以覆刻本进行了校补，可是就在校补这个环节上他们没有做好，又留下了遗憾。就是说，覆刻本校勘不精，校补往往补得不对。图版八的最后一行有注，珂罗版作"言无所闻，常□□也"，两个字已经残损，参考其他版本推测应该是"聋耳"，然而覆刻本补上"聋聍"两个字，并将"常"误"當"，结果文义不通了。覆刻本对底本的文字进行校订，是为了提高文本的质量，底本的阙字要补，讹字要改。可是一不小心，往往会补错改错，反不如底本。所以说，他们要制作比底本更完美的覆刻本，这种初衷无疑是美好的，可是做出来的结果是否理想，还需要具体讨论。

《四部丛刊》是由张元济主持，从民国八年（1919）开始编制，至民国十一年（1922）完成出版的大型古籍影印丛刊。由于收录重要古籍的最好版本，而且用简便的形式、低廉的价格出版，普及最广、影响最大。他们用的是石印技术，成本低，也适合大量印制，但是不能表现颜色浓淡的变化，只能印出黑是黑，白是白，效果比珂罗版差远了。不仅如此，他们在影印之前，对底本进行校勘，也做过"描润"，在这一点上跟珂罗版影印本有本质上的区别。对照图版八的珂罗版与《四部丛刊》本可以看到，《丛刊》本对底本漫漶不清楚的笔画进行描画，补上阙字，做得干净漂亮。就上述底本缺损、覆刻本补字的部分看，《丛刊》本的文字居然与覆刻本一致，珂罗版"常"字虽然不清楚仍然是"常"字，覆刻本讹作"當"，《丛刊》本因袭了覆刻本的讹字。傅增湘他们一方面制作珂罗版影印本，追求保存底本的原来面貌，一方面又制作覆刻本，想要提供比底本更完美的版本。现在《四部丛刊》将这两方面的追求合为一体，用影印的方法来保存底本的风韵，同时用"描润"的方法想要把影印本变成完美的新版本。换句话说，《丛刊》本在外在形式上采用照相影印，是继承制作珂罗版的精神，在文本内容方面采用"描润"的方法，是继承制作覆刻本的精神。这样来看，《丛刊》本《方言》的文字有因袭覆刻本错讹的地方，颇有象征意义。

　　《四部丛刊》对底本进行校改，这一点就在当时也有不少人提出异议。因为这样做的结果，《四部丛刊》的文字不知道是宋版原貌还是出于现代人的校改，不能作为版本根据。宋版原来是"常□□也"，可是《四部丛刊》的读者会误以为宋版就作"當篛䔌也"，确实是个问题。对此从来就有两种不同的观点。一种观点认为，影印本应该保存底本的

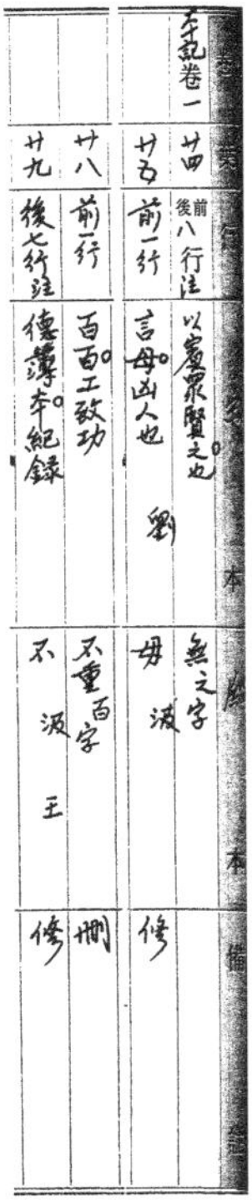

皋陶為大理平〔正義曰皋陶作士〕〔正義曰平天下罪惡也〕伯夷主禮上下咸讓垂主工師〔正義曰工匠若〕〔今大匠卿也〕民各伏得其實　百

王帝紀

工致功益主虞山澤辟〔正義曰辟亦反開也〕棄主稷百穀　時茂契主司徒百姓親和龍主賓客遠人至十

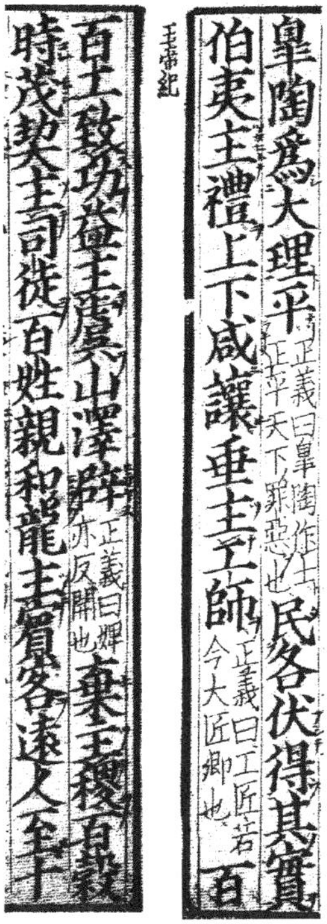

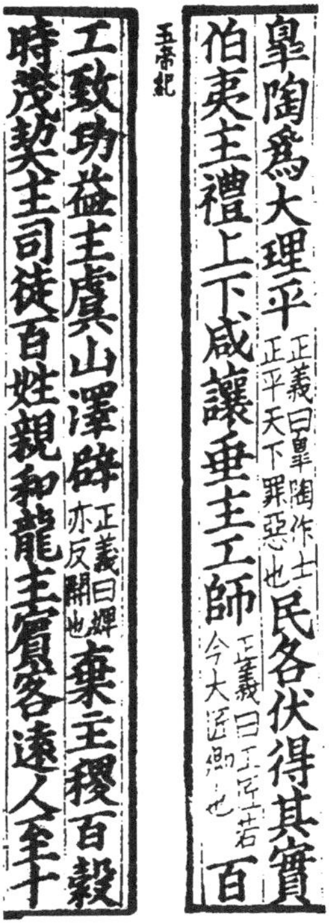

皋陶為大理平〔正義曰〕伯夷主禮上下咸讓垂主工師〔正義曰工匠若〕〔今大匠卿也〕民各伏得其實　百

王帝紀

百工致功益主虞山澤辟〔正義曰辟亦反開也〕棄主稷百穀　時茂契主司徒百姓親和龍主賓客遠人至十

卷一 五帝紀		
廿四		
廿五 前行注 後八行注 以虞泉賢之也	無文字	毋濊
廿六 前行 吉母山人也		
廿八 前行 百面工致功	不重百字	柵
廿九 後七行注 儀傳末紀錄	王	修

百衲本校勘記　　　　　日本影印宋本　　　　　百衲本

图版九:《史记》第一卷

原貌，无论是文字错讹还是漫漶不清处，都不应该做任何加工，否则没有影印的意义。另一种观点认为，既然知道是明显的错讹字，改是应该的，字画不清楚影响阅读，对底版进行描润也是必要的。两种意见互相矛盾，至今还偶尔会看到有些人在争论。可是我们在上面已经看到，这两方面的要求，本来可以分别由珂罗版影印本和精校覆刻本来满足的。现在《四部丛刊》合两者为一体，从文字内容方面来讲，实际上也是一种变相的覆刻本，所以我们也不必求备，只要认识清楚《丛刊》本与底本不一样就好。至于校改得好不好、对不对，自然可以讨论，就像讨论覆刻本一样。

　　《四部丛刊》的《方言》是比较失败的。失败不在于改动文字本身，而在于校勘不精审，轻信傅氏覆刻本。其实，作为一种变相的覆刻本，如果校勘精审，也不失为一种精美的新版本，它的外貌与底本一模一样，只能是优点，不能算缺点。后来张元济他们于民国十九年（1930）至二十五年（1936）之间陆续出版的百衲本《二十四史》就是用与《四部丛刊》同样的方式取得辉煌成功的典范之作。关于张元济其人以及百衲本《二十四史》已经有很多论述，这里不赘述，只介绍一个例子。图版九有百衲本《史记》、日本影印宋本《史记》以及张氏的《校勘记》。百衲本这部分的底本现在也归北图典藏，日本影印本是同一版本的不同印本，不妨作对照之资。这是第一卷第二十七页的末两行和第二十八页的首两行。宋本在改页的地方误重"百"字，而百衲本没有重字。检核《校勘记》可以确定百衲本的底本也跟日本影印本一样误重"百"字，张氏他们看出是错误，所以删掉一个"百"字。删一个字也不能留出空白，所以将以下的字都往上挪，调整字距。他们调整的结果做到了天衣无缝，未留删改痕迹，干得实在很漂亮。可以看到他们要求的标准很高，态度极认真，描润技术也很高超，他们为此确实倾注了大量的精力。当然这也不过是外在方面的问题，百衲本成功的根本原因自然在他们校勘的精审。

这样的影印方法似乎是张元济他们的特殊方式，除了他们之外，民国后期仍然有人制作雕版覆刻本。图版十、十一是董康据宋版《周礼注疏》制作的珂罗版影印本和覆刻本。他在覆刻本的《跋》中说：

> 此书开雕于丙子春（民国二十五年，1936），杀青于庚辰嘉平（民国二十九年，1940），阅时五年，靡资三万有奇。以浙中殷某、池某、王某，河北高某、张某诸君醵资居其强半，余则斥卖旧藏珍笈若干种，以足成之。助余校勘者，则同邑陶某、闽中黄某也。

显然，他投入这么大的精力和财力是为了覆刻本，而不是为了珂罗版。看珂罗版可知底本也是后印本，有漫漶残缺的部分。然而他做出来的覆刻本雕刻印制精美绝伦，远在张刻《礼记》、傅刻《方言》之上。遗憾的是，刚好在编刻这本书期间董康出任华北伪政权的职务，犯下政治上的大错误，于1947年病死狱中〔董氏履历据苏精先生《近代藏书三十家》。

图版十：董氏珂罗版影印宋本
《周礼注疏》

图版十一：董氏覆刻宋本
《周礼注疏》

2013年补注：董康最后病死家中，见2009年中华书局版《近代藏书三十家（增订本）》）。而且其后随着社会的巨变，研读爱好这种古籍的人少之又少，研究者重视客观材料，经过校订的覆刻本被认为没有资料价值，这种版本已经没有人再关注它了。（2013年补注：近二十年古籍买卖价腾贵，董康刻书颇受收藏家青睐。）但我个人认为，他这部覆刻本《周礼注疏》可以视为雕版覆刻历史上的最后一个杰作。它连同百衲本《二十四史》等，都是他们热爱古籍的见证，至今仍然散发着不可抵挡的魅力。〔2013年补注：宋人校定古籍，必待刻版乃成定本，见平冈武夫《村本文库藏王校本〈白氏长庆集〉——走向宋刊本》（译文见北京大学出版社《版本目录学研究》第四辑，2013年）。直至清代、近代，人们都不满足于活字本、影印本，希望用刻版的形式将重要文献固定下来，以求传之久远。例如李兆洛身后弟子们整理遗稿的情况，见《续修四库》影印《养一斋文集》诸跋。又如民国四年叶德辉排印《通历》，有识语云"取活字排印二百部，以备读史者之参稽，异时再付梓人，流传当益久远"。民国十四年（1925）陶珙朱墨套色石版影印钱毂手抄《游志续编》，识语云"原本纸黄墨黯，影石不能无毫发之憾，模写锓梓，俟诸异日"。〕

六七十年代的影印本也有经过较精详校勘的。如中华书局1965年影印出版的《四库全书总目提要》、1977年影印出版的《文选》，都对正文加断句，书后附《校记》。这些《校记》虽然都比较简单，但对读者确实提供了很大的方便。至于1992年影印出版的《五音集韵》、2000年影印出版的《古今韵会举要》，书后都附有宁忌浮先生的《校订记》，具有很高的研究价值。这不妨说是一种独立的研究著作，已经超出出版编辑工作的范畴。有些影印本也对正文进行过校改。如中华书局影印的《十三经注疏》1979 年的《影印说明》说"改正文字讹脱及剪贴错误三百余处",可是不说明更具体的情况,而且后来多次重印好像也有所校改,只能认为是比较简单而且比较随便的改动,不能跟百衲本《二十四史》等相比。至若 1982 年影印本《经籍纂诂》的校改,简直是多此一举,反而影响了影印本的价值。《经籍纂诂》不仅对我们查看古代训诂资料有用,也是对清代后期以后的学术有过广泛影响的历史文献,很多学者的论著里面都可以看到因袭《经籍纂诂》错误的地方。现在把这些错误校改了,我们等于失去线索,无法知道那些学者错误的来源。

近年来更多的影印本是不经过校改,直接把原样复制出来的。《古逸丛书三编》《存目丛书》《续修四库全书》等,基本上都是以保留原貌为基本原则,不校勘,也不校改。最近开始出版的《再造善本》同时收录同一种书的不同版本,是影印古籍丛刊的创例,值得注意。今据《一期选目》看,如《汉书》有宋版四种、元版一种,《后汉书》有宋版六种、元版一种,令人惊叹。每一种版本都有不可替代的历史价值,所以一种文献各不相同的历史面貌都需要如实地保存,这种科学、客观的思想到此已经被推到极点。可是我们也不能不知道,《再造善本》是以珍贵版本的保存传世为首要目的,所以对版本学、文献学的研究有非常重大的资料价值是一方面;另一方面,没有考虑阅读的要求,所以没经过校勘,整理工作一概不涉及内容,而且售价极高,不用说个人,连图书馆都要犹豫购买,只能作为专业研究者的研究参考资料。

我个人觉得像《再造善本》那种影印本好像是机器做出来的，感觉不到任何人的气息。毛晋、钱曾、黄丕烈、顾千里、萧穆、傅增湘、张元济、董康那些人做过的影抄本、覆刻本、影印本都包含着他们对古籍文化的热情。那些书上的每一个字，甚至每一个笔画，都凝聚着他们细心的考虑和思念。想想看，现在的出版社以那么快的速度影印出版大量的影印本，编辑也好、编委也好，有没有人对内容进行过校勘？我怀疑在很多情况下，连通读一遍的人也没有。但是书毕竟是要阅读的，不能像考古文物那样只考虑科学、客观地保存样本。例如《汉书》这一部书的概念并不等同于五种不同的版本故纸堆，而是有内容的文本概念，所以宋版也是《汉书》，点校排印本也是《汉书》。面对这样科学、客观地保存历史原貌的好几种影印本，我们不能说古籍整理工作已经圆满成功。连"《汉书》是什么？"这样最起码的问题，我们还没有准备答案呢。真正的古籍整理工作，要在这些机械复制的影印本出完之后，才会开始。我们要用自己的眼睛和脑子去校勘、阅读这些古籍。（2016年补注：撰此稿在2004年，当时《再造善本》是只有图书馆界专业圈内的人才有机会看到的宝贝，笔者只看到选目，远远地看函套而已。后来在图书馆摸过，自己也买过一些，知道有诸多编辑方面的失误，值得借鉴，再后来看到电子版，知道他们提供参考的便利，有其积极意义。）

二、校勘学与经学的存真标准

底本一般都不免有讹误脱阙，对此应该保存原貌，还是校改订补？保存原貌是追求客观地保留底本现实的外在形式状态，校改订补是追求版本文字内容的理想状态。然而校改错讹字就意味着失去原貌，外在形式的真貌和文字内容的纯真之间只能选其一，这是制作覆刻本需要权衡考虑的问题。那么，文字内容怎么知道有错讹？怎么知道这个字错，那个字才正确？这是属于校勘学、经学等领域的问题。

阮元的《十三经注疏校勘记》可算清代校勘学的代表著作。在《十三经注疏校勘记》之前，日本的《七经孟子考文》传入中国，先被收入《四库全书》，后又被阮元覆刻出版。阮元他们在看到《七经孟子考文》的重要价值的同时，对它也感到不满。因为《七经孟子考文》较详细地记录各种珍贵版本的文字异同，但没有对这些异文进行衡量，判断是非。《十三经注疏校勘记》不仅罗列各种版本的异文，还对这些异文进行考证，提出自己的观点。这就是这两种同类著作最大的不同。对于《七经孟子考文》的作者来说，中国古籍毕竟是外国文献，进行对校，记录异文是可以做到的，而判断是非则不太敢做。《十三经注疏校勘记》的编者们都是读这些经学文献长大的，对这些书的内容都有自己的理解，看到异文不能不想哪个对哪个不对，判断是非又是不能不做的。

同样参与《十三经注疏校勘记》编撰工作的两个学者之间，却发生了有关校勘方法的冲突。这就是校勘学史上有名的段顾之争。关于这个问题已经有很多论述，这里不便详论。要很概括地说明两者的异趣，应该可以这么说：段玉裁想要整理出经书的理想文本，顾千里只想要整理经书的历史面貌。段玉裁写过《与诸同志书论校勘之难》，是校勘学史上最有名的一篇文章。其中有一句名言是：

> 校书之难，非照本改字，不讹不漏之难也，定其是非之难。是非有二，曰底本之是非，曰立说之是非。必先定其底本之是非，而后可断其立说之是非。

还有一句更有名的是：

> 校经之法，必以贾还贾，以孔还孔，以陆还陆，以杜还杜，以郑还郑，各得其底本，而后判其义理之是非，而后经之底本可定，而后经之义理可以徐定。

"以贾还贾，以孔还孔"是很正确的校勘学思想，其实类似的说法也见于顾千里写给段玉裁的信中，可以说是他们的共识。大道理虽然没有异议，至于具体操作，两者的处理方法却完全不同，校勘意见往往形成针锋相对的矛盾。《与诸同志书论校勘之难》举五个例子，说明历代的注释家所据的文本并不正确，校订经文时不能牵涉注释而误。段玉裁论述的重点在判定"义理之是非"，校订"经之底本"。他的"以贾还贾，以孔还孔"，实际意思是说贾、孔等人的见解往往不正确，他们所据的文本并不可靠，所以要注意剔掉贾、孔他们对经文附加的因素，不要让他们的因素来扰乱经文的真正面貌。他说"还贾""还孔"只表示他自己不要贾的、孔的，

古籍整理中的存真标准问题

"还"倒没有真正"还"到，所以他对贾、孔的学说并没有深入的研究。贾、孔等古代的注释都是时间较早而且历代备受尊重的，可是段玉裁敢说不正确。他所认为的正确经文文本，往往没有任何版本依据，而是根据"义理"来推定出来的。可是义理的推定难免有较大的随意性，所以后世学者对段玉裁的评价虽然很高，但也总少不了"武断"两个字。顾千里则注意版本（这里说的"版本"也是广义的）根据，贾、孔所看到的文本算是最古老的版本，所以他研究分析贾、孔的见解，推定他们所据的文本，以此为最好最可靠的经文文本。

上面介绍过黄丕烈覆刻《孟子音义》的情况。这个覆刻本出来后，段玉裁给黄丕烈写信，批评里面错讹字没有改正。例如图版五倒数第四行"倍之"注作"丁云：义当作借，古字借用耳"，段玉裁说"借"是"俏"之误。段氏在指出多处讹字之后，总结说：

> 凡宋版古书信其是处则从之，信其非处则改之，其疑而不定者则姑存以俟之。不得勿论其是非，不敢改易一字，意欲存其真，适滋后来之惑也。

段氏说"借"是"俏"之误，固然对，可是"借"和"倍"之间本来没有通假的可能性，而且黄氏刻本"借"的右下部分实际上作"月"，不是"日"，这其实不是"借"字，不难看出本来应该是"俏"字，笔画稍讹，以致不成字。所以按照上面介绍的黄氏的标准，这种地方"文义显然，读者自辨"，没有必要校改。黄氏故意没有改字，可是段氏好像根本不想理解黄氏的思想似的，执意要求改正错字。段氏有一种狂热的精神。

世称"戴段二王"，戴震、段玉裁、王念孙、王引之好像是一个学派。其实每个学者的学术思想不可能都完全一样，用学派的概念来概括一批学者，往往让我们忽略其中很多值得重视的差异。例如戴震经过考证，认定《尧典》"光被四表"的"光"原来应该是"横"，一讹为古音相同的"桄"，再脱偏旁而为"光"。王引之指出，"光"的意思应该理解为"横"，是正确的，可是要说经文原来作"横"，没有任何版本依据，反而有诸多证据都显示经文原来就是"光"，"光""横"相通，不能改"光"为"横"。顾千里和段玉裁之间有关校勘方法的矛盾，实际上与戴震和王引之之间的异趣在本质上相一致（关于这个问题，请参倪其心老师《"不校校之"与"校而不改"》，见新版《校勘学大纲》附录）。王引之对段玉裁也有不满，除了《经义述闻》屡见批驳段氏的说法外，在写给友人的信中也曾批评段氏《诗经小学》。王引之与顾千里恰好是同年出生，是段玉裁的学生辈，而且与段玉裁的关系都很密切，可是他们不能不反对段玉裁的校勘方法，这是非常值得重视的学术转变。

段玉裁在本质上是一个经学家。他非常尊崇《十三经》和《说文》，对《十三经》中的各种经书和《说文》进行综合性研究，想要建立一个谐和完美的经学体系。他无凭无据地设想一个完美的经书体系，相信经书原来是完美无误的，只是因为后人误解或者不理解，文本被窜改，所以要复原那最完美的经书体系。他经过研究，发现很多有关经书和古代语言的规律，认为完美理想的经书应该符合这种规律。实际上，他发现的规律包含着较大的主观因素，而且历史形成的古代文献不可能处处符合一般性规律。我们应该了解，段玉裁是有理想的，他一辈子做了一个经学梦，想要编制一套理想经书，并为之倾注了毕生的精力。可惜年轻人很冷静、很清醒，王引之、顾千里都不能共有段玉裁的梦想。王引之是这么说的：

> 吾治经，于大道不敢承，独好小学。

他说自己不懂经学的大道理，意在拒绝主观不科学的经学观念，言辞虽然谦虚，实际上很自信。王引之又说：

> 吾用小学校经，有所改，有所不改。假借之法由来旧矣，其本字什八可求，什二不可求，必求本字以改，则考文之圣之任也，吾不改。

段玉裁结合《说文》来考订经书文字，经注文的假借字问题是他校订工作的最大重点。现在让王引之说，这是"考文之圣"才能胜任的工作，实际上谁都不可能真正做到。王引之的观点无疑很科学、很正确。可是这么一说，等于否定段玉裁一辈子汲汲追求的梦想。

《卫风·淇奥》"猗重较兮"，《释文》"猗，於绮反，依
也"，《正义》"倚此重较之车"。段玉裁认为《释文》说
"依也"，与《说文》"倚，依也"符合，所以"猗"应该
是"倚"字之讹。如果经文作"猗"，在毛传、郑笺都没有
"猗，倚也"等训诂的情况下，《释文》《正义》应该不会自
己擅自破读。既然《释文》《正义》都理解为"倚""依"，
经文应该就是"倚"。这是段氏结合《说文》，依据通假字训
诂的规律，校订经文文字。段氏《诗经小学》在论述这样的
考据内容后，又写了如下一段文字：

> 庚子正月定此条，二月内阅《文选·西京赋》"戴
> 翠帽倚金较"，李善注引《毛诗》"倚重较兮"。汲古阁
> 初刻不误，上元钱士谧校本乃于版上更为"猗"字，
> 遂灭其证据。于此见校书之宜审慎也。

特别注明时间，可见段氏对这条考证很有感慨。他在《文选》
注中找到一个版本依据，可是只有初刻本作"倚"，后来的校
本已被改作"猗"，所以说"校书宜审慎"，利用版本应该很
小心，告诫自己，也告诫后人。可是应该承认段玉裁对版本、
文献的态度十分天真，他的校勘在像顾千里那样的学者看来，
简直是儿戏。首先，在段氏以前，臧琳的《经义杂记》已经
指出《文选》注作"倚"，与《说文》合。可是臧琳综合考虑
《释文》《正义》《唐石经》《说文系传》《群经音辨》等，认为
还是作"猗"字更可信。实际上，宋代尤袤刊本《文选》注

作"猗"，不作"倚"，所以《文选》注作"倚"的前提本身
并不可靠。〔2013年补注：敦煌出土唐抄李注（p.2528）正作"猗"。2016年
补注：撰此稿时仅据胡刻本《文选考异》知尤袤本作"猗"，今检影印尤袤本
则"猗"字笔画怪异，疑尤刻初作"倚"，后经挖修或描改始成"猗"字。明
州本为尤袤据以校定之底本之一，亦作"倚"，则或北宋监本校定作"倚"亦
未可知。待考。〕再说，古书引文往往改动文字，就算李善引文
作"倚"，也不能证明李善看到的《毛诗》原文也作"倚"。
既然《唐石经》以下诸版本都作"猗"，《释文》也作"猗"，
《正义》引经文也作"猗"，没有理由要改作"倚"。唯一作
"倚"的版本是《考文》所引"古本"，应该是涉《正义》"倚
此重较之车"的解释而误的例外。至于毛传、郑笺没有破读
训诂，是因为在当时这种通假不释自明，所以《车攻》"两
骖不猗"传、笺也都没有训诂。只有《节南山》"有实其猗"
的郑笺说"猗，倚也"，是因为毛传说"猗，长也"，郑笺的
解释不一样，所以才这样说的。以上说明的"猗"字不应该
改"倚"的理由，基本上是介绍《毛诗注疏校勘记》的说法。
《校勘记》最后总结说："凡昔人引书或改或不改，非有成例。
用之资证则可，若以为典要则其失多矣。"好像在教训段玉裁
似的。《毛诗注疏校勘记》的编写过程虽然较复杂，具体情况
很难说清楚，但是很多地方都像这样在暗驳段说，而且显示
出很深的文献学造诣，所以主体部分应该可以认为是顾千里
的手笔。据说段玉裁看到《毛诗校勘记》原稿后非常生气，
是很容易理解的（有关《毛诗校勘记》与段顾矛盾的问题，当另写专文讨
论）。顾千里的校勘方法无疑比段玉裁更科学、更正确，这一

点段玉裁也不能不承认。可是承认顾千里的校勘方法，就意味着要否定自己对理想文本的追求，这又是段氏不能接受的。于是，他只好生闷气。

非常有趣的是，段玉裁到晚年愈来愈倾向宋学。他在临死前一年八十岁时给陈寿祺写的信中说：

> 今日大病在弃洛、闽、关中之学不讲，谓之庸腐，而立身苟简，气节败，政事芜，天下皆君子而无真君子，未必非表率之过也。故专言汉学，不治宋学，乃真人心世道之忧，而况所谓汉学者如同画饼乎。（按：此书附见《左海文集》，《经韵楼集补编》失收。段氏原迹影印件见台湾《故宫季刊》第十三期三号苏莹辉论文。本人读吉田纯先生论文始知之，谨识。2016年补注：吉田先生论文于2007年正式由日本创文社出版，书名曰《清朝考证学の群像》。）

他在七十九岁时写给陈氏的前一封信中介绍了带该信过去的江沅，将他与顾千里并称为"苏之二俊"，可见他虽然曾生过顾千里的气，而且诟骂得很厉害，可到晚年还是承认顾千里的能力的。他重视宋学，实际上是重视宋学所体现的传统伦理道德（钱穆《近三百年学术史》引及段氏此书，以为段氏不排宋，与戴震不同。而《学术思想史论丛》立新说，改谓段氏至最晚年笃信戴说，却不言及此书）。王引之的小学、顾千里的版本学都比段玉裁更精审，可是他们对经学已经不像段氏那样抱有特殊的热情或者幻想了。段玉裁面对着学术的专业技术化，感到自己追求的经学梦不能被继承下去了，于是只好逃避现实，依赖传统伦理道德作为自己精神的归宿。段玉裁的死可以视为传统经学自我解体的开始。[1]

校勘学史的论述一般都要介绍段玉裁的《与诸同志书论校勘之难》，以"以贾还贾，以孔还孔"作为校勘学的重要原则。戴、段、二王是理校派，顾千里等是对校派，也是比较普遍的看法。实际上，段玉裁是个经学家，有特殊的经学目的，特殊的校勘方法，后来的校勘实践和校勘学理论是沿着顾千里、王引之的路子继续发展的。近代以来，校勘事业取得了丰富的成果，百衲本《二十四史》、中华书局点校本《二十四史》等都具有代表性。近十几年来校勘学又有了新的发展，如陈桥驿先生整理《水经注》，先点校出版殿本《水经注》，然后再出版《水经注校释》。先整理点校殿本，是因为殿本的校勘水平很高，而且后来几乎所有关于《水经注》的研究都以殿本为基础，但是殿本也有不同的版本，所以有必要整理出殿本的定本，为今后的研究提供可靠的基础。《水经注校释》则是他自己校勘研究的成果。陈先生是郦学专家，对《水经注》的方方面面都很熟悉，所以看到殿本有殿本的价值和用处。对版本的认识越深刻，越知道每一种版本的不同价值，有些最重要的版本并不能用更正确的新版本来代替。

战国、秦汉简帛文献的大量出现也促使我们改变对古籍的认识。就经书而言，后来的版本都以宋版为祖本，除了

---

[1]　以上有关段玉裁学术的基本观点已见于吉田纯先生论文。

有文字讹误以外，基本内容没有太大变化。所以校勘的一个重要目标是剔除后来的讹误，恢复宋版原来的文字。宋版的经文部分以唐石经为祖本，另外分析注疏、《释文》也可以部分推定唐初文本的情况。顾千里他们用来校勘经注文的根据基本上到此为止，没有更早的资料。有些学者也曾利用汉碑等资料讨论经文，可是这些材料毕竟有限，利用也只能是部分的。至于像段玉裁用"义理"来推论经文最原始的文本，实际上只存在于他的理论体系里，并不是历史存在。如今出土的简帛文献里，包括经书以及有关的文献，一下子让我们直接看到汉代或更早时期的文本。面对这些新发现的文本，简帛文献的研究者固然参考传世文本来进行释读或整理，可是传世文献的研究者很难直接根据简帛经书来校订传世经书的文本。因为差距太大，不能把简帛经书与传世版本等同并列，只能认为是另类的东西。简帛是简帛，宋本是宋本，都是历史存在，并不存在唯一正确的文本，也是一种客观合理的态度。李零老师的《孙子古本研究》是《孙子》文本研究的专著，也是一种《孙子》文本汇编。书中点校整理了银雀山汉简本、敦煌晋写本、唐以前古书引文、唐代类书引文、《长短经》引文、其他唐代古书引文、《太平御览》引文、宋本的各种不同文本，均为分别整理，不汇合这些文本校订出一个定本。他在书前《说明》里说："这里我们提供的只是一种加工程度很低的原始材料，目的就是为了给读者做进一步研究准备一个比较可靠的基础。"科学、客观地保存不同历史面貌的资料，不过是今后研究的材料准备。有了这种材料以后，真正的校勘研究才会开始。

相比之下，宋代以后的古籍由于可以参考利用的文献较多，已经有不少相当完美的整理成果。如1987年中华书局出版的《唐语林校证》对有关各种文献进行全面的研究，不仅提供了经过校勘的优良文本，还能够让读者了解到《唐语林》文本的来龙去脉，看到古籍文本传承过程中的生动变化，充满着文献学的魅力。因为出版时间较早，我个人印象很深刻，特此介绍，其他类似重要的成果所在多有，兹不一一介绍。当然，宋代以后的古籍也有资料欠缺，无法完全恢复原书全貌者，对这种古籍，最近的点校整理多倾向于保存现有资料的原始面貌，不进行积极的编订加工。例如2000年中华书局出版的《麟台故事校证》分"辑本""残本"两个部分，分别整理《四库全书》辑《永乐大典》本和《四部丛刊》影印影宋抄本，虽然两种版本有互见重复的条目，但也并不合并重编。保存原始资料，以便研究者参考利用，其用意与《孙子古本研究》相同。

三、古籍研究的前景

古籍复制事业发展到现在，出现大量的机械复印善本书，校勘研究变成我们读者的光荣任务。点校排印本的校勘整理也以客观排比为主，阅读研究留给我们读者去做。那么，我们该如何阅读、如何校勘？

过去的经学家追求恢复理想的经书文本，可是王引之、顾千里已经知道这种追求近乎幻想，不能达到客观。近代学者顾颉刚等要摆脱经学，探索上古史的真相。可是他们把目标放在上古史，急于知道上古的真实，所以进行辨伪论证时，往往忽视作为证据的文献的历史性。他们根据后世的文献记载，加以逻辑推论，断定另一种文献记载为伪。传世文献既然可能是伪，那就先要对这些文献进行充分的历史研究，然后才可以对这些文献的性质有较清楚的认识，进而有可能利用其中的记载来进行可靠的推论。他们对文献的态度未免太天真，很像上面介绍的段玉裁。顾颉刚的辨伪学方法也与段玉裁的"以贾还贾，以孔还孔"类似。他们都专注上古，忽视后世，不知道我们不能超越时间，要了解上古的真实，只能一个一个地研究历代文献，堆砌可靠的文献材料，一步一步地往上爬，能够一下子跳上上古世界的只有圣人。

我个人认为我们今后对古籍的阅读、校勘、研究，应该往获得历史、动态认识的方向发展。上古史可以研究，可是与其直接探索上古的真相，不如研究后来历代学者对上古的看法来得有意思。就经学而言，不要再追求经书的原本及原义，而要探讨历代学者的文本及理解。周予同先生曾说，研究经学史是为了批判经学。我们现在已经没有必要跟经学斗，但是更有必要研究经学史、学术史，因为我们的传统文化就是两千年来历代学者精神努力的总和，经书本身只起到媒介作用。为了继承传统文化，再进一步丰富我们自己的文化，不能不研究经学史、学术史。就古籍一般而言，不要一味地追求唯一正确的文本，而要探讨文本的历史变化以及与之有关的其他古籍文本之间的关系，就像《唐语林校证》做过的那样。一部古籍流传到现在都有它自己复杂的经历，作者撰稿时间有时很长，也许曾经几易其稿，流传过程中经过很多人传抄，有的经过后人重编、加注，错讹变化随时发生，也会有人进行校勘，每次编刊、覆刻都会产生某些变化，一部古籍的内涵包括了这种种复杂的历史变化。作者可能抄袭、引用过前人的文章，而且引用时也有误解、歪曲的可能性，也许他在暗地里批评别人的观点，有些观点在当时是很新颖的创见，有些说法在当时已经陈腐，某些语言在当时可能有特殊的含义，后人也有引用他的文章的，引用时也会误解、歪曲等等，这部古籍与当时的语言、其他的古籍都有各种各样的关联。语言有系统性特点，古籍世界也有系统性特点。单独看一部古籍，不看其他有关古籍的话，不可能真正了解它的内涵。

无论对任何事情，人总会想象应该有一个真实和很多假象。可是古籍是历史的产物，也是社会的产物。历史、社会都是千变万化、极其复杂的。若对这样的问题，只承认一个真实，将其他现象排斥为假象的话，那将是多么单薄贫乏的精神！但反过来如果说世界的存在、现象包括无可穷尽的变化，因而否定任何概括的认识的话，就等于放弃思维。所以我主张追求对古籍的历史的、动态的认识，也希望更多人阅读各种古籍，研究学术史、经学史。

本文 2004 年冬报告于白石桥北京图书馆善本部，曾收入台湾万卷楼出版《北京读经说记》，2013 年。

古籍整理的理论与实践

乔秀岩

台湾过去的古籍出版以影印为主，近来文哲所大力开展清人著作的点校整理工作，颇有划时代意义。笔者作为爱好者，一直关注古籍整理出版事业，并在实践中对各方面问题有所体悟。过去无意表述，没有形成系统成熟的看法，这次奉林庆彰老师之命，尝试整理陋见，以作汇报。由于能力有限，论述不免零碎且多重复，概念也不够清晰，敬请各位谅解。

一、理论

（一）古籍整理的基本概念

我们平常阅读的古籍，大都是现代工业产品。能够用20世纪甚至21世纪的资料来讨论研究历史问题，是因为我们相信其中的文字内容直接或间接地反映古代情况。古人根据某些材料，基于某种思想，采用特定的语言方式来撰作一部著作，该著作经过转抄、翻刻流传到今天。有些书撰写时间很长，也有些书经过多人、多次的改编，情况很复杂。通过古籍讨论古事，必须了解我们手中的文字如何直接、间接地反映历史现象以及古人思想。分析这些具体情况，以方便读者了解，乃是古籍整理的目标。

古籍整理的出发点是版本。调查各种现存传本，分析其间的关系，是版本学的任务。在版本学研究的基础上，结合各种文献资料，研究这些不同版本上的文字有何特点、有何意义，如何直接或间接地反映古代情况，换言之，了解此书撰作以及流传的来龙去脉，应该说是版本目录学的任务。在此基础上，再深入研究不同版本上的文字，分析整理各种异文的不同意义，乃是校勘工作。阅读整理好的文本，还要借助于训诂学以及文字、音韵学等相关知识。只有适当解决语言问题，才能理解文本所表达的内容。这些工作都做好了，才能讨论历史现象以及古人思想。以上是单纯的文献学模式，实际上各层次的问题都互有关联，不能割裂开来。

古籍整理目前最主要的工作方式是点校，在版本、目录、校勘、训诂各层次的问题当中，校勘最值得讨论。1987年出版的倪其心老师的《校勘学大纲》是北京大学古典文献专业的第一部校勘学教材。书中（第三章第四节）论述校勘古籍的目的和任务是"努力恢复古籍的原来面貌，提供接近原稿的善本"。这一论述应该视为比较抽象的理论概述，基本方向的确如此，但实际情况远为复杂。"原来面貌"往往无法论定，"原稿"不如刊本也是常见情况。陈垣根据校勘史书的经验，论四种校勘法，而强调慎用理校。若就经学古籍而言，继承性、逻辑性明显比史书强，校勘必须用各种经学观念及逻辑来检验。总而言之，校勘的问题涉及面广泛，不是单纯的是非判断。下面将校勘问题与版本目录学问题结合起来讨论。

（二）书与版本的成长变化

今天我们看到的经书，都经过汉、晋注家校订，在那以前经过漫长的流传过程，内容不断变化，这一点不待马王堆《周易》、武威《仪礼》等材料而自明。即便在魏晋以后，经书文本变化的幅度也相当大，诸多异文都是历史存在。我们认识一部书，应该要有历史眼光，不可以一种文本来否定其他异文。

今从中华书局 2001 年出版《礼记译解》第一次印本中，摘录三处《礼记》正文为例：

> 第 287 页《礼运》：大道之行也，天下为公，选贤
> 与能，请信修睦。
> 第 685 页《祭义》：立爱自亲始，教民睦也。立教
> 自长始，教民顺也。
> 教以慈睦而民贵有亲，教以敬
> 长而民贵用命。
> 第 828 页《缁衣》：有国家者章义瘅恶，以示民
> 厚，则民情不贰。

"请信修睦"是十分单纯的错讹文本，《礼记》绝无这种句子，无需论证。"立教自长始"也是错讹文本，看下文即知

当作"立敬自长始"。但此错讹并非《礼记译解》编排之误，而是阮刻《十三经注疏》的错字。商务印书馆《白文十三经》因袭之，黄侃批校本也失校，以《黄校白文十三经》为底本的《礼记译解》中仍然保留这一错字。假如道光以后的著作引用《祭义》作"立教自长始"，除了知道这是错误以外，也必须知道这是作者因袭阮元刻本的结果，并非手民之误。"有国家者章义瘅恶"情况更复杂。《礼记译解》的底本无"家"字，就《礼记译解》而言，"家"字纯粹是误衍字。但衍"家"字却有先例，陈澔《集说》作"国家"，《礼记注疏》闽、监、毛本也都作"国家"。另外，"章义"陈澔《集说》及《礼记注疏》闽、监、毛本都作"章善"，是因为伪古文《毕命》作"章善"，《礼记释文》已经说明"《尚书》作善"，《唐石经》初刻亦作"善"，后改"义"。《校勘记》《抚本考异》都认为衍"家"、作"善"为错谬，郑注《礼记》的文本应该是"有国者章义瘅恶"，而陈澔《集说》的《礼记》文本即作"有国家者彰善瘅恶"。如果明清人的著作里引《缁衣》作"有国家者彰善瘅恶"，绝不能说是错误。"有国者彰义瘅恶""有国家者彰善瘅恶"，两种文本都是《礼记》文本，而且带有不同的背景意义；"立教自长始"与"请信修睦"同样不能认为是《礼记》文本，但"请信修睦"是必须无条件消灭的错字，而"立教自长始"是历史存在而且有过一定影响的错字，可以说在《礼记》文本概念的边缘上。越是历史长远的经典，文本概念越复杂。书好像一个人，有成长发展，也有蜕变老化。正如一张照片不足以代

表一个人，一种文本也无法代表一部古籍。

版本的寿命较之古籍本身，短暂许多。使用时间最长的如所谓三朝本南北朝七史，南宋前期刊版，刷印使用至万历年间，先后四百年。但其间经过不断的修补，至嘉靖时原版不存一页，即便是南宋中期补版亦寥寥无几。又如日本足利学校所藏明州本《文选》，版本学家认为是南宋初刊行后未经修补的印本。中国大陆、中国台湾、日本收藏的同版书无虑十套，无不经过绍兴二十八年（1158）大量修补，如日本东洋文库藏本，据尾崎康先生调查，补刻页已占七八成。不足二十年时间，而七八成书版已被更换，可见一种版本也不断在变化，而且速度相当快。

书与版本都在不断变化，因而一个印本代表不了一种版本，一种版本也代表不了一部书。虽然如此，我们认识一部书、一种版本，并不是直接认识无穷变化的一切现象，而是形成一个概念。因此，问题在于我们如何形成书与版本的概念。

（三）书与版本之辨别

书是抽象概念，版本是具体实物。版本不能跨越时间、空间的限制，书则可以。请从《礼书通故》选两段文字，进一步说明问题。

> 《群祀礼通故》第四十八条引郑玄《针膏肓》："孟夏之月，令雩祀百辟卿士有益于民者。"
>
> 《郊礼通故》第四十条引先郑《周礼》注："郁草

千叶为贯，百二十贯，筑以煮之镬中。"

按《月令》"雩祀百辟卿士有益于民者"在仲夏，任何版本都不在孟夏。虽然如此，"孟夏"并非"仲夏"之讹。《月令》郑玄注说"雩之正，当以四月"，是郑玄认为应该在孟夏，所以自撰《针膏肓》即当孟夏月令。郑玄原文如此，昭公七年《左传》正义引亦如此，故黄以周也照抄无误。可见在郑玄以来学者的《月令》概念里，"雩祀百辟卿士有益于民者"之文在仲夏，其事在孟夏，而其事在孟夏这一点从来没有任何版本直接体现过。又按：《郁人》注作"十叶"，任何版本都不作"千叶"。虽然如此，也不能认为"千叶"是"十叶"之讹。黄以周在《肆献裸馈食礼通故》第五十五条说明"先郑'十叶为贯'，十当作千"，其说实出段玉裁《说文解字注》（《周礼汉读考》《周礼正义》均不见此说）。且不论他们的见解妥否，必须知道他们相信"十"是讹字，应该作"千"，所以引用自然作"千"。他们引用的是他们认为正确的《礼记》文本，而这种文本只存在于他们的脑子里，从来没有印在纸上。

每一部书的概念都具有丰富的文化含义，任何一种版本都无法代表。但实际上经常有人不了解书的概念，根据版本胡乱校改。如中华书局点校本《礼记集解》第 591 页：

《士虞礼》："尊于堂中北墉下。"〔一〕

校记〔一〕："堂"，原本作"室"，据《仪礼·士虞礼》改。

按照《仪礼》的宫室概念，"堂中北墉"不可能连言。所以不必调查版本，即可断言《仪礼》没有"尊于堂中北墉下"这种句子。假如有宋本如此写，也只能认定是宋版讹字。底本作"尊于室中北墉下"本来无误，校者以不误为误，是因为中华书局的《十三经注疏》本作"堂"，遂谓"仪礼"作"堂"，混淆了书和版本的概念。区区一个中华版，怎么能够动摇我们有两千年悠久传统的《仪礼》概念？我们必须知道《仪礼》只能作"室中北墉下"，作"堂中"不过是版本讹字，与《仪礼》无关。又如第 794 页：

> 《乡饮酒义》曰："尊于房户之间。"〔一〕
>   校记〔一〕：《仪礼·乡饮酒义》"户"作
> "中"。

校记的"仪礼"自然是"礼记"的笔误，但《礼记·乡饮酒义》也不可能作"房中之间"。实际上，作"房中之间"是阮刻《十三经注疏》本的讹字。与第 591 页的"堂中北墉"不同，校者在这里出校没有改字，或许察觉到"房中之间"的不辞。但作者孙希旦卒后三十年才出现的版本讹字，与《礼记集解》何干？拿一极其无聊的版本偶讹字来说"乡饮酒义"作某字，岂不荒唐？问题严重的如中华书局点校本《尚书今古文注疏》，《点校说明》有如下一段话：

> 校以他书的，《周易》《尚书》《诗经》《周礼》《仪

礼》《礼记》《左传》《公羊传》《谷梁传》《论语》《孟子》《尔雅》及其注疏，用中华书局影印的清阮元《重刻宋版十三经注疏》本；《大戴礼记》用中华书局《大戴礼记解诂》点校本；《说文解字》用中华书局影印的清陈昌治据孙星衍覆刻宋本改刻的一篆一行本；《国语》及韦昭注用上海古籍出版社点校本；《周书》用《抱经堂丛书》本；《史记》及其《集解》《索隐》《正义》，《汉书》及颜师古等注，《后汉书》及刘昭、李贤等注，《三国志》及裴松之注，《宋书》，用中华书局点校本；《水经注》用商务印书馆《四部丛刊》本；《管子》《墨子》《荀子》《吕氏春秋》《淮南子》《春秋繁露》《说苑》《颜氏家训》用商务印书馆《四部丛刊》本；《贾子》用上海人民出版社《贾谊集》点校本；《论衡》用中华书局《论衡注释》本；《白虎通》用《抱经堂丛书》本；《潜夫论》用中华书局版汪继培笺、彭铎校正本；《楚辞》用中华书局《楚辞补注》点校本；《文选》用中华书局影印胡克家覆宋淳熙本；《通典》《文献通考》用商务印书馆《万有文库》本；《太平御览》用中华书局影印宋刻本；《艺文类聚》用上海古籍出版社点校本；江声《尚书集注音疏》及段玉裁《古文尚书撰异》，用《皇清经解》本。

用大段篇幅说明自己对这些经典古籍都没有应有的书概念，宣布要用作者根本不可能见到的版本来削足适履，这种校勘不如不做。如第 489 页校记〔一〕：

> 下引《大戴礼记》说明堂之制之文，见《明堂篇》，原误作《盛德篇》，今改正。

第 490 页校记〔一〕同样也将"盛德篇"改为"明堂篇"。按《点校前言》知点校者用中华书局《大戴礼记解诂》点校本。且不论用 20 世纪的排印本校改嘉庆年间著作的荒唐，核之《大戴礼记解诂》，引文固然在《明堂篇》，但《目录》还有说明"许氏《五经异义》引此经文，称为《盛德记》"，可以知道称"盛德篇"确有根据。① 这一段内容，《大戴礼记》流传版本都在"明堂篇"，孙星衍认为引此内容应该称"盛德篇"，是孙星衍的《大戴礼记》概念如此，校者不可以拿版本来乱改。类似例子屡见不鲜，如引《益稷》文而称《皋陶谟》，引《有司彻》而称《少牢》，学者的书概念都不与版本文字一致，引文在所有版本上都属《有司彻》，也不可以把《少牢》改为《有司彻》。又如第 525—526 页"禹平水土，主名山川，《释水》注〔一〕云'从《释地》以下至"九河"，皆禹所名也'"，校记〔一〕云：

---

① 孔广森《补注》直接将所谓《明堂》文字归入《盛德篇》。相对而言，孔广森《补注》较之《解诂》更适合作标准注本，而近二十年来《解诂》影响力远比《补注》大，这纯粹是因为《解诂》有中华书局点校本，而《补注》没有单行本。由此亦可见出版事业对学人读书往往有决定性的巨大影响，所以我们对文哲所的点校项目期望很深。

> "注"字原无。案：下引为郭璞注文，因知脱一
> "注"字，今径补。

其实这两句话《唐石经》以来各种版本都作经文，邵晋涵、郝懿行也都视为经文，孙星衍也相信为《尔雅》正文，所以引来证明禹的行事。若是郭注，作为书证也不够分量。校者见阮元刻本此两句刻成小字，遂断定为郭注，应该说是孙星衍想象不到的。

中华书局点校本《礼记训纂》第860页：

> "牖，穿壁以木为交窗也。从片，户甫声。"〔一〕
>   校记〔一〕："声"字原脱，据《说文·片
> 部》补。

底本作"从片户甫"与大徐本合，校者补作"从片，户甫声"与小徐本、段注本合。盖校者只凭段注本，论断《说文》作"从片，户甫声"，因而认为"从片户甫"脱"声"字。在我们看来，《说文》的文本也很复杂，大徐本、小徐本都是《说文》，不能据小徐本否定大徐本，更不能以段注本为绝对标准。又如第885页《乡饮酒义》"象月之三日而成魄也"下：

> 《释文》："魄，《说文》作霸，云：'月如生魄然
> 也。'"〔一〕

　　校记〔一〕："如"，原误"始"，据《经典释
　　文》改。

《经典释文》也是文本比较复杂的一部书，就这一段而言，上海古籍影印宋版以及通志堂本均作"如"，但余仁仲本《礼记》、阮刻注疏本等附刻释音作"始"。《说文》诸本皆作"月始生"，作"如"文义不通。再核《武成》释文云"魄，《说文》作霸，云'月始生魄然貌'"，可证《乡饮酒义》释文也应该作"始"。作"如"者乃宋版、通志堂本等版本讹字（黄焯《汇校》失校），断不可以说"经典释文"作"如"。我们手里所持的确是版本，但读书需要穿过版本错讹，读不包括错讹的内容。否则只不过是看版本文字，那是20世纪、21世纪的工业产品，与今天报纸无异，不足以讨论古人、古事。

　　中华书局点校本《毛诗传笺通释》第554页：

　　《方言》："屝〔一〕、屦、粗，履也。"
　　校记〔一〕："屝"原作"扇"，据《方言》（周祖谟《校笺》本）卷四改。

按：《方言》版本无论宋本、《汉魏丛书》本、戴本、卢本还是钱氏《笺疏》本，莫不皆作"屝"，未闻有作"扇"者，而且从内容来考虑，自然以"屝"为是，作"扇"不通，只能认为是讹字。我们判断《方言》作"屝"，不作"扇"，毫

无疑问，不仅周祖谟《校笺》本作"扉"而已。现在校者不直接称"据《方言》改"，而称"据《方言》（周祖谟《校笺》本）改"，表面看似保守的做法，实际上是错误的。仅凭一个周祖谟《校笺》本，不可以校改道光年间的著作。只有确定按照马瑞辰的《方言》概念应该作"扉"，不作"扇"，才能校改。

　　中华书局点校本《经典释文序录疏证》的《点校后记》云："明显的脱文，如言戴德授《礼经》，引《后汉书·桥玄传》文，却漏引'从同郡戴德学'一句，此类情况在慎重斟酌的基础上作了校补。"何以知为"明显的脱文"？何不考虑有意删省的可能性？吴承仕此句原文如此："《后汉书·桥玄传》云'七世祖仁，著《礼记章句》四十九篇，号曰桥君学'，仁即班固所谓'小戴授梁人桥仁季卿'者也。"是谓桥仁为戴圣弟子，今本《后汉书》云"从同郡戴德学"自属可疑，故删省不录。若补"从同郡戴德学"，与《汉书》"小戴授桥仁"不合，逻辑不通。其实此句袭用《四库提要》语，删省"从同郡戴德学"盖出戴震手笔（故戴氏《经考》引《桥玄传》，云"仁即班固所谓'小戴授梁人桥仁季卿'者也"，与《提要》同文，而出注云"当云'从同郡戴圣学'，作'戴德'者盖误"），后之学者黄以周、王先谦等皆疑此句。学者引书，对版本文字进行调整，才见他读书的功力，否则与抄胥抄书无异。点校本忽视这点，据版本校改，亦不出校记，等于窜改文章，让人误解吴承仕撰文逻辑不通，殊不妥当。此书点校者应该是位学识深厚的学者，而且校补此句"在慎重斟酌的基础上"才进行，这些我们都没有理由怀疑。问题在于点校者对校勘工作的理论认识有偏差，他们不辨书与版本，所以只能越校越乱。

引书不是引版本文字，我们校古人引书，必须了解该书的历史概念，根据作者对该书的认识来校引文，切忌拿我们手头上的版本随便乱改。

（四）附论当代学术规范

下面摘录有关贝多芬交响曲的两段文字：

第五交响曲的第一乐章是建筑在用两个音写的四个音符构成的主题上。这无疑是音乐主题的最小限度。这里乐队的敲打声像命运、不可抗拒的力量支配着我们。他们的进行没有松劲的时候，主题发展的无情的逻辑被双簧管奏出的如怨如诉的小宣叙调所打断，这只是使我们再一次陷入迅速的骚动中，这场混乱直到乐章末尾才停息下来。（Paul Henry Lang, *Music in Western Civilization*, 1941。简体中文版《西方文明中的音乐》，贵州人民出版社2001年。）

第三交响曲：这部交响曲的演奏有着比"浪漫"成分更多的"革命"成分。第一乐章演奏得极快，已经接近于不可能演奏的节拍机标记，这一点加上织体的紧密衔接，足以造成一种具有非凡感染力的戏剧性的急迫感。在第 671 小节（播放时间为 15′04″处），加德纳使音乐形成了一个高潮，这种处理十分恰当，因为这一高潮在音乐的发展进程中具有关键作用，但却为大多数指挥家所忽略。（理查德·奥斯本《加德纳指挥的贝多芬九部交响曲》，*Gramophone*，1994.11。中文译文见《爱乐丛刊——音乐与音响》第七辑，生活·读书·新知三联书店。）

后段奥斯本的文章是唱片的评论，主要讨论指挥家加德纳的指挥表演艺术。前段保罗·亨利·朗讨论的是贝多芬的作曲艺术。作曲艺术必须经过表演艺术才能让我们听到，我们听到的是当代乐队的表演，但是我们仍然可以讨论两百年前贝多芬的作曲艺术。保罗·亨利·朗说到"乐队的敲打声"，也提到"双簧管奏出的如怨如诉的小宣叙调"，但不会有人要求他出脚注说明唱片版本以及播放时间，因为表演是曲子的表象，并非曲子本身，任何一张唱片都不能代表贝多芬的曲子。无论是卡拉扬指挥的，还是克莱博指挥的，贝多芬就是贝多芬。加德纳的演绎特色比较突出，实际上所有指挥、乐团的演出，甚至同一指挥、乐团的演奏，每一次都不可能完全一样。反过来说，伯姆也好，伯恩斯坦也好，都不能代表贝多芬，绝不可能。听他们的演奏，我们一方面欣赏他们的表演艺术，另一方面通过他们的表演，也能够欣赏贝多芬的音乐，可是他们不是贝多芬。书与版本之间的关系，犹如曲子与唱片。没有人混同曲子与唱片，而很多人不能分辨书与版本。

　　来自西方社会科学的所谓"学术规范"要求引书必须注明出版社及页码，我们人在江湖，有时不得不应付这种"规范"。实际上，引古书要求指定一个版本，如同讨论贝多芬第五交响曲要求指定一张唱片，实在无从选择。而且注记当代版本的页码也没有积极意义。比如1926年上海锦章书局影印的阮刻《十三经注疏》，似乎在三四十年代普及最广，被认为标准版本，所以哈佛燕京的《礼记注疏引书引得》等皆据以为本。岂知不过半个世纪，几乎绝迹，笔者自己未曾一见。由于锦章书局影印时进行缩拼，页次与底本不同，与其他版本都不一致，因此那些引得也就失去了实用价值。后之视今犹今之视前，我们今天认为中华书局的点校本《二十四史》堪称定本，学术界普遍以为标准版本，但据说现在书局有重新点校推出新版的计划。他们将来的新版能否成功，现在不便评论，至少可以肯定，现在的点校本《二十四史》将来也会有被淘汰的日子。到时候，现在所谓规范化的学术论文引用正史文本出脚注的页码，都要变成信息垃圾。其实，引正史只要写明篇名，没有任何问题，最多看情况写卷次即可，版本页码实无必要。篇名、卷次是属于书的概念，不管将来有什么版本，都不会有改变。至于页码，每一版本都不一样，没有普遍意义。如中华书局《新编诸子集成》点校本《墨子间诂》有1986年版与2001年版，装帧设计无异，但经重新排版，页次全然不同。例如《公输篇》"子墨子解带为城，以牒为械"这段话，1986年版在第447页，2001年版在第486页，相差四十页。若据1986年版记录页码，用2001年版无法核查。其实只要写《公输篇》，任何版本都可以查到，何必写这种才过十几年即作废的页码信息来"尘秽简牍"。版本是具体物品，也是商品，所以一方面受市场机制的控制，很快被淘汰，另一方面也受空间的限制。去年过世的北大中文系孟二冬教授，几年前在东京大学进行访问研究，有一次告诉笔者说，东京大学的资料室没有《全唐文》，不便研究。其实东京大学的资料室虽然简陋，也不至于连一套《全唐文》也没有。问题是，他们的《全唐文》是台湾影印本，而孟教授平常使用的是中华书局的影印本。两种影印本，用的底本无异，但影印本页码互不相同。孟教授的笔记引用《全唐文》中的资料，都用中华版的页码来注明出处，换了台湾版无法查找。当然，写页码纯粹是为了平常核查方便，所以他后来编撰出版的《登科记考补正》引用《全唐文》资料，也只写卷次篇名，没有写页码。我们不乏这种事例。英文著作引用中国古籍，经过翻译，很难想象原文写的是什么，于是有必要核查原书，却发现脚注写"某某书，多少页，《四部备要》本"。台湾中华书局的《四部备要》在西方学术界相当普及，而在大陆 1949 年以后一直没有重印整套《四部备要》，现在很少看见整套《四部备要》，更不用说台湾版的。美国学者注明引文出处，往往不写篇名，只写页码，如果没有同一出版社的同一版本，仅凭英文翻译查找相应原文，难度极大。

　　古籍的书概念不免带有一定的主观性，但在社会上存在一定的共识，太过离奇便不会被人接受，这就是文化传统。书概念存在于学者脑子里，但他的脑子具有社会性，因此也可以说书概念如同语言，既在个人脑中，又存在于社会上。余嘉锡曾论引文记卷数之始（《读已见书斋随笔》，见《余嘉锡论学杂著》），引汪远孙《借间随笔》曰："顷阅梁皇侃《论语疏》卷七'子谓卫公子荆'节云：'事在《春秋》第十九卷襄公二十九年传也。'是卷引《春秋传》凡七处，皆记卷数。卷十'虽有周亲'节云：《尚书》第六《泰誓中》文。'则六朝已有之矣。"汪氏所见皇疏，乃清代日本刻本或其翻刻本，不能据此以为皇侃原文。正如余嘉锡按语所言，"引篇名，犹之引卷数也"，对我们来说，只要说襄公二十九年传，说《泰誓》上中下，所指十分明确，加上卷第，不仅无益，反而添乱，影响阅读。但日本没有古籍文化，人们对经书不熟悉，仅知篇名犹感不便检查，所以才有必要添写卷第。汪远孙、余嘉锡等人不了解化外世界，想象不到没有古籍文化的社会，所以也没能想到这些卷次是日本学人所加，因而误信版本衍字为皇侃原文。近代以来的学者，引书多记卷次，但如经书仅记篇名，要以核查方便为准。中国学者引古书字句而注记出版社、页码，混同书与版本，不知始于何人，据笔者所知，洪业是较早的例子。洪业受美国学风影响，而且颇有疑古精神，《礼记引得序》《白虎通引得序》等著名论文，都是质疑这些古籍的传统书概念。既然怀疑传统书概念，讨论问题应该从具体版本出发，引书必须详写版本、页次。这种思想作为一种文化态度是可以理解的，虽然他实际上引用的仍然是书而不是版本，不能否认逻辑上有混乱。①

———————————

① 所谓疑古，也不可能怀疑一切，所以他们一方面质疑某些传统概念，但立论的根据还是离不开其他传统概念，方法上无法彻底。彻底怀疑一切，只能做笛卡尔的哲学，无法谈历史。

我们对洪业应该给予一定的历史地位，承认他有特殊的文化心态，但也应该明白我们离不开我们的古籍文化，只能在此文化当中研究此文化。不了解书概念则无法引书，引书与引版本文字必须分别，若要点校古籍，尤其切忌混同书与版本。

学术规范论者现在的主张是引用古籍必须注明出版社及页码，他们将来对古籍校勘的要求，应该是他校必须选用一种标准版本，不合该版本的文字，即使是标准版本的讹字，皆需出校。标准化论者的口号是程序透明化、客观化，因为只要透明化、客观化，一切都变成可以用权、钱来处理的问题。书概念是一种文化，需要我们花时间学习，不是有权有钱就可以弄到手的，所以他们要求用版本来代替书概念。版本是可以买、可以借的。谁有权有钱，谁就拥有最好的版本条件。然后出钱招兵，叫他们按照规则办事，标准化的点校本就可以按计划生产出来，也可以批量生产。既然是严格执行标准生产的成果，再也不许我们说这些点校本是文化垃圾。我们批评麦当劳的垃圾食品，麦当劳还会反驳说他们的产品比我们自己做得更卫生，道理完全一样。这样做，是只认权钱不认思想，等于否认古籍书概念原来极其丰富的文化含义。文化，尤其传统文化，犹如空气与水，本来应该属于天下所有人，大家平等受益。有权有钱人一手破坏自然环境，一手推销纯净水及空气清洁器。但愿我们传统文化的将来不要像空气与水那样。（2016 年补注：2007 年撰此稿时，没有想到几年之后自己都开始用净水器和空气清洁器。）

（五）书与资料

随着图书馆界对稿、抄本整理工作的进展，越来越多的学者开始关注稿本、抄本。一般而言，稿本不是定本，抄本文本不稳定，因此，若有作者自订的刊本，自当视为定本，若无作者手订刊本，大多数情况也应以原始刊本为定本。例如《周礼正义》有孙诒让自己出版的排印本，排印本的校订工作应该比稿本更周详缜密，因此排印本可以视为《周礼正义》的定本，稿本只有参考意义。《仪礼正义》胡培翚没能编辑完成，经杨大堉等人整理后，由陆氏刻版行世，虽然问题很多，但总会比稿本更完整，而且后来的学者阅读参考的都是此种刻本或其翻刻本，应该视为标准版本。假如发现胡培翚稿本，对《仪礼正义》的点校整理不会有多大意义。稿本对研究这些学者自然很重要，但《周礼正义》《仪礼正义》这些书，已经是社会存在、历史存在，不仅仅是研究孙诒让、胡培翚的资料。

台湾"中央图书馆"藏《后汉书》残卷（含南宋初期刊十行本）有钱大昕手跋：

> 《后汉书》淳化刊本止有《纪》《传》，其《志》三十卷则乾兴元年（1022）准判国子监孙奭奏添入。但宣公误以为刘昭所补，故云"范作之于前，刘述之于后"，不知《志》出于司马彪《续汉书》，昭特注之耳。彪西晋人，乃在范前，非在范后也。

> 此本虽多大德补刊之板，而《志》第一至第三尚

是旧刊，于朓、敬、恒、徵等字皆阙末笔，而让、勖
却不回避，知实系嘉祐以前雕本。虽屡经修改，而古
意犹存，断圭零璧，终是席上之珍也。乾隆甲寅四月
嘉定钱大昕假观并识。

同样内容见于《潜研堂文集》卷二十八：

《后汉书》淳化刊本，止有蔚宗《纪》《传》百
卷；其《志》三十卷，则乾兴元年准判国子监孙奭奏
添入。但宣公误以为刘昭所补，故云"范作之于前，
刘述之于后"，不知《志》出于司马彪。彪西晋人，在
范前，不在范后。**刘昭本为范史作注，又兼取司马**
《志》注之，以补范之阙。题云"注补"者，注司马书
以补范书也。自章怀改注范史，而昭注遂失其传，独
此《志》以非蔚宗书，故章怀不注，而司马、刘二家
之学流传到今，宣公实有力焉。

此本虽多元大德九年（1305）补刊之叶，而《志》
第一至第三尚是旧刊，于朓、敬、恒、徵字皆阙末笔，
而让、勖却不回避，知实系嘉祐以前刊本。惜屡经修
改，古意渐失，然较之明刊本，则有霄壤之隔矣。

手跋在书册上，读者首先是藏书者，其次是其他观摩此书册
的人，所以简要说明自己的鉴定意见，赞美残卷，并署名、
署时间，信而有征，适当提高残卷的身价。文集所收跋文多

说刘注《续汉志》流传情况的内容，与此残卷无直接关系，对收藏者无意义，所以手跋没有这段内容。相反，赞美残卷，署名、署时间等，对不能直接看到原件的天下学人毫无意义，钱大昕手订的文集不会照录，鉴定版本的评语也要更加客观，"席上之珍"这种奉承话，自然登不到文集里。包括钱大昕在内的传统学者认为，文章要公诸天下，传之千载，像这篇手跋不算真正的文章。

1981年中华书局出版《启功丛稿》，作者前言引郑板桥语："死后如有托名翻板，将平日无聊应酬之作，改窜烂入，吾必为厉鬼，以击其脑。"有些文字，确实是作者所写，但作者会不满意，甚至发现有错误，不希望流传。寻找挖掘作者不愿流传的材料，对了解作者的确有帮助，但这毕竟是狗仔队行为，不是与古人交流的正途。如段玉裁误谓淳化年间有注疏合刻本，钱大昕曾经误从段说，后来知道其误，所以《养新录》中持注疏合刻在南宋之说。后人掇拾钱大昕遗墨，将误从段说的文字编入《养新余录》中。汪绍楹介绍这情况后，评论说"故集贵手订"（《文史》第三辑《阮氏重刻宋本十三经注疏考》）。《潜研堂集》《养新录》皆钱氏手订，而《养新余录》出后人拾遗编辑，《养新余录》中的文字大概都是钱大昕亲笔所写，但不能代表钱大昕的学问。类似问题在胡培翚身上也曾发生过。《研六室文钞》是胡培翚手订的文集，胡先翰、胡先颎序《文钞》说胡培翚编《文钞》十卷，"其无关经义者，虽已传于外，概命勿付梓"。《文钞》卷六《王石臞先生八十寿序》后，胡培翚自我解释说："古人集中不载寿序，此作私窃以为有关学术，故特存之。"张舜徽引此，说《研六室文钞》"在清人文集中，最为纯粹"。胡培翚身后，后人另编《补遗》一卷，就不知道筛选取舍，只能有什么收什么。如《泾县龙神庙碑》《孝子朱皋亭先生墓表》等与经学毫无关系，可以说是"无聊应酬之作"，按胡培翚自己的标准，不可以混入《研六室文钞》。文哲所的《胡培翚集》将《补遗》六篇散入《研六室文钞》十卷中，而且不保留《补遗》篇目，则《文钞》十卷已经变质，让张舜徽虚称"纯粹"，《补遗》一卷踪迹全无，这种处理方法未免失妥。

编好的文集有一定的体例，也有自己的宗旨，书名、卷次、篇目都已固定，这些都包含在一部著作的书概念中。即使是后人编辑的文集，只要是编辑有法，不至离谱，而且广泛行世者，自当承认此类文集的书概念，因为已经定型，而且曾经在社会上产生过影响，具有无法磨灭的历史意义。至于文集未收的文字，或许是编文集时删汰舍弃的杂文，或许是编完文集以后的作品，未尝不是我们了解作者的好资料。如据《后汉书》手跋，我们知道钱氏鉴定此残卷在乾隆五十九年（1794）。又如《研六室文钞补遗》所收《上罗椒生学使书》，就是胡氏向罗氏请求为《仪礼正义》写序的信，透露了一些个人信息，对我们了解胡氏经历有帮助，尽管胡氏自己应该不会希望后人看到这种求情信。对此，我们应该分别处理：文集是书，是已经成为社会共识的一种概念；集外的文字是资料，应该另外汇编。具体来说，如《后汉书》手跋与文集所收跋文，虽然有密切关联，但应该作为两种文本处理，文集的归文集，手跋看情况，若有需要而且有条件，可以另编遗墨汇录，不必试图互相校订，更不可以撮合两者改订成新的文本。像胡培翚，应该承认《研六室文钞》十卷《补遗》一卷是社会公认的书概念，卷帙、篇目不要改动，除此以外的遗文，应该另为一编。又如广陵书社版《新编汪中集》，有新编"文集"八辑，而《述学》不见了。汪中之名离不开《述学》，虽然也有二卷、六卷等不同编辑内容，版本情况复杂，但《述学》始终是一部重要的书概念。"新编"编者只关注文章内容，而忽视《述学》作为书的概念，因此《新编汪中集》对利用其中每一篇文字的学者或许有所方便，但不能满足我们古籍爱好者的要求。至少应该保留各种版本的卷第、篇目，否则手拿《新编汪中集》，对汪中的最主要著作《述学》仍旧茫然得不到概念。书概念是有机的整体，改动编次，就算有同样的部件，也面目全非。体解二十一体，堆在一起，说这就是一只猪，固无问题，因为猪是要吃、要利用的，只要不缺斤少两即可。但对人不能如此，对书也不能如此。

如何界定书的概念，也是图书馆编目工作中经常遇到的问题。如目前大陆几家大图书馆正在联合编辑《古籍总目》，目标是编一种古籍种类目录，希望能展示我们到底有多少种古籍。例如《经义述闻》有不分卷本、十五卷本、三十二卷本，另外有《皇清经解》本，都要分别著录。其中不分卷版，随写随刻，内容逐渐增多，此书正在成长发展，因此各地收藏的不同印本，所收条数应该有差别，但具体情况无法细分，只能算一种版。后来作者继续增订内容，有十五卷本、三十二卷本，自然都算不同版别。情况特殊的，如《昭代丛书》，往往把一部书拆开来作独立的书。惠栋的《九经古义》从撰写、流传的情况看，应该算一部书，而《昭代丛书》作《周易古义》一卷、《尚书古义》一卷等互相独立的九种书。胡匡衷有《侯国职官表》，本来是《仪礼释官》九卷的一部分，《昭代丛书》抽刻作为一种一卷的书。《昭代丛书》中的《周易古义》一卷、《侯国职官表》一卷等，作为版种，不能不著录，但不宜认定为独立的书。独立抽刻是《昭代丛书》的特殊行为，若认定为独立书种，则古书种数会无限膨胀，一发不可收拾。《续修四库全书》第四百五十册收录段玉裁《明史十二论》一卷，即用《昭代丛书》本。《昭代丛书》从《经韵楼集》第十卷中摘录有关明史的十二篇文章，单独起名为"明史十二论"。汇集十二篇为一书，起名"明史十二论"，均属《昭代丛书》的特殊行为，与段玉裁无关。今《续修四库全书》集部已经收录《经韵楼集》，又收"明史十二论"，完全重复，就是因为编者不考虑《昭代丛书》的性质，误以"明史十二论"为可与《经韵楼集》并列的一部书，才导致这种明显的编辑失误。明白这个道理，就应该知道如福建省图书馆收藏的一部抄本"仪礼注疏考证不分卷"，自然也不能算一部书。笔者曾经学《仪礼疏》，为校读方便，将殿本注疏每卷后附录的《考证》复印下来，用订书机订好，至今仍在手头。这不是"仪礼注疏考证不分卷"而何？只不过有墨笔抄录与电子复印之技术不同而已。像"明史十二论一卷""仪礼注疏考证不分卷"等，尚可认为一种书，就等于承认千万种古籍随时都可以制造，说我们拥有多少亿多少兆种古籍都可以，岂不荒唐。可见，从图书馆编目的实际工作经验来讲，对书的认定还是要有文化历史的眼光，不能只看客观现象，而要了解一部书如何产生、如何流传，对书要有动态的把握。

我们需要建立属于社会、属于历史的书概念，而将此与其他不成书的资料分开来整理。

（六）离之则双美，合之则两伤

书有无穷的成长变化、丰富的文化含义，一部书的概念极其复杂而且免不了主观性。影印本也好，点校本也好，都是一种版本，是书的表象而已。一种表象不可能完整地体现书概念，因此，需要了解古籍整理各种方法的优缺点，以期收到最大的效果。

影印能够直接传达版本的风貌，无疑是一种最有利的方法。可是如上文所述，一种版本代表不了一部书，不同版本的内容也不容忽视。即使只有一种版本，是版本必有讹字，当如何处理？对这些问题，有不同的处理方法。首先，像《文选》那样有几个不同版本系统的书，可以选取代表不同系统的版本，分别影印。中国大陆已经出现《文选集注》、尤袤刻李善注本、胡刻李善注本、建本李善五臣注本的影印本，中国台湾出过五臣注本的影印本，日本出过明州刊五臣李善注本的影印本，韩国出过朝鲜活字秀州系统五臣李善注本的影印本，不同系统都有影印本，基本上已经满足了我们平常查阅的需要。假如我们拥有五十种不同版本的影印本，平常查阅也不可能翻查那么多版本，只会选其中的代表性版本重点核查。影印本附录校勘记，也是比较实用的方法。来青阁影印余仁仲本《礼记》附"岳本对校札记"，中华书局影印《四库提要》、胡刻《文选》等都附有简单的对校记。影印本上直接描改的做法，等于创造新版本，容易造成混乱，不足以为训。民国时期有藏书家同时制造珂罗版影印本与木版影刻本的情况，珂罗版追求传底本的真正面貌，影刻本重视文本之优良，所以影刻本对底本讹字进行校改。张元济的百衲本《二十四史》以及《四部丛刊》等，外在形式上是用影印技术，而精神上与影刻本相通，既要传达底本风韵，又要提供精良文本，结果未免合之则两伤。① 做好影印本其实也不容易。近年来大陆出版大量的线装影印本，印面质量与民国石印本差不多，远远不如日本汲古书院制作的硬皮洋装影印本。除了印面以外，用纸、书衣、装订、函套等统统与底本无关，提高成本，抬高身价，对我们读书有害无益。

　　排印放弃传达底本的图像信息，专门整理文本。图像

---

① 如《方言》卷六"陈楚江淮之间谓之耸"，郭注"言无所闻，常耸耳也"，傅增湘珂罗版影印庆元六年（1200）李孟传刊本"耸耳"二字已残，仅存一小部分墨迹，"常"字笔画亦稍嫌不清，而傅增湘影刻本妄补作"当耸䢚"，《四部丛刊》本影印李孟传本，按照影刻本描补作"当耸䢚"。当知"当耸䢚"是20世纪的文字，已非宋版文字，与郭璞更无关系。2016年补注：参本书第三篇图版八。

信息转为文字信息，首先要解决异体字问题。过去在铅印排字的时代，活字有限，异体字只有规范化。如今电脑排字可以提供越来越多的异体字，造字也比过去容易许多。有了自由就有选择的烦恼，异体字就成为大问题。电子版《文渊阁四库全书》在务求与底本一致的原则上，保留了大量异体字，同时在检索引擎上套上异体字关联表，使得异体字对检索的障碍降低到最低水准。他们这样处理，其实是具体操作上不得不然的结果。输入、校对人员文化水平不高，而且字数庞大，不可能对每个异体字进行规范化，若要强行规范化，势必错误百出。后来刘俊文先生主持的《基本古籍数据库》，据说是采用了异体字规范化的方法。从检索效果来讲，两种方法可以达到几乎同样的效果。如果有人要研究异体字，不用说，前一种方法有用，后一种方法没用。

《礼记译解》第532页《乐记》"明王以相沿也"，注〔一〕"沿：同沿。"作为字的部件"口""厶"经常相通，所以兑或作兖，兗或作兖，说或作说，衮或作表，遠或作逺，不同时期、地区的版本都有不同的习惯，而这些习惯与《礼记》无关，换言之，作为《礼记》文本，作沿作沿并无意义，校《礼记》不必出校记。《礼记译解》对其他底本兑作兖，说作说，遠作逺等处都没有出校，于此独出校记，大概是受阮元《校勘记》的影响。《校勘记》此处出校说明《唐石经》等较早版本皆作沿，而闽、监、毛本作沿。这种记载对研究异体字或许不无参考意义，但与《礼记》实无关系。《越绝书》书末《叙》云"以去为姓，得衣乃成"，是

袁字作表；又云"以口为姓，承之以天"，是"吴"字作
"吴"。但我们整理《越绝书》，仍可用"袁""吴"，不必改用
"表""吴"。"袁""吴"是现在的常用字体，古代或作"表"
"吴"也是我们的常识，作"袁""吴"没有任何问题。至
于异体字的地理分布、历史变迁等，是需要另外专门研究
的问题。

2005年中国社会科学出版社出版的《敦煌写本春秋经
传集解校证》，移录文本保留大量异体字，往往是过去的刻
本上从来没出现过的字体，而校证部分也用大量篇幅讨论这
些异体字。敦煌本的文本作为杜预《春秋集解》这部书历史
变化中的环节，具有重大意义，但在这本《校证》里，文本
特点被埋没在异体字的大海中，不便于了解。就异体字研究
人员来讲，研究需要的材料是古代抄本、拓本、刻本的影印
本，抄录或排印绝不可靠。因此可以说，此书的意义在异体
字的"校证"部分，排印文本几无意义。总而言之，此书是
一部异体字研究的著作，既然如此，排印文本不如用影印来
替换。作为杜预《春秋集解》的研究，不妨另出一本同名
书，着重整理分析文本内容。异体字问题与文本问题，分开
来讨论比较方便。

文哲所的《胡培翚集》第9页"版存沔阳陆氏"，有校
记云："沔当作沔，形近而误。""形近而误"，一般是指错
以为别的字。但在这里"沔""沔"不是两个字（尽管"丏"与
"丏"是两个字），"形近而误"不如说"字形有误"。这种情况，
我们一般径改不出校。无论是作者、编者、刻书者还是读

者，不会把"汚"当作另外别的字，应该可以说，这一异体字不包含在这本书的标准文本概念里。点校本通常是提供标准文本概念的表象，因此忽略这种字形上的小差异。若欲尽量完整地反映底本面貌，应该选择影印的方法。至于黄家鸞、黄家骥《礼书通故校文》等校记经常指出字形小讹的问题（包括形近误字及异体字），是因为他们在校订版本，与我们根据版本校订该书文本不同。

保留异体字并非无意义，有改必出校也是值得继承的好习惯。只要校对工作做好，改字必出校，无论校勘问题多严重，仍然可以利用。不过问题也看不同情况。如《礼书通故》，作者以及编刊者力求古雅，用古字形的标准宋体。这种古字形，显然不是平常读书写字所用，因此用法不成熟，不免常出错讹。例如，按通常的规范字形，称谓、称量均作"称"，而在他们的古字系统里，前者作"偁"，后者作"稱"，需要分别。然而在《礼书通故》刻本上，从人从禾经常混用，不合古字规范。又如古字邪作"衺"，结果《礼书通故》刻本经常将"衺""褻"二字相混。这些情况，正如现在大陆出版的某些繁体字书刊，"云""雲"不辨、"御""禦"不分一样。可以说，古字系统是《礼书通故》刻本临时穿上的一身打扮，并不是它的本质。如果我们只想认识《礼书通故》这部书，也不妨让它换上另外一套不太刺眼的行头。当然，服装打扮往往代表一个人的思想，换套外表，毕竟不过是权宜的方法。《礼书通故》点校本改古字为通行规范字体，并不是要取代原来的刻本。有点校本仍然需要影印本，既然有影印本，点校本也就没有必要一一注出异体字。有些点校本用异体字表或校记的形式保留异体字，终归不能全面准确地反映实际情况，不如与影印本分工，点校本不要管异体字为便。

点校本的校对工作做得再好，也无法保证无一疏漏，这是我们离不开影印本的首要原因。因此笔者有点校本用影印文字的设想。早在1974年文物出版社影印南宋浙刊本《荀子》，即在影印本上套上标点符号。这些符号都用活字工艺制版，与其他大部分影印加标点本用手写符号不同。香港曾经出过《广雅疏证》影印加点校本，标点繁细，版面纷乱，不便阅读。若将行间、字间适当留空，加上非手工符号，应该能做到比较完美。换言之，这是点校本，但文字部分不用电脑排字，而用底本的文字图像。只要底本文字规整、清晰，则适用这种方法。就算如此，刻本及影印本仍然是需要的，因为编辑过程中也有可能发生错乱，而且行格已经与原书不同，毕竟无法保留原貌。话说回来，如果只需要原貌，我们只做影印本即可。

现在通行的点校本校记原则是，底本不误即不出校。因此，阅读点校本，参考校记，原则上可以了解底本原来的文字，但无法了解参校本的全貌。流传时间长、版本种类繁多的经典著作，不同的版本在不同的历史时期都曾有过影响，我们希望尽可能全面地了解情况。日本古代有《七经孟子考文》，近代也有《周礼经注疏音义校勘记》，都以详细记录版本异字为主要内容。记录版本异字只是机械的工作，谈不上校勘。但是作为基础资料，记录异文编成一部书，还是十分有价值的。吴文治先生曾经点校整理《柳宗元集》，1979 年由中华书局出版，至 2004 年又由黄山书社出版《柳宗元诗文十九种善本异文汇录》，这是值得参考的做法。《柳宗元集》是可供阅读的文本，附有要而不繁的校记，《异文汇录》则可作研究资料，是纯粹机械地记录异文。两书目的不同，分开来做，各得其体，如果要编一部书兼顾这两方面，结果只会不伦不类，无论哪一方面的要求都不能好好满足。清代、民国学者的著作没有那么多版本，自然用不上这种方法。

时代较早，流传情况复杂的书，没有办法整理成一个文本，则分开来整理，是最近的趋势。如李零整理的《孙子》，陈桥驿整理的《水经注》，中华书局出版的《麟台故事校证》等，皆将不同系统的文本分开来整理，不勉强牵合成一个新文本。不同系统的文本都有不同的历史意义，只能保留各自不同的面貌。如《文选》文本也分几个系统，不同系统之间差异较大，无法整理成一个文本。因此我们正在考虑将"秀州本"系统的明州本、朝鲜活字本、嘉趣堂影刻广都裴氏本整理成一个点校本。既然有明州本、朝鲜活字本的影印本，再出附有详细异文记录的点校本，用起来应该比较方便。

（七）学者的问题

据笔者了解，北京的中华书局，过去有一批专门从事点校工作的非专职人员，如沈啸寰先生，不少编辑也亲自点校古籍，如业师王文锦先生。如今编辑亲自点校古籍的情况已经绝迹，点校主要由社外的学者来进行，少数退休老编辑被返聘从事覆校。二十年来，古籍整理工作的环境产生了巨变，其中工作主体的变化尤其重要。回想大陆的古籍印刷业经历了由铅排到电子排版的转变，而在这转变过程中，由于电子排版系统的开发人员以及出版社的排版系统操作人员不能全面吸收过去铅排工艺的各方面经验，结果出现大量极不美观的版面。现在点校工作的主体是学者，文哲所的点校项目也都由学者来承担，而今天由笔者这名爱好者来分析学者的问题。

总而言之，学者的特点往好处说是有系统的知识，便于理解原文；缺点是偏执，往往凭自己的标准看古书，不能全面体会古书的内涵。换言之，学者接近古籍时有所企图，怀着自己的学术目的，与我们爱好者只想与古籍闲聊、与古人交朋友不同。如段玉裁《诗经小学》论《卫风·淇奥》"猗重较兮""猗"当为"倚"字之讹……（此例已见本书第三篇，今从略。请参本书第75页。）文献工作者必须冷静客观地分析每一个版本异字的不同意义，切忌混同书和版本，在关注版本的同时，也不要夸大版本的意义。

又如《士冠礼》"宾字冠者"节"宾降，直西序东面，主人降，复初位"，郑注："初位，初至阶让升之位。"贾疏云："宾直西序，则非初让升之位。主人直东序西者，欲近其事，闻字之言故也。"卢文弨《详校》于贾疏"主人直东序西"下补"面"字。这是因为敖继公认为主人位应当与宾相对，清代很多学者多从其说，卢文弨也信从其说，以为主人位当在"直东序西面"，所以给贾疏补一"面"字。作为《仪礼》的理解，主人是否当在"直东序西面"是一回事，贾疏解释郑注说"主人直东序西"是另一回事。贾说明明白白，无误解余地，而持"以贾还贾"说的卢文弨居然有此误，完全是他的学识作祟。

沈文倬先生是当今礼学大师，成果累累，有目共睹。可他早年校点的《孟子正义》，点校方面问题极多。依笔者感觉，他关注周代、春秋战国，最晚到汉代，这方面他有研究、有兴趣，再往后就没有兴趣了。他对孟子有兴趣，对赵岐也许关心一点，但对焦循根本不在乎，所以他对焦疏的标点错误百出。《出版说明》把焦循的生卒年错算一个甲子，就具有象征意义。对他来说，焦疏不过是理解《孟子》比较方便的工具而已，他不关心焦循，他只关心《孟子》内容的理解，不关心历代学者的学说，哪一句是谁的话都无所谓，所以乱标引号，下引号经常标错。[①] 在笔者看来，孟子是历史形成的抽象人物概念，而焦循是活生生一个人。视眼前大活人如土埂，而要讨论渺茫的抽象人物，我心不忍。沈先生与笔者志向不同。如笔者曾见《孟子正义》引《经传释词》，每每在一段

---

① 顺便说，末卷《孟子篇叙》篇题疏后，点校本提行低二格作"赵氏《孟子篇叙》者，言《孟子》七篇所以相次叙之意也"，此赵岐自述《篇叙》之宗旨，自称"赵氏孟子篇叙"，岂不奇怪。核影印本，知"赵氏"二字紧随篇题疏文，恰到行底，原来只是题署《篇叙》作者而已，次行顶格写"孟子篇叙者"，以下乃《篇叙》正文，点校本误连之。这也是有点校本仍然需要影印本的例子。

正义末尾，不在上文相关议论中，心存疑窦，后见焦氏《日记》，知焦氏稿成后始得《释词》，亟为补入故尔，心中窃喜（《仪礼正义》引褚氏《管见》亦类此）。此疑此乐，不足与沈先生言。

学者校书往往忍不住多说两句，这也是明显的倾向。如江苏古籍点校本《仪礼正义》，很多校记与校勘无关，第一卷的"校勘记"〔一〕用大段文字发表校者段熙仲先生对《荀子》"十九而冠"问题的高见。据说此点校本是段先生身后，经过他学生整理的，因此好意地去理解，段先生留这条笔记本来无心作为校记，他的学生不忍删省老师遗墨，所以混入校记里。文哲所的《刘寿曾集》第275页"抱经涧蓣"，杨老师出按语说明"指卢文弨和顾千里"，这是注解，不是校记。更有典型意义的是中华书局点校本《元和姓纂（附四校记）》。《元和姓纂》文本问题非常复杂，也没有善本。岑仲勉的《四校记》是学术界公认最全面、最可靠的研究成果。以孙星衍刻本或局本为底本，将《四校记》分系于相应位置，向读书界提供一个标准版本，这是中华书局的想法。承担具体整理工作的是郁贤皓先生等学者，他们对唐代人物的履历行迹都有深入研究，对《姓纂》、对《四校记》也都有自己的见解，能够看出许多《姓纂》文本及《四校记》本身的问题。他们既然发现问题，也就是看到了文本上、观点上的很多错误。文本、观点既然有错误，就无法正确标点。所以他们也要出校记，不仅校《姓纂》文本，也要对《四校记》出校记。都已经有《四校记》，不能再叫校记，所以叫作"整理记"。实际上，这些"整理记"中不少条目已经超出单纯的校勘范围，而是与《四校记》性质类似的研究。陶敏先生的后记说："根据中华书局的要求，此次整理，主要提供一个供研究者用的本子，尽量保存原貌，不增删改正，这更给文字的句读标点增加了许多困难。"又说："由于中华书局要求我们充分尊重原作，不作改动，少加整理记，所以我们只将岑氏《四校记》改用新式标点，改正了引书卷数和引文中个别明显错误。整理记写得很少，体例也未能完全统一。这是我们深感遗憾并要请读者谅解的。"可以看出，陶先生对中华书局的要求非常不满，耿耿于怀。因为陶先生设想的读者对象是和他一样做唐代人物研究的人员，所以他要"深感遗憾并要请读者谅解"。其实像笔者这种普通读者，还是认为中华书局的做法比较合理，没有什么好"谅解"的。《四校记》影响深广，已经是一部经典著作，当代学者的研究在具体问题上可以补正《四校记》，但并不能取而代之。既然整理出版《四校记》，整理工作不能喧宾夺主。对《四校记》的补正工作自然有重要意义，但不如作为独立的著作，另行发表。我们关心的是书，学者关心的是书中一方面的内容；我们对待书犹如对待一个人，而对学者来说，书也不过是研究材料而已。《新编汪中集》敢忽视《述学》编次，重新编排，也是同类问题，我们则不忍心那么做。

点校忌讳喧宾夺主，所以有些学者干脆编写校注。如中华书局新出的《三辅黄图校释》，卷二《汉宫》说长乐宫前殿"两序中三十五丈"，《校释》注解"序"为何物，引《大戴礼》"负序而立"孔广森补注，不引《尔雅》，不引

118

郑玄，偏引孔广森，引典没有代表性。未央宫"至孝武以
木兰为棼橑，文杏为梁柱，金铺玉户"云云，文出《长门
赋》，而《校释》失注。作者似乎是考古专家，校释提供丰
富的考古资料，但文献方面显得薄弱。又如中华书局新出
的《东京梦华录笺注》，第802页引"陆法言、陈彭年覆宋
本重修《广韵》"，使隋人、宋人合编清代"覆宋本"，可谓
异想天开。第926—927页引《三礼图》"案《燕礼》云：
司官尊于东楹之西，西方壶左玄酒，东上注雲尊方壶为卿
大夫士也"，竟不知何谓。① 作者对历史民俗等方面有深入
研究，对笔记小说等方面的资料很熟悉，但对经部文献没
有了解。又如中华书局新出的《扬雄方言校释汇证》，作
者是训诂学家，除了对用来校勘的几种影印、影刻宋本的
来龙去脉完全不了解② 外，后面附录孙诒让《札迻》相关
内容，标题竟作"方言郭璞注"，下署"孙诒让"，文后注
出处"据上海古籍出版社一九八九年版清疏四种合刊本"，
说明作者对文献全无概念。像这三部书，都是作者长年研
究的成果，有突破性成就，但在作者不重视的方面，往往
出现较大问题。

周祖谟对《广韵》的校勘，解决了大部分涉及音韵的

---

① 今按《燕礼》作"司官尊于东楹之西，两方壶，左玄酒，南上"，"注雲"
自然是"注云"之讹。
② 如称引傅增湘影印本为"日本东文研所藏珂罗版宋刊本"，是因其所据乃
日人所编《宋刊方言四种影印集成》，不知珂罗版国内各图书馆均有收藏，
并非罕见秘籍，初不当冠以"日本东文研所藏"。又，覆刻本及《四部丛
刊》本文字与此珂罗版不同，是出校改，无版本意义。

校勘问题，影响深广。后来葛信益先生从较广泛的角度校读《广韵》，写过几篇非常有趣的文章。① 例如二十六桓今本作"繁番和，县名，在凉州"，本来应该是"繁小襄也番番和，县名，在凉州"，今本脱"繁"字注三字及大字"番"。这类问题甚多，而周祖谟全然没有顾上。应该说，周祖谟只关注音韵，忽略了其他方面问题。但这恰好适应了一般读者只把《广韵》当作音韵工具书的需求，所以读者普遍认为周祖谟校本很方便。周祖谟校本的确有局限性，但这不妨其作为有用的工具书。

学者的工作有优缺点，我们编书，一方面要将他们的优势尽可能系统地发挥出来，另一方面注意不要让他们的缺点成为书的缺点。学者自己编书，也要注意这一点。

二、实践

（一）以书为主，辅以资料

古籍整理以书为主要对象，书与不成书的资料要分开，书的结构也不要改动。不要只关注内容，忽视书概念，也不要创造新的"古籍"。

（二）版本

作为准备工作，需要普查版本。尽量多接触版本，同

---

① 后编成《广韵丛考》，1993 年由北京师范大学出版社出版。

一种版本也要尽量多看不同印本，通过观察不同印本之间的差异、变化，形成一种版本的概念。然后在每一种版本概念的基础上，建立版本系统以及一部书的版本目录学概念。版本系统或许不如说不同版本之间的关系，清代、民国的著作不会有什么版本系统，但不同版本间的关系必须了解清楚。除了版本本身以外，目录、题跋以及其他著作中有关该书的论述，都有助于建立该书的版本目录学概念，自然需要留意。

《研六室文钞》有道光版及光绪重刻版。笔者在北京大学图书馆看到道光版的四套印本，内容不完全一样，且以甲乙丙丁称之。甲本卷首有徐璈序，阙卷九第二页；乙本有徐序，阙卷九第二页，与甲本同，而更脱卷七第四页；丙本无徐序，亦阙卷九第二页；丁本阙卷首及卷一，卷九有第二页，而脱第二十五至二十八页。文哲所的《胡培翬集》用作底本的《续修四库全书》本无徐序，而有卷九第二页。徐璈序云"今春余来金陵，适竹邨主钟山讲席，暇日出一编相示，则竹邨本其治经之余，作为古文辞"云云，所谓"今春"当在道光十三年（1833）。应该认为道光十七年（1837）刊行时即有徐序，不知为何，后来的印本不见此序，因此重刻本也不载此序。《续修四库全书》及重刻本均无徐序，所以《胡培翬集》也没有此序。又《胡培翬集》第252页出校记说明重刻本无卷九第二页，现在知道重刻本无此页是因为道光本的大部分印本不知为何均脱此页，重刻本所据底本已脱。笔者只见到四套道光本以及《续修四库全书》影印本，未能理出发生脱页的历时变化，但已看到道光版不同印本之间的差异。重刻本和道光本之间的不同，也不是光绪重刻时的突变，而是道光本后印本已经有部分变化。一种版本从刊刻完成开始，每次印制条件不同，经过反复修补，版的内容也不断变化，若要全面了解，只能多看不同印本，好比要了解一个人，需要尽量多接触。

有了较完整的版本目录学概念以后，应该选择点校底本及参校本。选定一个底本，凡有校改都要出校，可以保证在原则上能够还原成底本文字。择善而从的办法不用一个固定底本，整理出来与过去任何版本都没有直接的继承关系，只能算是新版本。古籍版本已经够复杂，我们不要再增加新的版本，平添麻烦。选定底本以后，要直接在底本或其复印件上加标点，尽量避免用工作本，也不要另外誊写，否则容易出现校对失误。《周礼正义》点校本以孙诒让自己出版的排印本为底本，但由于这种排印本印制效果极差，字形往往不清楚，而且小字密排，无法直接加标点，因此以后来的湖北刻本为工作本，先按排印本改写刻本文字，然后再加标点。这种工作本方式，提高了校对工作的难度，结果出现的问题也较多。我们拿孙诒让排印本校对点校本，很容易发现点校本的校对失误。中华书局排好版以后，自然也经过校对，但他们只能拿工作本校对，不能拿底本校对，因为标点符号都在工作本上。应该认为，用孙诒让排印本及湖北刻本整理出现在的点校本，已经相当不容易，至于再提高点校本的校对质量，是我们后人的职责。

（三）点校要放弃自己的习惯

读古籍与交朋友一样，先要相信古籍，虚心面对，感受他，接受他。既然相处在一起，如果事无大小都要坚持自己的标准，只会事事都不顺眼。中华书局点校本《毛诗传笺通释》第3页校记云："按'经典序录'疑当作'经典释文序录'。陆氏著《经典释文》，首卷为《序录》。"今按：《经典释文》卷首有《序录》，谁或不知而需出校？其实"经典序录"是习惯称呼，虽不知始于何时，然就笔者笔记所及，沈钦韩、汪中、武亿、丁晏、宋翔凤等人以至钱穆都曾用此称呼，马瑞辰用此称呼完全自然。读书必须接受作者习惯，甚至要了解在作者所处环境里，这种习惯有多平常或多特殊，这样才能了解某一种说法是否有特殊含义。不应该仅凭自己习惯，怀疑古人的语言习惯。第4页校记云："按《说文·言部》云：'诂，训故言也。'马氏读作'诂训，故言也'，误。""诂训故言也"这种句子，容有不同的理解。钱大昕读"诂训，故言也"，马氏的理解与钱氏同，并非奇思异想。若能断定"诂训，故言也"为误，等于说经书、《说文》都已经有定解，不必屈尊低就来看马瑞辰的书了。我们是想与马瑞辰交朋友，慢慢了解他的思想，这种地方不必出校记，最多记住他有这种观点就好了。

中华书局点校本《尚书今古文注疏》第333页校记〔一〕：

"陆玑"原作"陆机"。案：作《毛诗草木鸟兽鱼虫疏》者为陆玑，作"机"误，今改正。

"陆机""陆玑"之辨，钱大昕也有说。笔者虽然还没注意孙星衍有没有支持钱说的论述，但也没听说孙星衍反对钱说。校者仅据俗说断言"作'机'误"，这种判断对校书毫无意义，只有知道孙星衍是否认为"作'机'误"才有意义。既然没有任何根据足以判断孙星衍认为"作'机'误"，就不应当校改。此书作者是孙星衍，整理工作要体现孙星衍的思想。

漆永祥老师整理的《江藩集》第41—42页收录《隶经文·轵说》：

> 戴太史东原《释车》"毂末小钉谓之軝"云："小钉者，即郑注几大小穿皆谓金也。"

有校记云："戴震《考工记图·释车》'毂末小钉谓之軝'句下无此注，盖江氏引据为别本，或江误引耳。"实际上，此处标点应该如下：

> 戴太史东原《释车》"毂末小钉谓之軝"，云"小钉"者，即郑注"凡大小穿皆谓金也"。

称"戴太史东原释车"已经七字，而引戴说亦只七字，似非其比率，所以误标引号。相反的例子在文哲所的《胡培翚集》第47—51页收《中庸旅酬下为上解释疑》，第一行作：

> 凌次仲先生《礼经释例》曰:"凡旅酬,皆以尊酬卑,谓之旅酬下为上。"案:《乡射礼》……

此篇按点校本共四十一行,而其中前三十三行皆引录《礼经释例》文,后胡氏自加按语,字数不足四分之一,非正常比率,所以误标下引号。总之,校读不要依靠自己的"正常"习惯,而要努力接受作者的"怪"习惯。习惯属于表层问题,我们必须穿过表层了解他的内心,不能被乍见怪异的习惯迷惑,忽视背后的心理。实际上,全面接受作者的"怪"习惯,自己也跟着作者一起变"怪",才是读书的乐趣。可惜学者往往急于研究内容,不懂得这种闲趣。

黄山书社点校本《毛诗后笺》第846页:"《后汉书·马援传》云〔五〕:'居前不能令人轻,居后不能令人轩。'"校记〔五〕云:"'传'原作'疏',据王先谦《诗三家义集疏》引胡氏语改。"后代学者引前人语,传本若有讹误自然要改正而后引,所以优秀学者的引文有一定的参考价值,但不能直接作为校改根据。就此处而言,"马援疏"本来没有错,《诗三家义集疏》的引文经过改动,不是因为"马援疏"错误。这种例子很多,比如《汉书·艺文志》小说家"百家百三十九卷",沈钦韩《汉书疏证》引"《后书》仲长统诗'百家杂碎,请用从火'",而王先谦《汉书补注》引沈说改"仲长统诗"为"仲长统传"。引用他们疏、诗中的句子,所以称疏称诗,其实马援疏在《马援传》,仲长统诗见《仲长统传》,不言可知,何必一定称《传》。王先谦是引书，可以改文，我们是点校，不可以改，因为原来没有错。当代学人或不熟悉《后汉书》，觉得必须称"某传"才方便检索，但古人没有照顾无知后人的义务，称疏、称诗更恰当，就那么称引。非要称某传，则变成"《后汉书·仲长统传》载仲长统诗"，不胜繁重。[①]

（四）校引文必须知作者所据

引文等于是书里有书，引文中也有引文，所以校勘一部书，实际上也需要对第二层、第三层引书进行校勘。引书不是引版本，书的概念因人而异。另外，书的概念也离不开作为表象的版本，作者所见版本与我们手头常用的版本往往不同。校古书引书，一以作者对该书的概念为准。因此需要了解作者用过哪些版本，作者对该书文本有何见解。上文介绍黄以周引郑玄《针膏肓》以"令雩祀百辟卿士有益于民者"为孟夏月令，引《周礼》注作"千叶为贯"，这些地方都与版本乖违，但作者心中的书本该如此，千万不能校改。为了避免误校，应该多了解有关该段引文的各种学说，确定作者会承认是错字，才能校改。

乾嘉以前与道咸以后，流行的版本有较大差别，这一点值得注意。道理很简单，乾嘉时期出现大批古籍整理成

---

① 写文章要简明，不能像某些保险公司的条款，写得越啰嗦越方便糊弄人。如点校本《春秋谷梁经传补注》的《点校前言》第5页说："东汉何休春秋公羊传序唐徐彦春秋公羊传注疏引戴弘序云：……"既繁重又不恰当，不堪诵读。

果，遂成为后来主要流行的版本，而这些版本自然不是乾嘉学者平常使用过的。例如胡克家刻《文选》在嘉庆十四年（1809），阮刻《十三经注疏》、胡刻《资治通鉴》都在嘉庆二十几年，至今都是影响最大的标准版本，而在此前，学者使用的不是这些版本。段注《说文》第十二篇上"耽"字下引《淮南·墬形训》"夸父耽耳在其北"，高注："耽耳，耳垂在肩上。耽读衣襟之襟。或作摄。以两手摄其肩之耳也。"高注末句费解，按刘文典《集解》作"以两手摄耳，居海中"，不言有异文，何宁《淮南子集释》亦如此。然则段注引文有讹乎？"摄耳居海中"与"摄其肩之耳也"，相差甚远，无法理解如何讹误始变如此。后查北京大学出版社出版张双棣《淮南子校释》，才看到说"王溥本、朱注本作'以两手摄其肩之耳'"。所谓王溥本，即明代刘绩补注本，王念孙说"所见诸本中，唯《道藏》本为优，明刘绩本次之，其余各本皆出二本之下"，可见刘绩本在当时影响颇大。后来乾隆五十三年（1788）庄逵吉的刊本盛行于世，浙江书局的《二十二子》以及《集解》《集释》均以为本，刘绩本又无影印本，若无张氏《校释》，恐怕笔者也不会想到去图书馆借阅刘绩本。从这一例子可知，校书必须注意作者用过的书，用过的版本。也应该知道乾嘉学者用过的版本往往不是我们的常用版本。至于道咸以后学者使用过的书与版本，时间越晚越接近我们现在的藏书。另外，像《淮南子》这样的重要典籍，非常需要类似《柳宗元诗文十九种善本异文汇录》那样整理各版本异文的书。

逸书引文，必须查明来源，不可以根据辑佚书轻易校改。如中华书局点校本《白虎通疏证》第一卷第一条校记：

> "易有"二字上原脱"孔子曰"三字，据《周易乾凿度》补。

纬书文本非常不稳定，各处引文常有歧异，也不能确定孰是孰非。这里称"据《周易乾凿度》补"，等于说《周易乾凿度》必须有此三字，脱此三字不称其为《周易乾凿度》，岂有此理。即使所据文本有此三字，引书者仍然有权删省。唐宋以前各种古书所引某纬书逸文，每一条都是某纬书文本，不能拿其中一条来否定另外一条。可以说凡自称"据某纬书改"的校记基本上都不足信，出这种校记的点校本质量不会高。校改所引纬书，只有在能够确定作者引自何书的情况下，依据该书才有可能改。

文哲所的《刘寿曾集》第62页《周易汉读考序》：

> 《乾凿度》载孔子之说《易》曰："易，易也。变易也，不易也。佼易立节。"下文云："管三成德为道苞钥。〔一〕易者，以言其德也，此其易也。变易也者，其气也。不易也者，其位也。"
>
> 校记〔一〕：当作"管三成为道德苞钥"，注云："言易道统此三事，故能成天下之道德，故云：包道之要钥也。"

校记的意思应该是说底本"德为道"当作"为道德"，因为《乾凿度》注云"能成天下之道德"。今按：校记所据当系殿本系统《乾凿度》版本，若然"佼"亦当作"效"。雅雨堂本及《初学记》所引与底本合（注亦与校记所引不同），当即刘氏所据。此处无须出校，试为重新标点如下：

> 《乾凿度》载孔子之说《易》曰："易，易也，变易也，不易也。佼易立节。"下文云"管三成德，为道苞钥，易者以言其德也"，此其"易"也。"变易"也者，其气也。"不易"也者，其位也。

（五）务必探求作者所参考资料

古书引文出于转引，也是常见情况。如《乐律通故》第十八条："《小雅》'蹙蹙靡所骋'，传曰：'蹙蹙，缩小之皃。'""传曰"是"笺曰"之误，但这一错误始自《经籍纂诂》，胡承珙《仪礼古今文疏义》不小心误从之，胡培翚《仪礼正义》照抄《古今文疏义》，黄以周又因袭《仪礼正义》的错误，源远流长，已经是第四代。读书要读作者的心，要了解作者的思路，写出来的文字不过是筌蹄。作者写文章有材料、有逻辑、有思想，我们要通过文本，想象作者根据何等材料，如何运用逻辑来写这种文本，背后又有何种思想。思想较难捉摸，不如先抓材料。知道作者参考过哪些材料，与眼前文本进行对比，可以理解作者的逻辑。材料、逻辑既已明白，大概可以理解他的思想。我们有大量证据知道黄以周经常参考《仪礼正义》，而且这一条上文引用江筠的观点，也是只有在《仪礼正义》里才能看到的。因此可以相信，他在这里将郑笺说成毛传，是因袭《仪礼正义》的错误，并不是自己弄错，也不是直接因袭《经籍纂诂》的错误。通过这样的校勘，我们也知道黄以周虽然认为《仪礼正义》编得不太理想（见《儆季文钞》卷三《复胡子继书》），实际上在自己研究《仪礼》问题时，也相当依赖于《仪礼正义》。《乡饮酒》"乃席，宾主人介"，杨补胡《正义》引《乡饮酒义》云："四面之坐，象四时也，……（今省略中间九十三字）……主人者接人以仁以德厚者也……"下又引"宾必南乡，介必东乡，主人必居东方"。江苏古籍点校本出校说："'以仁'衍文，当删。据《乡饮酒义》。"今按：《唐石经》、抚本及陈澔本均有"以仁"，贾氏《乡饮酒》疏引亦有，余仁仲本以下阮元注疏本等始脱二字，是知此条校记坐混同版本与书之误，无论矣。然杨补胡《正义》纯粹抄录先儒成说而成，引《乡饮酒义》亦非直接就《礼记》摘录。经核查知此处引文删节与李如圭《仪礼集释》合，是此段文字以《集释》为本，而《集释》即有"以仁"。作者称引《礼记》，但实际引录的是《仪礼集释》上的文字，既然如此，校勘必须校《集释》，不可以仅仅校《礼记》，更不可以拿《礼记》一个版本来校改。《乡饮酒记》"乐作，大夫不入"下，杨补胡《正义》引褚寅亮说"敖氏谓乐作则献上"，江苏古籍点校本出校说："'上'字误，改作'工'。据《集说》。"《正义》引褚说，褚说中涉及敖说，如果褚说及褚说版本有问题，需要根据《集说》来校勘，但此处褚说版本无误，错误发生在《正义》编辑过程中。所以校记只能称"据《管见》"。点校本的校勘记，不仅混淆版本与书，连不同的书也混为一谈，如此校书，很多书会被消灭掉。

又如上文介绍的《士冠礼》"宾字冠者"节"主人降，复初位"，《仪礼正义》只引录程瑶田怀疑郑注错误的说法，并说："今案：程说是也。张氏惠言亦辨之。"仅据此文，只能知道胡培翚赞同批评郑注的程说。但我们校读时，必须参阅胡培翚参考的十几种书，知道程瑶田的说法源自敖继公。明明知道此说出敖继公，而要把这张牌隐藏起来，这是胡培翚的有意行为，反映他不愿公开支持郑学敌人敖继公的思想。这种思想，只有通过了解胡培翚见到过哪些材料才能理解，仅凭《正义》文本是看不出来的。《正义》绝大部分文本内容是抄录先儒成说而已，一一核校，是校文，非校书。校读《正义》必须校以胡氏所持十几种书，探寻其间取舍之意。当知作者"没写什么"比"写过什么"更重要。

《军礼通故》第三十三条引《司马法》云："弓矢围，殳矛守，戈戟助，凡五兵，长以卫短，短以卫长。"注："见司右注。""长以卫短，短以卫长"，重复"卫"，核《司右》注知下"卫"当作"救"。上文说逸书文本不易确定，但此则引《周礼》注所引，而《周礼》注可以肯定是"救"非"卫"，所以可以据改。但此第三十三条，引录《周书》、《司马法》、《管子》、《淮南子》、《公羊》家说、《谷梁》家说、卫宏、扬雄、郑众、郑玄、韦昭、《礼记隐义》共十二家，这些引文除了《管子》外，全见《五经异义疏证》，而《五经异义疏证》刻本引《司马法》即讹作"短以卫长"。可见，黄以周撰写此条，以《异义疏证》为主要参考资料，转引材料，连讹字也因袭过来。在这里，错误在《异义疏证》刻本，黄以周没有意识到这个错字，他的原稿一定也作"卫长"。如果说校勘的目的在恢复作者原稿的原貌，只有转写、版刻讹字才可以改字的话，这里不能改字。可是，不难推想，在陈寿祺、黄以周他们的脑子里，这段引文应该就是《司右》注的引文，他们没有想过在不知不觉中发生了如此讹字，如果有人提醒他们，他们一定会同意校改。这种情况，改不改字应该说是见仁见智的问题，改不改都可以。无论如何，校记是一定要出的，而且必须说明这是因袭《异义疏证》刻本的讹字，不能直接称"据《司右》注"，因为作者根本不是直接引用《司右》注。

当王文锦老师叫笔者校对《礼书通故》时，就怕《六书通故》做不好。因为《六书通故》的主要内容是按古韵类编的谐声偏旁表，说明文字相当简略。因为不明黄以周对谐声韵部的具体学说，不知哪些是刻版错讹，哪些是黄以周学说如此。后来发现此表以严可均《说文谐声表》为本，心里才有底。黄以周没有引用严可均，但必须与严表对校，此表才可以读。校书必须要找可以比较的合适对象，没有比较对象，空手面对版本文字，无从判断哪些是版刻错字。这就是笔者的太老师孙人和先生常说的"不校不读"。

核查作者参考的书，是读书的基本方法，所以读现代书也可以用此法。如台北故宫《沈氏研易楼善本图录》著录《公羊解故》余仁仲本云："昔阮元为此本作《校勘记》尝曰：'鄂州官书经注本最为精美，今考此本，足以考订鄂本者颇多。'"按：阮元未见余仁仲本，《校勘记》更非所以校余仁仲本，则此引《校勘记》有误。我们先不要就这一问题钻牛角尖，而要从根本上了解有关情况，也就是说先看作者写这一段话参考过的资料。于是查阅《铁琴铜剑楼藏书目录》，就看到有如下记载："阮氏《校勘记》称'鄂州官书经注本最为精美'，今考此本，足以考订鄂本者颇多。"作者抄书时所犯错误，不辨自明了。

（六）不知讹误所由不得校改

传写、翻刻过程中发生的讹误，是我们校改的主要对象。另外，作者不经意的错误，假如有人提醒，作者会毫不犹豫改正的话，也应该校改，至少可以出校。既然如此，这些错讹都应该能够说明发生错讹的原因，否则不能排除作者有意那么写的可能性。如《乡饮酒礼》"主人阼阶东，南面辞洗"，阮元《校勘记》云"《唐石经》脱阼字"，有人说："今案《唐石经》此句残，看不出脱阼字，阮氏臆说。"（见中华书局《中国典籍与文化论丛》第四辑载《阮元仪礼注疏校勘记补正》。）此人所见"唐石经"是民国皕忍堂刊本，以此而论"唐石经"，是犯了混淆版本与书的错误（《唐石经》虽非一部书，错误性质无异。）更大的问题是，"阮氏臆说"完全讲不通，假如所见《唐石经》残此句，阮元（且作为《校勘记》作者代号）为何要杜撰如此臆说？"阼阶东"自然以有"阼"字为正，无论如何也不能理解为何要编造"《唐石经》脱阼字"说，除非认为阮元神经错乱。既然不能说明错误原因，则应该怀疑是自己的判断有误。就此处"阼阶东"而言，戴震所见补刻石经脱"阼"字（戴氏《石经补字正非》抄本藏北京大学图书馆，黄山书社版《全书》、清华大学出版社版《全集》均收录），知阮元所见定当如此，绝非臆说。

《士昏礼》"妇馈舅姑"节"妇赞成祭，卒食，一酳，无从"，杨补胡《正义》曰："从者，从肝席也。"此句无可理解，一定有讹误。我们已经知道《仪礼正义》常用的十几种前儒著作，不难发现这部分《正义》凡六十字全部抄袭吴廷华《仪礼章句》，而且用的是《皇清经解》本。《章句》原来作"一酳无从_{从肝}席于北墉下"，《皇清经解》刻版误以"席"为小字，遂读为"从肝席也"。《皇清经解》咸丰修补以后的印本，此处"席"字已改大字。我们核对《仪礼章句》的任何版本，即可知道"席"字误衍，但仍不能确定何以误衍。只有看到咸丰修补以前的《皇清经解》（《仪礼正义》刻版成于咸丰二三年间，胡、杨所见《皇清经解》自然是修补以前之印本），才能明白这一荒唐的错误所以发生的原因，因而可以放心校改。

《礼书通故》第十二条"《旧唐书》引沈约云，《中庸》《表记》《坊记》《缁衣》皆取《子思子》"云云，"旧唐书"自当是"隋书"（《音乐志》）之误，我们已出校改正。但黄以周讨论《礼记》流传问题，不会去翻阅《旧唐书》，引"隋书"何以误为"旧唐书",不得其解。后见钱大昕《潜研堂答问》云"尝读《旧唐书》载沈约之言"云云,则钱氏读史广博精深,偶有此记忆错误,不足为奇。因此可以推断《礼书通故》的讹误渊源于钱大昕,可惜笔者对《礼记》流传问题没有深入了解,不知黄以周讨论这问题参考过什么材料,因而还不能确定这一错讹的直接来源。

又如上文介绍段注《说文》引《淮南》高注"摄其肩之耳也",现在较容易看到的版本都作"摄耳居海中",《集解》《集释》都不说有其他异文,一般人会怀疑"摄其肩之耳也"是"摄耳居海中"之误。但我们要自问"摄耳居海中"如何讹误才能变成"摄其肩之耳也"?两个文本距离太远,无法解释产生讹误的原因,所以必须保留判断,再探讨底本讹误以外的可能性。

总之,欲言底本讹误,必须能够说明如何产生此讹。不能说明产生讹误的原因,应该怀疑自己的判断有误。最大的可能性是自己对文本的理解有误,其次则作者另有所据。不能解释讹误原因时,先不要校改,待之他日。

以上(四)(五)(六)三点是笔者与王老师在合作点校《仪礼正义》《礼书通故》的过程中逐渐形成的重要原则,尤其适合整理清代经学著作。

(七)上中下相校

除了引文必须核校外,最需要核校的是作者所参考的书,这是往上校。另外,后世学者的著作引录此书,往往也有一定的参考价值。如《周礼正义》引先人论著，大多经过校勘，明显的讹误都得到校正，不妨参考，虽然不能直接作为校改的根据。又如《仪礼正义》引《礼经释例》，由于胡氏曾师从凌氏，而且熟悉《仪礼》，所以文字往往较刻本为优，非一般抄书之比，这是往下校。另外，参考与作者同时代的著作，有时也能得到有效的线索。文哲所整理的清人文集，由于各位老师都很关注这些学者，所以这一点做得比较充分，值得我们学习。

（八）核书便法

核对作者用过的版本，不太可能完全做到，实际上我们都要靠现在的影印本、排印本，甚至要利用校勘记之类的著作。因此，平常也要注意搜集各种版本资料。例如《淮南子》刘文典《集解》、何宁《集释》以训诂解释为主，若无解释必要不记录版本异文，只有张双棣《校释》记录版本异文相对较详细，是目前比较方便的参考工具。又如核校纬书引文，日人编《纬书集成》可提供线索。利用工具，自然需要正确认识其特性及可靠性。如《经籍纂诂》错误甚多，道咸以后学者轻信《纂诂》而误者，我们需要校订。我们自己可以当索引用，不可直接引用。如点校本《周礼正义》（第一次印本）《大宗伯》第 1365 页："《广雅·释言》云：'贺，嘉也。'〔一〕"校记："'言'原讹'诂'，据《广雅》改。"其实"贺，嘉也"在《广雅·释诂》，而《经籍纂诂》误称《释言》，王老师误信《纂诂》（第二次印本已经改正）。当年文史工具书有限，现在则《广雅疏证》有索引，也有电脑检索的方便，应该比较容易避免此类问题。

（九）分工与合作

点校整理工作头绪繁多，诸如跑图书馆调查版本，记录版本异字；查找遗墨，辨认手写文字；核对文献，分析文本的层次结构；确定标点，撰作校记；设计版面，编辑成书；校对底稿，另做通读校等等。各方面工作，所需能力不同，而且工作量大，若欲一个人独立完成，难免疏忽，不妨考虑分工。王老师整理《通典》，版本对校工作还是请人跑图书馆去做的。出版社有编辑，负责多方面工作，一般来讲对提高出版质量有积极作用。[①] 例如沈津先生整理的《翁方纲题跋手札集录》，随便翻看几条与经学有关内容，标点都有问题。其实很多问题只要核对原书即可解决，并不复杂。笔者猜想，沈先生整理此书，以手抄本为底本，而且底本文字非楷书，整理工作的重点不得不放在辨认文字方面。由于主要精力用于辨认文字，标点方面就相对疏忽了。又如《研六室文钞》，笔者在北大借阅的版本可以补《胡培翚集》所缺徐璈序，主要是因为近水楼台，北大图书馆比较方便，但如果自己要点校《研六室文钞》，注意力会集中在点校上面，很可能不去想借阅多种印本。另外，别人的点校容易看出毛

---

① 有些出版社编辑没有应有的业务能力以及文化水准，只会带来麻烦。文哲所出版点校成果没有出版社编辑，有好处，也有坏处。

病，也是人之常情，如我们北大中国古代史研究中心现在整理余嘉锡先生遗稿，其中有一段引到刘向《山海经》题记云"待诏太常属臣望校治，侍中光禄勋臣龚、侍中奉车都尉光禄大夫臣秀领主省"，笔者一开始以为三人并列，官衔加"臣某"而已，糊里糊涂在"臣望"下打顿号。我们历史系的学生一看就发现问题，指出"校治侍中"不能连读，这与笔者看"堂中北埽"就知道有问题一样，只要经常接触、熟悉内容，就容易看出问题来。因此笔者现在比较重视合作，余嘉锡先生遗稿除笔者自己做点校外，还请两位学生分别进行校读，定期聚首核对，以期减少疏忽。过去笔者与王老师合作点校《仪礼正义》，笔者还年轻，查书较勤，王老师有学问、有经验，两者结合，效果相当好。每种书情况不同，若有必要，不妨考虑分工合作。

三、结语

上文举例介绍几部点校本的个别问题，点校者不是老前辈就是老师们，笔者自然无意批评。实际上，点校整理工作劳动量大，而且确实能给读者带来很大方便。像《周礼正义》虽然存在不少校对方面的疏漏，但这在很大程度上是孙诒让铅印本排字过密、印字不清所致。现在在点校本的基础上，再进行校对，自然可以校出很多问题，但如果没有点校本，直接根据孙诒让铅印本点校整理的话，不能保证校对失误一定会比现在的点校本更少。《周礼正义》点校本给我们带来的舒适与快乐，凡是读过的人莫不深有体会。又如广陵书社新出《宝应刘氏集》第499页"《后汉书·〔一〕礼乐志》：'世祖受命，改定京师于土中……'"校记云："'后汉书'，诸本原作'汉书'，今据引文内容改正。"其实"引文内容"就是《汉书·礼乐志》的文字，而点校者非要补"后"字。谢承、谢沈《后汉书》及司马彪《续汉书》皆有《礼仪志》而无《礼乐志》，更不闻有此所引文字，点校者好像是认为《汉书》不可以写后汉事，后汉内容只能在"后汉书"。这是笔者近几年来所见最荒唐离谱的一条校记，甚至带有几分幽默。就算如此，还是很感谢整理者，要不是他们如此整理，像《愈愚录》这种书笔者不会去翻（《北京图书馆珍本丛刊》所收影印稿本，字迹不清楚）。现在出版的点校古籍，随便翻翻都可以看出几处毛病来，但如此容易看出来的问题，读者也不会被误导，实际上也不是什么大问题，最多点校者及出版社不够体面而已。笔者对目前出版的各种点校本有较大意见，所以愿意自己动手做点校本，结果至今还没有做好一部，由此也可见整理工作的不易。"纸上得来终觉浅，绝知此事要躬行"，所以问题归问题，还是很感谢那些点校出版工作者。

读古书为了乐趣，与古人做朋友很开心。在世界上等着饿死、病死的人不知其数的时候，点校错误是微不足道的问题。笔者现在纯粹是作为个人爱好来从事古籍整理工作，要与古籍共生死。我死我的古籍亦亡，是否有人继承发展对我自己似乎不那么重要。

【刊物出版前所加说明】笔者奉恩师台湾"中央研究院"中国文哲研究所林庆彰教授之命，于2007年2月8日在该所"儒家经典之形成"项目第十一次专题演讲会上，以古籍整理为题目进行演讲。本文即当时讲稿，后有所修订。

近二十年来，讨论古籍校点的文章极多，如中华书局《古籍点校疑误汇录》已出六本，但所论大多局限于知识问题，读之索然无味。评者每讥校点者之无知，其实知识无涯，人无完人，一人必有所知，亦必有所不知。评者谓校点者缺乏常识，但何谓常识，因人而异，初无客观界限。以一己之知识结构规定世人必备之常识，非愚则妄。因此笔者撰此文时，注意回避具体知识问题，文中举例，无非是理论问题之实例，旨在说明普遍性理论问题，绝对无意于批评具体校点本。若笔者有意贬损具体校点本，所当指摘的显例，或在本文所列之外；若欲纠正出版品中的具体失误，函告出版社编辑即可，初不必撰文刊发。读者幸勿以本文为评论具体点校问题，是所恳望。

又，笔者打印稿于专名下画直线，书名下画波浪线。然刊物遵从近来习俗，取消专名线，改波浪线为"《》"，采用所谓"新式"标点。正如本文所论，古人引书，所引非具体版本，而是一种书概念，因此容有如"史记五帝夏周纪"等说法。《史记》概念为社会共识，此概念包含《纪》《表》《书》《世家》《列传》，五帝、夏、周皆各有《纪》亦属共识，故指《五帝纪》《夏纪》《周纪》而可称"五帝、夏、周纪"。今用"《》"，若作"《史记·五帝、夏、周纪》"，则似谓

《史记》有一篇《五帝、夏、周纪》。若作"《史记·五帝》《夏》《周纪》",则"五帝"独占"史记","纪"专属"周",而"夏"字孤单,混乱不堪。此因《 》显示明确界限,与传统行文习惯之灵活性格格不入。论其起源,所谓"新式"本为节省排版麻烦之便法。过去铅排,专名线、波浪线皆须插入在两行活字之间,费工费时,于是有所谓"新式"。后人不知,安于偷工减料之陋习,甚或反以专名线、波浪线为不规范,既可笑又可悲。"新式"之大行其道,与今人失去传统书概念、不知辨别版本与书有关。笔者于此,不得不提倡废掉"新式"标点,恢复"旧式"标点。

本文发表在国家图书馆出版社
《版本目录学研究》第一辑,2009 年。

札记:云曰当名词解

经疏屡见"某氏云以为"者,犹云"某氏说以为"。称"云以为"而转述其义,与单称"某氏云"引录原文不同。

> 《小雅·车攻序》疏云:"案《王制》注云以为,武王因殷之地,中国三千,海隅五千;至周公、成王,斥大九州之界,乃中国七千,海隅万里。彼注者,据文而言耳。其实,武王与成王之时,土境不甚相远也。"(按:《王制》注原文曰:"《春秋传》云:'禹会诸侯于涂山,执

玉帛者万国。'言执玉帛，则是惟谓中国耳。中国而言万国，则是诸侯之地有方百里，有方七十里，有方五十里者，禹承尧、舜而然矣。要服之内，地方七千里乃能容。夏末既衰，夷狄内侵，诸侯相并，土地减，国数少。殷汤承之，更制中国方三千里之界，亦分为九州，而建此千七百七十三国焉。周公复唐、虞之旧域，分其五服为九，其要服之内亦方七千里，而因殷诸侯之数，广其土，增其爵耳。"知孔疏非引郑注原文，而申述郑注之说，故称"云以为"。浦镗谓"云"字衍，非。）

《大田》疏云："知方祀各以其方色牲者，《大宗伯》云：'青圭礼东方，赤璋礼南方，白琥礼西方，玄璜礼北方，皆有牲币，各放其器之色。'注云以为，礼五天帝人帝而句芒等食焉。是五官之神，其牲各从其方色。"（按：《大宗伯》注原文曰"礼东方以立春，谓苍精之帝，而大昊、句芒食焉"云云。知孔疏非引郑注原文。）

《大雅·绵》疏云："《王制》云'道路男子由右，妇人由左'，注云以为地道尊右故也。"（按：《王制》注云"道中三途远别也"。《内则》"道路男子由右，女子由左"，注云"地道尊右"。）

《礼记》疏称"某氏云以为"者尤多，或疑而不定，或非其义，或备别解，要皆非正解，故简述其说要旨，不备录原文。

《王制》注"有虞氏质，深衣而已"，疏云："深衣谓白布衣，以质，用白布而已。其冠未闻。皇氏云以为养老首还服皇冠，崔氏云以为与夏、周同，未知然否。"

《文王世子》"公大事则以其丧服之精粗为序"，疏云："皇氏云以为，丧服以粗为精，故郑注《杂记》云'臣为君三升半，微细焉则属于粗'，是知斩为精，齐为粗。若如皇氏说，缌麻、小功为极粗，斩衰为极精也。书传何处谓斩衰为精乎。皇氏之说非也。"

《郊特牲》"大报天而主日也"，疏云："凡祭日月之礼：崔氏云'其牲皆用犊，若所祈祷则用少牢'。皇氏云以为，日月合祭之时用犊，分祭之时用少牢。其义非也。"

《丧服小记》"生不及祖父母、诸父、昆弟而父税丧，己则否"，疏云："王云以为，计己之生不及此亲之存则不税，若此亲未亡之前而己生则税之也。"〔按：唐抄残本《礼记子本疏义》（有罗振玉影印本，盖郑灼抄写其师皇侃之《义疏》，间杂己见者）亦同文，可证皇侃称"云以为"，孔颖达等因袭不改，非唐、宋流传始误衍"云"字。考《通典》卷九十八载王肃云："谓父与祖离隔，子生之时祖父母已死，故曰生不及祖父母。若至长大，父税服，己则不服也。"是知皇侃简述王肃说之旨义，并非引录王肃原文。〕

《学记》"大学始教"，注"祭菜，礼先圣先师"，疏云："皇氏云以为，'始教'谓春时学士始入学也。其义恐非。"

《乐记》"居鬼而从地"，注"'居鬼'谓居其所为，亦言循之也"，疏云："贺云以为，居鬼者'居其所为'，谓若五祀之神各主其所造而受祭，不得越其分，是不变化也。五祀之神，造门故祭于门，造灶故祭于灶，故云居。义亦通也。"

《礼记》疏又有称"某书云""某人云"，当解为"某书所云""某人所云"者，其下非引文，而是评论某书所云。

《曲礼》"堂下则趋"，疏云："下阶则趋，故《论语》云：'没阶趋进，翼如也。'然《论语》云是孔子见于君也。"（按：下"《论语》云"即"《论语》所云"。）

《檀弓》"今一日而三斩板"下疏云："孙毓难云'孔子墓，鲁城北门外西坟，四方，前高后下，形似卧斧，高八九尺，今无马鬣封之形，不止于三板，《记》似误'者，孙毓云据当时所见，其坟或后人增益，不与元葬坟同，无足怪也。"（按："孙毓云"犹言"孙毓所述"。）

《王制》"天子七庙"节疏云："且《家语》云，先儒以为肃之所作，未足可依。"（按："《家语》云"当作"《家语》所云"解。）

《学记》"大学始教"节疏云：《大胥》云'用乐者以鼓征学士'，《文王世子》云'大昕鼓征，所以警众也'。《文王世子》云，谓天子视学之时，击鼓警众也。若是凡常入学用乐及为祭祀用乐者，'以鼓征学士'是也。"（按：此先录《大胥》《文王世子》，下解《文王世子》

144

所云乃天子视学时所用，其余则如《大胥》所云。下"《文王世子》

云"即"《文王世子》所云"。）

《丧大记》注"《士丧礼》沐稻，此云'士沐粱'，

盖天子之士也"，疏云："若《士丧礼》云，是诸侯之

士而沐稻，今此云'士沐粱'，故疑天子之士也。"（按：

"《士丧礼》云"亦即"《士丧礼》所云"。）

"某书云"当"某书所云"解者，亦见他书。

《考工记·匠人》"宫隅之制"，疏云"按：《异义》

《古周礼》说……隐元年服注云，与《古周礼》说同。"

（按："服注云"即"服注所云"。）

隐公元年《公羊传》疏云："改正朔者，即正朔三

而改，下注云是也。"（按："下注云"即"下注所云"。）

"某书之云"犹云"某书所云"，亦以"云"当名词解。

《杂记》疏云："又一解云：《礼记》之言，不可合

于《春秋》之例，故郑答赵商云：'《礼记》之云，何必

皆在《春秋》之例。'是《礼记》不与《春秋》合也。"

义疏或言"某氏云则"者，当解为"某氏所云则""某氏

说则"。

《礼记》题疏云："《六艺论》云'五传弟子'者，熊氏云则高堂生、萧奋、孟卿、后仓及戴德、戴圣为五也。"（按："熊氏云则"犹云"熊氏说则"。因无确证，且录熊说，故言若依熊说则如此。）

《乐记》"且夫武始而北出"节疏云："熊氏云则：前云三步以见方，是一成也。作乐一成而舞象，武王北出观兵也。……此并熊氏之说也。而皇氏不云次位，舞者本在舞位之中，但到六成而已，今舞亦然。义亦通也。注云'复缀，反位止也'者，谓最在南第一位，初舞之时，从此位入北，至六成还，反复此位。如郑所注，熊氏得之。"（按：此熊说与郑注合，而皇说亦通，故先述熊义，而称"熊氏云则"，谓若依熊说则其义如下。）

文公元年《左传》疏云："日行迟，月行速。凡二十九日过半，月行及日，谓之一月。过半者，谓一日于历法分为九百四十分，月行及日，必四百九十九分，是过半二十九分。今一岁气周有三百六十五日四分日之一，其十二月一周唯三百五十四日，是少十一日四分日之一未得气周。细而言之，一岁只少弱十一日，所以然者，一月有余分二十九，一年十二月有余分三百四十八，是一岁既得三百五十四日，又得余分三百四十八。其四分日之一，一日为九百四十分，则四分日之一为二百三十五分。今于余分三百四十八内取二百三十五，以当却四分日之一，余分仍有一百一十三。其整日唯有十一日，又以余分一百一十三减其一日九百四十分，唯有八百二十七分。是一年有余十日八百二十七分，少一百一十三分不成十一日也。刘炫云则：一岁为十二月，犹有十一日有余未得周也。分一周之日为十二月，则每月常三十日余。计月及日为一月，则每月唯二十九日余。前朔后朔，相去二十九日余，前气后气，相去三十日余，每月参差，气渐不正。但观中气所在，以为此月之正，取中气以正月，故言举正于中也。"（按：刘文淇《左传旧疏考正》云："此光伯《述议》语。前则旧疏原文，光伯承旧说而申明之。'则'者承上之辞。若前为唐人语，光伯反申明其说乎。"今按：刘文淇意谓，此疏孔颖达等全然因袭刘炫《述议》，"刘炫云"之前是刘炫所录前儒说，"刘炫云"之后乃刘炫自下按语，中间原当有"若然"等语，孔颖达等改为"刘炫云"。其实，"刘炫云"之前详论十二月少于一岁所差不足十一日，而"刘炫云"以下仍谓所差十一日有余，未尝承上文所说，知此"则"非承上之辞。"刘炫云则"当解为"刘炫说则"，与上说不同，故云"则"。十年前读刘文淇此说，即疑"则"字非承上之辞，但不知如何解。今知"云"可解为"所云"，"云"犹"说"，则此疏可解，刘文淇之误亦可以论定。刘文淇分析孔疏，推论刘炫《述议》与孔疏之关系，发覆阐微，颇为学者所重。但因其属创见，持论往往过激，未可全信，此亦其一例。）

"曰"犹"云"，亦或当名词解。

　　《小雅·甫田》疏云："《孟子》曰言三代税法，其实皆十一。"

《通典》卷四十九云:"魏明帝太和六年,尚书难
王肃。肃答曰以为,祫禘殷祭,群主皆合举,祫则禘
可知也。"(按:此转述王肃答复之旨,非引其原文,故称"答曰以
为"。"曰"下无宾语,可当名词解。)

洪诚先生曾论《史记集解》称"甲曰乙云""甲曰乙曰"
者,甲、乙同说,非甲述乙说,此乃其特殊体例。今以
"曰""云"可当名词,则此例亦甚易解,未必特殊。

按:洪先生说见其论文《训诂杂议》及专著《训诂
学》,今皆收录《洪诚文集》(江苏古籍出版社,2000年)。《史
记集解》有"荀勖曰和峤云""孔安国曰王肃云"
"马融曰郑玄曰"等语,而荀勖在和峤前,孔安国在王肃前,
马融在郑玄前,故知此非甲述乙说,而是甲乙同说。此
洪先生说。今谓"曰""云"犹"说",下无宾语,可当
名词解,故"甲曰乙云"即并列两家说。

《旧京书影/北平图书馆善本书目》 出版说明

乔秀岩、宋红

一、《旧京书影》的基本情况

关于《旧京书影》，大多数国内学者恐怕都很陌生，此先摘录日本汉学家长泽规矩也的介绍：

> 《旧京书影》附《提要》 桥川时雄、仓石武四郎编
>
> 无序跋
>
> 以北平图书馆所藏为主，并大连图书馆及私人于北平收购之宋、金、元刊本书影，所收二百九十四种，照片七百十六叶。附桥川氏《提要》一册。照片中偶屬明代补版叶及覆刻本。〔日文原文见 1940 年文求堂出版《支那书籍解题（书目书志之部）》，后收录于《长泽规矩也著作集》第九卷。中译本有 1990 年书目文献出版社出版的《中国版本目录学书籍解题》。〕

《旧京书影》是一组七百一十六页的照片，无任何文字说明。现存的几部装帧各异，可以推测原本只是照片散页，由收藏

者各自装订成册。《旧京书影提要》作为《文字同盟》"第二十四、二十五号合刊"排版印行,但一无序跋,二无发行日期。《文字同盟》是桥川时雄个人编辑发行的杂志,今有1990年至1991年汲古书院影印本。今村与志雄先生在影印本《解题》中推测"第二十四、二十五号"的刊行时间当在1929年9月至12月之间。今村先生又指出1951年发行的《静嘉堂文库汉籍分类目录续》著录《旧京书影》云"民国十八年（1929）刊"。

今按2002年中华书局出版《仓石武四郎中国留学记》,于1930年1月17日记"桥川君送《旧京书影》一份",2月27日记"桥川君送信,并开《书影》收支单,作书回桥川君",3月18日记"访徐森玉先生,赠《旧京书影》一份,此役于是告其成矣"。仓石于1928年3月到北京来留学,而日记仅存1930年1月至8月5日回日本之前这八个月间的活动。又,仓石在其回忆录中有云:"京师图书馆的徐鸿宝先生始终给予了我们很大的关照。尤其是当我提出想就图书馆的善本作一个留真谱的时候,他为我提供了极大的方便。当我们借到了原则上不可外借的《善本书目》稿本时,由于两个人人手不够,我们便发动其他的同道诸君一起抄写到很晚。那时正值严冬,次日清晨我又起得很早,和吉川君一起急急忙忙地赶往图书馆。这样的日子持续了一段时间。"[1]据此可知,编拍《旧京书影》之计划出自仓石,而此计划得

---

① 见《仓石武四郎中国留学记》,第212页。

到徐鸿宝（字森玉）之支持帮助，始克实现。仓石在"严冬"季节抄写稿本《京师图书馆善本书目》，不知在1928年末、1929年初，还是在1929年末。无论如何，编拍《书影》的时间当可推定在1929年，因1928年6月北京改称北平，故尔才有"旧京"之称。扩印等事宜委托桥川办理，至1930年1月制作完成，至3月送一份给徐鸿宝，以谢其支持，一项事业算圆满完成。

至于编选书影、撰写提要等具体情况，现在无从得知。可以肯定的是，仓石在短暂的留学生活中编拍这样一部书影，必定要依赖当时的北平图书馆或者徐森玉等馆员提供的信息。当年仓石他们抄写的《京师图书馆善本书目》，现收藏于东京大学东洋文化研究所。持此目与《旧京书影提要》相对照，不难看出《旧京书影》的选目大致与《京师图书馆善本书目》一致，《旧京书影提要》中对各版本的简短介绍，也包含不少雷同于《京师图书馆善本书目》的词句。换言之，《旧京书影》及《提要》是在《京师图书馆善本书目》的基础上编撰完成的。《提要》没有撰者名，虽由仓石日记可知桥川曾协助编制《书影》，但长泽认定《提要》的撰者是桥川，不知是长泽直接了解实情，还是因为《文字同盟》是桥川的刊物，所以认定为桥川所撰。不论编者为谁，这份《提要》只能当作照片的说明书，其中版本鉴定等内容基本上出自《京师图书馆善本书目》，不能视为仓石、桥川等人自己研究版本的成果，尽管其中也会包含他们自己调查的信息以及见解。（2017年补注：林振岳学兄今年在仓石旧藏资料中发现《提要》手稿及相关笔记，足以确定编辑《书影》并撰《提要》均出仓石一人之手，桥川不过帮忙处理印刷等业务而已。）

《旧京书影》不知当年印制过多少套，时隔八十年，保存至今者少之又少。今幸得借用东京大学文学院汉籍室的藏品，进行扫描，影印成册。另对《旧京书影提要》重新排字，冠在《书影》之前。《提要》之图版序号原为汉字，今改用阿拉伯数字，并在每张书影下标注相应序号，以与《提要》所著录之书名、版本及卷次、页次相对应。

二、《北平图书馆善本书目》的基本情况

1916年京师图书馆向教育部呈送其新编《善本书目》云："善本书目前此编纂者，共有三本。一为前馆长缪荃孙所定，现印于《古学汇刊》内。一为前馆长江瀚所定，现存钧部社会教育司及本馆内。一为前馆员王懋镕所编，现存钧部图书室内。三者之中，以缪本为最详，而草创成书，不能无误；江本、王本盖即就缪本辑录而成，所不同者，仅增删书目十数种耳。"按《古学汇刊》于1912年创刊，第一年第一集即排印刊载缪荃孙"督率司员，分类编目"之《清学部图书馆善本书目》。傅增湘序1933年《北平图书馆善本书目》云，此目"排比粗定，会经鼎革，不及付雕，坊肆流行，仅存初稿"。所谓"坊肆流行"者，当即《古学汇刊》本。缪荃孙之后，江瀚、王懋镕继续编目，但只有稿本，未有印本，而且内容与缪目大同小异。1916年之目录，

正文标题作"京师图书馆善本简明书目"。观其卷首"例言"云："缪氏所编书目刻入《古学汇刊》，海内多有其书，凡本编与缪目互殊之处，均分疏于各条下，庶几长短异同了然可见。"可见此目对缪目多所修正，而非所以取代缪目，读者仍需对照缪目。傅增湘对此目的评价是："第工于纠人，而所撰未为赅备。"[①]《国立北平图书馆馆刊》第八卷（1934）第一至第四号连载《本馆善本书目新旧二目异同表》，表前有序云："民国五年（1916）夏曾佑重加修订，成《京师图书馆善本书目》四册，即世所行铅印本是也。其后张宗祥氏就任京师图书馆主任，又据夏目重编，改正夏目谬误不少。其时午门历史博物馆整理内阁大库遗藏，送来宋元以下旧椠旧抄可补馆藏之缺者，为数甚多。故以张氏草目与夏目较，实有增无减。顾张目迄未出版，只凭稿本存馆备案。"上文提到仓石等抄写的稿本《京师图书馆善本书目》，记载较详，体例接近缪目，而从历史博物馆移来的记载俯拾即是，可以肯定这就是所谓"张氏草目"。1929年仓石欲编书影，最主要的依据就是徐鸿宝帮他借抄的"原则上不可外借的《善本书目》稿本"，与《新旧二目异同表》序所说"张目迄未出版，只凭稿本存馆备案"情况吻合。

京师图书馆1928年改称国立北平图书馆，1929年国立北平图书馆与北平北海图书馆合并，组成新的国立北平图书馆。1929年也开始建设北海新馆（早于两馆合并），至1931年

---

① 见《北平图书馆善本书目序》。

落成。两馆合并及新馆建设，使北平图书馆不得不重新编撰善本书目，而此一任务由馆员赵万里先生（1905—1980）承担，1933年正式刊行。据《新旧二目异同表》序说，此目反映新馆甲库所藏之善本，较旧目增加者，北平北海图书馆所藏善本、旧藏普通书库中之善本以及新购之善本书等；较旧目减少者，旧善本书中版本价值较低者改归普通书库，清人著述归善本乙库，两馆重复者归善本重复书库。此目与张宗祥稿本《京师图书馆善本书目》等体例不同，记载不如张目详细，但若论其著录之完整，鉴定之精准，文字之严谨，则此目可谓空前。

1933年版《北平图书馆善本书目》，印数甚多，流传颇广。今检传本，有朱印本、蓝印本及普通墨印本。编者所见朱印本无封面、傅增湘序、总目以及卷尾《补遗》，因无《补遗》，卷四至其第八十七页第十二行止，左半页末行题"北平图书馆善本书目卷四终"。正文亦有不少讹误，如卷二第三页左半页第二行"存六十二卷"朱印本脱"二"字，第五页左半页第三行小字注"纪五 传一至四"朱印本脱"纪五"，同第五行"存七十二卷"朱印本误作"存六十卷"，第七页第四行"存六十九卷"朱印本"九"误"七"，第十页第二行"存十二卷"朱印本"二"误"一"，第十二页第六行"存三十一卷"朱印本脱"一"字，同第九行"存一百八十八卷"朱印本"八十八"误"九十八"，前后十页之中竟有七误。蓝印本具备封面、傅序、总目及《补遗》，上列朱印本讹夺，均已校正，与墨印本同。可知朱印本系最初校样，蓝印本可算二校校样。蓝印本也经过校改，如卷一第五页第一行小字注"宋卫湜撰"，朱印本以及某些蓝印本均讹作"魏湜"，而也有某些蓝印本已经得到校正，与墨印本同。但此类差异极罕见，应当可以说蓝印本已经完成大部分校正工作。墨印之后印本，或在全书末尾（卷四第九十九页左半页末行）题"中华民国二十八年七月重印"，内容盖无改动。今蒙赵万里先生哲嗣赵琛先生慨允，我们选用版面清晰之墨印较早印本，缩拼影印。书后附录《本馆善本书目新旧二目异同表》，乃据《国立北平图书馆馆刊》第八卷（1934）第一至第四号所载重排。

三、北平图书馆善本之分合聚散

书有生命，自印制至毁亡，中间都要经过复杂的变化。不仅收藏者、收藏地变迁，书本身也因磨损、修补、丢失、配补等原因，发生多种变化。翻开张宗祥稿本《京师图书馆善本书目》，其中很多善本书都记载了配补的情形。如其在宋本《礼书》残本四册下云："此部自历史博物馆移来，本可补前部之缺，惟篇幅短狭，装订亦殊，乃另立一部，与前部并列，即以为补本也可。"可见残本相配是常见情况，致使这些善本残部之卷数、册数变化无常。

此请以《魏书》为例，说明版本分合变化之无常。1930年3月，正在编辑百衲本《二十四史》之张元济致函傅增湘云："闻吴君子馨云，馆中有《魏书》残本数部，有出弟所知之外者。屡托伯恒到馆检视，所答甚属模糊，只可奉渎。"①按：当时他们能参考的1916年《京师图书馆善本简明书目》著录《魏书》残本有二部：

> A. 存《目录》一卷，《纪》一之十二（《目录》缺首叶，十二卷尾有缺叶），《传》一之三十五、四十二之五十八、六十六之七十七（重三十一一卷，卷四缺首三叶，七卷尾有缺叶，卷三十三缺首二叶），《志》五之六，八之十，十三之十四，十七之十八（重九、十两卷）。

> B. 又一部，存十之十四，七中下，二十四之二十八，三十二，六十之六十三，八十之八十二。

傅增湘受张氏之托，于1930年5月4日前往北平图书馆，阅览所藏《魏书》残本。傅氏看到的情况，见于《藏园群书经眼录》（1983年中华书局出版），今摘录如下：

> 《魏书》　存三十四册，又一部存五册
> 存卷列后：
> 《目录》，《纪》一至十二，《传》一至三十五，四十二至五十八，六十六至七十七，《志》五至六，八至十，十三、十四、十七、十八。共三十四册，北京图书馆藏。

---

① 见《张元济傅增湘论书尺牍》，商务印书馆1983年。

又一部，存五册：《传》十至十四，二十四至二十八，三十二，六十至六十三，八十至八十二。《传》卷七中、七下，三十一，四十至四十二，四十四，五十八、九，《志》十五、十六，九、十。（庚午六月八日）

"庚午"即1930年，而称"北京图书馆藏"，可见《经眼录》之文字已非傅氏当年之旧。"又一部"《传》举列残卷至八十二迄，又从七中下起，至《志》九、十，次序异常，不能不疑有讹误。于是检张宗祥稿本《京师图书馆善本书目》，有相应之三部残本，存卷如下：

①存三十四册：　《目录》　《纪》一之十二　《传》一之三十五　　四十二之五十八

六十六之七十七　《志》五之六　　八之十

十三之十四　　十七之十八

②存五册：　《传》十之十四　　二十四之二十八　　三十二　　六十之六十三　　八十之八十二

③存三册改订九册：　《传》卷七中之七下

三十一　　四十之四十二　　四十四

五十八之五十九（以上自四十之五十九，由历史博物馆移来）　《志》九之十　　十五之十六（十五存六页，由历史博物馆移来）

此目为仓石等在 1928 年或 1929 年所抄，可以推论 1930 年傅氏阅览时的状态就是如此，所以《经眼录》记载的存卷与此目完全吻合，只不过《经眼录》少写了"又一部存九册"等文字而已。仔细对照 1916 年书目与张宗祥草目，可以确认张宗祥草目著录所有存卷的来源。张宗祥草目①之存卷与 1916 年书目 A 之存卷一致，是①即是 A。张宗祥草目②之存卷与 1916 年书目 B 之存卷几乎全同，唯一不同在张宗祥草目②少了《传》卷七中下，而《传》卷七中下恰好在③。张宗祥草目③之《传》卷七中下应该是从 1916 年书目 B 中分出来的，而据其自注可知《传》四十至四十二、四十四、五十八、五十九，《志》十五、十六是从历史博物馆拨过来的。张宗祥草目③另外还有《传》三十一及《志》九、十，从哪里来？这三卷恰好是 1916 年书目 A 自注说有重复的。换言之，取 1916 年书目 A 之重卷（《传》三十一及《志》九、十），从 1916 年书目 B 分取《传》卷七中下，再配合由历史博物馆移来之残卷（《传》四十至四十二、四十四、五十八、五十九，《志》十五、十六），就是张宗祥草目③。由此可知，正如《新旧二目异同表》序所说，这些善本书残卷，在京师图书馆时期经过大规模的整理，尤其因为有历史博物馆移来之大量残本，经过配补，这些善本书经历了巨大变化。这种整理的结果，除了 1916 年书目 A 与张宗祥草目①可以说是同一部以外，1916 年书目 B 与张宗祥草目②③之间，既有继承关系，又有增减变化，已经不是单纯的一对一关系。

至 1933 年《北平图书馆善本书目》则有如下三部：

　　Ⅰ　存七十二卷（《目录》,《纪》一至十二,《传》一至二十八,三十一至三十二,四十二至五十八,六十六至七十七,《志》五）

　　Ⅱ　存二十六卷（《传》十至十四,二十四至三十五,六十一至六十三,八十至八十二,《志》八至十）

　　Ⅲ　存九卷（《传》七中至七下,《志》六,九至十,十三至十四,十七至十八）

①②③与ⅠⅡⅢ之存卷，大致类似，但也有不少出入，如①有《志》五、六、八、九、十、十三、十四、十七、十八，而Ⅰ仅存《志》五；③有《志》九、十、十五、十六，Ⅲ则少了《志》十五、十六，多了《志》六、十三、十四、十七、十八。不能否认在①②③与ⅠⅡⅢ之间存在一定的继承关系，但也不能认为①就是Ⅰ，②就是Ⅱ，③就是Ⅲ。《新旧二目异同表》解释1916年《京师图书馆善本简明书目》与1933年《北平图书馆善本书目》之间的差异，就1916年《京师图书馆善本简明书目》著录的二部《魏书》（即A、B）言："此二部及其中重卷，经前京师图书馆张主任宗祥编配为三部，新刻书目因之，即一存六十卷、一存二十六卷、一存九卷之三部。"此仅就大概言之，其实1933年新刻书目上之三部（即ⅠⅡⅢ。云"一存六十卷"乃因袭朱印本之讹误，当从蓝印本、墨印本改作"七十二卷"），与张宗祥编配的三部（即①②③）之间，仍然有不少出入，可以认为是赵万里等在1930年至1933年之间就此三部残本进行重新调整配补的结果。古籍产生在古代，并不意味着从此一成不变，或只有

不可逆性的磨损散佚。经过每代藏书家的收藏、有心的图书馆员的管理，破损的被修补，零散的被配补，古籍又增添新的生命。我们后人只有仔细核查不同时期的目录记载，才能窥知张宗祥、赵万里等先人珍爱、呵护这些古籍的具体情况。

每一部古籍都在变化，一个图书馆的藏书也有聚散变化。就在北平图书馆北海新馆建成的1931年，日本帝国主义发动"九·一八"事变，开始大肆侵略我国东北，华北局势动荡不安，至1934年，国立北平图书馆将其善本书南迁上海。后来上海租界也不安全，北平图书馆副馆长袁同礼为了分散风险，决定将其中一部分善本书寄存到美国国会图书馆。1941年开始分批移送，至1942年毕其事。运抵美国的这部分善本书，在寄存美国国会图书馆期间，经中美双方合议，由美方拍摄缩微胶卷，正片赠送北平图书馆、中央图书馆、中央研究院，负片藏在美国国会图书馆，以应世界各图书馆购买复制正片之需。因此这批美国寄存的善本书，世界各地图书馆、汉学机构多有收藏复印件，对国际汉学界曾经产生了极大的积极影响。王重民在美国也曾对此进行过较详细的调查，其成果作为《美国国会图书馆藏中国善本书目》出版，后来也收录在1983年上海古籍出版社出版的《中国善本书提要》中，极便参阅。至1965年袁同礼在美国去世，美国国会图书馆将这批善本书送至台湾。台湾"中央图书馆"的人员加以编目管理，因此这批书著录在《"中央图书馆"善本书目》中，而每条标注"北平"二字以示区别。目前这批善本书保管在台北故宫博物院，而目录仍然以《"中央图书馆"善本书目》为准。继王重民之后，日本学者阿部隆一、尾崎康在台湾对这批善本中的宋元版本进行过全面的调查研究，其成果见于阿部《中国访书志》及尾崎《正史宋元版之研究》。经王重民、阿部隆一、尾崎康的调查研究，这批书的版本研究可谓已经有了比较精确的结果。

迁移到上海租界的北平图书馆善本书中，没有运送美国的部分，后来基本上都回归到北京图书馆。但在1989年新的《北京图书馆古籍善本书目》问世之前，由于1959年的八卷本《北京图书馆善本书目》原则上只收录1949年以后新收的善本书，因此中国台湾、日本等版本学家曾经怀疑没有运送美国的北平图书馆善本书遭到部分散佚，这是当年他们对北图内情缺乏了解的结果。

因为赵万里他们的整理、编目精确合理，再加上南迁以至分藏两地，1933年《北平图书馆善本书目》以后，这些善本书再也没有经过大规模调整配补等变化。可以说自学部图书馆以来，不断进行调整配补的情形，至1933年《北平图书馆善本书目》编成之际，出现了一个相对稳定的局面。此目一方面足以反映当年所藏善本书的全豹，而且这些善本书的现状也基本符合此目的著录内容。

1933年《北平图书馆善本书目》的著录只限于当年所谓甲库的收藏，此目之外，专门收藏清人著述的乙库以及善本重复书库都有不少善本书。1949年以后，北京图书馆接收了大量个人藏书家之藏书，1959年八卷本《北京目》反映的是这批新收善本书。就最重要的宋元版本而言，结合

1933 年《北平图书馆善本书目》与 1959 年八卷本《北京图书馆善本书目》，加以 1959 年以后新收善本，再除掉 1933年《北平图书馆善本书目》中现存台湾的部分，大致相当于 1989 年新版《北京图书馆古籍善本书目》的收录规模。

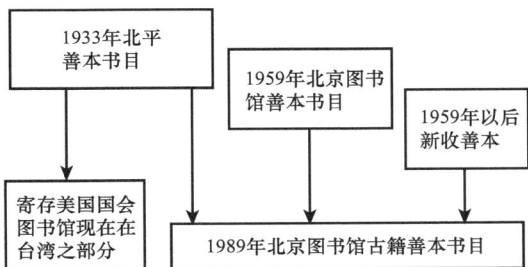

四、《旧京书影／北平图书馆善本书目》的历史意义与实用价值

学部图书馆、京师图书馆以及北平图书馆均无善本书影，仓石有鉴于此，发愿编拍书影，实得时宜，故也能得到徐鸿宝等的支持。仓石以张宗祥稿本《京师图书馆善本书目》为主要依据，编拍《旧京书影》，反映 1929 年北平图书馆所藏善本书的整体面貌。后来这批北平善本分归北京图书馆与台北故宫博物院，北京图书馆又将北平旧藏本与其他大量善本书放在一起，使《旧京书影》成为历史上唯一一部反映学部图书馆、京师图书馆、北平图书馆善本收藏的大体规模的书影。如上所述，京师图书馆的善本书经历了增收、配补等复杂变化，《京师图书馆善本书目》随时增改，因此

1929 年仓石借用转抄的张宗祥稿本《京师图书馆善本书目》与《旧京书影》相配合，也不妨视为对京师图书馆时期收藏管理善本书的一笔总账。1930 年至 1933 年之间，北平图书馆的善本书又经历了一次较大规模的整理，1933 年《北平图书馆善本书目》反映的是经过重新整理的善本书情况，与《京师图书馆善本书目》《旧京书影》之间，有一定的出入。《旧京书影》作为那些善本书在 1929 年当时的真实写照，也有不可替代的历史意义。可惜在当年日寇虎视大陆的背景下匆匆拍下照片，未能编撰成书，制作数量少，流传不广，除了少数日本版本学专家外，至今很少有人知道它的存在，过去对学界的影响非常有限。

1916 年《京师图书馆善本简明书目》太过粗略，张宗祥稿本《京师图书馆善本书目》又从不外借，因此当年连张元济、傅增湘等版本学专家都很难详悉图书馆收藏善本书的情况，只有托人询问或亲自前往图书馆始得了解，如上文介绍。直到 1933 年出现《北平图书馆善本书目》，图书馆第一次有了既全面又可靠的善本书目，能让所有人不管在哪里都对图书馆收藏善本书的情况了如指掌。赵万里他们一边对馆藏善本书进行全面的整理，包括重新认定善本书，对善本书的配补进行调整等，一边将整理好的情况著录为目录。长泽规矩也评论 1916 年《京师图书馆善本简明书目》云"北平图书馆之善本书目成后，本书大体可废"，完全符合实情。唯张宗祥稿本《京师图书馆善本书目》记载详细，包含大量独有信息，固为研究北平善本之演变历史的学者所不废。要之，1933 年《北平目》首次给学部图书馆以来收藏的善本书做了精细准确的明细清单，在图书馆收藏的历史上有划时代意义。

1933 年《北平图书馆善本书目》在版本鉴定方面的杰出成就，《本馆善本书目新旧二目异同表序》有非常自信的论述："盖版本之学，至于今日而极其盛。昔人每因比较研究之方法与资料之不足，于审定版刻之时间性与空间性，时有主观之沿误。"又云："一二人之意见不足凭，必就正于专门名家，或检得客观之条件，始敢写定。此又新目之特色，而为阅者所不可不知也。"此序无署名，所言不妨视为赵万里先生自述他研究版本的要点。赵先生调查过大量版本，而且每作详细记录，因而能够进行比较研究，开创版本研究的新水平。1949 年以后，更对大量新收善本书进行细致的研究，因此 1959 年八卷本《北京图书馆善本书目》可以说是巅峰之作。在此意义上说，1933 年《北平图书馆善本书目》是版本研究告别主观性版本鉴定、迈向客观性版本研究的金字塔式的里程碑。拿 1933 年《北平图书馆善本书目》与早期目录相对照，看到过去模糊不准确的鉴定被赵先生的版本研究一条一条改订，读者会感到快刀斩乱麻的痛快，同时对赵先生的工作油然产生敬慕之心。据说，赵先生当年把办公桌放在地下室书库里，说："我一日不死，必护持库中书不使受委曲，我死则不遑计及矣。"[①] 赵先生与善本珍籍生死与

---

① 见《冀淑英文集》，第 163 页。

共的精神令人感佩，如今，这些善本书都是国家瑰宝，只是再无人能够亲自调查那么多善本了。在某种意义上，赵先生的研究不仅是孤诣的绝学，也是后无来者的绝学。

不仅如此，由于北平图书馆收藏善本书极其丰富，所以 1933 年《北平图书馆善本书目》在某种程度上也能起到一种简便的善本总目之作用，其功效类似于今日的《中国古籍善本书目》。这一功能对当时学界认识版本，应该说是贡献巨大的。《国立北平图书馆馆务报告（民国二十年七月至二十一年六月）》有此《善本书目》的出版预告，全文如下：

> 馆藏善本书籍，合前京师图书馆、前北海图书馆所藏，已不下二千余种，更益以普通书库提入及历年新购诸书，约得五千余种。旧目编制时，不明版刻源流，舛讹之处在所不免，览者病焉。兹由赵万里君重加甄别，严定去取，通常习见之书则提归普通书库，版刻重复之书则改入另存书库，仍以四部分类，详注卷数、撰人、版刻，厘为四卷，总得四千五百余种，前后历五阅月，始克成书。其最大特点有三：一曰明刻志乘，共得五百余种；二曰明刻明代别集，共得七百八十余种；三曰旧本元明剧曲，共得二百余种。孤椠名刻萃于一编，开自来公私藏家未有之纪录，览者无不叹为观止。他如正史类之宋元本，唐别集类之活字本，传记类之宋抄本，皆今日最名贵之秘籍也。全书现已付诸木刻，预料出版后，定可博得海内外学

术界之美誉也。

所谓三大特点，都是从收藏丰富的角度而言，与《新旧二目异同表序》重点放在版本鉴定不同，而这两方面都是此目的重大价值所在。

1930年，赵万里二十五岁，仓石三十三岁，而仓石在每周六下午在北京大学旁听赵万里的"词史"课程。赵万里是王国维弟子，进图书馆后师事徐森玉。仓石是孙人和弟子，利用图书馆特蒙徐森玉照顾。仓石的日记中，也能看到徐、赵二人同道来访（1930年5月25日），三人互相招饮（5月27日、6月9日）、共预雅集（6月12日）的记载，可见三人交情甚好。在张宗祥、徐森玉等人长期整理编目工作的基础上，仓石于1929年主持编拍《书影》，赵万里于1931年至1932年整理编订《书目》。虽然《书影》无官方背景，性质与《书目》不同，但仍然可以认为出于同一群人之手，两者自可珠联璧合、形成一套。

1989年新版《北京图书馆古籍善本书目》，收录极其丰富，但出于众手，不免有较多编撰失误。因此利用1989年新版《北京图书馆古籍善本书目》，首先要核对1959年的八卷本《北京图书馆善本书目》。因为1959年八卷本《善本书目》的版本著录具体详细，也著录册数、书号，所以很容易核。如果不见于1959年八卷本《善本书目》，而且书号以"〇"开头，应该就是北平图书馆旧藏本，需要核查1933年《北平图书馆善本书目》，确认是否该目所收，了解它在过去的情况如何。1959年八卷本流传很广，也有台湾影印本（台湾影印本书名改作《北平图书馆善本书目》，删除序文，窜改编例，容易令人误解，使用时必须据原版补充序文及编例），不难入手，而1933年《北平图书馆善本书目》始终没有重印本（据云北京图书馆出版社2008年出版《明清以来公藏书目汇刊》收录此目朱印本，但全套六十六册，定价三万五千元，自非个人读者可以问津的），这是我们决定影印此目的一个原因。研究善本书，不仅要了解现状，也要探索它流传变化的历史。以1933年《北平图书馆善本书目》，与1989年新版《北京图书馆古籍善本书目》与台湾《"中央图书馆"善本书目》进行对照，推论每一部北平善本的下落，了解其现状，也很重要。1933年《北平图书馆善本书目》没有著录书号、册数，版本著录也不够详细，1933年以后也不是完全没有改配等情况发生，因此在北京、"中央"二目上认定1933年《北平图书馆善本书目》上的每一部书，有一定的难度，有待学者研究。另外，1989年新版《北京图书馆古籍善本书目》与1933年《北平图书馆善本书目》之间，著录方式有所不同，也需要注意。如上文介绍的1933年《北平图书馆善本书目》中的《魏书》三本，均见于1989年新版《北京图书馆古籍善本书目》。但其中Ⅲ本作：

> Ⅲ 存九卷（《传》七中至七下，《志》六，九至十，十三至十四，十七至十八）

在 1989 年新版《北京图书馆古籍善本书目》中著录为：

存六卷（十九　　一百六至一百九　　一百一十二）

两条著录看起来似乎互不相干，只有仔细检查卷次内容才能理解两目所指情况其实完全一致。

《旧京书影》的实用价值更为突出。现在搜集这么多宋元版书影，而且汇编为一部，极其困难，至少不是靠个人努力能够实现的。现存台湾的部分，在台湾当地去图书馆复印书影并不困难，但对大陆学者来说不是很方便；在北京的部分，国家图书馆向读者免费提供阅览胶卷，但复印书影则要付出一大笔费用（"一拍"宋版孤本的价格大约是我们整部书影的三倍）。据云浙江古籍出版社准备出版《宋元善本图典·国家图书馆卷》共三十册，将收录国家图书馆所藏所有一级文物善本书之书影，将是版本研究不可或缺的重要资料（2016年补注：此据当年的出版预告，后来计划有变化）。但特大项目，部头大，价位高，并非一般个人读者所能购置。《旧京书影》七百多张，不多不少，古雅可爱，正适合个人购备。请举一例说明《旧京书影》之可爱：1989 年《北京图书馆古籍善本书目》著录一部《新唐书》"宋绍兴刻宋元递修公文纸印"残本，"存一百三十二卷"，书号"〇六〇"，是北平旧藏本，即 1933年《北平善本目》著录为"存一百三十卷"者（1989年《新目》加算卷首《目录》，故存卷数增多二卷）。《旧京书影》（248）至（253）共六张照片，亦即此本书影。其中（252）（253）两张照片，特选透过纸张能看到背面公文文字之页，以示其特色，可见编辑之用心。此本《唐书》残本今有 2006 年《中华再造善本》影印本，与《旧京书影》照片对照，发现图像质量有天壤之别。在《中华再造善本》影印本上，《旧京书影》两张照片上能看到的背面文字全然消失，这是《中华再造善本》为降成本而提高对比度、降低分辨率的结果。《旧京书影》是照片，不是印刷品，虽然受条件限制，照片效果不算完美，但精细度还是较高，往往连原书用纸纤维都可以看到。我们为了保存这份珍贵照片的信息，与爱书朋友们共享，特请人高精细扫描，以期尽量不要降低图像质量。

拥有一套《旧京书影》并 1933 年《北平图书馆善本书目》，与 1989 年《北京图书馆古籍善本书目》、台湾《"中央图书馆"善本书目》、《中国善本书提要》、《中国访书志》等对照，跟踪那些善本书流传演变的历史，是一件很惬意的事。

【2016 年补述】

2009 年 2 月开学之前，匆匆撰写本文初稿，与人民文学出版社宋红老师合作增补修改，先后发表在 2009 年出版的《版本目录学研究》第一辑及 2011 年人民文学出版社出版的该书书前，均用出版社编辑部名义。2009 年台湾东吴大学召开第一届中国古典文献学国际学术研讨会，以《编后记》名义报告对此《出版说明》之补充，见收于 2010 年圣环图书出版的该研讨会《论文集》。王国良老师在研讨会上任评论人，特为笔者复印 1998 年文华图书馆管理资讯股份有限公司出版钱存训《中美书缘》所收《北平图书馆善本书籍运美经过》一文〔据云此文最初发表在纪念袁同礼先生的《思忆录》中，亦曾收入《北京图书馆史资料汇编（1909—1949）》下册。而《中美书缘》所收，多出《附记迁台经过》，颇有参考价值〕相赠。几年来笔者及学界对此的有关认识也在不断增广，今列举补充如下。

补一、北平图书馆旧藏善本的下落

一开始，我们以为当年北平图书馆要分散风险，所以一部分往美国运，一部分留在上海，如昌彼得先生所讲。但对照《"中央图书馆"善本书目》与《北平图书馆善本书目》的结果，发现《北平图书馆善本书目》著录的书，九成以上都运至美国，这与分散风险一说明显矛盾。同时，我们也不得不注意，目前收藏在北京图书馆的北平旧藏书也不在少数。《旧京书影》收录、《旧京书影提要》注明为北平图书馆藏本的善本书中，往往也有都不见于《北平图书馆善本书目》《"中央图书馆"善本书目》以及1989年《北京图书馆古籍善本书目》三目的。可见当年北平图书馆收藏的善本书数量相当大，除了登录在《北平图书馆善本书目》者外，至少还有原先藏在重复书库、乙库的部分。又如《"中央图书馆"善本书目》著录一批地图，都标有"北平"二字，但《北平图书馆善本书目》不收录地图。今见钱存训《附记迁台经过》（即上述《中美书缘》所收）云："北图原存南京工程参考图书馆的内阁大库舆图十八箱，当年在我离京后曾移放金陵大学图书馆寄存，后又随故宫古物由南京直接运台。"正可解惑。

在对照《"中央图书馆"善本书目》与《北平图书馆善本书目》的过程中，我们也时常核查 1989 年《北京图书馆古籍善本书目》，发现有一部书拆散分藏两地的情况。如《北平图书馆善本书目》著录《大明一统志》存三十六卷，其中三十三卷今在北京，三卷在台湾。又如《五伦书》六十二卷，其中六十一卷今在北京，一卷在台湾。因为存卷卷次符合，而且不是孤例，可以确定是一套书被拆散的情况。就这两部书来说，运往美国的是三卷及一卷，剩下大部分留在上海，似乎是象征性地抽走一本而已，不知到底出于何等考量。今见钱氏《附记迁台经过》云"当年选装原定一百箱，临时增入两箱，或有抽换"，则匆忙之中临时抽换，或未能仔细考量，或抽出一册以期存样本，都有可能。

当年撰《出版说明》时，笔者不了解没运往美国的善本书运回北京的具体情况，想当然地以为 1949 年以后陆续运回。后来在《明清以来公藏书目汇刊》中看到《国立北京图书馆由沪运回中文书籍金石拓本舆图分类清册》卷首 1943 年傅增湘序，才知道 1942 年即有一批运回北京。傅序云：

> 适二十三年（1934）部议有筹设江南分馆之计，馆书遂奉令南迁，库藏因之多阙，学子闻之深为觖望焉。洎三十一年（1942）馆政改组，周公启明以教育

当局兼摄馆事。时忽传里斯本电讯，言南迁之书大半
离沪他往。公以职掌所关，深系于怀，乃属秘书王
钟麟莅沪检寻，始知所余之书，卷帙尚富。恐其久
而缺失，乃设法运回。于是残存沪地者，凡中文书
一百三十六箱、西文书一百四十二箱，均得捆载北还。
时方残腊，炉火不温，十指如椎，未遑启视。今年三
月，俞公涵青应当轴礼聘来领馆政，莅任伊始，即躬
自督理，启箧检书。凡入库上架，按次归档，分别部
居，排比卷册，并取旧目，参互考订，务期翔实，庶
免差讹，历时数月而书目清册编制讫功。

据此知，1942 年周作人（启明）兼任馆长，通过外电了解到
存沪善本运往美国之情况，派人检查剩余善本，捆载北归。
1943 年 3 月俞涵青任馆长，开始开箱整理，阅数月而成清
单。1934 年避日寇而南迁（傅增湘序称因为"筹设江南分馆之计"而
南迁，不知是否符合实情，因为 1943 年北京图书馆已在日寇控制下，傅增湘
不可能写南迁是为避日寇。然徐森玉在当时写给钱稻孙的信中言"北平图书馆
珍本均已运送沪，主持者借此种举动取媚于极峰，以为一己进身之阶，其实将
来之危险南过于北"，见 2010 年海豚出版社《汉石经斋文存》，则南迁内情亦
甚复杂），1942 年当时北京已在日寇统治下，故当有善本书运
美的消息一传，即时要运回北京。笔者又蒙留学京都大学的
廖明飞先生指点，在京都大学东洋史研究室的刊物《东洋史
研究》上，看到了两则可以补证傅增湘序的信息，今翻译全
文，供读者参考。1942 年 7 月发行的《东洋史研究》第七

卷第二、第三号刊登日比野丈夫的通讯《北京图书馆善本的去向》：

> 6 月 5 日北京《新民报》载里斯本电报如下：
>
> 《纽约时报》云：国立北京图书馆旧藏贵重书三千册，已从重庆运抵美国。此举仅意味着战争期间的委托管理，将来战争结束后，自当归还重庆。重庆的驻美大使胡适已经许诺美国图书馆保存该批善本书的照相。其中包括时间早于欧洲发明印刷术之前的，也有古代百科全书、中国故事、明代皇帝书册及文献等，年代自 1368 年至 1644 年。其中最早的印刷品是《诗经》，出版时间在 1034 年，较之古腾堡发明印刷术早四百余年。
>
> 此所谓"古代百科全书"疑当指《永乐大典》，"明代皇帝书册及文献"疑当指《明实录》。所称《诗经》1034 年，乃当北宋景祐元年，然未闻曾有北宋版《诗经》，固亦不见于《北平图书馆善本书目》，或属讹传。

1942 年 12 月发行的《东洋史研究》第七卷第六号刊登日比野丈夫的通讯《北京图书馆善本的回归》：

> 十月末，见到很久没见的傅芸子先生，傅先生说，事变勃发前夕偷偷运往南方的几百箱善本书，如今有幸，会有一部要运回原处。当时正在从上海运回的

途中，据云到十一月份才会运到，所以很遗憾没能看到。目录也没寄到，但听说有很多方志，也有一册《永乐大典》。后来，住在北京的今堀诚二给我来信，转录如下，以备参考。

"北京图书馆的善本书，每天都在开箱。到今天为止，只完成四十五箱。总共有一百三十六箱，恐怕要到月底才会开完。大体属于《善本乙》及《乙续》之书，史书很丰富，如《赋役全书》之类都大体齐备。"

今堀诚二 1914 年生，1939 年以来任北京师范大学讲师。1942 年 5 月发行的《东洋史研究》第七卷第一号刊登今堀的通讯《北京学界の昨日今日》，较全面地介绍 1941 年 12 月日寇宣布发动"大东亚战争"后，北京各大学、图书馆的状况，从中也能看出今堀对北平图书馆的亲切感。通过廖先生提供的线索，又看到 1943 年 1 月 1 日出版《国立华北编译馆馆刊（二之一）》刊登的王钟麟《国立北京图书馆南运书籍回运志略》一文，由当事人直接详述情况，最可信据。文称 1942 年：

京津各报于六月初旬纷载中华社转译海通社里斯本四日电，……乃于九月底再命本人前往上海处理一切，并由关系机关派水川清一调查官及臼井亨一专员同往协助。经三人多方折冲之后，并得友邦驻沪各机关之谅解与援助，将存沪书籍，分两批启运。第一批

> 中文善本一百三十六箱，已于十一月三日运到。第二批西文珍籍一百四十二箱，亦已于十二月十六日运到。惟馆中汽炉工程，着手未久，须俟下月工竣输送暖气后，始能开箱清理焉。……此项运回之一百三十六箱中，书籍共一百二十八箱，金石碑帖八箱。书籍之属于甲库者，约三七六种，四九六〇册，属于乙库者，约一九六八种，二五六八〇册。其中最值注目者，宋刊有沈约《宋书》、欧阳修《文忠公集》。

日比野、今堀、王钟麟所言与傅增湘序吻合。按王钟麟所述，甲库书三百七十六种，乙库书一千九百六十八种，也符合今堀言"大体属于《善本乙》及《乙续》之书"的描述。然今核 1989 年《北京图书馆古籍善本书目》著录北平旧藏善本（即书号以"〇"起者），属于甲库者（即见 1933 年《北平善本目》者）为数不少，且大都不见于《运回清册》，则当有不少善本后来才陆续运回。王钟麟认为甲库书的三百七十六种，恐怕也包含不少原属重复书库的。2016 年科学出版社出版《日月其迈——山西文化名人访谈录》收录钱存训先生访谈录，据云北平善本在上海分藏震旦大学、李宗侗个人仓库等多处，王钟麟他们只查到北平馆上海办事处所在中国科学社所藏。这就可以理解 1942 年运回的书，大部分都是普通书。

今日北京图书馆以及台湾"中央图书馆"使用的书号，都是分藏两地之后，各自建立的一套编号。在 1989 年《北京图书馆古籍善本书目》上查看北平图书馆旧藏善本的书号，皆连续排号，并未给运往美国的书保留空号。又，北平旧藏书的书号以"〇"开头，与1949年以后入藏的书不带"〇"相区别，如书号"〇一"为北平图书馆旧藏《大易粹言》残本（此部即不见于《运回清册》，故不妨推测此类书号起于1949年之后），书号"一"为傅增湘捐赠《周易兼义》。① 台湾《"中央图书馆"善本书目》没有著录书号，然对照"中央图书馆"《善本书志初稿》可知其书号即按《"中央图书馆"善本书目》的顺序编排，北平旧藏书与其他来源的书一并按分类排号。《善本书志初稿》所载善本书书号经常不连续，是其中间有北平旧藏书，著录于《"中央图书馆"善本书目》却不在《善本书志初稿》之收录范围。从此可知现存北京、台湾两地的北平旧藏善本书，在书目管理上，与《北平图书馆善本书目》之间并无直接之连贯性。

又，《旧京书影》收录的善本书，除了北平图书馆藏品外，尚有大连图书馆、"东京杉村氏"以及书肆藏本。经复旦大学林振岳学兄研究，这些应该都是内阁大库旧藏本，经北京书肆贩卖，故仓石收录于《旧京书影》中。

补二、北平善本的各种书目

《出版说明》引用长泽规矩也的话，认为《北平图书

---

① 《出版说明》原稿曾言"书号数目靠前，大概就是北平图书馆旧藏本"，乃不确。收录本书前已修改。

馆善本书目》问世之后，1916 年的《京师图书馆善本简明书目》可废。后来笔者在校对整理《新旧二目异同表》时，核查 1916 年《京师图书馆善本简明书目》，才发现 1916 年《简目》自有其独特的参考价值。因为此目虽是"简明目录"，仍然记录每一部书的来源，而《北平图书馆善本书目》却一律不说明来源。若就每一部善本书，分析研究其来源以及分合变化，自然有必要参考 1916 年《京师图书馆善本简明书目》以及张宗祥稿本《京师图书馆善本书目》。

张宗祥《京师图书馆善本书目（详目）》，笔者在东京大学东洋文化研究所仓石武四郎旧藏书中找到一套。由于仓石没有留下任何题记、说明，所以一直没有人发现其特殊价值。后来，蒙京都大学人文科学研究所梶浦晋老师指点，看到该所收藏的另一套。两相比对，笔者认为仓石旧藏本应该是仓石在回忆录中讲到的众人合抄本，京都藏本是经过整理的誊抄本。仓石旧藏本有很多天头地脚补写的内容，应该反映京师图书馆内部工作稿本的原貌，京都藏本已将这些补充内容纳入正文中。

当年仓石他们借抄的京师图书馆内部工作稿本，理应保管在后来的北京图书馆中。然令人十分遗憾，北图的陈红彦老师都没看到过，李坚老师特意搜访库内也没找到。后来林振岳学兄在上海图书馆找到张宗祥稿本的誊抄本。林兄对校仓石旧藏本后，发现上海图书馆藏本反映张宗祥编目的原始面貌，仓石所抄不能直接视为张宗祥所编。后来叶纯芳留意到仓石所抄有"旧目""新目稿本"并称之处，所称"新目稿本"内容与上海图书馆藏本符合，愈可证仓石所抄即在张宗祥原稿（如上海图书馆所藏）的基础上继续补充并且经过修订重新编辑的草稿。据说即将出版的《张宗祥全集》（与2013年上海古籍出版社版不同内容）要收录林兄据上海图书馆藏本整理的原目，令人期待。然而张宗祥原稿不包括用历史博物馆旧藏本配补的信息，因此要了解当今北图藏本经过配补的详情，仓石所抄（东大或京都藏本）仍然是不可或缺的唯一线索。

《出版说明》认为《旧京书影提要》基本因袭张宗祥草目，也不尽然。如"眉山七史"本《宋书》，《旧京书影提要》云"是本《天文志》板心鱼尾下题'至元十八年''杭州陈天锡''封仁孙''承祖刊'等字，则确系元修"，其言"则确系元修"，似有所承。今查上海图书馆藏本张宗祥原稿云："纸与《晋书》元刊本同，亦有'昌化县解纸人章继祖'朱记，另有'衢州府西安县解物人方允成'朱记。按：此书以纸证知，确为元印，且元补板甚少。"仓石所抄修订草稿则云："纸角与《晋书》大字本同有'昌化县解纸人'，又有'衢州府西安县解物人方允成'及'金华府'与'绍兴府解物人'某某各朱记。称府不称路，疑元印仍宋纸。"是知《旧京书影提要》编者见修订稿（仓石所抄）的疑辞，参考张宗祥原稿，又进行补充说明。可见《旧京书影提要》并非单纯抄书之比。

1959年《北京图书馆善本书目》在每条著录下也注明捐赠者姓氏。令人遗憾的是，台湾翻印该目，除了书名改为《北平图书馆善本书目》，删除序文、窜改条例外，每条下的捐赠者姓氏也被删除。不仅台湾翻版，北京后出的1989年《北京图书馆古籍善本书目》[1]也一概不注明捐赠者，致使读者不易明了每一部书的来源。总而言之，台湾翻印的1959年书目以及1989年北京新目，较之1959年原版，编辑品质都有明显的倒退。但从长期发展的角度看，编目工作始终在不断改进。就赵万里个人的版本学造诣而言，1933年《北平图书馆善本书目》毕竟是早年之作，1959年《北京图书馆善本书目》才是真正的代表作。

《出版说明》对国家图书馆复制书影的高收费也有微词，后来国图也调整了制度，听说个人读者要复印善本书的几页书影，国图现在并不收取底本费。更令人振奋的是，多亏张志清老师等相关人士的坚持努力，自2015年起，北图网页也开始陆续免费公开所藏善本胶卷的数字图像，至今已逾一万种。其中包含很多明清版本及抄本，而仍有不少宋元版没有公开，非常期待今后这项事业的继续发展。这是推动版本研究非常重要的举措，值得庆祝，在此对相关老师们表示感谢！在国外，继日本国会图书馆、内阁文库、美国哈佛图书馆等之后，2016年6月起，日本宫内厅书陵部所藏善本也都可以在网络上看到全书彩色书影。今日学者不可能再像赵万里那样直接接触众多宋元版本，但可以接触的复制书影恐怕比赵万里能看到的书还多。条件永远不会十全十美，

---

[1] 《出版说明》曾以此目出版时间为1988年，今收录本书一律改为1989年。按此目卷首有1987年序，而版权页无出版日期。今综合考虑各方面材料，认为暂定1989年出版为妥。

我们应该充分利用自己的有利条件，做出与前人不同的新成果。

补三、关于书影

我们在《出版说明》中推论《旧京书影》的拍照时间当在 1929 年，即民国十八年。然而《旧京书影》中有些照片，在版本旁边可以看到"中华民国十三年 月 日"的纪年，而且不止一处，不知是何物。后来笔者看到《再造善本》影印宋版《谷梁注疏》，无意中解决了这一疑问。《再造善本》的《谷梁注疏》，卷首有一张检查单子，凡有书名、刊写时代、装帧、卷数、页数、行格、高广、边口、印章、其他标识及状况、复查加注等十一个检查项目栏位，右侧栏外检查者、复查者要署名盖章，左侧栏外用仿宋活字印"中华民国十三年 月 日"。后来翻看美国国会图书馆制作北平旧藏善本缩微胶卷的扩印本，在《册府元龟》卷首也看到同样的检查单子。这就说明京师图书馆于 1924 年对所藏善本古籍进行检查，每一部都做了一张检查单子，夹在卷首。拍摄《旧京书影》时，有些地方连检查单子左侧栏外的纪年都拍进去了。这种情况，对图书馆内部人员来说应该是常识，而我们外人只能通过胶卷、影印本了解。

撰写《出版说明》时，手头没有《书影》原本，直至整理校样，笔者始得从头到尾翻看一遍，而且愈看愈喜爱。《书影》就每一部善本书，收录一至五六张照片，是其突出特点。通常书影限于体制以及成本，一部书只收录一两张图版。《书影》不受此限，多拍几张，因而能够收录多数有特色的书页，方便读者更全面、感性地认识那些善本书。这种编拍法，以往所未有，将来恐怕也较难做到。相信爱书的朋友们获得本书，定会爱不释手。唯一遗憾的是印制品质不够高。这有几方面原因：首先，照片拍摄技术不稳定，往往没有控制好亮度；其次是照片经过八十年的褪色变化，导致模糊不清。我们这次使用东京大学藏品，总体保存状态尚佳，但也不理想，将来若能获得保存状态更好的照片，我们在重印时会进行抽换。最后还有印刷的问题，依目前大陆通行的印刷技术，编辑好的电子版面和印制出来的效果之间仍然有不小差距，希望将来在技术上能够克服此类问题。

学《中国版刻图录》记

乔秀岩、叶纯芳

一、前言

学术史上堪称里程碑的经典著作，都是作者经过激烈思虑，反复斟酌而成。其中，处处可见作者披荆斩棘，展现新视野的真知灼见，更多的是冥思苦想的挣扎，如熔岩寻找突破口般的彷徨。然而，无情的社会非要将这有如奔腾熔岩的经典著作，视为已经停止活动的巨大火山遗址；非要忽视作者的探索、彷徨，将片段结论当作安全保险的学界定论，辗转贩卖，也不忘添油加醋。后世平庸的教师们指着一块新近刻好的石碑说："瞧，这就是当年巨人踩过的地，小子好好记诵石碑背面写的英勇事迹。"于是，巨人的灵魂，只好耐心地等待，等待真正有灵性的人去体验他当年解决问题时的兴奋、成果之前的奋斗过程，还有伴随成功而来的无数失败，以及始终抹不去的种种疑惑。

近五十年来，宋元版本的研究累积了不少新知见。但对宋元版本整体的掌握，以及各时期、地区版刻特点的理解，都在因袭赵万里先生《中国版刻图录》所建立起的框架。在赵先生之后，不仅没有新的突破，反而在细节上也有倒退。实际上，赵先生建立的框架，并非客观存在，而是一步一步逐渐构筑起来的。它并非完美无缺、符合天然规律的结晶，是赵先生凭想象画出来的素描。在这个过程中，赵先生自己的认识也产生了变化，留下了各种疑虑。现在，我们要深化对宋元版的认识，除了认真学习赵先生的框架之外，更要讨论赵先生的真知灼见在哪里。同时，要审视他探索的过程中，看到了什么、没看到什么、忽略了什么、误会了什么。最重要的，是他对什么感到迷茫。能够让作者永远活着的，才是一个真正的读书者。

相较于获得版本鉴定的结果，《版刻图录》让我们感触更深切的是对版本性质的探索。清代以来的学者，大都认为宋元版本精善，往往可以纠正通行版本的讹误。他们拿着得来不易的一两种宋元版，与通行版本校对，寻找能够纠正通行版本文字的地方。然而，用这种方法进行校勘、用这种标准评价版本的价值，最后要得出宋元版不如清人精校本及当代权威校点本的结论，因为文字是非的标准掌握在近人自己手上。学者形成一套学术标准，认为至少在理论上可以做到无误的文本，却往往忽略了这套标准的主观性质。此时，宋元版已经沦为补证近人学术的装饰品，无法发挥它们应有的历史价值。近人校勘所形成的文本，是一种创作，一种理想，不论自认推论方法多么严谨，终究不能改变其主观性质，无法替代历史事实。

我们的历史文献学要探索一部古籍在历史上曾经呈现如何不同的文本，与是不是、善不善的主观价值判断属于不同的层次。所以，必须先了解一部宋版的性质，在校对文本之前，要先知道此版本为何时、何地，由何人、何机构刊行，它的底本是什么，经过如何的校定，流通范围如何等等。了解了这些，我们才能够分辨各种宋版的不同性质，如中央官方标准本与地方营利通俗本等，才能够理解不同版本上面保留不同文本的意义。宏观理解版本文字变化的幅度，掌握主流变化的脉络，了解各分支旁流的特色，才算明白这一部古籍的历史。阅读校点本，只能通过别人的整理，了解这部古籍论述的内容。真正读书者想要理解这部古籍的历史，在这历史背景中欣赏每一种版本，不可能像职业学者只关心内容。王国维、赵万里师徒自然是懂得读书的高手，他们研究版本的结果，为我们了解各种宋元版的不同性质，提供了极其重要的视角。

二、继承与发展

王国维的《两浙古刊本考》，本来作为《浙江通志》的一部分来撰写。由于王国维广泛利用了史志、书目、藏书志，并精于文献的考证，让读者了解宋元两代浙江刻书的具体情况，而逐渐形成其独立的学术价值，并意外地为宋元版本的研究开辟了一条道路。

因为是地方志，王国维采用了分地区的撰写方法。《版刻图录》宋元部分按地区编排，不妨认为承袭了王国维的做法。不过，因为书的性质不同，《版刻图录》在分地区上，出现了一个小问题。在宋代部分，地区以浙江为首，继以江苏。具体排序是杭州、嘉兴、吴兴、绍兴、宁波、金华、衢县、建德、温州、南京、镇江、苏州、昆山、吴江、松江，下接安徽及其他地区。同属宋代两浙西路的吴兴（湖州）、建德（严州）、镇江之间，却夹杂着宋代两浙东路（如绍兴、宁波、金华等）、江南东路的地区（如南京）；宋代属于嘉兴府的松江，排在江苏末尾，与浙江嘉兴遥遥相隔。《两浙古刊本考》不包括镇江、平江（苏州、昆山、吴江）刻本，因为这些地区后来都属于江苏。王国维只能按《浙江通志》的统一标准划分地区，而《版刻图录》原本可以考虑用宋元时期的行政地区概念，更能反映历史发展的实况，这是比较可惜的地方。又如图版二一二兴国军学刊《春秋经传集解》，目录标注刻地"武昌"，云"兴国军即今之武昌"，即不确。兴国军清代称兴国州，属武昌府，民国三年（1914）改称阳新县。与其使用不容易熟悉的当代地名，不如直接使用历史地名。《版刻图录》改用现代的行政划分和地名，不能不说为当时的"古为今用"思想所影响。

此外，还有混合使用不同意义的地区概念的情况。如标注"杭州"的宋版有四十五种，比起绍兴九种、宁波五种（其中两种称"杭州或宁波"）等其他地区多出许多，而其中包含很多没有刊记、无法确定刊刻地，只因多数刻工常见于其他杭州地区版本，版式、字体等呈现典型的浙刊官版风格，所以认定为属于杭州地区的刻本。从版面风格和刻工来看，杭州与绍兴、宁波等周围地区之间基本上没有差别，因此

《版刻图录》标注"杭州"的版本，完全有可能是绍兴、宁波等周围地区刊本。换言之，标注"杭州"，有些确指杭州，可与绍兴、宁波并列；有些则泛指杭州周围，不妨叫作"大杭州地区"，其中包含绍兴、宁波等地方。鄙意认为应该先排属于大杭州地区，同时可以确定刊地的版本，例如杭州、绍兴、宁波等（其中也可以有"杭州或宁波"之类情况）依次都排好了，最后列同样属于大杭州地区但不能确定具体地点的版本。《版刻图录》的地名并非实指的情况，除了杭州，还有建安。图版一五九至一九五，共二十五种版本均标"建阳"，图版一九六至二〇〇，共四种版本标"建瓯"，乍看是两个不同地方所刊，其实不然。如同"杭州"，标注"建阳"的版本中，有一部分有刊记可以确定为建阳刊本，而另一部分没有刊记，也没有刻工，只能根据版面风格推测为建本，具体刊行地点有可能是建阳，也有可能是周围其他地方，也不排除建瓯。标注"建瓯"的都是官刊本，因为宋代建宁府的治所在瓯宁，即今建瓯，所以标注"建瓯"，并不排除在别处甚至在建阳刊刻的可能性。当知《版刻图录》的"建阳"与"建瓯"，实际上就是坊刊与官刊的区别。

《两浙古刊本考》主要依据文献记载讨论浙江各地的刻书情况。《版刻图录》则试图反映南宋刻本的整体情况，地区扩大到全国，也收录了很多不确定刊地的版本。赵万里通过对大量宋版书的调查，对各地不同时期的版刻风格有通盘的掌握，所以在《版刻图录》中想要贯彻依地区排列的方式。分地区研究版本，的确继承了王国维所为，但王国维只将已经知道为某地刊本的信息按地区编排，而《版刻图录》需要收录大量无法确定刊地的版本，却要贯彻依地区的排列方法，其难可想而知。于是才出现混合使用具体的杭州与大杭州地区、将坊刊与官刊转换成"建阳"与"建瓯"等情况。我们必须了解赵万里的苦衷，知道"杭州"有两种情况，"建阳"与"建瓯"可以还原为"建坊本"与"建官本"来理解，才是善读书者。在此我们也应该要思考依地区排列这种方法的有效性和局限性，以及相关的各种问题。

赵万里的贡献主要在研究版本实物方面，在早年撰写的文章中，他多次用"比较版本学"一词来概括自己的研究方法。尽管如此，赵万里也能延续王国维对文献资料的运用，继续扩大范围。例如《版刻图录》两次引用《景定建康志》(图版一〇五、一〇六、一〇九)与现存宋版互证，自然不在《两浙古刊本考》收录的范围内，而《景定建康志》的记载包括版片具体数量，极有价值。如其中著录《礼记集说》，应该是卫湜书的第一次刊版，与流传到今日的增订本不同。我们无法看到第一次刊版的内容，但依据《景定建康志》的记载，至少可以推测大致的篇幅，不能说没有较大意义。

王国维在版本研究方面最重要的贡献应该是建立南宋监本的概念，并且明确南宋中央官版到元明清时期的传存情况。《西湖书院重整书目》本来是非常简略的一份书单，王国维独具慧眼，发现这是探索南宋中央官版的重要线索。他结合各家藏书目录，推测《重整书目》只见书名的版本具体指哪些。虽然他的推测不可能都准确，但他说明南宋国子监版片在入元之后置于西湖书院，明代转归南京国子监，为清朝所继承的基本情况，至今已经是学界共识。具体有哪些版本，大体上也被认同。王国维主要依靠文献资料，成功地描绘出南宋监本的基本情况。赵万里在此基础上，结合他自己调查大量南宋版本实物的结果，发现有不少南宋刊本中，共同出现一批南宋前期大杭州地区的刻工，同时也共同出现一批南宋中期和元代补版刻工。不妨认为这些版本就是南宋中央官版，在南宋前期刊刻，南宋中期由国子监、元代在西湖书院经过修补，是标准的流传情况。如《经典释文》(图版二四)、《说文解字》(图版二六、二七)、《国语解》(图版三一)、《扬子法言注》(图版三二)、《冲虚至德真经注》(图版三三) 等，《版刻图录》都明列三批刻工，并指出应该是《重整书目》所收版本。这是在王国维文献考订的基础上，用版本学的分析方法得出的重大发明，有十分重要的实用价值，因此我们不需要任何刊记、序跋，只要在一套宋版上看到这三批刻工就足以推测其为南宋中央官版。

例如《国语》有公序本、有明道本，清代以来不少人讨论两者之优劣。现在知道图版三一的公序本《国语解》是典型的南宋前期中央官刊本，在南宋中期经过修补，元代在西湖书院又再次修补，这才是南宋至明的官方标准版本，既有权威性，普及又最广，所以明代《国语》版本均以此版为祖本。数年前，我们整理杨复《仪礼经传通解续卷祭礼》，看到其中引用的《国语》有反切，一时不知来源，因为手头备用的上海古籍版《国语》及台湾影印士礼居翻刻明道本都没有音注。现在知道《国语》南宋标准版本是附有《补音》的公序本，那么，看到南宋人引录《国语》音，应该想到默认选择是宋庠《补音》。明道本编校时间早于公序本，保留更多唐代以来传本较原始的面貌，但未经官方校定，属于私刻，影响有限。公序本经过官方较彻底的校勘，很多地方依从《左传释文》，往往失去《国语》的早期面貌，但减少了明显的讹字及与《左传》矛盾的文字，经过宋朝官方推广，南宋以后的人看到的《国语》都是公序校定本。《四部丛刊》曾经是学者必备的基本资料，其中所收金李刻本即覆刻宋版公序本，与宋版十分相像。如今学者连《四部丛刊》本都购不到，只能用混淆明道、公序的上海古籍自创文本，希望有心的出版社影印宋版公序本。

又如《荀子》有《古逸丛书》影刻唐仲友台州刊本，与北图收藏的另一种宋版（有1974年文物出版社影印本）行格相同，文字内容也十分接近。台州本原书已经散佚，北图本没有刊造序跋，不知该如何探讨两版之间的关系。高正先生《荀子版本源流考》（1992年社会科学出版社）作为专门研究一部经典古籍版本的专著，问世较早，当时犹如空谷足音，颇能振奋人心。但书中讨论北图本的刻工乃云："其中詹世荣、丁松年于高宗绍兴年间曾在吴兴参与刊刻《唐书》，丁松年、马松于绍兴年间曾在绍兴参与刊刻《周易注疏》，何升于宁宗庆元六年（1200）在绍兴参与刊刻《春秋左传正义》，詹世荣、丁松年、何升、何泽、陈彬又同在杭州参与刊刻《说文解字》。"我们学过《版刻图录》，知道这些刻工都是南宋中期的刻工，他们出现在《唐书》《周易注疏》《说文解字》上，都是南宋中期补版刻工（据《版刻图录》著录，何升、何泽二名为《说文解字》原版刻工。然《春秋左传正义》亦见何升，则不妨视为重名，《荀子》为南宋中期刊本，明显晚于台州本，可无疑义）。更重要的是这批刻工就是南宋中央官版南宋中期补版的常见刻工。王应麟认为南宋后期的《荀子》国子监本就是当年唐仲友校刊的版本。目前无法论证台州书版是否真归国子监，而北图本从刻工推测有可能是国子监刻本，尽管未闻南宋中期国子监自己刻书（修版除外）的事例。假设北图藏本是国子监覆刻台州本，王应麟也有可能据此情况论述说监本即台州本。

南宋后期的地方官刊本归国子监的实例可举南康刊《仪礼经传通解》。不仅有宋人王必明确记述南康旧版归国子监，我们还看到元人余谦、陈旅在西湖书院修版的题记（《版刻图录》序云"余谦、叶森等曾督工整修印行"，"叶森"应该换"陈旅"才合适），此版元代补版刻工就是经常出现在南宋前期中央官版元代补版的一批刻工。因此确定这种版本虽然当初在南康刊刻，后来归国子监，元明时期一直作为官方中央标准版本，有很大的影响，后来所有版本均以此版为祖本（请参 2012 年北京大学出版社《影印宋刊元明递修本仪礼经传通解正续编》）。

古籍流传的大要，先有刘向、刘歆的编辑整理，后有宋人的校定刻版（宋人常用"校定"一词，不作"校订"）。有刻本之后，唐代抄本逐渐被淘汰，后来的版本都从北宋官版衍生。北宋版已不得见，南宋版本往往有多种，而且文本有不小差异，这一点从一些南宋版的序跋、校记中也看得出来。我们要放弃择善而从的主观校勘，客观理解不同版本的性质。最要紧的是找出南宋官方标准版本，只有确定南宋官方标准版本，才能准确分析其他版本的异文，进而讨论各版本的性质。可见赵万里分析南宋初期、南宋中期、元代三批浙江刻工，明确提示南宋中央官版都由同一批刻工进行补版，是多么重大的发现。

另外，《版刻图录》目录的每一条记载一律都从版框高宽开始，也有十分重大的意义。经过比较，我们可以总结出南宋官版的标准尺寸大概是高21厘米，宽15厘米，恰好是宋尺高七寸宽五寸（版框尺寸据框内，阿部隆一、尾崎康等皆谨遵《版刻图录》成规，而《再造善本》改据框外，实属不便）。尽管有的稍微宽，有的稍微窄，有的明显大（如《咸淳临安志》为官刊大本，《版刻图录》著录"匡高一八·四厘米，广二六·三厘米"，乃高广互错），有的稍微小一些，变化不小，但始终离21厘米×15厘米的标准不远。坊本尺寸基本上都明显小于这一标准，所以尺寸也是分辨官版与坊本的一个有效线索。通过《版刻图录》，我们也可以了解，南宋版本有无刻工，大致相当于官版、坊版的差别。盖官方办事，喜欢追求貌似责任分明的形式，所以到处要你署名签字。如南宋中期建刊十行本诸经注疏及十行本十史（黄善夫、刘元起《汉书》等）均属坊刻，皆无刻工，而这些版本的元代覆刻本有刻工，疑为福州州学之类官府所刻（尽管元代坊刻本往往也有刻工）。符合或接近21厘米×15厘米的标准尺寸，有刻工，初步可以推测是官版。再检查刻工，如果符合《版刻图录》的三批刻工，可以视为南宋官方标准版本。

三、探索与变动

《版刻图录》宋代"杭州"的第一条是吴越王刻的陀罗尼（图版三），佛经以外的宋版第一条是《汉书注》（图版四）。《版刻图录》著录为"北宋刻递修本"，"疑杭州或福州"，包含很大的问题。清人钱大昕、王念孙皆称此本为北宋景祐监本。《版刻图录》目录云："补版刻工程保、王文、孙生等人，绍兴十九年（1149）又刻福州开元寺《毗卢大藏》。程保等既是南宋初年人，则此书原版刻于北宋后期，即据北宋监本覆刻，而非景祐监本，当是事实。"这种推论很不可靠。不止一个补版刻工在绍兴十九年同时从事福州《开元寺藏经》的刊刻，暂且推测修补时间离绍兴十九年不会很远，但也不足以推论原刊时间早到北宋。图版八一的《文选注》有绍兴二十八年（1158）修补的刊记，赵万里推测云"此书刻版当在南宋初年"。简单推测的大致修补时间相差约十年，据此推测原刊时间，一为北宋后期，一为南宋初年，判然有别，不免令人怀疑。《版刻图录》又云"此书刻工牛实、徐高等，皆南宋初年杭州地区名匠，徐雅、汤立、洪吉、董明等，绍兴初又刻《思溪藏》"，这是说原版由南宋初期杭州常见的刻工刊刻，据此看来《汉书》似乎也是南宋初期的刻本。当知《版刻图录》虽然标注"北宋刻递修本"，然究竟是否北宋刻本，赵万里是犹豫的。刻书地点也如此，有一部分刻工出现在湖州的《思溪藏》，也有南宋初浙江官版常见的刻工，但也有一批刻工出现在福州的《开元寺藏》，所以只能说"闽浙两地刻工，可通力合作"。从版面风格看，好像是浙江官刊，所以列为"杭州"非佛经刊本的第一部。然而对勘官刘希亮是知福州长乐县，与刻工的情况结合起来考虑，无法否定福建刊本的可能性，所以不得不标注"杭州或福州"。《版刻图录》的最后结论是"此书究为何时何地刻版，尚待后证"，非常诚实地说明他无法确定。

　　《版刻图录》宋元部分依地区排列，认为不同地区有不同的刻书风格。《汉书》无法确定是杭州还是福建，必须承认不同地区也会刻出风格一致的版本。我们也可以联想东洋文库所藏《历代地理指掌图》（上海古籍出版社曾经在未征得藏书单位同意的情况下擅自影印，使得后来的复制、影印申请很难得到藏书单位的许可，留下了负面影响），明明有刊记写"西川成都府市西俞家印"，而版面风格与浙刊本无异。《汉书》若无刻工，《历代地理指掌图》若无刊记，单独从版面风格来判断，所有人都会推测为浙刊本。梶浦晋老师曾经表示佛经版本有佛经自己的字体传承，不同字体风格不应该都理解为地区性差异。不管怎么理解，有些不同地区版本的版面风格会十分相似，单凭字体风格无法确定刻书地点，是必须承认的事实，《版刻图录》就在开头《汉书》条向我们鲜明地呈现了这个问题。后来专门研究这一问题的尾崎康先生认为，《版刻图录》参考《开元寺藏》《思溪藏》的刻工讨论问题，是很重要的突破。于是对《开元寺藏》《思溪藏》的刻工进行更大范围的调查，又广泛参照其他南宋初期刊本之刻工，确定《汉书》的刊刻时间在北宋末到南宋初之间。综合各种因素，尾崎先生感觉倾向于南宋初，但考虑到不少补版刻工也出现在南宋最早期刻本，所以不能排除北宋末的可能性。尾崎先生遵用赵先生的研究思路，进行更全面的调查，增加了大量信息，最后将《版刻图录》的结论"北宋刻"调整为"北宋末南宋初刊"。我们认为《版刻图录》这一条，就是因为赵先生的犹豫与疑惑，才有价值。

尽管字体风格不能决定刻书地点和时间，也不能否定地区特色的存在。要掌握某一地区的刻书风格及其时代变化，必须看到同一地区的多种刻本。赵万里通过调查大量宋元版，逐渐形成对各地区刻书风格的认识。今日我们对南宋各地刻书字体风格的认识，都来源于《版刻图录》，五十年来大家都在因袭，感觉好像是天经地义，往往忽略很多认识都是赵万里的创见，也很少有人了解当年赵万里形成这些认识是有漫长的过程、经过了许多的变化。今以蜀刻本为例，清代不少学者一看到大字刻本就以为是蜀刻本，没有任何根据，只是因为经常听到"蜀大字本"这种说法，所以一看到大字本，条件反射式地视为蜀刻本。带有刊记的蜀刻本传存得非常少，所以长期以来学界都无法掌握蜀刻本的风格特点。张金吾曾谓《册府元龟》十三行"新刊监本"为北宋版，十四行本为南宋版。1928年赵万里为旧北京图书馆藏本撰写提要，推测宋版《册府元龟》十四行本即北宋成书之后国子监所刊，十三行"新刊监本"据此版翻刻，等于指出张金吾颠倒了先后顺序。至1930年赵万里撰北平馆新收展目录，始称"宋蜀刻本"。1934年评论《四部丛刊续编》则谓十四行本为北宋季年眉山刊本，十三行"新刊监本"为南宋建本。至《版刻图录》(图版二二四)，始定为南宋中叶眉山坊本，并以北宋最初刻本之说为"绝非事实"，是强烈否定自己三十年前的观点。《版刻图录》不言及十三行"新刊监本"部分的问题，恐怕是回避了麻烦。今按，十四行部分也有标题"新刊监本"之处，尽管不知十三行、十四行之间究竟是什么关系，但十三行部分似乎也是蜀刻本，赵万里也应该没有坚持南宋建本的观点。《版刻图录》1960年第一版称"此本原出北宋官版，故讳字缺笔多遵之"，1961年增订版删了"官"字(请参王菡嘉《〈中国版刻图录〉初版、修订版对照表》，载《版本目录学研究》第五辑)。可见赵万里的认识，自1928年，经1930年、1934年，到1960年、1961年，经历了非常大的变化。《版刻图录》云"审其行款字体刀法，与《二百家名贤文粹》如出一辙，知为南宋中叶眉山坊本无疑"，而《二百家名贤文粹》(图版二二三)目录则云："据庆元二年(1196)眉山王称序、庆元三年咸阳书隐斋刻书跋文，知此书为庆元间眉山咸阳书隐斋刻本。书隐斋乃眉山书坊主人斋名，咸阳是其原籍。刻工王朝又刻《太平寰宇记》《太平御览》等书，其人乃南宋中叶眉山地区名匠。"可见《二百家名贤文粹》有序跋，可以确定刊刻时间、地点，也知道刊书者，刻工又可与日本所藏蜀刻本《太平寰宇记》《太平御览》互证，适合作为标准版本。可以想象赵万里只有看到《二百家名贤文粹》，才能确定《册府元龟》是南宋中期蜀刻本。

《版刻图录》于《郑守愚文集》(图版二三九、二四〇)云：

"传世蜀本唐人集有两个系统。一为十一行本，约刻于南北宋之际。一为十二行本，约刻于南宋中叶。"十二行本的字体与《二百家名贤文粹》《册府元龟》等相似，故可以定为蜀刻本。十一行本的字体特点没有十二行本那样明显，而顾千里曾经指出文本特点与《直斋书录解题》所称蜀本合，《版刻图录》亦引顾说为据。

王国维《传书堂藏善本书志》"宋书"条云："今世所传七史，元时板在西湖书院，明时移入南监，则非蜀中刊本而为江南刊本，可断言也。"赵氏从王说，谓宋南渡后，监本尤其正史多取江淮诸州郡刊本，以为南北朝七史当为北宋监本或眉山本之覆刻，非真眉山本（《馆藏善本书提要》"南齐书五十九卷"，《北平北海图书馆月刊》卷一第六号，1929 年）。至撰《两宋诸史监本存佚考》（《史语所集刊外编第一种》，1933 年），赵万里明确论断七史即临安本，并举三证曰："传世大字本七史，元时版入西湖书院，明时版在南监。凡入南监诸版，皆江南或浙、闽所雕，无蜀中刻本。其证一。眉山刊书，当时最有盛名。传世宋刻本确为眉山本者，小字则有《册府元龟》《国朝二百家名贤文粹》《东都事略》诸书，大字则有苏文定、苏文忠、秦淮海、陈后山、洪盘洲诸家《全集》。诸书无论大小字本，刊工体式与传世宋刊七史均不合，而七史字体方整古厚，与浙本相近。其证二。七史中，《梁书》版心下记刊工姓名，有庞知柔、曹鼎、童遇诸人，皆浙人也。浙本《朱子大全集》亦庞知柔等所刊。观于庞等重修《梁书》，其为浙刊而非蜀刊，断可知矣。其证三。"

张元济知道"眉山七史"的南宋中期及元代补版均由浙江刻工刊刻，而《校史随笔》（1938）仍坚持眉山刊版之说，云："卷中字体遒敛，与世间所传蜀本同出一派。其版心画分五格者，殆为蜀中绍兴原刊；余则入浙以后，由宋而元，递为补刻也。"然而1960年《版刻图录》序乃云"远在四川眉山井宪孟倡刻的南北朝七史版片也移送到监"，则其说居然与张元济相同。赵氏持论的倒退，应该不是推服张元济，而是表示游移不定，非常值得我们关注。仔细分析《两宋诸史监本存佚考》的三证，其中第一证、第三证是上节已经谈到的南宋中央官版特点，而且赵万里这篇重要论文就是要说明南宋监本的流传问题，其说自然有一定的说服力。但所举刻工均属南宋中期补版刻工，未能列举原版刻工，直接证明原版即在浙江刊刻，所以张元济说眉山刻版运到浙江，南宋中期以后在浙江修补，尽管类似狡辩，赵万里也没能否定其可能性。第二证是蜀刻本字体风格问题。赵万里提出大字、小字两个类型，而七史字体均不相类，所以认定七史非蜀刻本。这里我们可以看出，此时赵万里对蜀刻本字体风格的掌握仍然非常有限，因为这两个类型，按《版刻图录》的论定，都属于南宋中期蜀刻本。既然没能说明南宋前期蜀刻本的字体风格特点，也就无法否定七史是南宋前期蜀刻本的可能性。这样看来，赵万里虽然坚信自己对南宋中央官刊本的宏观理解，也相信七史也是浙江官刊本，但未能明确否定张元济巧说的可能性，所以《版刻图录》序采取保守的态度。清代以来一直以为是眉山刊本，张元济也提供了弥缝矛盾的巧说，不如暂且仍旧说。这一问题，后来尾崎康先生调查大量七史传本，从中耐心搜集原版刻工，才最后证明为浙江刊本。

四、定论与歪曲

如上节所论，赵万里的观点一直有变化，就在《版刻图录》一部之中也有前后不同的说法。图版一五、一六著录浙刊《广韵》，目录云"宋讳缺笔至构字"，刻工"皆南宋初叶杭州地区良工，因推知此书当是绍兴间浙刻本"。然在图版八八、八九婺州市门巷唐宅刊本《周礼注》的目录却云"《广韵》缺笔至构字、眘字"，指的无疑是同一部《广韵》（《版刻图录》于两书皆著录刻工余竑），而"眘"字缺笔则刊刻时间已在孝宗朝。《广韵》此版，现存两部，一在北图，缺卷二、卷五，一在静嘉堂（非皕宋楼本），足本，阿部隆一云"刻工皆南宋前期人，缺笔至构、眘止，慎字不缺笔，字体、版式皆保留北宋遗韵，是南宋初浙刊本之典型"，据此三点，断定此版为孝宗初年浙江官刊本（说见《日本国见在宋元版本志》）。朴贞玉先生《广韵版本考》（台湾学海出版社，1986年）定此版为"高宗绍兴间浙刊本"，云"阿部隆一谓眘字亦缺，实未避焉"。阿部隆一好歹是版本专家，调查南宋版不知其数，岂有凭空杜撰缺笔之理。颇疑朴先生在赵万里与阿部隆一之间进行权衡，选择相信赵万里，所以采用《版刻图录》"宋讳缺笔至构字""当是绍兴间浙刻本"

的说法。殊不知《版刻图录》也有"《广韵》缺笔至构字、昚字"的说法，阿部隆一的说法其实与赵万里一致。有没有缺笔，本来不容争议，更何况《广韵》缺昚字末笔就在大字，按韵序一查即可知。产生混乱的原因在昚字缺末笔，很像从日的昚字。加上《说文》此字从日，所以会有人认为昚字没缺笔。其实《类篇》目部有昚字，《礼部韵略》卷首《淳熙重修文书式》的孝宗庙讳就是从目的昚字缺末笔。黑水城出土的另一种南宋版（影印本见 2006 年文物出版社《黑水城出土音韵学文献研究》，编者妄称北宋版），昚字缺末笔非常明显，而此版两竖笔出头稍短，多少接近从日的昚字，上海图书馆所藏杨守敬旧藏覆刻版（即《古逸丛书》底本）更像从日的昚字，其实由从目的昚字缺末笔变化而然。《上海图书馆藏宋本图录》言"此本宋讳避至构字"，又以北图藏本为"南宋高宗时"刻本，则该书编者恐怕也没注意《版刻图录》图版八八、八九的说明。（据阿部隆一，所谓"孝宗初年"刊《广韵》有九名刻工亦见绍兴九年刊《毛诗正义》，七名刻工亦见绍兴年间刊《外台秘药方》。如此多刻工共同出现，通常足以确定《广韵》亦即绍兴年间刊本。然而亦有十名刻工并见孝宗朝刊《春秋经传集解》，不知当如何理解？所谓孝宗朝刊《春秋经传集解》，即静嘉堂所藏八行经注本，原版部分文字风格、刻工均属南宋初期，而亦多避"慎"字，故被认定为孝宗朝刊本。《广韵》与《春秋经传集解》，从字体、刻工推测更像是绍兴年间刊本，与从避讳的推测形成矛盾，这一问题值得进一步探讨。）顺便说北图、静嘉堂藏本（非丽宋楼本）为南宋前期中央官版，上海图书馆及日本内阁文库、国会图书馆、静嘉堂（丽宋楼本）等多处所藏为南宋中期中央覆刻版，版面风格极其相似，而字体有微妙的差异。前期原版的平行竖画外丰如颜体，中期覆刻版则内敛如欧体，差异虽不明显，却很确定，值得玩味。

又如张丽娟老师《宋代经书注疏刊刻研究》也有类似的小问题。抚州本六经的补版有"癸丑重刊"，王国维、赵万里认为癸丑是宝祐元年（1253），阿部隆一认为绍熙四年（1193），张老师认为阿部隆一的说法准确。单独看张老师的叙述，好像阿部纠正了赵万里的失误，其实不是。赵万里早年发表《芸盦群书题记》（1933年至1934年连载），介绍抚州本《礼记》递修本，认为癸丑是宝祐元年，说与王国维《传书堂藏善本书志》同。大概认为《礼记》刊刻在淳熙四年（1177），经过反复印制，版面磨损，以致需要重刻抽换，应该需要三四十年，不会十六年那么快（绍熙四年上距淳熙四年为十六年），所以推测为宝祐元年。然《版刻图录》于《公羊解诂》（图版一三八、一三九）目录乃谓癸丑为绍熙四年，因为此部《公羊》只经过一次"癸丑重刊"，然则癸丑为抚州本第一次修补时间，必须比其他补版时间更早，而且癸丑补版刻工也有刻过原版的，所以确定癸丑是绍熙四年。阿部隆一只是确认赵万里后来的说法，绍熙四年并非阿部隆一创见。据我们了解，阿部隆一、尾崎康两位宋元版研究专家，学习《版刻图录》学得都非常虔诚，认真程度远远超过当代大多数版本学、文献学专家。这一问题也关系到上节介绍的《汉书注》刊年问题。赵万里依据绍兴十九年（1149）刊本的刻工出现在《汉书》补版，推论原版时间当在北宋，也是认为原刊至补版之间至少需要有三四十年时间。现在看到抚州本《公羊》，知道刊刻十六年即有补版的实例，则《汉书》原刊时间的推论也需要调整，已经没有理由认定为北宋刊本。赵万里随着见识的增广，随时修改旧说，我们必须注意这些变化，仔细思考其意义。不能拿早年不成熟的论述当作定论，也不要只求最后定论，忽略早期观点，而要体会赵先生改变认识的过程，自己思考问题。

说来十分奇怪，王国维老早注意到《汉书注》对勘官刘希亮的散官"左通直郎"为"南宋初结衔"，实际上已经断定此版只能是南宋版，居然让赵万里忽略了。通过官名来推断时间，是历史考订的功夫，钱大昕有出色的表现。最有名的是黄丕烈旧藏《吴书》，历来均称咸平刊本，钱大昕看到有几处校勘官的官名有"辟廱正"，因为这是只有徽宗时期才有的官，加上"桓"字缺笔，所以认定为靖康以后刊本。散官带左右，也是钱大昕的发现。《十驾斋养新录》卷一〇"阶官分左右"条说明散官带左右，除了北宋一段时间之外，就在绍兴元年（1131）至淳熙元年（1174）之间，故徽宗、钦宗朝及建炎年间或者淳熙二年以后都不分左右。钱大昕曾据"右迪功郎"断卢文弨所见《太玄》非北宋版，见《文集》卷三四。《传书堂善本书志》亦曾据校正官衔散官冠左右字，认定衢州本《三国志》为绍兴间刊本。所以王国维看到"左通直郎"，就知道《汉书》也是绍兴间刊本。不过蒋氏传书堂没有收藏这一绍兴间刊本，只收藏南宋中期福唐郡庠的覆刻本，所以简单指出"左通直郎"为"南宋初结衔"而已。王国维充分吸收钱大昕的成果，运用自如，对他来说这种判断应该属于基本功。左通直郎刘希亮校勘的版本，不可能是北宋版，也不可能是南宋最早的几年，只能在绍兴年间，板上钉钉，没有疑义。看来赵万里的精力主要投入在版本实物的研究，分析刻工、掌握版面风格等才是重点，历史考订只能相对疏忽了。加上《传书堂善本书志》只有稿本，赵万里也没有时间仔细整理，所以留下这种疏失。

后来的学者往往只拿《版刻图录》当作权威论述，忽略赵万里探索的过程，所以无法体会赵万里的疑惑，无法察觉赵万里的疏忽，对《版刻图录》论述的表层进行片面的理解。黄永年先生的版本学教材云："传世宋浙本中可信为北宋的只有十行本《史记》《汉书》和十四行本《新唐书》。据研究当是北宋末年国子监送杭州重刻，未刻完北方为金人占领，到南宋初才继续补刻印行的。"（2005年江苏教育出版社《古籍版本学》）黄先生是史学大家，对钱大昕、王国维的成果也非常熟悉，却讲左通直郎刘希亮校勘的《汉书》"可信为北宋"，应该是因为教材，又为《版刻图录》的权威性所迷惑，单纯地因袭《版刻图录》的说法罢了。至于金人占领云云，是在错误的前提下，凭空的推想。

钱大昕、王国维只是利用官名来推定刊刻时间。其实，让赵万里错过的这一线索，有非常大的实用价值，因为散官带左右的时间是绍兴元年至淳熙元年，正好是南宋初期中央官版的基本建设时期，此期刻本有独特的重要意义。南宋初期的中央官版，大都由浙江各地诸行政机构分担刊刻，内容是最基本的经典文献，而且以覆刻、翻刻北宋版为主。就现存传本的情况来看，绍兴年间的浙江官刊本基本上都没有序跋，大概是因为按照中央的规划来刻版，公事公办而已，无序跋可述。若《文粹》之有短跋，是因为用北宋私刻本为底本，情况特殊需要说明，可谓例外。绍兴年间的地方官版，大都应该与中央官版重复，如宁化县学刊《群经音辨》有王观国跋，说明要据临安府刊本（是中央官版）翻刻，以供当地学子抄录之用。到绍兴末年，中央官版基本齐备，所以淳熙年间出现很多地方官版，往往都有序跋，说明中央没有某书版本，所以要由自己校刊。例如淳熙二年（1175）建安刊《大戴礼》、镇江刊《三礼图》，淳熙三年（1176）桐川刊《史记集解索隐》、绍兴刊《毛诗注疏》《礼记注疏》，淳熙五年（1178）蕲州刊《窦氏联珠集》，淳熙七年（1180）台州刊《颜氏家训》、池州刊《山海经》，淳熙八年（1181）池州刊《李注文选》、江西刊《荀子》、台州刊《荀子》《法言》，淳熙十二年（1185）金州刊《集韵》（翁万戈旧藏《集韵》南宋初期明州刻本，应该是中央官版，而校刊金州本的田世卿没有看到），淳熙十五年（1188）严州刊《世说新语》等皆是。这些虽然都是现存最早、最可靠的版本，但都经过校改，往往歪曲旧传文本，不如绍兴年间中央官刊本较好保留北宋版原貌。这样看来，就大致倾向而言，绍兴年间官刊本与淳熙以后有所不同。现在我们只要看到校刊官员散官带左右，就知道是绍兴年间刻本（乾道共二年，并淳熙元年，可与绍兴同观），价值最高；看到散官不带左右，就知道是淳熙以后的刻本（遇到北宋末、建炎年间刻本的概率极低，可以忽略），要慎重讨论文本的性质。虽然不是每一部都能看到校刊官员衔名，只要有的话，先看散官有没有左右，判定是否绍兴刊本，很有意义。

顺带一提，上节介绍《版刻图录》说蜀本唐人集有两个系统。后来上海古籍出版社系列影印蜀刻本唐人集，《出版说明》说有三个系列。多出一个系列，难道说明版本学的进步？其实不然。具体看《出版说明》，前两个系列与《版刻图录》所言相符，不同在第三个系列。然而这第三个系列只有《新刊经进详注昌黎先生文》《新刊增广百家详补注唐柳先生文》两种，而且都已见于《版刻图录》（图版二四一、二四二）。赵万里明明知道这两种是蜀刻本，而蜀本唐人集只称有两个系统，不把这两种列为第三个系统，为什么呢？只有两种，谈不上系列，或许是一个理由。更重要的是性质的不同。十一行、十二行两个系列版框较小，没有刻工，内容是可供欣赏的文学作品，应该是通俗坊本。十行的两种版框符合官版标准，有刻工，内容是带详注的韩柳文，可供学习参考之用，或许是官版。既然只有两种，而且性质与十一行、十二行两个系列截然不同，所以《版刻图录》不并列为第三个系列。上海古籍出版社以为多多益善，说蜀刻本唐人集有三个系列，不利于掌握其间性质的不同，不如遵从《版刻图录》列两个系列，另外单独讨论十行韩柳文。

五、结语

《版刻图录》的基本内容，都是有意探讨宋元版本的人必须学习掌握的。可惜不容易买到，不容易收藏，不容易翻阅，所以很多人包括研究版本的人员都没有好好读过。希望有心的出版社抽出《版刻图录》宋元版部分，单独出版价格合理的十六开精装本。《版刻图录》并不是教科书，里面包含一些不准确的认识，准确的描述背后也有早年的错误认识和种种疑虑。不仅如此，《版刻图录》最有价值的内容，如上文讨论的官版与坊本之别、南宋官方标准版本等问题，必须由读者进行一番思考才能体悟。要学到赵万里版本学的精神，必须追寻他不断地修正自己观点的轨迹，从中体会真功夫。到了《版刻图录》，赵万里对各种问题的认识都相当成熟，但也有很多问题赵万里没有认识清楚，没有调整好，即便是赵万里认识清楚的公认定论，仍然有重新讨论的余地。尾崎康先生在修订所著《正史宋元版之研究》的过程中，发现二十年前出版日文原书时，莫名其妙地忽略了《版刻图录》图版一○一《新刊剑南诗稿》目录著录的刻工均见金泽文库旧藏《南史》（其中四卷今在北图），于是结合《藏园群书经眼录》及嘉趣堂覆刻宋版《世说新语》跋，推测金泽文库本就是当年陆游所刻。通过反复学习《版刻图录》，能够发现陆游亲自主持刊印的版本，岂不快哉（尾崎先生大作增订中文版已经排出校样，即将由中华书局出版，敬请期待）。《版刻图录》是汲取不尽的源泉，我们能够从中不断地发现问题，不断地加深认识。像这样神奇的书，人间少有，能不喜爱吗？

本文发表在北京大学出版社《版本目录学研究》第七辑"赵万里专题"，2016年。

影印南宋官版《周易正义》编后记

乔秀岩

一、八行本与单疏本

北京大学出版社的"重归文献·影印经学要籍善本丛刊"已出《礼记正义》《尚书正义》,《编后记》均述一种推测,认为八行本《易》《书》《周礼》与单疏本《诗》《礼记》《左传》为南宋第一批,单疏本《易》《书》与八行本《诗》《礼记》《左传》为续刻。八行本《易》《书》《周礼》在先,《诗》《礼记》在后,《左传》随后,有黄唐、沈作宾跋可证;单疏刻本之先后,则据版本鉴定(请参李霖先生《宋刊群经单疏传本讨源》,见 2015 年广西师范大学出版社出版《中国经学》第十七辑)。

单疏本《易》《书》当在八行本《易》《书》《周礼》之后,最直接的根据是单疏本《易》《书》当为孝宗朝刊本。阿部隆一详论刻工与避讳,断为孝宗朝刊本,为当代学者广泛认同。在阿部之前,《中国版刻图录》称《周易》单疏避讳至"构"字,认为南宋初刊本。以往笔者认为阿部隆一研究宋元版本,即以《版刻图录》为基础,所见不同,当为阿部积累更多信息所致,后出转精。《版刻图录》讨论刻工,确有失于笼统之处(参见尾崎康《正史宋元版之研究》);卷中避"慎"字，据影印本即可确认多处，阿部说似可从。然赵万里直接调查原书，阿部仅见影印本，而谓赵万里之鉴定不如阿部精准，未免令人奇怪。

反观阿部所述，也有明显的问题。阿部讨论《周易》单疏刻工，指出八行本《周易注疏》《尚书注疏》皆出现《周易》单疏原版及补版的刻工，而称八行本《周易注疏》《尚书注疏》为孝宗朝刊本。其实阿部为八行本《周易注疏》《尚书注疏》撰写解题，均称"绍兴乾道间刊本"，不排除孝宗朝刊本的可能性，所以多加十年（隆兴、乾道共十一年）的范围，而较倾向于绍兴刊本的可能性。现在歪曲己说，径称孝宗朝刊本，恐怕是为了弥缝矛盾。《周易》单疏的补版出现八行本《周易注疏》《尚书注疏》原版的刻工，需要考虑八行本《周易注疏》《尚书注疏》的刊刻时间比《周易》单疏更晚的可能性。通过避讳推定《周易》单疏为孝宗朝刊本，所以改称八行本《周易注疏》《尚书注疏》为孝宗刊本。

版本鉴定需要综合判断，对字体、刻工、避讳、内容等各方面因素的认识，都需要互相参照，进行调整。笔者最近学习《版刻图录》，发现赵万里对《广韵》有互相矛盾的两种说法：图版一五、一六（此据重订本）目录云"宋讳缺笔至构字"，刻工"皆南宋初叶杭州地区良工，因推知此书当是绍兴间浙刻本"；图版八八、八九目录却云"《广韵》缺笔至构字、眘字"，"眘"字缺笔则刊刻时间已在孝宗朝（请参本书第六篇《学〈中国版刻图录〉记》）。这恐怕是赵万里故意保留矛盾，没有勉强调和。这样看来，阿部隆一调整对八行本时

208

间的说法，也可以理解为探索合理解释的尝试，尽管没有很成功。重要的是，无论是《广韵》还是《周易》单疏，从字体、刻工推论的结果，会与避讳情况相矛盾，这里存在宋版鉴定的根本问题。

《周易》单疏究竟有没有避"慎"字？我们看影印本确实有，但其中有些恐怕是后来修补部分，不能说这一版本产生时即有缺笔。也有不少原版有缺笔，但也不排除当初有末笔，后来剜去的可能性。只有在原版上当初刻的"慎"字用以缺笔为前提的字形结构，即倒数第二笔撇的位置明显偏右，才能作为推论此版刊刻时间的证据。笔者就影印本检查《周易》单疏的"慎"字，缺末笔者较多，也有不缺处，不少地方在一版之中有两处缺笔、一处不缺笔。然而所有缺笔都属于单纯少末笔，倒数第二笔撇都在正常位置，不能排除后来剜去的可能性。唯一例外是卷三第三页第二十行的"慎"字，倒数第二笔撇在中间，无疑是一开始的避讳。但此版中间十二行是后来修补部分，所以不足以为原版避讳的例证。《尚书》单疏则与《周易》不同，很多"慎"字缺末笔而且倒数第二笔撇明显偏右，可以确定是孝宗朝以后刻本，除非认为那些书版都是补版。如此看来，《周易》单疏还不确定是高宗朝刊本还是孝宗朝刊本，而《尚书》单疏恐怕就是孝宗朝刊本。究竟如何，有待版本学家的进一步研究。

赵万里对宋代刻工有精辟的研究，建立一个基本的认识框架；后来阿部隆一积累了大量具体信息，以调查报告的形式提供给学界。但就具体原版、补版的认定及每一刻工名时代属性的认识都没做到精准可靠的程度，阿部隆一自己也明确表示自己发表的只是初步的调查报告，尚非定论。笔者管见，版本学界辨析宋版书原版、补版，讨论刻工时间，目前只有尾崎康先生的研究较赵万里、阿部隆一更精审。很多学者似乎认为宋版已经有定论，没有开展进一步研究的余地，其实不然。现在最需要研究的是宋版，我们期待版本学界对南宋版进行系统、深入、细致、客观的研究，对重要的版本逐页讨论是原版还是补版，讨论其刻工名，提高基础信息的准确性，用来突破目前的困境，笔者翘首以待。

《周易》单疏的刊刻时间有可能早于《尚书》单疏，甚至不排除早到与八行本《周易注疏》几乎同时的可能性。考虑到这种可能性，笔者仍然保持八行本《易》《书》《周礼》与单疏本《诗》《礼记》《左传》形成一套的推测。就目前的版本学认识，至少《尚书》单疏的刊刻时间明显晚于八行本。理论上也可以考虑在今存《尚书》单疏之前，还有绍兴时期的《尚书》单疏版本，今存《尚书》单疏为其覆刻版的可能性，但未免不自然（南宋官版一般不重复，重复都有特殊原因，请参拙文《学〈中国版刻图录〉记》）。若不认为八行本《易》《书》与单疏本《诗》《礼记》可以配套，也无法理解两浙东路茶盐司在编刊《易》《书》之后，何以不刻《诗》《礼记》而优先刊刻《周礼》。①

---

① 八行本《周礼》在《周易》《尚书》之后，见李霖《南宋越刊易书周礼八行本小考》，载《中国典籍与文化》2012 年第 1 期。

影印南宋官版《周易正义》编后记

二、足利学校藏八行注疏本

现存八行本《周易》注疏有两套，一为北图藏本，《版刻图录》著录，有《古逸丛书三编》影印本（中华书局亦有平装小开本普及版），后收入《续修四库全书》，又有《再造善本》影印本。一为足利学校藏本，有 1973 年足利学校遗迹图书馆后援会（由汲古书院制作）影印本精装两册。

北图藏本已经元代修补，补版甚多，且缺卷一，仅存十二卷。足利藏本未经修补，十三卷无缺页，弥足珍贵。此版南宋中期及元代修补，经过校改，通观张丽娟、乔红霞两先生《八行本〈周易注疏〉的原版与修补版》[①]一文所列诸例，即有纠正原版失误，不过参照通行诸书，以意改定而已，当非所以复原北宋版文本，故属南宋、元代官版补版校勘之常规。如此校改，文本越改越规范统一，越来越通俗平庸，从实用的角度或许有些方便，但为读书有害无益。足利藏本有些讹误，丝毫不减其价值，因为足利藏本文本毫无疑问比北图藏本更接近北宋版。

足利藏本全部皆原版，而版上亦有局部挖改之痕迹，字数增多则紧密挤排，亦有删除重复径留空白处，疑出刻版初成之校对，未必为后人所改。版成之后进行校对，随即挖改，犹如今日排版之后校对改正，属于正常程序，初刻未校尚不得印行。

---

① 载《新世界图书馆》2013 年第 8 期。

我们关心南宋版，是想通过南宋版了解北宋版文本。北宋版已经无存，所以要对校足利学校藏八行注疏本与北图藏单疏本，推想两版的共同祖本北宋版文本。笔者未及校对文本，在此仅述卷数问题。孔颖达《周易正义》十四卷，南宋版单疏本十四卷当即孔颖达原式，卷首有孔颖达《进书表》及《周易正义序》，卷一为《周易八论》。八行本十三卷，卷一从乾卦开始，分卷与单疏本无异，因八论不列第一卷，遂少一卷，故书名亦改称"注疏"，盖谓《周易正义》十四卷，十三卷已非《正义》原书。

八行本《周易注疏》究竟有无《表》《序》，有无《八论》？北图藏本卷首、卷一皆补抄，无线索可考。足利学校藏本十三卷完足，上杉宪忠向足利学校捐赠此部，在卷一及卷十三有题记并花押，似乎暗示当时此部以卷一至卷十三为首尾，已无卷首。然在南宋初次刊印时，卷一之前有无《表》《序》《八论》，今仍不得不存疑。

足利藏本正文有朱笔旁点，据书尾陆子遹题识，是移录陆游所加。每卷尾都有陆子遹题记，卷中又有两条批注。相传皆以为陆子遹亲笔，未尝有人怀疑其伪。

三、足利本的影照与影印

《周易》列儒经之首，八行本无论经注抑或正义均属现存最早，文本最得北宋版真传，又注疏合刻之创例，足利藏本首尾完足，纯粹原版，未经后世修补，又有陆子遹移录陆游旁点，珍中之珍，宝中之宝。今日足利学校视此部无比贵重，不敢轻易出库，我们也无法申请重新拍照。然而此部已经有三套拍照图像。其一，1941年东方文化研究所拍照扩印照片，笔者曾见京都大学人文科学研究所所藏。拍照用玻璃感光板，扩印后装订成册，保存良好。足利学校事务所石川维先生借此影印出版的机会，特意翻查足利学校早年的工作日志，查到1941年5月13日至18日，有东方文化研究所研究员吉川幸次郎等三位来访，拍照善本的记录。根据足利学校的工作日志，能够确定这套照片的拍照时间，令笔者重新认识到妥善保存官署旧档案的实用价值。其二，1964年斯道文库拍照缩微胶卷，情况与斯道文库拍照足利学校藏八行本《礼记正义》胶卷相同。本丛刊曾用斯道文库胶卷影印八行本《礼记正义》，当时笔者不了解详情，只能推测是三四十年前旧物。后来向尾崎康老师邮呈影印本一套，蒙尾崎老师告示斯道文库胶卷正是尾崎老师当年所照，并云当年足利学校阅览室紧迫，为保证普通读者正常阅览，请尾崎老师他们带此国宝到宾馆拍照。尾崎老师一边听广播一边拍照，正有直播东京六大学棒球赛，听到庆应大学投手渡边实现完全比赛，印象深刻。网络上可以查到，在东京六大学棒球赛史上，庆应大学渡边泰辅首次实现完全比赛，时在1964年5月17日。丛刊出版《礼记正义》在2014年，正在五十年后。这次影印《周易正义》，查看斯道文库拍照八行本《周易注疏》胶卷，卷首有一拍照到手写说明卡片，最下面有"39 5 14"三组数字，应该代表昭和三十九年亦即 1964 年 5 月 14 日，正与尾崎老师的记忆吻合。第三套书影是 1973 年足利学校遗迹图书馆后援会（汲古书院）影印本。

比较这三套图像，各有利弊。东方文化研究所照片整体质量十分稳定，所有文字皆得辨识清楚，而对比度偏高，图像信息量少，不适合影印。斯道文库胶卷图像最清晰，然当时拍照无法当场确认效果，有些地方光线未能调节妥当，图像往往发白，笔画淡化。1973 年影印本，由汲古书院制作，珂罗版印刷，硬皮精装，看似精美。然除了开头几页外，灰度没能调好，朱笔旁点都变全黑，甚至与文字笔画连成一块。陆子遹两处批注也没有全部印出来。继《周易注疏》之后，1973 年至 1974 年由汲古书院制作、足利学校遗迹图书馆后援会发行的第二种影印本《毛诗注疏》，乃改用铝版影印的方式。长泽规矩也撰出版说明称，珂罗版影印效果直接反映工人技艺水平，如今珂罗版印刷不如铝版新法之精美。笔者以往不能体会长泽此话，今以斯道文库胶卷对校汲古书院影印本，才恍然明白长泽对《周易注疏》影印本的不满。单色珂罗版影印古籍，朱笔、朱印要表现为较亮的灰色，与黑墨区别。现在印成全黑，无异于廉价石印本，不得不说是失败。日本珂罗版影印古籍，曾有京都小林氏名满天下，至此以《周易注疏》的失败结束其历史。此事也反映上世纪六七十年代日本专业技师手艺衰败，机器化新工艺兴起的社会变化，颇有象征意义。

四、1935 年影印单疏本

《周易正义》单疏本有 1935 年珂罗版影印本，线装四册，或称傅增湘影印，或称北平人文科学研究所影印。笔者曾见传本约十部，大概可分三种情况。一种封面有傅增湘刊记，又有傅增湘跋。一种没有封面，也没有傅增湘跋，而副页钤长方朱印，印文三行曰"影宋周易正义凡十四卷北平／人文科学研究所借傅氏双鉴／楼藏本印行岁在乙亥冬日"，"冬日"下空一字。一种封面有北平人文科学研究所刊记，亦附傅增湘跋。影印部分全然相同，确定是一种影印本，而出版主体或为傅增湘，或为北平人文科学研究所，究竟是如何情况？此从《张元济傅增湘论书尺牍》（1983 年商务印书馆出版）中摘录与《周易》单疏有关的记述，供读者参考。

> 今日往徐午生宅，看得宋本《周易》单疏（大板，十五行）。（民国十四年十一月二十七日，公元已入一九二六年，傅增湘函）
>
> 《周易》单疏曾一见之，今不知所往，屡探亦未得。侍颇欲得之，为经部冠冕。现正托人物色，俟有消息，当以奉闻。倘力不能独举，或求公设法，亦未可知。因春间曾由侍告以五六千之说，或可出现也。此书有覃溪、松禅手跋，匆匆竟未记录。（二十年九月十九日傅增湘复张元济函）
>
> 《周易正义》前次廉惠卿力任介绍，侍已还五千

元，云其人由山东来再商。前月惠卿奄逝，则此事大费周章矣。（二十年十二月二十五日傅增湘复函）

《易》疏决印行，又需巨款，奈何。（二十四年五月二十三日傅增湘函）

承示《易》疏决印，未知何时出版。际此时局，恐销售正复不易耳。（二十四年七月八日张元济复函）

《易》单疏已否印就？何时出版？急思一见。市面极坏，日币又极低落，虽印价稍廉，而此书销路恐仍以日本为多数。有无预约？售价定若干？是否以国币计算？均乞见示为幸。（二十四年九月二十四日张元济函）

《周易正义》业寄东邦，用玻璃版印行。言三月可出书。纸幅、装订与《尚书》一律。定价约在百元（国币计）。是否售预约，未筹及，公试为计划之。只印二百部，有一友为任印费，亦须数千金也。此书买价人人知之，连印纸约共万七八千金。二百部如全售，自可有赢。然投赠及寄售折扣恐耗去二成，亦只取回本。银行债累或可减去半数，其余再设法也。（二十四年九月六日傅增湘函）

《周易正义》知在东邦用珂罗版影印，计不久当可观成。承示定价百元，如已出版，敝馆拟购一部。前荷垂询是否可售预约，鄙见似可不必。预约必须减价，否则预约截止后必须加价。百元已不菲，加价更难。果欲得此书者，亦不在乎减二三十元也。特恐知音者少耳。（二十四年十二月三日张元济复函）

影印南宋官版《周易正义》编后记

《周易正义》刻下已印成寄到（共印二百部，每部售一百元）。惟封面、后跋以迟到不及订入，在此间补订，尚需时日。俟先订一部，首以奉寄。此书是公所购，抑东方馆所购，乞示及。拟亲自题署也。此外，友好中如有好古者，并乞揄扬，以冀多销。此书收价、印价耗至一万九千元，欲借此略清积逋，恕不能奉赠，至歉。（二十五年二月二十二日傅增湘函）

前月寄下新印《周易》单疏一部，久已收到。到后即为瞿凤起借去，至今尚未交还，竟尔忘却，未曾奉覆，歉仄无似（书价即汇呈）。内藤虎次郎之《毛诗》单疏前半部亦已出版，精华日显，吾辈眼福可傲古人。旬日前甫寄到，兄曾见之否？（二十五年五月八日张元济函）

据此知1926年傅增湘已见此书，而至1934年始得购入，第二年即已影印。傅增湘希望销售影印本来偿还购书费，但张元济很不乐观。张元济还说这种影印本，主要买主是日本人。最后傅增湘找到"一友为任印费"，在日本珂罗版影印，规格一仿1929年大阪每日新闻社影印《尚书正义》单疏本。综合考虑，"一友任印费"的实际情况，就是由北平人文科学研究所出资，负责制版影印，送二百部影印本给傅增湘，当作底本费，自己也发行若干部。北平人文科学研究所固为日帝用庚款设立的机构，1928年济南事变以后，除了桥川时雄约请中国学者撰写《续修四库提要》，似乎没有其他活动。此次为影印《周易》单疏承担印费，不知傅增湘所谓

"一友"为何人。至于以北平人文科学研究所名义发行的部分，傅增湘只字不提，恐怕也不太了解详细情况。影印本傅增湘刊记称"乙亥（民国二十四年）嘉平月"，北平人文科学研究所图章亦称"乙亥冬"出版，而影印本寄到傅增湘手头已经是 1936 年 3 月，此时封面、跋都还没附上。张元济拿到手不久，又看到 1936 年 2 月东方文化学院影印《毛诗正义》单疏本上半部分。东方文化学院亦为日帝用庚款所设，成立第二年即 1930 年影印《礼记正义》单疏残本，1931 年影印《春秋正义》单疏抄本，1936 年影印《毛诗正义》单疏本。1931 年仓石武四郎开始校勘《仪礼疏》，1937 年完成《仪礼疏考正》，也是作为东方文化学院的研究项目。一系列事业背后有狩野直喜等学者的研究规划，而 1929 年每日新闻社影印《尚书正义》单疏本，附内藤湖南详细论文，不妨视为这一规划的嚆矢。影印《周易正义》单疏本，正符合这一规划，狩野他们应该乐于支持影印计划。当然，举债购买原书，谋划影印，纯出傅增湘个人热情，狩野他们不过顺水推舟，又搭便车而已。

五、本书编辑说明

本书并排八行注疏与单疏，体例与丛刊已刊《尚书正义》相同。八行本以斯道文库胶卷为主，卷一、卷二及卷七第八页左半、第九页右半斯道文库胶卷图像发白，以京都大学人文科学研究所藏照片抽换。卷四、卷五、卷六、卷八末半页皆无文字，斯道文库胶卷未及拍摄，卷十第二页左半、第三页右半斯道文库胶卷漏拍，亦皆用京都大学人文科学研究所藏照片配补。单疏本则据1935年影印本。八行本与单疏本之编排，先请京都大学博士生廖明飞先生帮忙初步排列，后由笔者重新调整。

这部丛刊已刊三种，均由北京一家专业公司负责排版。本书编排乃请田中芳秀先生操刀。今日国内编辑排版古籍影印本，皆先在版面上设定图像尺寸，将每张图像贴进去，自动适配，不能保留原图像的高宽比率。笔者曾见《再造善本》影印南宋初官版十行本《后汉书》（北图书号九三三三），字体颇有南宋中期建本的峭峻风格，大为惊讶。后来拿《再造善本》影印另外一套同版《后汉书》（北图书号六七二九），查看同一页，字体显示常见浙江官版风格，仔细观察版面细节，居然是同一版片所印。因为配补情况不同，所以两套影印本预设的图像尺寸不同，将同一页的书影贴进去，经过自动适配，一种高宽比变化不大，一种宽度压缩约一成，字体印象截然不同。投入国家巨额财政拨款，又卖惊人高价的再造善本都已如此，其他出版品可想而知。丛刊已刊三种幸好没有出现严重的高宽比失真问题，但就编排的实际情况而言，低薪打工的排版人员只能优先考虑工作效率，没能完全回避自动适配的弊端。田中先生说在日本排版行业，不改动图像高宽比率是默认前提，万一不小心动到比率，应该是严重事故。翻看本书，读者很容易感受到《周易》单疏版框的瘦长，与八行本等标准版本明显不同。保持原图像的高宽比率，本来是所有影印本理应遵循的原则，我们今日才终于做到。早应该的事情虽然不值得夸耀，但我们经历了艰难的过程，很有感慨。

本书附录两类资料。其一，照丛刊惯例，汇录相关版本解题。八行《周易注疏》的北图藏本，非本书所收，而《版刻图录》有关此版的论述十分重要，为理解足利学校藏本所需，故一并收录。其二，汇录相关文章，即1937年柳诒徵《周易正义校勘记》、1941年向承周《周易疏校后记》、1963年乔衍琯跋宋监本《周易正义》。此三篇撰写较早，作者皆名家（台湾学者中笔者最敬重已故乔衍琯先生），作为学术史资料颇有趣味。当代学者的研究，除上文所举张丽娟、乔红霞先生论文外，李霖先生《敦煌本〈周易贲卦正义校议〉》（即将发表）、顾永新先生《周易经传注疏校勘记》（即将发表，顾先生在《校勘记》的基础上，也会陆续发表单篇专题论文）均可参考。

编辑本书，照旧承蒙诸多师友的支持、帮助，记此鸣谢。笔者还特别感谢枥木县足利市史迹足利学校事务所的森山好昭所长及石川维先生。回想十多年前笔者发愿在中国重新出版明州本《六臣注文选》影印本，经过数年交谈，先得到汲古书院石坂睿志先生的允诺，然后开始与足利学校通信交涉，中间换过负责人，耽搁很久，最后获得允可时的负责人就是森山先生。2008年出版《文选》，2014年出版《礼记正义》，2015年出版《尚书正义》，至此2016年《周易注疏》，先后四部都是足利学校典藏的国宝，都由森山所长经手办理手续，让笔者编辑出版。一个地方政府下属机构，要办一件事情都要考虑各种因素，十分复杂，自然不是森山先生他们说了算。天机不可泄露，笔者也不了解详情，但森山先生给笔者予以信任，为实现笔者的计划提供了最大的帮助，是确实无疑的。如今完成足利四宝的影印出版，笔者对森山先生知遇之恩充满感激。石川先生是足利学校事务所的年轻骨干，这次主动翻查足利学校早年的工作记录，提供宝贵资料，令人感动。

足利学校所藏《文选》《礼记正义》《周易注疏》是人间极品，将来也应该要有彩色影印本。此外，《新唐书》也应该与静嘉堂藏本配套影印。然实现此类影印计划，恐怕需要调动官方力量，只有日本"文化厅"之类"中央"官署带头规划才能顺利实现。笔者作为一介书生，有幸得到森山先生的支持，能够与森山先生合作实现四宝的影印出版，已经心满意足了。

本文附录于 2017 年北京大学出版社
《影印南宋官版周易正义》。

《毛诗正义》的历程

乔秀岩、李霖

一、南北学术的整合与《毛诗正义》的形成

纵览《南北史·儒林传》，南北朝至隋代，学者辈出，各成一家之学，诸经义疏层出不穷，可谓一段经学蓬勃发展的时期。然义疏之学再向前推进，则不免出现脱离本旨、畸形发展之弊。钱穆撰《两汉博士家法考》，末尾立"博士余影"一章，说"博士家法，实不尽于两汉"，引录颜之推《家训》、《隋书·房晖远传》，谓"皆可见两汉博士家法之余影"，就是说南北朝义疏学的畸形发展，犹如两汉博士家法章句之学。

颜之推云"圣人之书所以设教，但明练经文，粗通注义，常使言行有得，亦足为人，何必'仲尼居'即须两纸疏义，……光阴可惜，譬之逝水"(《颜氏家训·勉学篇》)，所论与《汉书·艺文志》"古之学者耕且养，三年而通一艺，存其大体，玩经文而已"并无二致。"'仲尼居'即须两纸疏义"，又与"秦延君说'曰若稽古'至二万言"(《太平御览·学部》引桓谭《新论》)如出一辙。这种风气不仅颜之推反对，隋代有一批学者都感到有必要纠正。王劭有一段话经

常被引用:"魏晋浮华,古道夷替。洎王肃、杜预更开门户,历载三百,士大夫耻为章句。唯草野生以专经自许,不能究览异议,择从其善,徒父康成、兄子慎,宁道孔圣误,讳闻郑、服非。然于郑、服甚愦愦,郑、服之外皆雠也。"(《旧唐书·元行冲传》录元氏《释疑》所引王劭《史论》。)汉代经学学说的畸形发展,主要以章句的形式出现;东汉后期,何休、郑玄等打破家法,不为章句,而作解故、笺注;至魏晋,王肃、杜预等摆脱经学传统的束缚,从更自由的立场解释经文。南北朝经学学说的畸形发展,则主要以义疏的形式出现,其内容是对郑玄、服虔等学说的理论研究,然研究愈深,脱离经书本义愈远,迹同汉代家法章句。所以王劭批评当时占多数的二三流学者为"草野生",并尊崇王肃、杜预为开创风气的榜样。

曾与王劭同修国史的刘炫、刘焯,各自钻研经学,对南北朝义疏学进行了彻底的解构。刘炫、刘焯于诸经皆有义疏,后多散佚不传。所幸20世纪在日本发现刘炫的《孝经述议》,在此摘录其中有关"仲尼居"的一小段:

> 江左朝臣各言所见:谢万云:"所以称'仲尼',欲令万物视听不惑也。"——《记》云"孔子闲居",何独不虑惑哉?曾参若避仲尼,何以不称其名而称"子"也?车胤云:"将明一经之义,必称字以正之。直称'孔子',恐后世相乱。"——然则诸称"孔子",岂可皆被乱乎?殷仲文云:"夫子深敬孝道,故称字以

说。"——然则名尊于字，若其深敬孝道，何以不自称
名？且诸贤等皆以《孝经》为弟子所录，此非夫子自
称，复何云"深敬孝道，称字以说"也？

相关讨论还很长，不啻颜之推所说"两纸"。在此，刘炫
一一指出江南学者论说的不合理，颇有一点抬杠的味道。实
际上，那些江南学者，本来没有追求这种合理性，义疏学本
来有自己的游戏规则，现在刘炫故意忽视这些游戏规则，大
声疾呼这些学说都不合理、不足取。还有一点值得留意的
是，刘炫只有在批评旧说的基础上，才能提出己见，并非完
全另起炉灶。刘炫对旧学说的批评导致了两方面结果：首
先，自然引起了学者们的反感。《隋书·儒林传》云"刘炫
性躁竞，颇俳谐，多自矜伐，好轻侮当时"，我们看到《孝
经述议》之后，很容易认同这种评价。第二点，更重要的
是，尽管如此，刘焯、刘炫的合理主义学术批评，总体上还
是为当时的学界所接受，对唐初学术有最深远的影响。所以
《隋书·儒林传》说："二刘拔萃出类，学通南北，博极今
古，后生钻仰，莫之能测。所制诸经义疏，搢绅咸师宗之。"
这说明南北朝义疏学的旧游戏规则已经失效，而其具体成果
已被转型。

　　经学的南北整合，没有在隋代完成，而要持续到唐太
宗时期。太宗在贞观四年（630）诏颜师古校订《五经》，七
年（633）颁新定《五经》于天下。之所以需要校订，是因为
南北各地长期传承袭用的文本之间，存在较大差异。贞观

十二年（638）诏孔颖达等撰修《五经正义》，十四年（640）撰成，初名"义赞"。随即有马嘉运言其编撰之失，太宗遂于贞观十六年（642）又诏，复加详定，赐名"正义"。高宗永徽二年（651），诏长孙无忌等再次刊定，此时孔颖达已卒四年。至永徽四年（653）完成，诏颁于天下，每年明经，令依此考试。《五经正义》规模颇大，而主要的编纂工作，自贞观十二年至十四年，先后仅三年。能在这么短的时间内完成编纂，是因为他们选用前代学者的现成义疏为底本，稍加调整而成。清人刘文淇撰《左传旧疏考正》，详论《春秋正义》中大部分内容直接袭用刘炫、刘焯所写文字，孔颖达等人新写的内容很少。除了《春秋正义》外，《尚书正义》《毛诗正义》也都以刘炫、刘焯二人的义疏为底本，因此可以推测《毛诗正义》的大部分内容也因袭了刘炫、刘焯所撰。就总体而言，不妨认为孔颖达等在接受二刘学术方法的前提下，对二刘矫枉过正的偏激批评进行调整，以便作为官方定本，颁布天下。这一点，孔颖达的《序》也说得很清楚："焯、炫等负恃才气，轻鄙先达；同其所异，异其所同；或应略而反详，或宜详而更略。准其绳墨，差忒未免；勘其会同，时有颠踬。今则削其所烦，增其所简；唯意存于曲直，非有心于爱憎。"

《毛诗正义》的主要内容，以南北朝时期逐渐发展的义疏学说为基础，经过隋代二刘的彻底批评以及唐初孔颖达等的综合调整而成。如果说一部《毛诗正义》体现着南北朝、隋、唐初数百年间学术发展的历程，并不过分。

二、南北抄本的汇合与《毛诗正义》的完成

唐朝颁布的《毛诗正义》，作为官方指定教材，广为流传。我们今天还能看到敦煌出土的唐抄残本以及日本流传的唐抄（或其转抄）残本。敦煌与日本，东西相隔八千里，永徽至今，时间逾千年，尚有传本，足以见其在唐代的普及程度。然广泛流传，辗转抄录，势必出现各种不同文本。尤其因为《正义》是教材，学者往往边学边抄，未必严格照抄底本，因此到宋代初期，各种抄本之间差异甚大。正如端拱元年（988）孔维上表所说："讲经者止务销文，应举者唯编节义；苟期合格，志望策名。出身者急在干荣，食禄者多忘本业；一登科级，便罢披寻。因循而舛谬渐滋，节略而宗源莫究。"（见《尚书正义》单疏本卷首。）

经过唐末、五代的动荡时期，宋初朝廷所藏典籍文本，并不精良完好。宋太宗积极经营文化政策，希望校定各种重要典籍。开宝八年（975）征服南唐而得来的南方传本在此时发挥了重要作用。马令《南唐书》云："皇朝初离五代之后，诏学官训校《九经》，而祭酒孔维、检讨杜镐苦于讹舛。及得金陵藏书十余万卷，分布三馆及学士舍人院，其书多雠校精审，编秩完具，与诸国本不类。"（卷二十三《归明传下》。）《事实类苑》引《谈苑》云："雍熙中，太宗以板本《九经》尚多讹谬，俾学官重加刊校。史馆先有宋臧荣绪、梁岑之敬所校《左传》，诸儒引以为证。祭酒孔维上言，其书来自南朝，不可案据。章下有司。检讨杜镐引贞观四

年（630）敕以'经籍讹舛，盖由五胡之乱，天下学士率多南迁，中国经术浸微之至也。今后并以六朝旧本为证。'持以诘维，维不能对。王师平金陵，得书十余万卷，分配三馆及学士舍人院，其书多雠校精当，编帙全具，与诸国书不类。"（卷三十"江南书籍"条。）贞观四年颜师古校订《五经》，上节已介绍，现在看到杜镐所引唐太宗敕，更能明白唐初校订典籍文本的主要问题就是如何处理南北传本之间的巨大差异。时隔三个半世纪之后，宋初儒臣又一次面临南北传本之间巨大的差距，而且仍然以南方传本为精良完善，是又一次南北经籍文本的大汇合。

《玉海》云"端拱元年三月，司业孔维等奉敕校勘孔颖达《五经正义》百八十卷，诏国子监镂板行之"（卷四十三"端拱校《五经正义》"条），以下记载校勘人数、刻版完成时间。结合端拱元年三月孔维上表云"臣等先奉敕校勘《五经正义》，今已见有成，堪雕印版行用者"（见《尚书正义》单疏本卷首），知端拱元年三月是孔维等完成校勘，下诏刻版的时间。查《李觉传》（《宋史·儒林传》）记述"太宗以孔颖达《五经正义》刊板，诏孔维与觉等校定"一事，在"王师征燕蓟""雍熙三年（986）与右补阙李若拙同使交州"之前，再结合上引《谈苑》云"雍熙中，太宗以板本《九经》尚多讹谬"云云，则太宗敕令孔维等校勘的时间，应该在雍熙年间或更早〔开宝八年（975）征服南唐，第二年太宗即位，改元太平兴国（976—984）〕。至于刻版，《玉海》云："《诗》则李觉等五人再校，毕道升等五人详勘，孔维等五人校勘，淳化三年壬辰（992）四月以献。"此次影印的《毛诗正义》单疏本，卷末有北宋刊刻时相关官员衔名，与《玉海》所言相符。衔名首四行列"书"者四名，最后一位赵安仁，就是《玉海》云"国子监刻诸经《正义》板，以赵安仁有《仓》《雅》之学，奏留书之，逾年而毕"（同上条小字注，事亦见《宋史》本传）者。第四行以下"勘官"，第十行以下"详勘官"，第十五行以下"再校"，都是刻版时负责校对文字的官员。"孔维都再校"之后，空一行又有"李觉都再校"，应该是因为孔维于淳化二年（991）去世，由李觉来接管"都再校"任务。《周易正义》单疏本刊书衔名的形式与《毛诗正义》基本一致，"勘官"和"再校"的最后也都是孔维，说明初校、再校都由孔维负责。据《孔维传》，孔维曾有挪用印书经费等问题，临终前"口授遗表，以《五经疏》未毕为恨"（《宋史·儒林传》）。孔维含恨而死，正在刊刻《毛诗正义》的过程中。因此，在《毛诗正义》之后继续刊刻的《礼记正义》，单疏本刊书衔名中已经不见孔维之名。

正如当年孔颖达编撰《五经正义》之后，马嘉运指出问题，再次校订，高宗即位之后又一次经过审订一样，《五经正义》刻版完成之后，淳化五年（994）、至道二年（996）李至先后两次申请令人覆校，到真宗即位，咸平元年、二年（998、999）又有审订校改之举（均见《玉海》同上条），这样才算完成刊刻《五经正义》的工程。官方办事的模式，几百年不变。

《毛诗正义》形成之后三百多年，一直以抄本的形式流传，出现各种异本，相互之间的文本差异不小。在宋太祖征服南唐，获得了流传在南唐的高质量传本之后，太宗命孔维等校订《五经正义》。经过孔维等的校订，南北各地各种抄本之间的差异被统一，随即将此定本刻版，至淳化三年完成刻版，再经咸平元年、二年的审订，刻本文字于是确定，以印本的形式广泛流传，后来出现的《毛诗正义》刊本及其转抄本都以这一版本为祖本。《毛诗正义》经过了多年大幅度摇摆不定的青年时期，终于到达了最成熟稳定的阶段。

三、旧抄本的失传与南宋初年的覆刻

北宋朝廷陆续校订诸经《释文》、义疏、正史等重要典籍，都由国子监、馆阁等中央机构负责校订、刻版，文本由朝廷校订统一，刻版由朝廷管理印行，所以北宋几乎没有地方官衙或民间发行的版本。随着朝廷定本的版刻印行，之前流传的各种抄本迅速被淘汰。仁宗景祐元年（1034）左右，已经有人提出这样的问题：

> 前代经史，皆以纸素传写，虽有舛误，然尚可参雠。至五代，官始用墨版摹印《六经》，诚欲一其文字，使学者不惑。至太宗朝，又摹印司马迁、班固、范晔诸史，与《六经》皆传，于是世之写本悉不用。然墨版讹驳初不是正，而后学者更无他本可以刊

验。(《续资治通鉴长编》卷一百十七、《麟台故事》、《玉海》卷四十三）

这并不是说有了刻本之后，学者都拿刻本来阅读学习。因为要拿到一部印本并不容易，所以学者诵习的往往是抄本，一直到近代，抄本的使用率还是很高。但宋代以后的抄本绝大多数是据刻本抄写的，这一点与唐代以前不一样。刻本不仅清晰漂亮，而且是朝廷校订的权威定本，学者都想要找刻本抄写。在这种情况下，旧抄本的普遍失传是不可避免的，所以今天我们能够看到的唐代抄本，不是敦煌、吐鲁番等地方出土的，就是流传在日本的，只有在边远地区特殊环境里才幸免于毁灭。

靖康之变，北宋刻版或者毁坏，或者被金人携去，基本全失。于是在南宋初期，出现大批主要由朝廷倡导各地官衙刊刻的覆北宋本。《玉海》说"绍兴九年（1139）九月七日，诏下诸郡索国子监元颁善本，校对镂板"（卷四十三），《朝野杂记》也说"监本书籍者，绍兴末年所刊也。国家艰难以来，固未暇及。九年九月，张彦实待制为尚书郎，始请下诸道州学，取旧监本书籍，镂板颁行。从之"（甲集卷四）。南宋最初几年，百废待兴，朝廷无暇大举刻书。后来大量覆刻北宋监本，可以理解为仓促之间无法重新校订。但也应该注意，经过北宋一百数十年的刻本时代，到此时已经没有或极少有唐代以前的抄本流传。此时要对这些重要典籍进行校勘，刻本只有北宋朝廷校订的版本，抄本也不过依据刻本抄写的，没有唐抄本或唐抄本的转抄本，只好拿北宋刻本直接覆刻，顶多修改明显讹误而已。这次影印的《毛诗正义》，就是绍兴九年绍兴府用北宋版覆刻的。因为绍兴九年以前也有各地官衙刻书的实例〔如绍兴二年（1132）浙东茶盐司公使库刻《资治通鉴》等〕，此部《毛诗正义》也未必是《朝野杂记》所述绍兴九年九月诏之结果。至于王国维说"盖南渡初，监中不自刻书，悉令临安府及他州郡刻之，此即南宋监本也"（《两浙古刊本考》《五代两宋监本考》），则此《毛诗正义》版片刻成后应该也归国子监。

《毛诗正义》到南宋初，有了绍兴九年绍兴府覆刻北宋版。出现这样一种版本的直接原因自然是靖康之变，而更重要的背景因素是北宋印行国子监刻本一百多年，唐代以来的抄本被淘汰不存，以致刻本单传，参校无由。《毛诗正义》再也不能像在唐代那样有变化的活力，绍兴九年绍兴府刊本代表的是成熟之后的僵化与孤寂，老化已经开始了。

四、《毛诗正义》与《毛诗》郑笺的结合

继绍兴府覆刻《毛诗正义》，约五十年之后，光宗绍熙三年（1192），同在绍兴府的"提举两浙东路常平茶盐司"刊行了《毛诗正义》与《毛诗》郑笺的汇刻本，即所谓越刊八行本注疏。越刊八行本《礼记》上有绍熙三年"提举两浙东路常平茶盐公事"黄唐写的识语：

　　《六经》疏义自京监、蜀本皆省正文及注，又篇章

散乱，览者病焉。本司旧刊《易》《书》《周礼》，正经
注疏萃见一书，便于披绎，它经独阙。绍熙辛亥（二年）
仲冬，唐 备员司庾，遂取《毛诗》《礼记》疏义，如前
三经编汇，精加雠正，用锓诸木，庶广前人之所未备。
乃若《春秋》一经，顾力未暇，姑以贻同志云。壬子
秋八月三山　黄唐谨识。

这一则非常有名的识语（图版见《中国版刻图录》），为我们了解
诸经注疏刊本的历史提供了特别重要的信息。黄唐说当时
流传的《六经》疏义（即《五经正义》加《周礼疏》）刊本"皆省
正文及注，又篇章散乱，览者病焉"，就是说经注文被省
略，篇章结构也被打散，不便阅读。越刊八行本推出新的
体裁，按照经文篇章，先具录经注全文，下系该段疏文，
结构清楚，文本具备，所以"便于披绎"。原来，义疏类著
作，尽管在形式上顺着经注文进行说解，但并非单纯以讲
解经注文义为目的，而是通常都要展开各种经学理论问题
的讨论，如上文第一节介绍。"注"要附在经文下，与经文
结合为有机的一体，因此"注"无法离开经文独立存在。
义疏则与此相反，在本质上是独立的学术著作，南北朝以
来一直到南宋初，都以单独流传为常态。《魏书·儒林传》
说徐遵明"每临讲坐，必持经执疏，然后敷陈"，说明北魏
时期经注文本与义疏的分别成卷。事先熟读经注文，无疑
是阅读《正义》的必要前提，正如要阅读讲解数学题的参
考书，必须先将相关公式、定理理解清楚。不料南宋前期

的读者开始觉得如此学习，太过费事，想要走捷径，跳过熟读经注文的阶段，直接去理解正义所讲的内容。为了满足这些读者的需求，"提举两浙东路常平茶盐司"提供了分篇章配入经注文的新读本。

越刊八行本的目标就是提供便于理解的义疏读本，编辑所用底本应该是国子监刊印的单疏本和经注本。"提举两浙东路常平茶盐司"经费充足，不仅刻版漂亮，编辑校对工作也相当认真，所以后世都认为是质量最高的一系列注疏版本。越刊八行本注疏当中，《易》《书》《周礼》的刊刻时间较早，据昌彼得先生、张丽娟先生分析刻工时代，则大致在绍兴后期到乾道年间，而《毛诗》《礼记》可以确定是绍熙三年黄唐任"提举两浙东路常平茶盐公事"时所刊。黄唐没能刊行的《春秋》，在数年之后（庆元六年，1200），由绍兴府完成。在这《六经》当中，《易》《书》《周礼》《礼记》《春秋》至今都有宋版传世，唯独《毛诗》失传。

有一部日抄《毛诗注疏》残本，曾见于《经籍访古志》《留真谱》，后归杨守敬所有，今在台北故宫。如果这部残抄本给我们传达的是越刊八行本真正面貌的话，《毛诗注疏》的分卷、卷首题的体式等，均从经注本，而不同于单疏本。越刊八行本系列当中，《书》《周礼》《礼记》《左传》属于一类，基本上依照单疏本的提示插入经注文，编辑体例较为单纯。《周易》和《毛诗》与此不同，在分卷等细节上更多参考经注本，尤其是《毛诗》，经注本与单疏本的分卷法截然不同，而八行本却依从经注本。这一问题，可以理解为《毛诗正义》的特殊体例所致。孔颖达等完全忽视经注本的分卷以及诗篇分组，以郑玄《诗谱》为组织全书的大纲，《诗》篇分组用郑玄《诗谱》，分卷主要以《正义》字数为准。因此要将《毛诗正义》与《毛诗》郑笺合编，方枘圆凿，必须用特殊方式处理。越刊八行本的编辑体例，具体问题相当复杂，今且不详论。（2016 年补注：请参李霖博士论文《宋刊群经义疏的校刻与编印》，北京大学 2012 年。）

正当"提举两浙东路常平茶盐司"刊刻八行本的绍熙年间，陆游也在绍兴，写过《老学庵笔记》。书中记乃祖陆佃之言，曰"荆公有《诗正义》一部，朝夕不离手，字大半不可辨"（卷一）。更早成书的《家世旧闻》中记载的陆佃原话则更详细："吾治平中至金陵，见王介甫有《诗正义》一部在案上，揭处悉已漫坏穿穴，盖翻阅频所致。"英宗治平年间（1064—1067）王安石反复研读的《毛诗正义》，应该就是北宋国子监刻本。此时王安石正当壮年（四十六岁至四十九岁，因服母丧在金陵），对《毛诗》本身早已经熟悉，读《毛诗正义》是为了研究经学理论问题，绝不是为了理解《毛诗》经注文的参考。对这样的读者来说，经注本是诵读、核查用的，《正义》是研究经学理论的专著，用途本来不同。若像越刊八行本，《正义》当中一段一段地插入经注正文，当研读《正义》时，大段的经注文显得累赘，要诵习经注文，又被《正义》寸断不成整体，竖横不方便。到了南宋前期，大多数读者的经学水准已经很低，都想要速成，所以插入经注文的八行本应运而生，并且大受欢迎。

《毛诗正义》曾经拥有王安石那样认真研读、真正识得个中真味的高水准读者，一百多年之后，已经很难独立行走江湖，必须请经注文做搭档，二人组才受读者欢迎。绍熙三年越刊八行本体现的是《毛诗正义》被冷落的开始。

五、《毛诗正义》与建刊《附音毛诗郑笺》的结合

正当"提举两浙东路常平茶盐司"刊刻《诗》《礼记》八行注疏本之时，远在福建，余仁仲编刻了《易》《书》《诗》《周礼》《礼记》《左传》《公羊》《谷梁》经注附释音本。现存只有《礼记》《左传》《公羊》《谷梁》的传本，其中只有《公羊》有一则题识，也是理解诸经版本源流的重要资料（图版亦见《中国版刻图录》）：

> 《公羊》《谷梁》二书，书肆苦无善本，谨以家藏监本及江浙诸处官本参校，颇加厘正。惟是陆氏释音字，或与正文字不同，如此序"酿嘲"陆氏"酿"作"让"，隐元年"嫡子"作"适"，"归含"作"唅"，"召公"作"邵"，桓四年"曰搜"作"廋"。若此者众，皆不敢以臆见更定，姑两存之以俟知者。绍熙辛亥孟冬朔日，建安余仁仲敬书。

"绍熙辛亥"即二年，也就是黄唐到任"提举两浙东路常平茶盐公事"那一年。依常理推测，编刊诸经，《公羊》《谷

梁》应该在最后，《礼记》等其他经书在前，不妨认为余仁仲在淳熙、绍熙年间编刊诸经。余仁仲本的特点是，将《经典释文》分散插入到经注本相应段落之下，以便参考。从《公羊》题识看来，虽然尚无确证，分散插入《释文》似乎是余仁仲的创举。余仁仲附加释音之后，福建书肆又附加便于学习的各种小提示，南宋中后期竞相推出多种"纂图互注""重言重意"类经书版本。对校《礼记》的余仁仲与"纂图互注"本，可以看到"纂图互注"本的经注、《释文》与余仁仲本一致，连编辑上有特色的细节都一一吻合。据此推测，或许是余仁仲推出附释音本，开了风气之先，后来福建书肆在余仁仲本的基础上发展各种增加参考信息的通俗版本。（2013 年补注：铁琴铜剑楼中夐冕群籍的宋刊本《周易》散附《释文》，《中国版刻图录》定为南宋初叶建阳坊本。但据云避讳至慎字，则其与余氏孰先，尚不敢定。）

南宋中后期福建书肆刊刻的十行本注疏，即应放在"纂图互注""重言重意"本发展的潮流当中理解。现存南宋版十行本注疏只有三部，《毛诗》《左传》各一部在日本足利学校，《谷梁传》一部在中国国家图书馆（2013 年补注：尚有一部《左传》分藏北京图书馆与台北故宫）。其余诸经都没有传本，而有元代重刊本（《仪礼》《尔雅》无十行注疏本），可借以推测南宋版的大体面貌。首先，我们可以看到十行本每卷的标题多承袭经注本的体例，而与单疏本、八行本差别较大（《论语》《孟子》情况特殊，今不详论）。再仔细对校《毛诗》《礼记》《公羊》十行本的经注及《释文》，都与余仁仲本、"纂图互注"本（《毛诗》无余仁仲本，有"纂图互注"本。《公羊》有余仁仲本，无"纂图互注"本）高度一致。又如《周礼》，八行本等于以单疏为底本，用经注全文取代单疏标起止的文字，因而标起止的文字已被删除；而十行本当是以经注释音本为底本，插入疏文，因而标起止的文字仍照抄单疏。又如《左传》哀公元年"哀公"二字，《正义》的解释与《释文》几乎全同，十行本在一"疏"大字下，竟称"同上"而省略《正义》。于是我们可以推论，十行本注疏在本质上与"纂图互注""重言重意"属于同一类产品，是以余仁仲附释音本（或其翻刻本）为主体，附加《正义》而成的。《正义》比起"纂图互注""重言重意"字数多很多，但作用、意义则相同，纯粹是为了便于学习经书，多提供参考信息而已。不求甚解的读者要学经书，不懂文义先看注，不知读音就看释音，再有疑问也不妨瞄一眼《正义》，十行本没有预设读者会仔细阅读《正义》。值得注意的是，当时建安黄善夫合刻《史记》三家注，往往节略张守节《正义》，以迁就《集解》《索隐》二注，其性质正与闽刊注疏相通。就连二者的版式、字体也非常接近。

十行本为民间营利出版的通俗经书读本，错字、脱字甚多，自来为学者诟病。过去的学者仍然怀疑南宋最早的十行本未必那么糟糕，只有经过元、明的翻刻、补修，才出现那么多问题。现在我们能够看到南宋版《毛诗注疏》十行本的影印本，知道很多问题原本就出自南宋十行本。野间文史先生核对南宋版《左传注疏》十行本的胶卷，张

丽娟先生核对南宋版《谷梁注疏》十行本，都已确认阮元
《校勘记》曾经指出的大量错字，以及往往有二十几字的大
段脱字等问题，大部分都是宋版十行本最早编刊时的失误。
其实这种错讹、脱衍的情况，在黄善夫本《史记》中也一
再出现。编者校对马虎，读者也不在乎，所以才导致这种
情形。

　　令人慨叹的是，正如合刻三家注变成了《史记》的常
态，这种通俗经书读本，居然成为明清各种注疏版本的祖
本。明成化二十三年（1487），宪宗去世，丘濬向刚即位的孝
宗进上所著《大学衍义补》。其中有云：

　　　　今世学校所诵读，人家所收积者，皆宋以后之
　　《五经》。唐以前之注疏，讲学者不复习，好书者不复
　　藏。尚幸《十三经注疏》板本，尚存于福州府学，好
　　学之士，犹得以考见秦汉以来诸儒之说。臣愿特敕福
　　建提学宪臣，时加整葺，使无损失，亦存古之一事也。

可见明朝建立一百多年，人们学经书都读宋元人新注本，
几乎没有人读汉唐注疏。世间仅存的《十三经注疏》书版
在福州府学，应该就是元代翻刻的十行本注疏（《仪礼》《尔
雅》《孝经》有特殊情况）。清代学者往往将十行本注疏叫作"正
德本"，是因为他们看到的印本中大量包含正德年间（1511、
1517等）的补版。正德年间进行大规模修版，恐怕与丘濬的
建议有关。至嘉靖年间，李元阳在任福建巡按时，以十行

本为底本，重新刊行九行本《十三经注疏》，万历年间北京国子监版注疏、崇祯年间汲古阁版注疏，又辗转相因，一脉相承。明代南京国子监非无单疏本、八行本、十行本版片，但残缺严重（可参《南雍志·经籍考》）。成套可印的版片只有藏在福州府学的元翻十行本，真可谓不绝如缕。直到李元阳推出新版九行本，注疏刻本的命脉才重振起来，从此以后，《十三经注疏》屡经翻刻，广为流传。但无法忽视的事实是，明清所有的注疏丛刻都以南宋福建刊十行本为祖本。

清代前半期流传最广的是国子监版以及汲古阁版的多种翻刻本。嘉庆年间，阮元组织学者，编撰《十三经注疏校勘记》，参考了多种版本的信息，对汲古阁版的讹误进行较全面的校正。其中《毛诗校勘记》由顾千里、段玉裁负责编撰，学力极高而条件有限，单疏、八行本及宋刊《毛诗要义》这三种最重要的版本一种都没能参考，十行本也误以元版当宋版，自然无法校好。随后阮元主持编刊一套新的注疏版本，则多以经过多次补修之元版十行本为底本，仍然无法令人耳目一新。

就《毛诗正义》而言，单疏刻本算是最正规的面貌，越刊八行本已经是加水勾兑的普及版。至于闽刊十行本，只是通俗经书读本，《毛诗正义》在其中变成与"纂图互注""重言重意"同质的加料，也就是帮助入门读者理解经注文义的参考。不幸的是，闽刊十行本及其末流全面覆盖明清市场，一般读者只有通过十行本来认识《毛诗正义》。

因而在世人眼里，《毛诗正义》就是对经注文的注释，而且是非常啰嗦、不够精练的注释。今人言及《正义》，往往用"繁琐""枯燥"等评语，就是这样形成的印象。

六、《毛诗正义》的知音——"要义"

福建书肆的"纂图互注""重言重意"以及十行本注疏虽然很受欢迎，但南宋中后期自然也有不少认真研读诸经义疏的学者。如朱熹素来很重视诸经注疏，曾经评论说"《五经》中《周礼疏》最好，《诗》与《礼记》次之"（《朱子语类》卷八十六），对《毛诗正义》评价颇高。绍熙五年（1194）孝宗去世，朱熹上奏主张宁宗当为孝宗服三年之丧，回家查书，才发现《仪礼疏》中引用《郑志》的话，正是支持自己主张的最佳材料，自我反省道"学之不讲，其害如此"（《朱文公文集》卷十四《乞讨论丧服札子》），这是朱熹六十五岁时的事情。朱熹回家查义疏，自然不是想温习《仪礼》，而是因为他深知义疏包含丰富的经学理论资源。

宝庆二年（1226）至绍定三年（1230），魏了翁被贬在靖州，编《九经要义》。其中有宋版传世的，仅《易》《毛诗》《仪礼》《礼记》四种而已。就此四种来看，《要义》先标出题目，经注文只摘录必要的部分，然后引录一段义疏原文。摘录的内容，不是经注文义的直接解释，而是有关这一问题的专题讨论，恰好是十行本的读者感到义疏很啰嗦的部分。可见魏了翁编《九经要义》，绝非为了诵读经书的方便，而是要学习专门的经学理论问题，预设的读者应该是真正的有志之士，而不是梦想金榜题名的庸俗之徒。魏了翁到了靖州，建立鹤山书院，"湖湘江浙之士，不远千里负书从学"（《宋史》本传）。应该就是这些年轻人的存在，促使魏了翁编辑了《九经要义》。

闽刊十行本收录《毛诗正义》，只是作为经注的附录。同一时期，魏了翁在靖州编《九经要义》，舍弃直接解释经注文的部分，专挑《正义》中的经学理论专题，并且命名为"要义"。魏了翁似乎要告诉世人，这些经学理论专题才是《正义》的精华所在，《正义》不是帮我们理解经文的工具。可以说，《毛诗正义》在这困难的时代，也遇到了知音。

七、近代的社会巨变与旧本的重现

在西方帝国主义要求日本开放港口的压力下，造反集团借用天皇的名义推翻德川政府，开始建立帝国主义国家。他们要发展"神道"（以天皇神话为核心内容），纵容"神道"分子欺压佛庙，"明治维新"（1868）以来，数年之间，日本各地的佛庙受到毁灭性打击。在这段时期，各地佛庙长年秘藏的宝物纷纷流出，其中包括这部南宋刊单疏本《毛诗正义》。据日本学者推测，当初藏在金泽文库的《毛诗正义》，由上杉宪实带出文库外，后来上杉于1466年死于现在的山口县，《毛诗正义》就藏在该地的国清寺（其遗址现在改为洞春寺），"香山常住"是国清寺使用的藏印。四百年来《毛诗正义》一直藏在山口县境内的佛庙中，至明治初年出世，辗转归竹添井井所有。光绪二十九年（1903），缪荃孙赴日考察时获见此编，请竹添影抄，光绪三十年、三十一年（1904、1905）间陆续收到影抄本（见《艺风老人日记》癸卯二月廿八日、甲辰十二月十一日、乙巳一月廿八日、乙巳八月廿九日）。至民国七年、八年（1918、1919），缪荃孙通校一遍，交由刘承干刻入《嘉业堂丛书》（戊申四月校卷八，丁巳二月至次年七月校全书，并见《日记》）。

嘉业堂整理翻刻诸经单疏本问世后不久，诸经单疏宋版的影印本开始陆续出现。1922年有《尔雅疏》（《续古逸丛书》），1929年有《尚书正义》（大阪每日新闻社），1930年有《礼记正义》（日本东方文化学院），1935年有《春秋公羊疏》（《续古逸丛书》）、《周易正义》（傅增湘），最后于1936年，日本东方文化学院以珂罗版影印了《毛诗正义》。全书分乾、坤两帙，乾帙于3月，坤帙于11月先后出版，缺页部分皆以白纸代替。同年5月8日张元济致傅增湘函："内藤虎次郎之《毛诗》单疏前半部亦已出版，精华日显，吾辈眼福可傲古人。旬日前甫寄到，兄曾见之否？"可见当年张元济他们都十分关注宋版单疏本。

宋刊单疏之外，敦煌所藏唐抄本以及日藏唐抄本（或日本转抄唐抄本）也是20世纪才重见天日，并被复制流传的。

如今《毛诗正义》唐抄本寥寥数纸，南宋刊单疏本有缺卷，越刊八行本失传，都是遗憾。尽管如此，与只能看到十行本末流的明清学者相比，我们已经拥有相当理想的资料条件。以往受十行本影响的学者看《毛诗正义》，始终视它为帮助理解经文的工具。摆脱这种功利的态度，虚心阅读《毛诗正义》，学习其中的经学理论问题，让它恢复昔日的光芒，是我们对这一影印本读者的期望。

> 本文为《影印宋刊单疏本毛诗正义出版前言》
> 的前半部分，《前言》曾发表在 2011 年中华书局
> 《国际汉学通讯》第四辑，
> 影印本 2012 年由人民文学出版社出版。

金刻本《周礼》商榷
——兼论婺州本《周礼》

叶纯芳、乔秀岩

一、前言

北京图书馆藏有一部金刻本《周礼郑氏注》，原为天禄琳琅旧藏，并以宋刻本目之。《天禄琳琅书目后编》云：

> 《周礼》一函六册
>
> 郑康成注，十二卷，后附陆德明《音义》一卷，岳珂所谓"音释自为一书"①，真宋监本之旧也。

并与明监本稍稍对校曰：

> 太宰"三曰邦监本讹'郊'甸之赋"；膳夫"羞用百有监本脱'有'字二十品"；乡大夫"各宪之于其所治监本衍'之'，以下句'国'字属此句"；肆长"掌其戒禁监本讹'令'"；遂人"以强监本讹'疆'予任氓"；大乐正"乃分乐而序监本讹'祀'之"；磬师"凡监本讹'及'祭祀"；《夏

---

① "宋代岳珂"已由张政烺先生考证为"元代岳浚"之误。

官·序官》小子"史一_{监本讹'二'人}";司弓矢"库_{监本讹'痺'矢}""授兵甲_{监本讹'至'之仪}";大驭"掌驭玉_{监本讹'王'辂}";职方氏"其浸卢_{监本讹'庐'}";维庭氏"夜_{监本脱'夜'字射之}";大行人"则诏_{监本脱'诏'字相}诸侯之礼";小行人"凡此五物者_{监本脱'此'字}";掌客"致饔_{监本讹'饔'太牢}";秋官末,"都则阇、都士阇、家士阇"_{监本脱此三官};《考工记》轮人"则是搏_{监本讹'榑'}以行石也"。(卷二,第15—16页)

以此下定论言:"是则明传刻之误,宋监本不误也。"

仅凭《释文》自为一卷,即认为是"真宋监本之旧",再加上用来对校的是错讹较多的明代监本,这种判断自然无法令人信服。杨成凯先生在《金刻本的鉴赏与收藏——古书版本知识》① 中说:

> 《南丰曾子固先生集》三十四卷,避北宋帝讳。《天禄琳琅书目后编》著录为宋建阳巾箱本。赵万里先生认为版式刀法纸墨与潘氏旧藏《云斋广录》如出一辙,应该同属金中叶平水坊刻本。……跟此书情况类似的还有《周礼》十二卷《释音》一卷,《天禄琳琅书目后编》著录为宋刻本,今藏国家图书馆,已经定为金刻本。

---

① 杨成凯《金刻本的鉴赏与收藏——古书版本知识》,载《紫禁城》2009年第2期,第120—125页。

刘蔷先生《天禄琳琅研究》^① 云：

> 天禄琳琅书中确有两部真正的金版书，即《天
> 目后编》卷二之"宋版"《周礼》和卷六之"宋版"
> 《南丰曾子固先生集》，前者被称作"真宋监本之旧
> 也"，后者著录为"建阳巾箱本"。两书皆藏中国国家
> 图书馆，《周礼》……此本字体偏方，笔画古拙……刻
> 书笔法为南宋以后北方版刻风格，故赵万里先生定为
> 金刻本。

自赵万里先生以后，此书定为金刻本遂无异议。

传世金刻本极少，可以确认的金刻本更少，寻常人没
有版本学家累积数十年的经验与机会，无法分辨其中的差
距，只能仰赖版本学家阅书的经验。杨先生又说：

> 北宋和北方刻本留存的实物太少，以致对于南北
> 宋之间以及南北方之间的版式风格的差异，几乎总结
> 不出多少明确的依据。

> 在许多情况下，我们只是根据版式的直感，将其
> 归入金代刻书中心平水（即现在临汾地区）刻本，其实没有
> 更过硬的证据——《中国版刻图录》对一些金刻本的说
> 明就是这种情况。但我们不能不想到，平水应不只一

---

① 刘蔷《天禄琳琅研究》，北京大学出版社2012年，第335页。

家刻书地，平水之外还有其他多处，各家各地的风格我们却未必都能成竹在胸。

讳字虽是鉴定版本的重要依据，可是用于金刻本却是两刃剑：金刻本大都出自宋本，特别是北宋本，往往保留宋帝讳字，若不注意就会误断为宋本。金帝讳字比较特殊，需要更多地观察，积累更多的资料。

刻工姓名更被当今版本研究者恃为利器，然而标有刻工的书并不多。

金刻本《周礼》的情况，正如杨先生所言，没有任何确切可供鉴别的信息。不仅没有序跋、刊记，整部书未标有刻工姓名，避讳字"玄""恒""敬""殷""贞"，皆为避宋帝讳字。赵万里先生的鉴定结果，自然没有我们置喙之处，不过，有没有更好的方法来理解这部金刻本《周礼》呢？

二、异体错讹字众多的金刻本《周礼》

金刻本《周礼》①，十二卷，每半页十一行，经文大字，行二十至二十四字不等，注文小字双行，行二十六字至三十二字不等，白口，左右双栏。版心单鱼尾，有书名"周礼"、卷数及页数，无刻工名。释音一卷，每半页十二

---

① 本文所用"金刻本《周礼》"，为《中华再造善本》据北京图书馆藏本之影印本。

行。有印："天禄／继鉴"（一、三、五、七、九、十二卷首）、"项氏万卷／堂晶籍印"（一、五、九卷首）、"子／长"（一、五、九卷首）、"万卷堂／图籍章"（一、五、九卷首）、"大生／堂印"（一、九卷首；四、八卷末、释音末）、"乾隆／御览／之宝"（一、三、五、七、九、十二卷首；二、四、六、八、十一卷末、释音末）、"天禄／琳琅"（二、四、六、八、十一卷末、释音末）、"端友／省主／人印"（四、八卷末、释音末）。

各职官之间区分不清，有时提行以别之，有时仅以"〇"以别之，有时空二格以别之，有时直接承前职末文。

多用异体字，如："禮"作"礼"、"獻"作"献"、"飭"作"飭"、"穀"作"榖"、"無"作"无"、"处"作"处"、"與"作"与"、"數"作"数"、"屬"作"属"、"盐"作"塩"、"萬"作"万"、"爾"作"尔"、"亂"作"乱"、"辞"作"辝"、"举"作"牟"、"决"作"决"、"齐"作"齐"、"剂"作"剂"、"斷"作"断"、"从"作"従"、"赞"作"赞"、"冢"作"冢"、"寇"作"寇"、"淫"作"滛"、"学"作"孝"、"邪"作"衺"、"粱"作"梁"、"变"作"变"、"來"作"来"、"宜"作"冝"、"國"作"国"、"备"作"俻"、"關"作"関"、"互"作"亙"、"泥"作"泥"、"肉"作"肉""内"、"稽"作"嵇"、"聲"作"声"、"欬"作"咳"、"体"作"躰"、"黑"作"黒"、"蒩"作"菹"、"奇"作"竒"、"径"作"徑"、"久"作"夂"、"兴"作"興"、"象"作"象"、"災"作"灾"、"器"作"噐"、"阴"作"陰"、"遷"作"迁"等。

将《天官》与黄丕烈士礼居本《周礼郑注》对校，异文错字随处可见，举例如下：

天官冢宰第一，"辨方正位"注"考之极星"，"之"作"诸"。

大宰之职，注"掌邦禁"作"掌邦政"；"刖罪"作"则罪"；"月奉"作"月俸"；"班禄"作"班禄"；"勤劳"作"动劳"；"礼宾"作"礼（应为'禮'之简体'礼'的讹体）宾"；"秋大麦"作"秋大麦"；"百草"作"百工"；"楛矢"作"楛矢"；"尚质也三者"，"三"作"玉"；"六币云玉献"，"玉"作"三"；"执璧"作"执璧"。

小宰之职，注"司马平士大夫"，"士"作"七"；"皆舍不以力役"，"舍"作"含"；"比居谓伍籍"，"比"作"此"；"合计其士之卒伍"，"士"作"土"；"有事者所当共"，"事"作"富"；"大宰助王也""赞王酌郁鬯"，"王"皆作"主"；"春秋传"作"春秋溥"；"使赍岁"作"使齎岁"。

宫正职，注"击柝"作"击析"；"食禄廪"作"食禄廪"（金刻本"廪""廪"常混用）。

宫伯职，注"秩禄廪"作"秩禄廪"；"大子所用"，"大"作"天"。

膳夫职，注"捣珍渍"，"渍"作"溃"。

庖人职，注"六兽麋鹿"，"麋"作"麋"；"凡鸟兽"，"凡"作"几"；"乃令兽人"，"令"作"今"；"尤盛为人"，"尤"作"无"；"煎和膳"，"煎"作"前"。

内饔职，注"煎和齐"，"煎"作"前"；"曰脀实俎"

的"脀"字分为"丞日"二字;"腥臊"作"腥膜";"膴胈"作"膴牒"。

甸师职,注"芸芋"作"芸茅";"焫萧"作"焫萧";"沷酒"作"沛酒"。

兽人职,注"令禽注于虞中""小禽私之","禽"作"禽";"斩首"作"斩眥"。

鳖人职,注"甲蒲"作"甲蒲";"籍谓以杈刺泥中","籍"作"籍"、"杈"作"义"。

腊人职,注"小物全乾","乾"后衍"当"字;"郑司农云膴膺肉","肉"后有"也"字;"皆先制乃亨","亨"后有"之"字。(以上卷一,《天官》上)

食医职,注"成之犹水火","犹"作"饮";"枣栗饴蜜","栗"作"粟";"堇荁枌榆","荁"作"苴";"娩稿"作"兔稿"。

疾医职,注"六疠"作"六廥";"验窍"作"验竅";"书术者","者"下有"也"字。

疡医职,注"黄磐石","磐"作"礜";"似脉苦","似"作"以"。

酒正职,注"齐斛麴必时","麴"作"麯"、"麋"作"蘖"。

浆人职,注"用柶者""不用柶者",前一"柶"作"柵",后一"柶"作"楒";"春秋传曰火星","火"作"水"。

笾人职,注"河间以北煮","北"作"比";"乾梅也有桃",脱"有"字;"玄谓此二物","二"作"三"。

醢人职，注"以梁曲及盐"，"梁"作"粱"；"今河间名豚"，"今"作"谓"；"郑司农云酏食以酒酏"，二"酏"皆作"驰"；"臝臡"，"臝"作"赢"。

掌舍职，注"故书柜为柜""柜受居"，二"柜"皆作"拒"；"楼楃"作"楼穚"。

幕人职，注"若幄中"，"幄"作"惺"。

掌次职，注"板屏"作"板屏"。

玉府职，经文"金玉玩好"，"玉"作"王"。

司书职，注"相副贰"，"贰"作"二"；"财币之簿书"，"簿"作"薄"。

职内职，注"总谓簿书""簿移用"，二"簿"皆作"薄"；"贰令者"，"贰"作"二"。

职岁职，注"以贰者""其贰令"，二"贰"皆作"二"。

职币职，注"振犹捄也"，"捄"作"捄"；"录籍"作"录藉"（金刻本"藉""籍"常混用）。

司裘职，注"大射麋侯"，夺"大"字。

掌皮职，经文"会其财赍"，夺"财"字；注"予人以物"，夺"以"字。

内宰职，注"世妇二十七人"，"世"作"出"；"齍荐彻豆笾"，"齍"作"蛊"、"笾"作"边"；"所立社也"，"社"作"礼"；"敦杜子春读"，"杜"作"社"。

阍人职，注"苟其出入"，"苟"作"考"；"内命夫卿大"，"夫"作"天"。

九嫔职，注"亦十五日而徧"，"徧"作"偏"；"玉敦受黍稷"，"玉"作"王"。

内司服职，注"始生月令"，"令"作"今"。

追师职，注"春秋传曰衡纴纮"，"纴"作"统"；"有衡垂于副"，"于"作"千"。

屦人职，注"今世言屦"，"世"作"出"；"玄谓凡屦"，"凡"作"九"；"缥屦黑绚繶"，"绚"作"紃"。

夏采职，注"以衣曰皋"，"皋"作"皇"；"夏后氏之绥"，"绥"作"绣"；"故书亦多作"，"多"作"者"。（以上卷二，《天官》下）

又有前后文互乙者，如：宫伯职注"在外为舍"作"在舍为外"。又有重文而作重文符号者，如酒正职注"酏糟糟音声"，"糟糟"作"糟く"；司书职注"入于职币币物"作"币ㄟ"；司裘职注"鹄鹄毛也"，作"鹄ㄟ"；内司服注"所以尊尊也"，"作尊ニ"等。综观全书错讹字例，几乎皆为形近而误的情况。

书末附《释音》一卷。虽然版式与正文不类，为半页十二行，但字体的简化与正文相同。可以排除取其他本《释文》与之拼合为一部的可能性。论者或谓两宋监本有经注附《释文》的情况，金刻本《周礼》即是如此，这是《天禄琳琅书目后编》借以判断为宋监本的证据。金人攻下汴京后获得大量北宋监本的书籍与版片，金刻本《周礼》书末附《释音》也正可作为金刻本与北宋刻本同源的证据。被鉴定为金刻本的《黄帝内经素问》与蒙古本的《尚书注疏》，《释音》则分别附在各卷卷末，与金刻本《周礼》不同；《九经三传沿革例·书本》说兴国于氏本的音义"不列于本文下，率隔数页始一聚见"；到南宋末，经注疏附释音本，则割裂《释文》至经注文相应的位置，已经成为常态。《释文》经历从整卷附于书末→分别附于各卷末→隔数页一聚见→割裂一段一字到相应的经注文下的过程，虽然为读者提供了便利，但因文字与经注文相出入，也种下南宋末期改经注文以迁就《释文》的恶习。

以通志堂经解本《经典释文·周礼音义》与金刻本对校，金刻本《周礼·释音》以最简单的方式注音，除了将《释文》说解的文字全部删去外，一字只注一音，"又音"皆不录；直音的字（音某），删"音"字；有反切的字（某某反），删"反"字。当然，能够将字体简化的地方都用简体字，甚至将上下不需要注音的字删去，如庖人职：

庖大^{俻扶交反}→庖^{扶交}；贾六大^{郑徐音古斯音嫁下放此}→贾^古；裹肉^{音果}→裹^果；苞苴^{子馀反}→苴^{子余}（"馀"改为"余"）；物贾^{音嫁}→物贾^嫁

而且这里是选择性的注音，跳过他认为不需要注音的字，但不清楚取舍的标准是什么①，如内饔职：

内饔　割亨^{普庚反注及下同}；肆解^{托历反}；齐以^{才细反}；截^{侧吏反}；膰

---

① 例如在对校的过程中，我们不断地发现"为，于伪反"被保留下来，其他难读字却被删去。

音燔本亦作燔；胥_{职升反}；庮_{音由徐……柳反于云病也司农云朽木臭也}；泠毛_{音零徐郎年反}；而臊_{早到反}；蠯_{本又作蠯芳表反又符表反……}；而沙_{如字一音所嫁反或苏他反}；鸣狸_{音都徐丈尔反}；柔盲_{亡亮反}；眠_{视三反又音视}；睫_{音接一音将业反}；而般_{音班}；臂_{如字徐本作臂音方纸反}；蝼_{音楼如蝼蛄虫类也此依礼记灾}；是别_{彼列反}；渐也_{音西}；蛄_{音姑}；掌共差_{音共依注一音具}；膴_{火吴反又音武反}；胖_{普半反}；锻_{干乱反}；铏羹_{音刑}；牒肉_{直辄反又之涉反}；大脔_{力转}；好赐_{呼报反注一同}。

→内饔　亨_{普庚}；肆解_{托历}；齐_{才细}；戴_{侧吏}；墦_燔；胥_{职升}；庮_由；蠯（改注音字）_{芳表}；狸_{莫普}（改反切字）；盲_{亡亮}；眠（改注音字）_视；睫_接；般_班；蝼_楼；别_{彼列}；渐_西；蛄_姑；膴_呼（改反切为直音）；胖_{普半}；牒_{直辄}；铏_刑（改前后顺序）；脔_{力转}；好_{呼报}。

《经典释文》的释音，大部分以二个字为单位，金刻本这种删改的做法，造成一个比较大的问题是，同一个字在同一段文字中可能出现数次，但与之组合的另一个字往往被金刻本删去，无法准确地知道被释字是哪一个。不过这种情况到了《考工记》稍微改善，较多的单位字组被保留了下来。

同样，在《释音》部分，可以见到和正文一样多的错讹字。

总体看来，金刻本《周礼》充满了简化字、错字，刻书的态度也相当随意。若说金刻本最大的价值在于与北宋监版同源，我们可以根据金刻本推想北宋监本的样貌，但这部金刻本《周礼》似乎与印象有一段差距。那么，探究金刻本的性质成为我们确定金刻本价值的当务之急。

三、金刻本《周礼》的底本

追查金刻本的性质，婺州本《周礼》①、毛居正《六经正误》②与加藤虎之亮的《周礼经注疏音义校勘记》③可以为我们提供最重要的线索。

（一）金刻本与婺州本的对校

婺州市门巷唐宅刻本《周礼》，被鉴定为南宋初期的南方坊刻本，可说是除了金刻本之外，现存最早的《周礼》经注本。每半页十三行，行二十五至二十七字不等，注文小字双行，行三十五至三十六字不等，白口，左右双栏。书末未附《释文》。此部《周礼》，加藤虎之亮先生在撰写《周礼经注疏音义校勘记》时没有看到原书或是影印本，但校记中仍出现"宋婺州本"的字样，其实是引用孙诒让《周礼正义》校记之言，而孙诒让使用的不过是费念慈用婺州本留下的校记。将婺州本与金刻本对校，可以了解同一时期，南、北方刻书的差异。

以婺州本为底本，与金刻本通校一过，两部《周礼》存在着许多的异文，其中大部分是金刻本在笔画上的形讹与

---

① 本文所指"婺州本《周礼》"，使用中华书局 1992 年《古逸丛书三编》影印北京图书馆藏本之影印本。北京图书馆收藏两部婺州本《周礼》，此部完帙，另一部为仅存前六卷的残本。

② 毛居正《六经正误》，使用《通志堂经解》本，由台北汉京文化事业有限公司出版。

③ 加藤虎之亮《周礼经注疏音义校勘记》，东京财团法人无穷会 1958 年。

简化字，少部分的异文才是我们探究两部《周礼》之间关系的关键。为避免文章太过冗长，以下将不列金刻本因无关紧要的形讹、简化而与婺州本产生异文的条目。标"♪"号者，为婺州本经过修补的条目，这些条目是讨论两本关系的关键，留待下文讨论。

天官第一

叙官"辨方正位"注"考之极星"，金本"之"作"诸"；"此定宫庙"，"庙"下有"也"字。

大宰之职，注"掌邦禁"，金本"禁"误作"政"；"百草根实"，"草"误作"工"。

宫正职，注"有解惰"，金本"解"作"懈"。

内饔职，注"实鼎曰肴"，金本"肴"误作"丞日"二字。

腊人职，注"小物全乾"，"乾"下有"当"字。经文"共其脯腊"，金本脱"其"字。（以上《天官·上》）

疾医职，注"数术者"，金本"者"下有"也"字。

凌人职，注"春秋传曰火星"，金本"火"误作"水"。

笾人职，注"以啖所贵"，金本"贵"下有"也"字；"有桃诸梅诸"，金本脱"有"字。

醢人职，注"今河间"，金本"今"作"谓"。

职币职，注"振犹拚也"，金本"拚"误作"椒"，"椒"字可简化成"拣"，恐因此而与"拚"字形相近而致误。

司裘职，注"大射麋侯"，金本脱"大"字。

掌皮职，经"会其财赍"，金本脱"财"字；注"与人以物"，金本脱"以"字。

阍人职，注"二曰库门""三曰雉门"，金本"库""雉"互乙，是；"苟其出入"，金本"苟"误作"考"，恐为音近而误。

典妇功职，注"郑司农云"，金本脱"云"字。此处婺本"农云"二字挤刻，经过修补。

夏采职，注"故书亦多作缕"，金本"多"误作"者"。（以上《天官·下》）

地官第二

叙官，封人，"塯埒及小封疆"，金本"埒"前有"愽"字；委人，"史四人"，金本脱"史"字；廪人，注"廪廪人"，金本下"廪"字作空格。

大司徒之职，经"则民不愉"，金本"愉"作"偷"，注文同作"偷"，加藤氏《校勘记》云"偷、愉诸本参差"；经"以敛财赋"，金本"财"下误衍"九"字，注"民九职"，金本脱"九"字；"盗贼急其刑"，金本"急"误作"隐"；"山泽之材""货贿化材"，金本"材"俱作"财"。

小司徒之职，注"二牧而当"，金本误重"而"字。

乡师之职，注"苴刌茅长"，金本"刌"误作"者"。

乡大夫之职，注"今吏有复除"，"复"误作"服"，金本音之误；"众庶宁复"，金本脱"宁"字。

族师职，注"未知此世所云"，金本"云"作"谓"。

封人职，注"时界矣"，金本"矣"误作"为"。

鼓人职，注"止击鼓司马"，金本"鼓"下有"也"

字，"也司"二字挤刻；"之眚不鼓"，金本"鼓"误作"言"，应涉上字"眚"字而误。

充人职，注"告备近之"，"之"字金本误作经文大字。（以上《地官·上》）

司救职，经"诸嘉石"，金本误作"加"，注文中"嘉"字金本不误；注"以事而牧之"，金本"事"误"士"、"牧"误"收"，皆因音之误、因形之误。

媒氏职，注"大夫乃以玄"，金本"玄"误作"一"。

司市职，注"行苦者"，金本误作"沽"，婺本经过修补。♪

贾师职，注"贾师帅"，金本"贾师"误作"买帅"。

遂人职，注"比闾党族"，金本"党族"二字误倒。

遂师职，经"以救其时事"，金本"其"误作"共"，形之误。

遂大夫职，注"耒耜鐩"，金本"鐩"误作"兹"，婺本经过修补。♪

旅师职，注"而读为若声之误"，金本"为"误作"实"，婺本经过修补；"今云军兴"，金本"云"误作"之"，金本此字修补过，笔画较粗，且字体稍倾斜；"使无政役"，金本"政"误作"征"，婺本经过修补。♪

委人职，注"玉府其牧"，金本"玉"作"王"、"牧"作"收"，皆形之误，但此处婺本"牧"字亦经修过作"牧"，应该欲改为"牧"，但字体不明。♪"麤者曰薪"，金本误修改作"鹿"。

草人职，注"渴泽故水"，金本"泽"误"浮"。

卝人职，注"锡鈏也二"，金本无"二"字，婺本误衍。

廪人职，注"曰粮谓糒也"，金本误作"糇"。（以上《地官·下》）

春官第三

叙官，司尊彝，注"言为尊之法"，金本"法"下有"也"字。鞮鞻氏，注"鞻读如屦也"，金本"如"字空半格，恰如此本"如"字大小，但无"如"字。

大宗伯之职，注"不言祭地此皆"，金本缺"此"字；"文有粗缛耳"，金本"粗"作"鹿"，有修改；"唯天半见"，金本"见"下有"也"字。

小宗伯之职，注"郑司农立"，金本"农"下有"云"字，但与"立"字挤刻一字格，说明"云"字为后补者；"赤曰赤熛怒"，金本"熛"上脱"赤"字；"司寇主大司空主豕"，二本俱作"大"字，应作"犬"。♪

肆师职，注"谓羊血也"，金本"羊"误作"於"；"诸侯与七日"，金本"七"误作"六"。

司尊彝职，注"郊特牲曰缩酌用茅"，金本脱"牲"字，婺本经过修补，"郊特牲"三字挤刻二字格。♪

典瑞职，注"以相见故邾隐公"，金本"相"误作"用"；"以征守者以征召守国"，金本脱"以征守者"，恐涉后文而脱；"则送于使者"，金本脱"者"字。

司服职，注"郑司农云大裘"，金本"裘"误作"求本"二字；"天子日视朝"，金本"日"误作"曰"，但婺本修改过♪；"其袂三尺三寸袪尺"，金本"袂"误作"袪"。

冢人职，注"列侯坟高四丈"，金本"丈"误作"尺"。

职丧职，注"玄谓祭以牲"，金本"祭"作"告"，娄本误。（以上《春官·上》）

大司乐职，注"鸟兽跄跄"，金本作"牄牄"。孙诒让云"今《书》伪孔本作'跄'，与郑本异，《说文·仓部》引《书》亦作'牄'，是许郑所据本同"[1]；经"姑洗为羽"，金本"姑"误作"沽"（以下注文亦有作"沽"者，略）；注"以玉而裸焉乃后合乐"，金本"焉"字误作"稷"，恐涉上字"裸"而误作；"数其阳无射无射"，金本下"无射"作空二格；"读当为大韶字之误"，金本脱"大"字，"韶"下有"声"字，作"读当为韶声字之误"；"兴谓作之也"，金本"作"误作"行"。

鼓蒙职，注"时也讽颂"，金本"时也"二字误乙。

视瞭职，注"西颂磬东面"，金本"磬"误作"穀"，亦形之误；"击栜以奏之"，金本"击"误作"鼓"。

典同职，注"故书碇或为硍"，金本"为"作"作"，是。

磬师职，注"编为编书"，金本"书"下有"之编"，是。

笙师职，注"金时所推五空"，金本"推"作"吹"，是。

钥章职，注"尔雅曰畯农夫也"，金本"农"误作"田"。

大卜职，注"卜日天子卜葬"，金本"日"误作"曰"，

---

① 孙诒让撰，王文锦、陈玉霞点校《周礼正义》第七册，中华书局 2000 年，第 1738 页。

婺本经过修补。♪

龟人职，注"奉由送也"，金本"由"作"犹"，是。

占人职，注"杜子春云系币者"，金本"系"误作"计"，恐音之误。

篡人职，注"筮迁都邑也"，金本"也"字作空格；"即事有渐也"，金本脱"有"字。

大祝职，注"神祇杜子春云"，金本脱"春"字；"读振为振旅之振"，金本"振旅"误作"祭"；"祭以 肝肺"，金本空格处误重"以"字；"凡血祭曰衅"，金本"血祭"误乙；"掌国事办护之"，金本"事"误作"士"、"办"作"辨"，是。

司巫职，注"死既敛就巫"，金本"既"误作"气"。

大史职，注"天子颁朔于诸侯"，金本"颁"作"班"，是。阮元《校勘记》云"嘉靖本'颁'作'班'，贾疏引注同。凡经文作'颁'，注中多作'班'。按此亦段玉裁云经用古字注用今字之一证"[1]；经"大师抱天时"，金本"师"误作"史"；注"瞽即大师大师瞽官之长"，金本不重"大师"二字。

小史职，注"为节事相成"，金本"成"下有"也"字。

冯相氏职，注"长短之极极则气"，金本第二个"极"字误作"以"。

---

[1] 《重刊宋本周礼注疏附校勘记》，台北艺文印书馆 1989 年据嘉庆二十年江西南昌府学本影印，第 410 页。

巾车职，注"读如鬐带"，金本"带"误作"帨"，形之误；"鷩读为鳥鷩"，金本脱"读"字；"帏或曰潼容"，金本"潼"误作"幢"，婺本此字经过修补；♪"士丧礼下篇曰车至"，金本脱"下"字。

司常职，注"某某之号今大"，今本第二个"某"字误作"甲"。（以上《春官·下》）

夏官第四

大司马之职，注"掌大田役治"，今本"大"误作"火"，婺本此字经过修补；"则南乡甄东乡为人"，今本"甄"误作"甄"，婺本此字经过修补；"天子诸侯搜狩"，金本"狩"误作"兽"；"攻敌克胜"，金本"攻"误作"功"，皆音同而误，婺本此处一整行皆修补；"祝奉以从"，金本误重"以"字；"秦伯素服"，金本"秦"字空格；"奉犹送也"，金本"犹"误作"田"。♪

马质职，注"不以齿贾"，金本误重"以"字。

小子职，注"体解节折也肉豆者切肉也"，金本"解节"误作"节即"、"肉"误作"均"，此字恐涉上"切"字而误；"用毛牲曰"，金本"用毛"二字误乙。

羊人职，注"献羔祭韭"，金本"韭"字下误衍"一"字；经"祭祀割羊牲"，金本脱"羊"字，但婺本"羊牲"挤刻一字格，且经过修补。♪

射人职，注"礼有射豕者"，金本"豕"字误"矢"，音之误。（以上《夏官·上》）

司士职，注"朝朝者皆退"，金本脱"皆"字。

方相氏职，注"木石之怪"，金本"石"误作"土"。

大仆职，注"御仆 庶子"，金本空格处作"御"，此处作"御仆庶子"为是，婺本校改时恐将衍字删除，而金本未改；经"王不视朝"，金本"视"误作"抵"，形之误；注"公有疾不视朝"，金本"朝"作"朔"，是。♪

弁师职，注"希衣之冕五斿"，金本脱"冕"字；"大夫藻再就用玉"，金本误重"再就"二字；"兼于韦弁皮弁"，金本"于"下衍"弁"字。

齐右职，注"王未成之时"，金本"成"作"乘"，是；"备惊奔也"，金本"惊"误作"敬"。

大驭职，注"皆以金为铃"，金本"铃"下有"也"字。

职方氏职，注"四扰马牛羊豕三种"，金本"豕"误作"豸"；"诸子之地方二百里"，金本脱"里"字，婺本"二百里"三字挤刻二字格，经过修补♪。（以上《夏官·下》）

秋官第五

"秋官司寇第六"，金本"六"作"五"，是。婺本误作"六"。

叙官，薙氏，注"又今俗间谓麦"，金本脱"今"字，婺本"又今俗"三字挤刻二字格，经过修补♪；蝈氏，注"月令曰蝼蝈"，金本"蝈"字误作"蜗"，恐涉上字而误；掌交，经"府二人"，金本"二"字空白无字。

士师之职，注"称诈以有为者"，金本"称"误作"为"，恐涉下而误。

讶士职，注"疑辨事先来"，金本"事"误作"士"，音之误。

朝士职，注"鲁用天子之礼"，金本"之"字作空格；"天子应门此名制"，金本"此"字下空十格后误重"此"字；"获委于朝"，金本"获"字误作"未"，恐涉"委"字音而误；"出责之息亦责国服与"，金本"责"字作"如"，是，婺本恐涉上"责"字而误。

司刺职，注"若今时律令"，金本"时"字作空格。

司盟职，注"读其载书以告之也"，金本"也"字作空格；"写副当以授六官"，金本"六"字误作"官"。

职金职，注"要凡数也"，金本"凡"误作"其"，恐涉经文"入其要"而误作。（以上《秋官·上》）

雍氏职，注"书粊誓曰敜乃"，金本"粊"误作"秦"，"粊"为"费"之古字，阮元《校勘记》云："自唐以前皆作'粊誓'，至卫包乃妄改为'费誓'。"（页554）此处金本恐因形之误。婺本"粊"字亦误作"柴"。

蝈氏职，注"牡蘜蘜不华者"，金本脱一"蘜"字。

壶涿氏职，注"故书橝为梓"，金本"故"字误作"教"，形之误。

庭氏职，注"射大阳与"，金本"与"下有"以疑之"三字，且"与以疑之"四字挤刻二字格，加藤氏《校勘记》云："抄本下有'以疑之'，黄云：周校无'以疑之'三字，案此必因疏误衍。"（详下文，卷三十七，页二十三左）

伊耆氏职，注"咸读为函"，金本作"咸续函也"，形之误，婺本经过修补♪；"尚敬去之"，金本"敬"误作

"杖"，形之误。

司仪职，注"饗饩飧食之礼则有降杀"，金本"杀"误作"教"，形之误；"寡君命臣于庭大夫曰"，金本"庭"下有"问"字，是。

掌讶职，注"以王命致于宾"，金本"宾"下有"其数于宫"四字，且"王命致于"四字挤刻二字格。加藤氏《校勘记》云："订本上有'致积'，建、订、陈本'致'下有'其数'。抄本下有'其数于宫'。"（卷三十八，页五十三右）此注之经文作"及委则致积"，若如加藤氏所言，则订本（宋王与之《周礼订义》）作"致积，以王命致其数于宾"，金本恐因误涉"其数于宾"而衍"其数于宫"四字。"如朝而治之"，金本"治"作"理"，加藤氏《校勘记》云："建、订、陈本'理'作'治'。"（卷三十八，页五十四右）与婺本同。（以上《秋官·下》）

冬官考工记第六

总论，经"攻木之工轮舆"注"郑司农轮舆"，金本"农"下有"云"字，是；经"加轸与轐焉四尺"，金本"焉"字误作"马"，形之误。

轮人职，注"帱幔毂之革急"，金本"急"字作"也"，是；"郑司农云不瓶于凿谓不动于凿"，金本"瓶"字误作"动"，涉下文"动"而误。

舆人职，注"兵车之轛围"，金本"轛"误作"轵"，此注经文作"参分轵围去一以为轛围"，恐涉经文而误；"谓车舆轸立者"，金本"舆轸"误作"无轸"，金本注文"無"

多作"无","舆軨""無軨"近似，恐因此致误。

桃氏职，经"身长五其茎长"，金本脱"其"字。

凫氏职，注"厚钟厚深谓窒之也"，金本"谓"误作"为"，音之误。

韗人职，注"今亦合二十四版"，金本无"四"字，黄丕烈校记云："'二十'下误衍四字，宋单注本无，董钞补同，今订正。"（页886）则金本为是。

画缋职，注"郑司农说以论语曰"，金本"说以"作"云说"。（以上《冬官考工记·上》）

玉人职，注"于其杼上　明无所屈"，金本此空格处有"上"字，误重；"大山川则大祝用事焉"，金本"大祝"之"大"误作"是"。

陶人职，经"唇寸盆实二"，金本"盆"字误作"益"。

梓人职，注"若与群臣饮酒而射"，金本"臣"下有"闲暇"二字，加藤氏《校勘记》云："董、余、浙、十、重、纂、元、京、岳、陈、人、闽、韩、周本同。"阮元《校勘记》云："按贾疏引注亦无此二字，又云'若与群臣饮酒者，君臣闲暇无事而饮酒'，则'闲暇'二字系疏语误入，郑注本无，嘉靖本是也。"（页649）故以上众本皆因疏语屡入而误。

匠人职，注"堂上为五室象五行也"，金本第二个"五"字作空格；经"九夫为井……方十里为成"，金本"十里"误作"一里"；经"凡任索约大汲"，金本"汲"误作"级"，注文中"汲"字金本皆不误；注"穿地曰窬"，金本

"穿"上误衍"万"字。

车人职，注"柯欘之木头取名焉"，金本脱"取"字；"易巽为宣发"，金本"宣"字作"寡"；"故书仄为侧""侧当为仄""在外滑仄"，金本"仄"字皆误作"反"，形之误；"在外泽地多泥柔也"，金本"在"字误作"其"。

弓人职，注"若损赢济不足危"，金本"若"作"言"，是。（以上《冬官考工记·下》）

综观以上金刻、婺州二本之异文，虽金刻本偶有胜处，但脱字、衍字、涉上下文而误、音之误、形之误比比皆是。作为同一时期的南北方刻本，金刻本与婺州本之高下立判。

（二）两部《周礼》与毛居正《周礼正误》的对校

魏了翁《六经正误序》云：

> 本朝胄监经史多仍周旧，今故家往往有之，而与俗本无大相远。南渡草创则仅取版籍于江南诸州，**与京师承平监本大有径庭**，与潭、抚、闽、蜀诸本互为异同，**而监本之误为甚**。……朝廷命胄监刊正经籍，司成谓无以易，谊父持书币致之，尽取六经三传诸本，参以子史字书，选粹文集，研究异同。凡字义音切，毫厘必校。……宝庆初元（1225）冬十二月丁亥朔，临

邙魏了翁序。

说明毛居正为了修正南宋监本的错误，撰写了《六经正误》，并确实做到"字义音切，毫厘必校"的地步，书中所指出的许多错误，都与字画的写法有关，如"價"字中的"四"不可作"皿"、"樂"字的"木"不可作"朩"；"挚"作"挚"、"榖"作"榖"、"會"作"會"、"黑"作"黑"、"券"作"券"都是错字。同时，校记中多条都引兴国本与建本作为佐证。不过，多亏毛氏如此锱铢必较，我们才能够清楚地了解到南宋后期监本文字笔画的细节，有助于讨论金刻本与宋朝监本的关系。

　　《六经正误·周礼正误》所列出错误者共一百六十三条（天官三十八条、地官二十二条、春官三十六条、夏官二十二条、秋官二十九条、冬官十六条），本文先后以金刻本、婺州本与《周礼正误》逐条比对，《正误》所举出的错字，如以上所列的"價""樂""挚""榖""會""黑""券"等，以及"任"作"任"（从"壬"不从"王"）、"本"作"李"、"眂瞭"作"视瞭"、"指麾"作"指麾"、"徵"作"徵"，金刻本都与之相合。更出乎意料的是，婺州本在这些地方居然与金刻本错误一致，相同的例子还有许多，无法一一列举。或许，这些点画上的细节比较让人难以信服，以上所举的例子也是其他众本有可能出现的错字，以下再举几个无关点画的条目，可以更清楚地明白二者之间的关系。前皆为《周礼正误》原文，【 】中注记为笔者对校两本的结果：

❖ 天官

大宰之职，注"疾病相扶持"，"扶"字下欠"持"字，诸处本皆有"持"字。【二本皆无"持"字。】

小宰之职，注"称责谓贷予"，作"子"误。【二本皆作"子"。】

膳夫，注"醴醯医酏"，"医"作"醫"误。【二本皆作"醫"。】

腊人，注"庶羞皆有大者，此据肉之所拟祭者也。又引有司"，中欠"者"，此至又引十二字。【二本皆缺"者"字。】

兽医，"且强阳气也"，"且"作"旦"误。【二本"且"字虽不误，但"阳"字皆作"其"。】

❖ 地官

舂人，注"扰杍白也"，"白"作"曰"误。【二本皆作"曰"。】

党正，"昏冠"作"昬"误，兴国本作"昬"，后同。【二本皆作"昬"。】

司门，注"视占不与众同"，"占"当作"瞻"，兴国本作"瞻"。【二本皆作"占"。】

遂师，"辨其施舍"注"施读亦为弛"作"施读亦弛也"误，兴国本作"施读亦为弛也"，亦误，多"也"字。【二本俱作"施读亦弛也"。】

草人，注"若泛胜之术也"，"若"作"苦"、"泛"作"氾"误。【二本皆作"氾"。】

♣ 春官

职丧，注"当催督"，作"督"误。【二本皆作"督"。】

小师，注"和淳于"，"于"作"干"误。"出音者曰鼓"，缺"者"字。【二本"于"虽不误，但"淳"皆作"錞"，亦缺"者"字。】

钥章，"龡乐"作"龤"误。【二本皆作"龤"。】

大史，"执书以次位常"注"谓校呼之"，"校"当作"挍"，考挍之挍从手，栏校之校从木，考挍之挍音教，栏校之校音效。小史注"校比之"亦当作"挍"，凡考挍字皆然，但承讹既久，不敢改也。【二本俱作"校"。】

♣ 夏官

环人，注"扬威武以观敌"，"观"当音"灌"。【二本"扬"字皆作"为之"。】

司士，注"背北面东"，"背"作"皆"误。【二本俱作"皆"。】

挍人，注"稍食曰禀"，"曰"字注疏本作"曰"，兴国、建本皆作"曰"，然《正义》不释此句意，不敢

改也。【二本俱作"曰"。】

✤ 秋官

剃氏，注"月令曰烧剃行水谓烧所芟草"，作"水非谓烧所芟草"误。【二本皆有"非"字。】

大司寇之职，注"书曰王旄荒度作详刑"，"旄"作"耗"误。【二本皆作"耗"。】

小司寇之职，"二曰议故之辟"注"故旧不遗则民不愉"，《释文》同，兴国、建本及二本《释文》皆作"偷"。按此注是引《论语》文，《论语》作"偷"，则此注亦当作"偷"字。【二本俱作"偷"。】

罪隶，注"牛助国以助转徙也"，"牛"字下缺"助国"二字。【二本俱作"牛助国以牛助转徙也"。】

野庐氏，注"若今绝蒙大巾"，兴国、建本皆作"布巾"。【二本皆作"大巾"。】

雍氏，注"书柴誓"今书作"费"。【金刻本作"秦誓"，婺州本作"柴誓"，金刻本为形之误，若除去此因素，二本俱作"柴"。】"禽兽鱼鳖"作"螷"误，兴国本作"鳖"，《释文》不音，乃知作"螷"非也。【二本皆作"螷"。】

萍氏，注"书酒诰曰有政有事无彝酒"，兴国、建本皆作"彝"，今书亦作"彝"。【二本皆作"夷"。】

壶涿氏，"以炮土之鼓殴之"注"玄谓燔之炮之之

炮”，作“燔之炮之炮”，中欠一“之”字，诸本皆然，姑俟善本。【二本皆作“燔之炮之炮炮土之”。】

司仪，“及礼私面”注“郑司农说私面”作“郑司农云说私面”，多“云”字，误，诸本皆无“云”字。【二本皆有“云”。】

朝大夫，注“主治其国者平理其来文书于朝者”，“平”作“乎”误。【二本皆作“主其国治者平理其来文书于朝者”。】按：金刻本、婺州本是，毛居正所据本误。

✤ 冬官

轮人，“大而短则挚❶”，作“挚”误。挚，从埶从手，音臬。埶，古势字，非从操执之执也。从执者，音贽。【❶二本同作“挚”。】注“挚❷读为槷❸谓辐危槷❹也”，槷从埶从木，亦音臬。【❷二本与毛居正同，❸金本作“挚”，婺本作与毛居正同，❹二本同作“挚”。】“毂也者以为利转也”，“毂”作“轂”误，毂从㲋从车，“㲋”音确，亦作“㱿”。【二本皆作“轂”。】

以上的例子，都只能说明金刻本与婺州本的底本非常接近，甚至是同一个版本，才能有如此一致的样貌。当然，金刻本、婺州本也不是总完全一样，从上文两书的对校即可说明。与毛居正本对校时，虽有不同之处，亦皆为点画之差，而文字存在大差异者为以下三条：

1. 旅师，"而用之"注"而读为若"，"为"作"实"误，兴国本皆作"为"。

按：金本作"实"，婺本作"为"。但婺本经过修补。

2. 硩蔟氏，注"其详未闻"，"详"作"祥"误。

按：金本作"祥"，婺本作"详"。但婺本经过修补。

3. 伊耆氏，"共其杖咸"注"咸读为函"作"咸读函"，婺误。

按：金本作"咸续函也"，"续"为"读"之形误；婺本作"咸读为函"，经过修补。

这三条是相当关键的条目，只看现在这两部《周礼》文本的差异，容易让人误以为是不同底本的两个文本。不过，在婺本中，这三条都有修补的痕迹，说明婺本在经过校改后，将原本作错字之处都修改为正确的字，在此之前，极有可能是作"实""祥""咸读函也"。因此，在将金刻本、婺州本对校时，我们也特别注意到两本文字具有较大出入的地方，婺州本几乎都经过修补的工作，如上文所标示"♪"处。又，《春官·小宗伯》，经"及执事莅大敛"注"为之丧大记"，二本"丧"字俱作"噐"。"丧"字二本最常同作"丧"，或作"丧"，或作"丧"，却在同一处出现作"噐"，不能不让人怀疑两本确实有着从表面看不到的联系。

（三）从《周礼经注疏音义挍勘记》找寻金刻本的线索

《周礼经注疏音义挍勘记》是加藤虎之亮先生花费

三十三年所编写的。他自大正十三年（1924）春开始"立《周礼》经注疏音义挍勘之志"（《周礼经注疏音义挍勘记序》）。三十三年间，他从日本到上海到处搜集各种传世的《周礼》单经本、经注合刻本、音义本、疏本、经注音义合刻本、经注疏合刻本、经注疏音义合刻本、诸家校勘本，并参校元以前《周礼》注释书、礼书、宋以前类书随笔类、唐以前注释书、字书韵书、《周礼》诸儒考说等，共计一百九十三部。几乎是想得到的《周礼》经注疏音义本，他都逐一网罗到这部挍勘记中——除了金刻本与婺州本《周礼》。

将金刻本出现的错字与加藤氏《挍勘记》对校，这些错字与加藤氏所校众本无一相谋，自成一套系统，原因皆出自金刻本本身因涉上下文、形近、音近而致误的关系。但从《秋官》下卷开始，金刻本与加藤氏校记中所谓的"抄本"往往不谋而合，如出一辙。检此"抄本"，并未出现在加藤氏"引据各本书目解说"中，然在《秋官·司寇》上卷最末、"秋官司寇下"条之前，加藤氏有一段按语：

> 嘉、士本有"经四千二百六十二字，注七千五百二十字"，黄云："菀案：此卷周校临钱孙保校宋本，兹临周校，未取抄本。"董本缺《秋官·下》及《冬官·上》，黄氏以抄本校。案：抄本殷、玄、桓、敬、惊等字皆阙笔，所据为宋本可知。（下册，卷三十六，页四十右）

《荛圃藏书题识再续录》卷一"周礼注疏四十二卷校宋本"下
有云：

> 周本校语云：钱孙保、季振宜所藏宋版《周礼》，
> 《春官》《夏官》《冬官》为余仁仲本，《天官》《地官》
> 则又别一宋椠，《秋官》则钞补者也。余假诸顾秀才之
> 逮，又参以岳本校讫，癸丑二月廿二日也。荛案：此是
> 周香严临段茂堂校本前跋，当是茂堂所记。以上卷八后。
>
> 《秋官·下》《冬官·上》系钞补，用黑笔校，荛
> 翁。卷四十后。
>
> 全书覆取周临段校余仁仲刊本，又钱孙保补钞宋
> 本，又岳本及段茂堂意改本，……补钞本及意改本未及
> 校入，恐展转传写，昧所从来也。[①]

此"抄本"的来源，或许就是钱孙保的"补钞宋本"。周香
严、黄丕烈、加藤氏等，皆辗转获得"抄本"的内容，并未
见到原件。不过，他们都忠实地将"抄本"的情况一一注
出，如："'出入五积'，抄本'五'下空阙一字""'不受飨
食'，抄本下空三格"等，这些空格处皆与金刻本相同。

经过与加藤氏"抄本"所作一一比对，其中关键之
处，如庭氏职，注"射大阳与"，金刻本"与"下有"以疑
之"三字；掌讶职，注"以王命致于宾"，金刻本"宾"下

---

① 黄丕烈《荛圃藏书题识再续录》，"清人书目题跋丛刊六"《黄丕烈书目题
　　跋、顾广圻书目题跋》，中华书局 1993 年，第 354—355 页。

有"其数于宫"四字，"抄本"皆一致，且仅有"抄本"有以上文字。又，辀人职，经"为之当兔之围"，注"与任正者相应"，"抄本脱'相应'"。那是因为金刻本"相应"二字漫漶，以致抄写者看不清而无法抄写。当然，由于转相抄写的缘故，抄本与金刻本也有不同之处，不过皆为点画之差。可以推测，加藤氏所说的"抄本"，就是金刻本《周礼》。原本以为金刻本孤独地在这世上黯黯地存在着，实际上却在最关键的时候，发挥了它的效用。

此外，最令人在意的莫过于金刻本梓人职注"若与群臣闲暇饮酒而射"，加藤氏校记列举了董、余、浙、十、重、纂、元、京、岳、陈、人、闽、韩、周本，皆与金刻本同窜入了疏语的"闲暇"二字，而婺州本没有。又，庭氏职注"射大阳与以疑之"，加藤氏校记录黄荛圃语，以为"以疑之"三字因疏误衍。就内容考量，确为郑注所无，而混入贾疏语，但何时混入则无法确定。不过，我们不可能因为这两个例子，就认为金刻本的底本为注疏本。

四、结语

现在，我们可以大胆地推断，金刻本与婺州本刊刻的时间非常接近，他们所使用的是同一个底本，而北宋或南宋初的监本是他们最可能使用的底本。虽然金刻本简体字不断、错字连篇，但这些是最单纯、未经过后人擅改内容的错误。表面上看来，婺州本在各方面都比金刻本要来得可靠，文本内容也有明显的出入，但这些出入往往出于修补，初刻的文本恐怕与金刻本相同。通过本文的初步分析，可以推测这两部大约同时期、但面貌差异很大的南北刻本，其实就像是异卵双胞胎一般，都是直接继承宋代监本的基因，繁衍出来的第一代子孙。

婺州本有影印本行世，但金刻本在《再造善本》出现之前，则甚少有人能够利用。金刻本就像前文所言，满纸错字，它之所以能够在历史上立足，完全是看在它近古的价值上。殊不知金刻本真正的优点与价值，必须与婺州本合璧，才能够完全地显现出来，今后若能好好利用金刻本的特性，我们对《周礼》的早期刊本就能够得到更完整的认识。

本文刊登于北京大学出版社
《版本目录学研究》第五辑，2014 年。

《古今图书集成·经籍典·周礼部》的文献价值

叶纯芳

一、前言

《古今图书集成》的编者为清代的陈梦雷（1650—1741），此书初纂于康熙四十年（1701），直到康熙五十五年（1716）才进呈，康熙赐名为《古今图书集成》，并开馆进一步增补。康熙去世后，雍正因政治因素，将陈梦雷流放，改派蒋廷锡、陈邦彦负责续完，于雍正四年（1726）完成付印。①

《古今图书集成》是中国古代现存最完整、卷帙最大的一部类书。这部类书，不仅吸取中国历史上旧有类书的优点，在资料的著录或分类上，也较以往的类书来得完备，所以即使此书有许多值得检讨的地方，仍有文献上的价值可供读者参阅。

此书编者对经学的态度，可从《经籍典·周礼部》"汇考一"，"唐开元十六年十二月，杨玚奏言明经习《周礼》者

---

① 关于《古今图书集成》的编纂过程，请参阅曾贻芬、崔文印《说〈古今图书集成〉及其编者》，载《中国历史文献学史述要》，商务印书馆 2000 年，第 557—573 页。以及裴芹《古今图书集成研究》，北京图书馆出版社 2001 年，第 27—42 页。

出身免任散官"条略窥一二，编者注云：

> 古人抱遗经，扶微学之心如此其急，而今乃一切废之，盖必当时之士子苦四经之难习，而主议之臣徇私意，遂举历世相传之经典，弃之而不学也。自汉以来，岂不知经之为五而义有并存，不容执一，故三家之学并列《春秋》，至于《三礼》，各自为书，今乃去经习传，尤为乖理，苟便己私用之干禄，率天下而欺君负国，莫甚于此！经学日衰，人材日少，非职此之由乎？

可见编者对古时"扶微学之心甚切"心向慕之，期待执事者能抛弃成见，负起振兴经学的责任。《经籍典》中收集历代有关经学的资料，对研究经学者而言，可说是不能忽略的文献，本文即以此书《周礼部》的内容为讨论范围，探讨其文献价值，并提供读者使用《周礼部》文献时应注意的事项。

二、《周礼部》所收文献的内容

《周礼部》在《古今图书集成》中《经籍典》的第二百三十七卷至二百五十二卷。《凡例》虽称每个部目下分为汇考、总论、图、表、列传、艺文、选句、纪事、杂录、外编十个纬目，但由于各部目中内容多寡不一，可随之调整，无则阙之。以《周礼部》而言，仅有汇考、总论、艺文、纪事、杂录五个项目。每个项目依照内容多寡，又分为若干篇，如"汇考"分为八篇，"总论"分为四篇，"艺文"分为两篇，"纪事"不分篇，"杂录"分为两篇。每篇前都有一个目录，说明此篇的内容。

（一）汇考

依据《凡例》，"汇考"所收录之文献，主要可分为两种情形，一是大事有年月可纪者，"用编年之体，仿《纲目》立书法于前，而以按某书、某史详录于后"；一是大事无年月可稽者，"与一事一物无关政典者，则列经、史于前，而以子、集参互于后。虽年月未详，而时代之后先，一事因革损益之源流，一物古今之称谓，与其种类性情，及其制造之法，皆可概见"。[①]《周礼部》之"汇考"内容，又可分为四部分：

1.《周礼》在各朝代流传的情形

"汇考一"收录周一、汉四、后汉三、齐一、梁三、北魏三、唐五、后周一、宋二十一、金一、元一、明三，共四十七条条目。

从形式上来看，目录之后，依照朝代的先后排列，有年纪年，如周代：

---

① 《凡例》，见《古今图书集成》第一册，台北鼎文书局 1985 年，页七后。

成王六年，周公制《周官礼》。①

无年则阙，如汉代：

文帝□年，乐人窦公献《周官宗伯·大司乐》之章。②

又如：

哀帝建平□年，命刘歆卒父业，歆以《周礼》著于《录》《略》。③

窦公献《周礼》、刘歆将《周礼》著于《录》《略》，未知为何年事，故纪年处空一格，以表示无年月可纪。

每条条目都有提纲挈领的作用，其后有编者的"按语"，说明此条目之根据。如"汉武帝□年，河间献王得《周礼》献之，藏秘府"条，有五条按语，举其一：

按宋郑樵《三礼总辨》，《周礼》一书，至武帝时，河间献王得之于女子李氏，失其《冬官》，以《考工记》足之，献于武帝，时藏之秘府，五家之传莫得

---

① 《经籍典·周礼部》，第五七五册，卷二三七，"汇考一"，页一前。
② 同上。
③ 同上。

见焉。①

按语之下，又有"注语"，用以解说按语未详尽处，例同上条：

注：五家，传弟子高堂生、萧奋、孟卿、后苍、大小戴。②

从内容上来看，收录了自周代至明代的礼书、史志、会要中记载《周礼》的作者、发现的经过，或各朝立于学官、或设经筵讲习、或朝廷根据《周礼》设官分职的情形。

2. 历代《周礼》著述序跋

"汇考二""汇考三""汇考四"主要收录了历代五十二部《周礼》学著作的序跋，分别为：

"汇考二"十九部：汉代一部、唐代一部、宋代十七部

	朝代	作者	书名	备注
1	后汉	郑 玄	周礼注	自述
2	唐	贾公彦	周礼正义	自序
3	宋	李 觏	周礼致太平论集	自序
4	宋	杨 杰	周礼讲义	自序
5	宋	王安石	周礼新义	自序、蔡绦跋
6	宋	王昭禹	周礼详解	自序
7	宋	黄 裳	周礼讲义	自序
8	宋	林之奇	周礼讲义	自序

---

① 《周礼部》，卷二三七，页一前。
② 同上。

续表

	朝代	作者	书名	备注
9	宋	胡铨	周礼传	自序
10	宋	夏休	周礼井田谱	陈傅良序、楼钥后序
11	宋	陈傅良	周礼说	自序
12	宋	俞庭椿	周官复古编	自序
13	宋	郑伯谦	太平经国之书统集	自序、明·高叔嗣序
14	宋	王与之	周礼订义	真德秀序
15	宋	黄度	周礼五官说	叶适序
16	宋	税与权	周礼折衷通考	自序
17	宋	朱申	周礼句解	陈儒序
18	宋	叶时	礼经会元	潘元明序、陈基序、叶广居跋
19	宋	黄震	读周礼日抄	自序

"汇考三"九部：元代三部、明代六部

	朝代	作者	书名	备注
1	元	丘葵	周礼全书	自述、又序、后序、原跋
2	元	无名氏	周礼集说	陈友仁序
3	元	吴澄①	周礼考注	自序
4	明	汪克宽	经礼补逸	自序
5	明	方孝孺	周礼考次目录	自序、陈子龙序、金玉节序
6	明	何乔新	周礼注解	自序
7	明	黄润玉	周礼题辞	自序
8	明	桑悦	周礼义释	自序
9	明	陈凤梧	周礼合训	自序

---

① 《周礼部》作"澂"。

"汇考四"二十四部：明代二十四部

	朝代	作者	书名	备注
1	明	魏 校	周礼沿革传	自述
2	明	韩邦奇 魏 校	周礼义疏	沈懋孝序
3	明	杨 慎	周官音诂	自序
4	明	舒 芬	周礼定本	自序
5	明	季 本	读礼疑图	自序
6	明	陈 深	周礼训注	自序
7	明	柯尚迁	周礼全经释原	自序、又序
8	明	金 瑶	周礼述注	自序
9	明	王应电	周礼传	自序
10	明	王应电	冬官补 （周礼传的上卷）	自序
11	明	王应电	周礼图说	自序
12	明	王应电	非周礼辨 （周礼传的下卷）	自序
13	明	徐即登	周礼说	自序
14	明	郭良翰	周礼古本订注	自序
15	明	孙 攀	古周礼释评	自序、梅鼎祚序
16	明	王志长	周礼注疏删翼	自序、叶培恕序
17	明	陈仁锡	周礼句解	自序
18	明	张 采	周礼合解	自序
19	明	林兆珂	考工记述注	自序
20	明	陈与郊	檀弓考工记合注	自序
21	明	周梦旸	考工记评	郭正域序
22	明	徐昭庆	考工记通	自序
23	明	吴 治	考工记集说	自序
24	明	钱 祫	冬官补亡	自序

3. 历代史志、政书著录《周礼》学著述的情形

"汇考五"收录历代史志、政书著录《周礼》学著作的情形。计有：《汉书·艺文志》《隋书·经籍志》《唐书·艺文志》《宋史·艺文志》礼经部分；宋郑樵《通志·周官》、王应麟《汉书艺文志考证·礼经》、马端临《文献通考·周礼》；明王圻《续文献通考·周官》、焦竑《国史经籍志·周礼》等。

4. 全录朱彝尊《经义考》中著录《周礼》之内容

"汇考六""汇考七""汇考八"则全录了朱彝尊《经义考》的《周礼》部分。但若是"汇考一"至"汇考四"已收有《经义考》所录该书的序跋，则在其书序下加按语"序已另载，不重录"；若此书有两序，皆于前著录，除前按语外，第二序下则加"亦另载"之按语。

（二）总论

依《凡例》，"总论"所收录的资料，是以"圣经中单词片句并注疏皆录于前，盖立论要以圣经贤传为主也"；对于子部、集部中有全篇论及此事类，"必择其议论之当者"，若是立论得当，但词藻不足取，"亦在所录"；即使一篇之中仅有数语有关此事类，"亦节取之"。但为免重复，史传、章奏名篇，前后有因革得失事由，则入于"汇考"，此处不著录。①

---

① 《凡例》，页七后。

　　以《周礼部》而言，"汇考"与"总论"最大的不同，在于"汇考"着重的是《周礼》一经的外围问题，如发现经过、撰作时代、作者、历代立于学官或经筵讲习的情况等；"总论"着重的是内容的问题，如历代学者对《周礼》之设官分职、各官职掌的范围、各种制度的考证等问题的看法。

"总论一"七部：后汉一部、唐代一部、宋代五部

	朝代	作者	书名	篇名
1	后汉	王　充	论衡	正说篇
2	唐	贾公彦	周礼疏	序周礼废兴
3	宋	郑　樵	周礼辨	周礼总说、五服九服辨
4	宋	程　迥	经史说论辨	考工记
5	宋	朱　熹	朱子全书	周礼总论、天官、地官、春官、秋官、冬官
6	宋	朱　熹	朱子语录	论陈君举周礼说
7	宋	王　炎	周礼考	辨诸儒疑周礼

"总论二"二部：宋代二部

	朝代	作者	书名	篇名
1	宋	罗　愿	（罗鄂州）小集	内宫问
2	宋	郑伯谦	太平经国书	冢宰属官、太宰诏王、太宰九两系民、太宰节财用、会计上、会计论下、论赋税出于私田、宫卫、内治、内外论

"总论三"四部：宋代二部、元代二部

	朝代	作者	书名	篇名
1	宋	王与之	周礼订义	论五官目录、论天地四时官名、论公孤不列于六职、论官职多寡、论六官次叙先后、论六官所属交互

续表

	朝代	作者	书名	篇名
2	宋	马端临	文献通考	周礼总论、论泉府赊贷
3	元	吴 澄	三礼叙录	周官
4	元	熊朋来	经说	八尊六尊、笾实豆实

"总论四"二部：明代二部

	朝代	作者	书名	篇名
1	明	王应电	周礼传	冢宰都家、宰夫、内外论、内宰、后夫人礼事、奄人、司徒教民乐正教国子、宗伯、泉府、司马九畿、司寇属官
2	明	陈友仁	周礼集说	内治、太宰兼统六卿、冢宰下兼六卿事统内外、冢宰一官后世分而为六

（三）艺文

依据《凡例》，"艺文"所收录之资料，以某一事类的文学作品为主要收录范围。即使议论立场偏颇，但"词藻可采者"全部收录。为免篇幅过多，当探讨某一问题的篇数较多时，"则择其精篇"；少时则"瑕瑜皆所不弃"。基于时代离编纂时期越久远的资料越珍贵的立场，大抵"隋唐以前从详，宋以后从略"①。以《周礼部》而言，"艺文"所收录的内容，大约为历代学者文集中探讨《周礼》一经内容的文章或赋、诗、歌等，其篇名如下：

---

① 《凡例》，页八前。

"艺文一"二十四篇：梁一篇、北魏一篇、唐代十一篇、
宋代八篇、明代三篇

	朝代	作者	篇名
1	梁	陆 倕	与徐仆射荐沈峻书
2	北魏	房景先	周礼疑问
3	唐	权德舆	明经策问
4	唐	裴守真	封禅射牲议
5	唐	褚无量	皇后不合祭南郊议
6	唐	蒋钦绪	驳请南郊皇后充亚献议
7	唐	唐子元	南郊先燔后祭议
8	唐	长孙无忌	冕服议
9	唐	李子卿	六瑞赋
10	唐	元 稹	镇圭赋
11	唐	蒋 防	前题
12	唐	张仲素	信圭赋
13	唐	皮日休	补周礼九夏系文
14	宋	吕祖谦	周礼序
15	宋	苏 轼	天子六军之制
16	宋	郑 樵	周礼分野辨
17	宋	前 人	周礼九服辨
18	宋	前 人	周礼封国辨
19	宋	前 人	周礼田税辨
20	宋	前 人	周礼沟洫辨
21	宋	前 人	周礼读法辨
22	明	徐常吉	古周礼阙冬官辨
23	明	何乔新	周礼对策
24	明	高叔嗣	前题

有"前题"字样者，指的是篇题与前一笔资料相同，如：蒋防与元稹的篇题皆为《镇圭赋》，元稹在前，蒋防在后，故蒋防的篇题著"前题"，意思即"如前所题之篇名"；同理，高叔嗣与何乔新的篇题皆为《周礼对策》。

有"前人"字样者，即指与前篇作者相同，如郑樵后著录有五个"前人"，实际上都指郑樵而言，《周礼分野辨》《周礼九服辨》《周礼封国辨》《周礼田税辨》《周礼沟洫辨》《周礼读法辨》皆为其作品。

"艺文二"：晋诗二首、唐歌九篇

	朝代	作者	篇名
1	晋	傅　咸	周官诗二首
2	唐	皮日休	补周礼九夏歌九篇：王夏、肆夏、昭夏、纳夏、章夏、齐夏、族夏、祴夏、鹜夏

（四）纪事

依据《凡例》，"纪事"收录者，以其资料琐碎，难以入"汇考"中，但又有流传后世的价值，则收入此目中。编排的顺序，按照时代排列，以正史列于前，后依稗史、子、集附于后。但有后人杂记，跨越数代以前者，若按照其著书时代排列，恐后人疑惑，故用"仍采附于前"的做法。[①] 也就是说，遇有后人著作论及前代之事者，以事情发生的时间先后为顺序，而不以书成的时间为序。

---

① 《凡例》，页八前。

以《周礼部》"纪事"而言，收录了历代史传、方志中记载研读《周礼》的学者的传记资料，如《北齐书·颜之推传》：

> 之推字介，琅邪临沂人，父勰，梁湘东王绎镇西府咨议参军，世善《周官》《左氏》学。之推早传家业，年十二，值绎自讲庄、老，便预门徒，虚谈非其所好，还习礼、传，博览群书，无不该洽。情词典丽，甚为西府所称。有文三十卷，撰《家训》二十篇，并行于世。①

颜之推"世善《周官》"，他的资料因而被《古今图书集成》的编者所收录。

（五）杂录

依据《凡例》，"杂录"为非专论某一事类，"旁引曲喻偶及之者"，皆收录于"杂录"。《凡例》更进一步说明，凡"考究未真，难入于汇考""议论偏驳，难入于总论""文藻未工，难收于艺文"者②，皆收于此目中。

以《周礼部》而言，正如其《凡例》所言，内容极其庞杂，"杂录一"的内容有汉班固《白虎通》、徐干《中论》、

---

① 《周礼部》，卷第二五〇，"纪事"，页五十八后。
② 《凡例》，页八前。

隋王通《中说》、宋王洙《王氏谈录》、龚颐正《芥隐笔记》、邵博《闻见后录》、洪迈《容斋随笔》《容斋续笔》、黄润玉《周礼题辞》、魏了翁《读书杂钞》、王应麟《汉制考》等书，或论《周礼》内容、或论其制度，比较特殊的是，有王应麟《汉制考》的大量载录。

"杂录二"，录明代章潢所编《图书编》卷十三《三礼总叙》部分，著录《周礼》之相关文献。因《图书编》"多集前人之论，而又不著其姓名，故皆附之杂录"①。依序计有《周礼总论（自汉惠帝除挟书书令……）》《周礼总序》《周礼总意》《周礼原委》《周礼本旨（天地春夏秋冬官）》《周礼考》《周礼是非》《非周礼辨》《周礼六官》《周礼六官存亡》《建都之制》《封国之制》《建官之制》《王畿侯国地方里数》《诸侯封地实封食禄》《畿内畿外班禄之制》《内宰之职》十七篇。

三、《周礼部》在文献上的价值

（一）了解《周礼》在各朝代的兴衰情形

"汇考一"收录了自周代至明代的礼书、史志、会要中记载《周礼》的作者、发现的经过，或各朝立于学官、或设经筵讲习、或朝廷根据《周礼》设官分职的情形，共四十七条条目，每条条目后又有按语说明。由载录这些文献、汇于一编，可以了解《周礼》在各朝代的流传情形。如：

---

① 《周礼部》，卷二五二，"杂录二"，页六十六前。

周代——编者仍认定《周礼》为周公所作：

> 成王六年，周公制《周官礼》。

两汉——说明《周礼》的出现、《冬官》亡佚，以《考工记》足之，并入于秘府，著于《录》《略》，并陆续有学者作注解：

> 文帝□年，乐人窦公献《周官宗伯·大司乐》之章。
>
> 武帝□年，河间献王得《周礼》，献之，藏秘府。
>
> 成帝河平□年，刘歆校秘书，以《周礼》阙《冬官》，以《考工记》足成之。
>
> 哀帝建平□年，命刘歆卒父业，歆以《周礼》著于《录》《略》。
>
> 章帝建初元年，诏令贾逵作《周官解故》。
>
> 顺帝末[1] 和□年，张衡典校书，作《周官解说》以汉次述汉事。
>
> 灵帝熹平四年，卢植请以《周礼》置博士、立学官。

宋代——校定《周礼义疏》、新印《周礼疏》、以《周礼》进讲经筵、镌刻石经《周礼》等等，可见宋代《周礼》学之兴盛，说明后人对宋人《周礼》学的研究，不可仅停留在俞庭

---

① "末"当作"永"，永和，后汉顺帝年号。

椿等人提倡"冬官不亡论"的旧有印象中。

真宗咸平二年，诏邢昺等校定《周礼义疏》。

咸平四年九月，邢昺等表上重校定《周礼》。

咸平六年，敕以《周礼正义》雕印颁行。

景德元年七月，赐诸王、近臣新印《周礼疏》。

景德二年十月，赐宰执、近臣、亲王新印《周礼疏》。

大中祥符七年九月，作《周礼诗》三章。

仁宗庆历□年，杨安国以《周官》进讲经筵。

皇祐元年九月，所镌石经《周礼》毕。

至和元年，学士王洙上《周礼礼器图》。

神宗熙宁八年，颁王安石《周礼义》于学官。

元丰元年三月，沈季长进讲《周礼》。

元丰六年四月，蔡卞进讲《周礼》。

元丰□年，陆佃进讲《周官礼》。

高宗建炎□年，王居正进《周礼辨学》，杨时《周礼义辨》亦列秘府。

绍兴三十年史浩权建王府教授进讲《周礼》。

孝宗乾道九年闰正月，诏令胡铨进所讲《周礼》藏秘书省。

淳熙二年，上与赵雄言《周礼》理财之务。

淳熙十年，郑锷进《周礼全解》。

光宗绍熙三年，吏部郎陈傅良进《周礼说》十三篇。

宁宗嘉定□年，林椅上《周礼纲目》。

理宗淳祐三年夏四月，王与之进《周礼订义》。

（二）保存历代《周礼》著作的序跋

以"汇考二"宋税与权《周礼折衷通考》为例，《宋史·艺文志》未著录此书，然有魏了翁《周礼折衷》一书。

《周礼部》"汇考二"录有税与权的《后序》，云：

> 《周礼折衷》上下篇，本名《阳江周礼记闻》，会失其上篇，先生犹子高斯衔搜，录以见归，二篇始完。……于是论定宜以《鹤山周礼折衷》名之。[1]

《鹤山周礼折衷》，马端临《文献通考》录陈振孙云：

> 枢密临卭魏了翁华父之门人税与权所录，条列经文，附以传注，鹤山或时有所发明，止于《天官》，余未及。凡二卷。[2]

朱彝尊《经义考》与《文献通考》所录同，并载为税与权所著。可知：

1.《周礼折衷》原名《阳江周礼记闻》，后定名《鹤山

---

[1] 《周礼部》，卷二三八，"汇考二"，页八前。

[2] 《周礼部》，卷二四一，"汇考五"，页二十后。

周礼折衷》。

2. 原书本失上篇，后又复得，由魏了翁的学生税与权所录，条列经文，附以传注。故朱彝尊载为税与权所著。

3. 或可推论魏了翁撰《周礼折衷》、税与权附以传注，即为《通考》，因附于《周礼折衷》各条经文之后，未独立刊行，《宋志》因以为魏氏所撰。

后人原以为魏了翁仅撰有《周礼折衷》，而不知其徒税与权为此书撰有《通考》，因《周礼部》保留了税与权的《后序》，使税与权之名得以留名于世，后人亦不致张冠李戴。

（三）作为校勘《周礼》相关书籍的佐证

以"汇考三"汪克宽《经礼补逸》为例，《明史·汪克宽传》云：

> 汪克宽，字德一，祁门人。……尽力于经学。《春秋》则以胡安国为主，而博考众说，会萃成书，名之曰《春秋经传附录纂疏》；《易》则有《程朱传义音考》；《诗》有《集传音义会通》；《礼》有《礼经补逸》；《纲目》有《凡例考异》。①

又《明史·艺文志》著录为：

---

① 《明史》，《列传》卷二八二、《列传》第一七〇"儒林一"，中华书局1974年，第7225页。

汪克宽《经礼补逸》九卷。①

同为《明史》,本传作"礼经补逸",《艺文志》作"经礼补逸",如何理解?《周礼部》"汇考三"汪《序》云:

> 今考于《仪礼》《周官》《大小戴记》《易》《诗》《书》《春秋传》《孝经》《家语》及汉儒纪录,凡有合于礼者,各著其目,列为五礼之篇名,曰《经礼补逸》。②

"经礼",意即经书中凡论及"礼"之条目。又"礼经"古时指"仪礼"而言,若此书名称作"礼经补逸",应只著录于《仪礼部》,然此书不仅著录于《仪礼部》,亦著录于《周礼部》,可见应如汪克宽本人序中所言,是"经礼补逸"。证明《明史》本传误写,故《周礼部》中所收录的文献,可作为校勘之佐证。

(四)作为辑《周礼》学佚文的取资

以"汇考四"钱馜《冬官补亡》为例,《明史·艺文志》未著录,《经义考》有"钱氏馜《冬官补亡》三卷,存"③,

---

① 《明史》,卷九十六,《艺文志》"礼类",中华书局 1974 年,第 2357 页。
② 《周礼部》,卷二三九,"汇考三",页十后。
③ 朱彝尊编《经义考》,卷一二九《周礼十》,台北中华书局 1979 年,页十二后。

《浙江通志》《曝书亭集》虽有著录此书，其来源皆自《经义考》。《两浙著述考》云：

> 钱氏据《尚书》《大小戴记》《春秋内外传》补亡凡二十有一，不袭前人之言，可谓温故知新矣。[1]

亦与《经义考》大同小异。钱栻的《自序》，除《经义考》外，仅有《周礼部》"汇考四"有载录，其云：

> 儒者言《考工》不足补《冬官》之阙，于是五家之文并割五典以续其书，议者称其妄凭胸臆，决裂圣经，周公之罪人也。因谓《周礼》周公未成之书，……而《周礼》仅亡《冬官》一篇，亦已幸矣，其佚不可得详，其义乃稍稍见于五经六艺之文，其官名或颇与五官之属异，……予故汇集其文与其义疏而注之，《冬官》既亡，其详不能尽存，然五家之儒割裂旧文，五官几于尽亡，而《冬官》犹不存者，故予欲使五官尽复，而《冬官》之义未尽阙也。[2]

说明钱栻的态度与方法，与宋儒任意割裂旧文以恢复《冬官》的立场不同，故本书对于研究宋、元、明三朝"冬官不

---

[1]　宋慈抱原著，项士元审订《两浙著述考》册上，浙江人民出版社 1985 年，第 298 页。
[2]　《周礼部》，卷二四〇"汇考四"，页十六后。

亡论"的论点是非常重要的文献。虽然《经义考》说此书仍存，但目前笔者并不得见，《三礼研究论著提要》云：

> 士馨（钱馥字）有《周礼说》，已著录。《经义考》卷一二九云存。清朱续曾的《开有益斋读书志》卷一云："钱氏《冬官补亡》，余于竹垞裔孙朱君声远家见钱馥《冬官补亡》三卷，曝书亭藏本。《明诗综》诗人小传亦载其说，以为在俞庭椿《冬官补亡》之上强补《冬官》，钱氏据《尚书》《大小戴礼记》《春秋内外传》，余取之，未敢以钱氏为然。竹垞以不袭前人，可谓温故知新，殊为溢美。《周礼》诸官，名不必尽见他书，而《国语》《王制》《月令》，更不必尽本《周礼》，若《冬官》既亡，后儒无从补缺，俞氏欲补《冬官》，遂令五官俱不完，然尤取其相类者。若钱氏拉杂不伦，更无足取。"《四库全书总目》所列清李文照《周官集传》亦言此书，据《尚书》等书，所补凡二十一。今存佚不详。①

则钱馥此书，毁誉参半，存佚不详。若已亡佚，《周礼部》所载录的序文，则弥足珍贵，可作为辑佚文之取资。

（五）提供研治《周礼》的门径

近人常苦思，不知如何对古人典籍下手研究，而类书

---

① 王锷《三礼研究论著提要》，甘肃教育出版社 2001 年，第 74 页。

将同类事物汇集于一编，内容丰富，常出乎读者的想象之外，正可解决这个问题。对于有兴趣研治《周礼》学的读者而言，《周礼部》提供了一个相当便捷的门径。

以"汇考一"著录《周礼》历代流传的情形为例，可以发现历代帝王对《周礼》颇有兴趣，如"梁宣帝天定□年，令沈重讲《周礼》于合欢殿""后周世宗显德□年，诏刻《周礼》释文""宋仁宗庆历□年，杨安国以《周官》进讲经筵""元丰元年三月，沈季长进讲《周礼》""元丰六年四月，蔡卞进讲《周礼》""元丰□年，陆佃进讲《周官礼》""景德元年七月，赐诸王、近臣新印《周礼疏》""景德二年十月，赐宰执、近臣、亲王新印《周礼疏》""绍兴三十年，史浩权建王府教授进讲《周礼》""孝宗乾道九年闰正月，诏令胡铨进所讲《周礼》藏秘书省""淳熙二年，上与赵雄言《周礼》理财之务""元世祖至元二十四年，定国子学制，以次读《周礼》""明建文帝建文元年，帝与方孝孺讨论《周官》法度"等等。或可以"中国历代皇室的《周礼》学教育"为题，以《周礼部》的文献为基础，旁征博引，以了解皇室研读《周礼》的方向为何，亦能厘清历代帝王对《周礼》之态度。

四、使用《周礼部》的文献应注意事项

类书在文献资料的保存上有一定的价值，但是编者为方便编排，于原书做了一些更动，或节引，或改题，或增

损，或前后倒置，在运用文献资料时，读者应该小心谨慎，以免受类书误导，错用资料，以下针对《周礼部》的文献内容，提出几点值得注意的事项。

（一）读者使用资料应覆查原书

以郑伯谦《太平经国书》为例，"总论二"录有《冢宰属官》《太宰诏王》《太宰九两系民》《太宰节财用》《会计上》《会计论下》《论税赋出于私田》《宫卫》《内治》《内外论》十篇。实际核对原书，可发现以下不同：

1．《冢宰属官》原书作《内治》，论天官冢宰属官。

2．《太宰诏王》原书作《揽权》，论八柄八统诏王。

3．《太宰九两系民》原书作《保治》，论九两系邦国得民。

4．《太宰节财用》原书作《节财》，论九式均节财用。

5．《会计上》论司会以上七官，与原书同。

6．《会计论下》原书作《会计下》，论同上。

7．《论赋税出于私田》原书作《税赋》，论太宰九赋九贡。

8．《宫卫》论宫正宫伯宿卫，与原书同。

9．《内治》论内宰下十有九官，与原书同。

10．《内外论》原书作《内外下》，论三官兼统内

外。(《内外上》未载录)

十篇之中,仅有三篇篇题与原书同,其余七篇编者按其内容作了不同的标题,虽然含义相当,但就正确使用文献资料的态度上,如有原书,仍应覆查原书。

类书因所收文献众多,卷帙过大,故引书多节文,《周礼部》中亦有此情形;又,类书多错字的弊病,在《周礼部》中亦常见,笔者将《周礼部》所录《经义考》与原书校对,发现许多错字,凡此种种,读者都应小心运用。对于《周礼部》错误内容的考证,可以参看《古今图书集成考证》,共考出三十八条错误,并一一纠正之。

(二)即使全录原书内容,顺序亦有所调整

在使用《周礼部》文献时,即使编者将原书内容全部载录,读者应注意顺序是否仍按照原书。以章潢所编《图书编》为例,"杂录二"虽将此书《三礼总叙》有关《周礼》部分全部载录,但顺序亦有所更动,使用时不可认为《周礼部》的顺序就是原书的顺序。笔者将其排列如下:

《图书编》篇名	《图书编》顺序	《周礼部》顺序
《周礼总序》	1	2
《周礼原委》	2	4
《周礼考》	3	6
《周礼本旨(天地春夏秋冬官)》	4	5
《周礼是非》	5	7
《建都之制》	6	11

续表

《图书编》篇名	《图书编》顺序	《周礼部》顺序
《封国之制》	7	12
《建官之制》	8	13
《内宰之职》	9	17
《周礼六官》	10	9
《周礼六官存亡》	11	10
《周礼总意》	12	3
《非周礼辨》	13	8
《王畿侯国地方里数》	14	14
《诸侯封地实封食禄》	15	15
《畿内畿外班禄之制》	16	16
《周礼总论（马端临氏曰……）》	17	未录此篇
《周礼总论（自汉惠帝除挟书令……）》	18	1

以《周礼总论（自汉惠帝除挟书令……）》而言，《图书编》的篇序在第十八，《周礼部》的篇序却在第一，可知二者的篇序大有出入，读者不可不小心谨慎。

在此表中，可以发现编者未载录《周礼总论（马端临氏曰……）》，原因在于"总论三"已著录马端临《文献通考》的《周礼总论》一文，此处不再重复。

（三）"按""注"不一定是编者所按、所注

裴芹《古今图书集成研究》认为：

> 《古今图书集成》一书的按注以其数量巨大、内容

广泛、功用多、初步形成体系为特色，显示了按注在
类书编纂中不可缺少的作用。[1]

肯定了此书编者的用心，而"按""注"确实也是此书的特
色之一。不过，读者在使用时，需注意有些"按""注"不
一定是编者所按、所注。何以言之？以《经义考》为例，"汇
考六"至"汇考八"，载录了朱彝尊《经义考》的《周礼》部
分。但是编者忽略了《经义考》的作者在编撰时针对需说明
处，亦有"按""注"之语，如"汇考六·经义考一"：

周官经注汉志六篇存阙一篇。[2]

《经义考》原书作：

周官经
汉志六篇
存阙一篇[3]

比较二者可知，《经义考》中"周官经"后无"注"字。此
"注"语，是《古今图书集成》编者的"注"，说明在《汉

---

① 裴芹《古今图书集成研究》，北京图书馆出版社 2001 年，第 64 页。
② 《周礼部》，卷二四二"汇考六"，页二十一后。
③ 朱彝尊编《经义考》，卷一二○《周礼一》，台北中华书局 1979 年，页
  一前。

书·艺文志》中著录有六篇。又如"汇考六·经义考一"：

> 周官传注汉志四篇佚。
>
> 　按《汉志》"儒家"别有《周政》六篇、《周法》九篇、《河间周制》十八篇，注云，献王所述，似与《周官》相表里，惜乎其皆亡也。[①]

比对原书，则此处的"按"，是朱彝尊的按语，非《古今图书集成》编者的按语。读者在引用文献时，应小心加以区别。笔者以为，编者或许因为卷帙过大，无法全面顾及所录书之内容，若能在编者的"按""注"语上加些记号，如：按、注，或【按】、【注】，以与原书作区隔，相信更能方便使用。

（四）应注意古人避讳问题

古人编书、著书，为表示对圣贤、君主的尊崇，有避讳的情形，读者在使用《周礼部》的文献时，应掌握编者的避讳方式。如郑玄，编者为避康熙皇帝"玄烨"名，而改为"郑元"。

（五）可多利用编者"文献互见"的安排

《古今图书集成》编者会将同类事物分属在两个不同的典

---

① 《周礼部》，卷二四二"汇考六"，页二十五后。

或部中，作"文献互见"的安排，读者若能掌握此特性，可以避免漏检的遗憾。如汪克宽《经礼补逸》，其《自序》云：

> 今考于《仪礼》《周官》《大小戴记》《易》《诗》《书》《春秋传》《孝经》《家语》及汉儒纪录，凡有合于礼者，各著其目，列为五礼之篇名，曰《经礼补逸》。①

由于此书内容主要采撷《仪礼》《周官》等群经内容合于"礼"者，各著其目，汇编成书，在二百三十卷的《仪礼部》，亦著录有汪氏此序，可供读者前后对照、比较。又如陈与郊《檀弓考工记合注》，在二百一十三卷的《礼记部》，亦可查阅到此条目。

在使用《周礼部》的文献资料的同时，若能与《礼记部》《仪礼部》《三礼部》相互参看，相信对资料的掌握有事半功倍之效。

本文 2006 年刊登于台湾"中央研究院"中国文哲研究所《中国文哲研究通讯》第十六卷第四期。

---

① 《周礼部》，卷二三九"汇考三"，页十后。

《仪礼疏考正》解题

乔秀岩

一、仓石武四郎经历简介

上世纪七八十年代，《岩波中国语辞典》是在日本学汉语的人员人手一本的必备宝典。1963 年问世以来，虽因其独特体例，不无争议，但牢靠的语言学基础使其在学术上无可挑剔（具体语言现象的分析，多得力于黎波先生），加上仓石武四郎多年教授汉语的结果，很多汉语教师都出自其门，《岩波中国语辞典》甚至蒙上了一层神奇色彩，自然成为学习者的首选，因而编者仓石武四郎之名声也无人不晓。随着学习人数的增加，90 年代以后出现各种新编汉语词典，教学方式也多样化，《岩波中国语辞典》不仅不再是必备资料，还呈现逐渐淡出历史舞台的形势。当今学习汉语的年轻人队伍中，绝大多数都不曾听闻仓石武四郎这一人名了。

在中国，1986 年商务印书馆与岩波书店合作出版的《岩波日中辞典》曾有一定影响，进入本世纪后，2002 年中华书局出版《仓石武四郎中国留学记》、2011 年人民文学出版社出版《旧京书影》、2013 年北京大学出版社出版《日本中国学之发展》，分别都有一些读者。对中国读书界而言，仓石武四郎仍然是一个相当陌生的人名，而荣新江、朱玉麒两位老师编的《仓石武四郎中国留学记》，在前言、附录中已经提供了相当详细的资料，足以了解他的基本情况。在此尽量回避重复，重点介绍他的治学经历。

了解仓石武四郎的生平及著作，最基本的资料是仓石身后弟子们编辑 1981 年"くろしお出版"出版的《仓石武四郎著作集》二卷，精装二册。第一卷亦即第一册，副标题"语言、思维、社会"，收录三十二篇作品，附录户川芳郎老师《解题》。《解题》第一节完整地收录 1979 年赖惟勤、户川芳郎合撰的《仓石武四郎博士传略》，不妨视为后来所有关于仓石生平叙述的基础。第一卷正文最后一篇题目叫《我的道路》，由五篇短文组成，原连载于报纸上。内容为自身经历的简要回顾，并不采用简历式身份变迁的叙述，而着重介绍对自己影响深刻的具体事情，有助于我们体会仓石学业渐进的过程。《著作集》第二卷亦即第二册，副标题"汉字、日本语、中国语"，收录四十一篇作品，后附赖惟勤先生《解题》及《仓石武四郎博士论著目录》。《论著目录》十分详细，浏览一过，对这位学者的一生经历，也能思过半矣。

仓石 1897 年（光绪二十三年）生，1915 年考进日本"第一高等学校"（若按学制算，约当今日大学本科），开始学习现代汉语。三年级时，请安井小太郎个人辅导，安井用日语训读讲授

《尚书正义》给仓石。①1918 年进入东京帝国大学（约当今硕士），又请汉语教师张廷彦先生个人辅导，仓石自选《古文真宝》等教材，请张先生用汉语朗读。1921 年东京帝国大学毕业，1922 年进入京都帝国大学大学院，师事狩野直喜。当时狩野开课讲读《尚书正义》，第二年开始给研究生讲读《丧服疏》。狩野在课堂上用日语训读，而自己阅读则直接用汉语理解。狩野对分析贾疏语言要求很高，非究明每一助词在具体语境中的机能不可。仓石自述认为自己解读古籍若有一定水平，完全是拜狩野这一课程所赐。仓石在《我的道路》中介绍当年的情景：

> 有一次，遇到《仪礼疏》中一处特别难解之处。老师多番解释，似都讲不太通。我听老师讲解不太释然，贸然申述自己的理解。老师一开始否定我的理解，而我有一定的自信，重申己说，最后老师也接受了我的看法。那时别提多高兴，中午下课，我都不记得自己怎么回到家里。应该是太高兴，飘飘然忘乎所以了吧。另外一次是，京大的工作人员忽然跑到黑谷我租住的小庙来，说是狩野老师叫我马上到他府上。不知

---

① 德川幕府时期以来，直至近代，绝大多数日本学人阅读中国古籍都用日语朗读、用日语理解。日语语法与汉语截然不同，而深受汉语影响，故日语包含很多汉字及汉语词汇。因此以已经日语化的汉语词汇为基础，调整语序，再注意少数日语没有或与日语不同的语法、词汇现象，即便不学汉语，也能理解古代汉语的大致文义。这就是近代日本的"训读"法。

是何事，急忙赶过去，只见老师跟我讲"上次课堂上
你表述过的看法是不对的"，重申他的理解。老师如此
郑重说明，我岂敢再回嘴。无论对我的看法是肯定还
是否定，能够受到老师这样认真的指导，我心中充满
无限的幸福。

1926 年任京都帝国大学专任讲师，1927 年任助教授。1928
年以"文部省在外研究员"身份留学北京，至 1930 年回日
本。周一良先生序《仓石留学记》，开头即言"首先的感觉
是他一个留学生在中国，怎么会有那么多的钱买那么多的
书？"显然没有考虑仓石的留学实际上是大学副教授的访问
研究。另据吉川幸次郎的回忆，当时中国银价暴跌，所以仓
石、吉川他们可以过得很阔气。在北京期间，先请奚待园先
生讲授《红楼梦》全部一百二十卷，后师事孙人和先生，还
住其家中，也曾编过《旧京书影》。1931 年起，以京都帝国
大学助教授兼任东方文化学院京都研究所研究员，开始执行
题为"《礼疏》校诂"的个人研究项目，经六年努力，1937
年撰成《仪礼疏考正》，圆满结项。1939 年又向京都帝国大
学提交《段懋堂之音学》，获博士学位，同年晋升为教授。
1940 年起，以京都帝国大学教授兼任东京帝国大学教授，
至 1949 年停止兼任，单独任东京大学教授，至 1958 年以
六十岁退休。汉语教学方面，自 1938 年出版《支那语发音
篇》《支那语语法篇》《支那语读本》《支那语翻译篇》以来，
编过大量教材，1950 年起在东京举办汉语讲习会，1955 年

创刊《中国语》杂志，1958 年出版《拉丁化新文字中国语辞典》，1963 年出版《岩波中国语辞典》，1964 年创办日中学院，1970 年逝世。

仓石的学术生涯，似乎可以分前后两段，前期专治汉学，后期以汉语教学为主。四十岁前后完成《仪礼疏考正》与《段懋堂之音学》，是仓石治汉学的巅峰，而且他的汉学专著，除了帝国大学毕业论文《恒星管窥》外，仅此两部而已。1937 年完成《仪礼疏考正》之后，仓石开始往汉语教学方面投入较大精力，至 1939 年完成《段懋堂之音学》之后，则几乎放弃汉学研究。1939 年以后发表的大量文章，都以汉语教学为主，兼有少数《清朝小学史话》之类介绍性文章，因此读者为了观摩日本 20 世纪汉学大师的成果而翻看《仓石武四郎著作集》，一定会大失所望。

日本以往缺乏研究、教学汉语的理论基础，仓石要在汉语教学的荒地上一手建立一套有效的理论与机制，包括编教材、编词典、办讲习会、上广播课，实在是可歌可泣的一部创业史。所编《岩波中国语辞典》不以汉字为字头，无论是单音节、双音节还是多音节，都以"词"为条目，一律用罗马字拼音顺序编排，而且每一词条都标注文、白、方言、俗语等使用场合之不同，充分体现仓石要探究当代汉语语言的学术兴趣，后附以意义编排的词表，简直是现代版《尔雅》。这种奇特的体例，只有在仓石对传统汉学的造诣、对语言学的熟悉、对汉语教学的热情，还有当时中国的改革兴奋状态，这几种条件重合之下，才有可能出现，不仅前所未有，后继也不会有人，自然要在学术史上占据很重要的位置。相比之下，仓石的汉学成就，长期以来没有引起学界的关注。京都大学至今有一批研究语言的学者，对《段懋堂之音学》也很关注，曾经听闻京都大学人文科学研究所退休教授高田时雄先生有意排印出版。至于《仪礼疏考正》，尽管有 1979 年影印本，至今仍未有解人。

二、以往对《仪礼疏考正》的评价

《著作集》第二卷末的赖先生《解题》提到仓石攻读《仪礼疏》的情况，今连其上下文一起引录如下。

> 由作者（按：此指仓石）提倡，并且实现的新学风，要之与中文音读分不开。自一九二八年作者为出国研究"离开日本时起，……日式训读已投弃于玄海滩（按：玄海滩指日本九州北部海域。此句意谓当离开日本渡华时，下定决心彻底放弃用日语解释中文的日本旧习，而直接用现代汉语读音阅读古文）"，指的就是此事开端……
>
> 作者前往京都在一九二二年，为出国研究离开日本在一九二八年。此间前后七年的治学，应该说凡是在日本国内能学到的都学好了，学问已经到了一个极点。（原注：这么讲，与学术追求之无涯自然是两码事。）
>
> 在此期间，作者参加狩野直喜的《仪礼疏》演习课，多年后回顾往事，作者有多次提到过。据其亲

口叙述，令他感到最得意的是他发现缌麻章"士为庶母"节贾疏"当云大夫已上""当"应该是"雷"字之讹。

以上，不怕冗长做介绍，是为说明作者"投弃于玄海滩"的究竟是什么东西、又有多沉重。

赖先生认为 1922 年至 1928 年间仓石在京都读书，已经做到日本汉学的最高境界，只有去留学才能有进一步的飞跃。上一节引录的《我的道路》中，仓石自己也说在狩野直喜的指导下，学到了读书方法。在此我们可以确认，撰写《考正》在 1931 年至 1937 年之间，但 1923 年他在狩野门下已经开始研读《仪礼疏》。

赖先生的叙述引发我们思考一个问题：《仪礼疏考正》究竟属于被"投弃于玄海滩"的日本传统学风，还是访华研究后的新学风？令仓石一生难忘的"雷云"的发明在访华研究之前，是在狩野门下读书的成果，而且《考正》体例无异于清代传统学术，很容易被划归到"旧"学风。赖先生的叙述似乎也将"雷云"一事包含在"投弃于玄海滩"的东西当中。不过，撰写《考正》的整个过程，明明都在访华回来后，仓石不可能偷偷跑回玄海滩重拾曾经"投弃"的东西，尽管"雷云"的发明确实收录在《考正》中。

笔者推测，在仓石看来，狩野的读书方法已经是新的，而且永远不会过时。《考正》的基本方法应该与狩野研读《仪礼疏》没有两样。此间情况，不妨如此整理：安井小太郎（1858年，咸丰八年生）他们的日语训读是第一种读书方法；狩野（1868年，同治七年生）用汉语直接理解，口头表述用日语训读，是第二种方法；仓石（1897年，光绪二十三年生）后来坚持口头表述也用现代汉语读音，是第三种方法。1928年访华，将日语训读"投弃于玄海滩"，告别第一种方法，要改用第三种方法。至于第二种方法，属于两者中间，狩野的读书，连每一个助词都不要忽略，是彻底研究古代汉语文本语言的标准做法，固为仓石所推崇，与安井他们的老式日本汉学截然不同。至于表述用日语训读还是用现代汉语读音，不过是形式问题，并非本质所在。赖先生的叙述忽略了第一种与第二种之间的鸿沟，视第二种与第一种为同类，过分突出第三种情况的革新意义，所以将1937年《仪礼疏考正》的内容划归为1928年已经"投弃于玄海滩"的东西当中，而不觉其矛盾。

1937年撰成的《仪礼疏考正》，手订原稿提交东方文化学院京都研究所。战后取消东方文化学院，《考正》原稿随同东方文化学院旧藏书转归京都大学人文科学研究所。1979年"东京大学东洋文化研究所附属东洋学文献中心"据人文科学研究所所藏原稿影印《仪礼疏考正》，作为官方学术机构的非卖品，第二年才由汲古书院发行销售。影印本卷首有简短的刊行辞，其中有一段评论，翻译如下：

　　　仓石博士并非专研六朝或唐代。他善于运用继承清代考据学的民国国学的优秀传统，亦即朴学方法。本书乃仓石博士将这种方法施用于《仪礼疏》五十卷的读书业绩。是对郑玄注《仪礼》经十七篇的贾公彦疏的"考正",即校订文本的记录,是对贾公彦《礼疏》五十卷全文的校勘记。同时,通过这种校勘,也自然显示出对《仪礼》经文、郑玄《仪礼注》的考订意见。

刊行辞这种说法,应该反映了 20 世纪后半期日本汉学界对传统汉学的基本认识。在他们心目中,民国国学继承清代考据学,清代考据学又继承汉唐注疏,一脉相承,而清代考据学尤其精密,民国国学是清代考据学的现代版。不少读者会想到一个问题:如果认为仓石继承清代考据学或民国国学,在清代已有阮元《校勘记》、曹元弼《校释》的情况下,仓石又写《考正》,岂不等于屋下架屋?难道说曹元弼《校释》不足以体现"优秀传统"?刊行辞没有考虑这些问题,应该是因为执笔者对仓石的学术、对《考正》的内容,缺乏具体的了解。至于刊行辞认为仓石通过校订贾疏,同时表示自己对经文、注文的理解,同样出于缺乏了解的臆测。这种评论,或许适合于曹元弼,因为曹元弼书名《礼经校释》,尽管内容以校订贾疏为主,曹元弼固以彰显经注义理为目标。仓石与此不同,只要一读,不难发现仓石对经文、注文无所措意。

　　蜂屋邦夫先生在东京大学东洋文化研究所多年主持《仪礼疏》读书班,最后整理出版译注《仪礼士冠疏》(1984)、《仪礼士昏疏》(1986),在后记中对参考文献进行点评,其中

对仓石《考正》的评价是他认为广泛参考清人成果，取舍精
当。蜂屋先生显然也认为仓石的研究方法与卢文弨、阮元、
胡培翚、曹元弼等清代学者一脉相承，只有精粗程度之差
别，而且清人成果卓著，《考正》很少发明，只不过编成精
要得体、便于参考的汇总而已。由于他们对经学、礼学缺乏
具体了解（蜂屋先生研究道教，《仪礼疏》读书班也没有经学专家），所
以不知清人学术之本质与仓石截然不同。

三、仓石《考正》与清人著作截然不同

　　本节试论仓石《考正》与清人不同的本质特点，先看
上引仓石自己得意的例子。

　　　　《丧服缌麻章》"士为庶母"，传曰："何以缌也？
　　　以名服也。大夫以上为庶母无服。"
　　　　贾疏："《传》云'大夫已上为庶母无服'，则为庶
　　　母是士可知，而经云'士'者，当云大夫已上不服庶
　　　母，庶人又无庶母，为庶母服者唯士而已，故诡例言
　　　'士'也。"

　　　　仓石《考正》云："'当'当作'雷'，字之误也。
　　　《通典》（原注：卷九十二）引雷次宗曰：'为五服之凡
　　　不称其人者，皆士也。若有天子、诸侯下及庶人，则
　　　指其称位，未有言"士为"者。此独言"士"，何乎？

盖大夫以上庶母无服，庶人无妾则无庶母，为庶母者唯士而已，故诡常例以著唯独一人也。'即谓此也。殿本、《校释》纷纷改字，皆非。郑氏《私笺》又云'雷次宗说，贾氏疏盖沿之'，不知贾氏明明引雷。学如遵义，亦为瞽惑如此。甚矣，鲁鱼之贻误后人也。"

不知读者有何感想？仓石发现贾疏此段出雷次宗，遂知"当云"当为"雷云"之讹误，其说固是。《丧服疏》屡引雷次宗说，多称"雷氏云"，而"齐衰不杖期章"亦见称"雷云"之例，则此贾疏直接引录雷说，其文当作"雷云"，确不可疑。然如此校正单纯无比，只需参阅《通典》即可知，何以使仓石感到得意？笔者猜想，可能就是因为单纯，仓石才认为值得纪念。且看清人如何处理？殿本"当云"改作"当由"，《校释》云"'云'似当为'以'"，是皆知此作"当云"之不辞，而下文内容不难理解，以为此段无非解释经文所以特称"士"之理由，遂为改字，作"当由""当以"而不觉其失。郑珍更有长段论说，其文如下：

> 按：雷次宗曰："……"贾氏疏盖沿之。愚谓《丧服》经例诚如雷说，不应此经独诡常例。今以《传》文推之，知"士为"二字，浅人因《传》妄加，非经原有。盖缌麻诸亲，自天子至于庶人，无不有者。天子已无期服，自不论缌。公卿大夫所服缌，唯此章贵臣贵妾，是其尊有不下及士。此外皆降一等，则俱无

服矣。庶母既在缌章，大夫无服可知。《传》必著"大
夫以上为庶母无服"者，正以经止言"庶母"，则嫌大
夫以上亦服之。何者？……，一也。……，二也。……，
三也。故《传》于此经特明之，见为庶母者唯士为然，
大夫以上举不服庶母也。若经本有"士为"二字，则
已显出主名，与"诸侯为天子""寄公为所寓"等文一
例，自移不到大夫以上，何嫌不为庶母服而《传》如
此云乎。

郑珍明知贾疏所述出雷次宗，而误以为贾氏转述雷说，不知
贾氏引用雷说而已。然后发长篇大论，论证经文不当有"士
为"二字，以为雷次宗、贾公彦皆失察。张锡恭引录贾疏
仍作"当云"，又引郑珍说，以为其说"似创而不背郑义"
(按："郑义"谓郑玄之丧服理论)。可见清人只知讨论经义，初无意
于探索贾公彦文本原貌。换言之，清人与狩野、仓石之间，
学术有本质区别，他们追求的目标截然不同。这一问题，至
今学界未能有清楚的理解，有必要特别强调。

若论礼学功底，狩野、仓石他们绝非曹元弼、张锡恭
之比，而他们校读《仪礼疏》，发现很多清人忽略的问题，
并能正确校定(尽管也有不少失误)。不是因为他们的学问比清
人大，而是他们的学问与清人不同。清人治经学，研究经
学学说，贾疏不过是参考资料之一，所以他们经常批评、
否定贾疏，犹如宋人在校定汉注唐疏的同时，往往蔑视其
说，另起炉灶撰作新注。清人对郑玄注稍微客气一些，但

基本上也一样，郑玄的说法若不合"经义"，只能算郑玄不妥了。都可以批评、否定了，所以他们没有必要认真研究郑玄、贾公彦的学说，更不用说他们的文本、语言。狩野、仓石与此相反，纯粹以理解贾公彦《仪礼疏》文本为目的，对"经义"毫无兴趣。仓石自跋《考正》，发其四凡：一、考贾疏渊源，一、正贾疏疏谬，一、正宋刻讹脱，一、正近儒臆改。第一条探索贾疏每一段观点的来源，第二条追寻贾疏应该如何写，第三条排除版本讹误，第四条洗涤后人臆改，整体目标在于了解贾公彦如何参考先儒成说，编成《仪礼疏》，据此恢复并保存贾公彦的语言。第二条所谓"正贾疏疏谬"，不过校正引文标题失误之类，并非议论贾疏观点之是非。

总体而言，清代、民国治经学者，往往标榜"经世致用"，对贾公彦及《仪礼疏》本身，没有太大兴趣，更无暇研究。因此在清人论说中，对贾疏误会、曲解之处，俯拾即是，笔者曾介绍其一二①，此不赘述。读者看仓石的四凡，也会联想到胡培翚《正义》的四凡：补注、申注、附注、订注。订注以郑注为非，补注、申注、附注以郑注为是，非一是三，大致相当于"三七开"。重点在非，只是考虑到长期以来的权威性，还是要说七分正确。此时标准握在胡培翚手里，他自己做法官，没有必要、也没有办法仔细倾听郑玄、

① 见拙著《义疏学衰亡史论》，生活·读书·新知三联书店 2017 年；《学术史读书记》，三联书店即刊。

《仪礼疏考正》解题

贾公彦的心声。胡培翚认定郑玄不妥，有时不便直接给他定罪，也会找贾公彦等替死鬼背黑锅。法官担负着维持社会秩序的重任，需要对判决结果负责，无法如辩护律师般详细调查嫌犯个人情况，也顾不了产生冤案。

清人对贾疏的研究，不过是"工欲善其事，必先利其器"而已，只求其利，不管何器，这并不是胡培翚个人的问题。如卢文弨《仪礼注疏详校》，严元照即有"以笃老之年校难读之经，欲求其一无可议，难已"之叹。卢文弨是校勘名家，业师王文锦先生整理文集，曾摘录其校勘学论述，皆善言正理。然施诸实践，则混乱不堪，故其校刊《经典释文》，往往误会内容，误以经文之音为注文之音，注文之音为经文之音，根据一己之误解来颠倒原书条目顺序，消灭底本之正确信息，使顾千里不得不评为《释文》厄运。其于《仪礼疏》亦然。如贾疏分节经文，说明经文自某某至某某为某事，然亦有不言分节之处。卢文弨遇此等处，辄以为误夺，必奋笔补足而后快，初不思贾氏原作如何。卢氏所作，乃替古人修改文章，视贾公彦犹如自己门生，毫无尊重之意，无怪乎他经常误会贾氏文义而不自觉。

曹元弼是清末礼学专家，《礼经校释》固然见功力，不可与卢氏同日而语。曹氏崇拜郑玄，熟读郑注，因而也很重视贾疏，对贾疏的理解也相当精确。然曹氏毕竟是经学家，在他眼里，贾疏也不过是非常有用的参考书，不可能作为真正的研究目标。所以曹氏往往依据自己大致准确的理解，大胆改写文字，全不顾传本文字。如《燕礼》"乐正由楹内东楹之东告于公，乃降，复位"，贾疏："至席工于西阶上少东东面时，小乐正亦降，立于其南，北面。"《校释》云："'至席工于西阶上少东东面时'当为'至大师等降立于鼓北东面时'。"按：如此改字，文通字顺，确实合理，但只有"至""东面时"用底本文字，中间八字彻底改写，无法解释如何产生如此讹误。唐人贾公彦编撰，经宋人校定刊行之书，是一种历史文献。其中有贾公彦参考过的南北朝以来义疏作品的因素，有贾公彦自己的因素，是唐初形成的一种文本，经过唐代传抄，北宋校定，又经过翻刻、修补，才形成现在我们看到的版本。我们想要知道北宋版的文本究竟如何，也要推想贾公彦原稿的文本究竟如何，是历史文献学的兴趣。曹元弼显然没有这方面兴趣，是兴趣点不同。

狩野、仓石他们对"经义"毫无兴趣，他们的目标就是精确理解贾公彦《仪礼疏》的文本。精确理解，也包含历史因素，如贾说来源、版本讹误等。他们既有处理版本、校勘问题的文献学能力，也有探索学说演变、分析历史语言现象的能力，在这一点上与以往的日本汉学家完全不同。清人面对《仪礼疏》，应该未尝想过自己会读不懂，尽管实际上经常误会。狩野、仓石一开始就知道自己会读不懂，所以虚心探索，百般研究，集中精力追究眼前文本每一个字之所以然。要说版本讹字，必须解释如何会产生那种讹误。若不得解释，应该考虑自己的理解有问题。他们也不会满足于理解学说内容，必须做到连每一个助词的语气都能体会到。清人看到"当云"，要么忽略，要么臆改，明知此说之出于雷氏，终不觉"当"为讹字。此又不足以为清人病，因为无论"当云""雷云"，对他们治经学都不会有丝毫影响，他们没有必要留心这些问题。目标不同，不必相责；求仁得仁，有何怨乎。

当然，"清人"也是过于笼统的概括，自然有例外。像顾千里是超群孤独的文献学家，可以视为狩野、仓石的先人（请参拙文《学抚本考异记》）。民国也有像黄侃那样熟读贾疏，又认真读过胡培翚《正义》的，所以能有对胡疏"直可不作"的认识，与未尝读过具体内容的评论家乱吹捧清人新疏不同（同理，日本早期亦有岛田翰，是善读书者）。但总体来说，清代、民国治经学与治礼学的基本上都是经学家，几乎没有人投入精力虚心阅读唐人贾公彦的作品，遑论研究。《仪礼疏考正》是《仪礼疏》的校勘记，表面看来似乎与《详校》《校勘记》《校释》同属一类，但内容有本质区别。目标不同，关注点不同，所以不能相提并论，也不能评比高低。

四、《仪礼疏考正》的参考价值

如上所述，作为专门关注《仪礼疏》文本而不只关心学说的校读成果，《仪礼疏考正》既是第一部作品，同时又是至今唯一一部。同好之士，有意攻读《仪礼疏》，仓石的《考正》无疑是个最佳伙伴。当你发挥自己灵敏的语感阅读贾疏，感到有点别扭，怀疑文本有问题的时候，翻看《考正》往往会发现仓石也在同样的地方感到有问题，给你提供一个参考答案。二十年前笔者开始攻读《仪礼疏》，参考多种清人著作，屡见他们误解、曲解贾疏，彻底失望，同时发现唯独仓石《考正》在认真学习贾公彦，如在黑夜里听到同行者的脚步声，感到无比欣慰。今日读者，只要不以"经世致用"或"复原古礼"为目的，虚心研读贾疏，都会有同感。

所谓筚路蓝缕，而且五十卷规模不小，仓石花六年完成，也是在教学余暇断断续续积累的成果，自然不会是完美的最终答案。在此提出今后我们可以继续用力的方向，以期与读者共勉。

《仪礼疏》版本流传非常有限，当年仓石没有用到特别的版本，版本异文不外乎《校勘记》所载范围。我们今日有宋版《要义》影印本，宋版《仪礼经传通解》影印本，都可以用来参校，是仓石当年没有具备的条件。更要命的是黄丕烈影抄单疏本，现在不仅有《中华再造善本》影印本，还可以在北图网页免费浏览。黄抄本对底本字迹模糊之处都有钤印标志，可以推想宋版原貌。另外，天一阁藏顾千里校本，是理解张敦仁刻《仪礼注疏》、阮元刻《仪礼注疏》、汪士钟刻《仪礼疏》文本的关键，十分重要①，也能在天一阁的网页上免费浏览。有些文本疑义，看到黄抄、顾校即可解决，可喜可贺。此举一例：《士冠礼》"请礼宾，宾礼辞，许，宾就次"，注"次，门外更衣处也，必帷幕簟席为之"，疏"云

---

① 请参周慧惠《天一阁藏顾广圻校仪礼注疏考述》，《文献》2016 年第 1 期。

'心帷幕簟席为之'者……"。《校释》云"'心'当为'必',单疏作'心'",《考正》云"'心'当'必'之坏字,注疏本正作'必'"。此曹氏、仓石均为俗本所误。今按宋本《要义》作"以",黄丕烈影刻严州本注即作"以",顾千里校本云"若注作'必',贾当疏之",则贾疏当作"以",形讹作"心"作"必",确不可疑。

仓石自跋《考正》,评论清人校勘"往往求之太过,疑其不可疑,或等闲视之,不中其关要"。然此事固无人可免,《考正》亦多此失,无须讳言。如《士冠礼》首节贾疏云"自此至'宗人告事毕'一节,论将行冠礼,先筮取日之事",《考正》云:"'诹'误'取',各本正作'诹'。"宋本《要义》亦作"取",则单疏宋版必当作"取",自不误,故《大宗伯》疏亦云"先帅执事,共卜取吉日"。作"诹"则"诹日"专指"人谋",《特牲》所谓"不诹日",《士冠礼》固不当"诹日"。是知俗本皆误,仓石一时失误,疑其不当疑。诸如此类,问题甚多,皆待读者审择。仓石没有出校,今日可补之处,又不胜枚举。

五、附论仓石的政治问题

最后为仓石的政治问题作简单的解释。仓石是"京都帝国大学"的教授,在北京期间直接参与购买陶湘的丛书收藏,偷偷运往京都,作为"东方文化学院"的藏书基础。《著作集》第一卷收录《汉文教育的问题》《支那学的现状》这两篇 1943 年的文章，表述 1942 年 2 月 18 日新加坡沦陷时感到的解放感，又说日本人作为"大东亚共荣圈"的领导者云云，有明显的时代烙印。考虑到仓石作为日帝高层成员的身份，有这种表现也很自然。战争期间在思想上能够与帝国主义撇清界线的日本人极其罕见，如村上知行先生以卢沟桥事件为机，毅然辞掉《读卖新闻》记者一职，留在北京靠文笔谋生，十分奇特，不得不令人敬佩。日本一个小地方，没有大后方存在的余地，反对集权即无栖身之地，只好全民法西斯化。

然而，同样接受帝国主义政权，如何表现又因人而异。仓石并非积极鼓吹"大东亚"的投机分子，对中国、中国人始终保持应有的敬意。《支那学的现状》一文的主旨在要求日本发展汉学，振兴现代汉语教学，以便提高日本对当代中国、中国文化的理解水平，绝无对中国学者指手画脚的意图。笔者认为，仓石是一种政治盲人。曾见长泽规矩也先生一篇文章[1]，介绍他接触过的一些学者的生态，其中讲到，仓石回到东京任教，是长泽在中间穿针引线。吉川幸次郎（1904 年生）小仓石七岁，本来是仓石学弟，后来同在京都帝国大学任教，开始嫌仓石的存在会妨碍自己事业的发展。于是长泽叫仓石调到东京，避免一山二虎。有趣的是，当长泽说明这些背景时，仓石坚持说"吉川君才不是这种人"，不相信长泽的话。战后仓石投身于汉语教学，也

---

[1] 《东京帝大的门阀》，笔者看到过《汲古》期刊校样，听闻有人反对，没能刊发。据说至 2000 年长泽孝三先生出版《昔日老师，今日老师》，以此篇为附录。

受新中国热情的影响。《著作集》第二卷收录《中国文字改革视察学术代表团报告》一文，记录1962年访问文字改革委员会的记录，以兴奋的文笔，表达出"人民大众"对"中华人民共和国"的"热情"。因为是善良的政治盲人，所以政治立场随时而变，但主要表现都积极正面，并无居高临下或损人利己等劣迹。孙人和先生是笔者业师王文锦先生的老师，深于礼学、音学，也治子学，是当时最杰出的读书人之一。笔者到北京工作，一直承蒙孙先生千金孙彦贞老师的关怀，曾听她介绍说，当仓石重访北京时，孙先生冒着政治风险，还特意去见仓石。这不仅说明孙先生为人的厚道，还能看到孙先生对仓石人品的一种认可。

仓石一生的成就，举其大者，有《仪礼疏考正》《段懋堂之音学》，一系列汉语教学活动以及《岩波中国语辞典》。每一样都是投入大量时间、精力，默默奉献地工作。他所作所为都很实在，像是做面向大众的普及工作，如汉语教学，他教育了一批又一批无名学员；又如翻译《论语》，他用最平实的日语口语翻译，解释完全遵照朱熹《集注》，不加多余的注释，丝毫没有卖弄学问、抬高自己身价的意思。这样做的结果是，他在社会上的名声至今几乎被埋没，但我们都不怀疑今日日本的汉语教学是在仓石打好的基础上发展过来的，他的《仪礼疏考正》《段懋堂之音学》《岩波中国语辞典》都在散发着不朽的光芒，永远为孤独的后人提供勇气。

《仪礼疏考正》卷首，崇文书局即刊。

【补白】以往我们对阮刻《十三经注疏》版本的认识，基本源自长泽规矩也《十三经注疏影谱》（1934年。后收录于《长泽规矩也著作集》第三卷，1983年）。《影谱》云："阮本有多种覆刻本。道光覆刻本《周易》封面背面无刊记，需要注意。覆刻本文字往往大异。"图版（52）"南昌覆阮本"《周礼》封面背面有"道光丙戌（六年）南昌/府学重校正本"刊记，而《周易》无。图版（53甲）"覆道光刊本"，刊记仅刻上半作"道光丙/府学重"，（53乙）"江西覆阮本"除道光刊记外，又有"同治十二年江西书局重修"。是长泽以为道光版为覆刻本，同治版为覆刻道光本。本书第一篇（第12页）提到"道光覆刻本"，即本此说。2013年高桥智先生发表短文《清嘉庆年间刊刻〈十三经注疏〉の版本について》（庆应义塾大学艺文学会《艺文研究》第一〇五卷第一分册），介绍所见情况，认为道光丙戌版面磨损严重，同治十二年补版极多，而皆就嘉庆版基础上陆续进行修补，在版本学概念上是同版修补后印本，不宜认为是新的覆刻版。真正的覆刻本有光绪十八年湖南务本书局刊本及《十三经注疏影谱》图版（53甲）所见（未详何地所刊），此两版皆据道光六年修补印本覆刻。

高桥先生云"江西书局同治十一年创设，大概继承了南昌府学板片"，所以同治十二年修补印本由"江西书局重修"。按光绪三年刘秉璋序江西书局刊汪文台《识语》云："自咸丰庚申以后，东南书籍半遭沦毁，古经注疏实赖此本（按：谓阮本）之存。同治中，江西既设书局，因取学宫旧本续残补阙。"

影印宋刊元明递修本《仪礼经传通解》正续编编后记

叶纯芳、乔秀岩

一、前言

朱熹在《答曾择之》中说:

> 礼即理也。但谓之理,则疑若未有形迹之可言。制而为礼,则有品节文章之可见矣。（《晦庵集》卷六十）

理学给人印象太过抽象,让人疑惑"未有形迹之可言",而礼学适可寓无形于有形,这是朱熹个人深切的体悟。可以说朱熹的学术思想以理学为中心,也以礼学为中心,两者成为他整体学术思想的一体两面。作为宋代学术最具代表的人物之一,虽然朱熹一直是后代学者最有兴趣的研究对象,只不过注意力都集中在他义理上的发挥,忽略其在礼学上的成就。众人所忽略的部分,恰好是其学术中与理学同样重要的核心,于是长期以来,形成了一个偏颇的朱熹形象。

要拼凑出朱熹学术完整的形象,必须补足他的礼学思想,而其礼学体系最完整的呈现,应属在晚年征集门人所编撰的《仪礼经传通解》。这本书虽然或许有如后人所诟病,是堆砌资料的资料集，或认为是朱熹未完之作，不足以窥见其《礼经》之见解。不过，就朱熹本身态度而言，他非常看重礼学，而编纂礼书，"亦是学者之一事，学者需要穷其源本"（《朱子语类》卷六十，人杰录），则是身为学者的他一生的使命。我们也可以看到他在晚年曾多次迫切表达希望此书完成的心愿：

> 熹目盲，不能亲书，所喻编礼如此固佳，然却太移动本文，恐亦未便耳，老病益侵，而友朋相望皆在千百里外，恐此自不能成，为终身之恨矣。（《答应仁仲》，《晦庵集》卷五十四）

> 只是《礼书》不能得成，又以气痞不可凭几，恐此事又成不了底公案也。（《答辅汉卿》，同上，卷五十九）

> 《礼书》近方略成纲目，但疏义、杂书中功夫尚多，不知余年能了此事否？当时若得时亨诸友在近相助，当亦汗青有期也。浙中朋友数人，亦知首尾，亦苦不得相聚。（《答严时亨》，同上，卷六十一）

> 万一不及见此书之成，诸公千万勉力，整理得成此书，所系甚大。（《答叶贺孙》，《朱子语类》卷八十四）

朱熹还对李季章表示，若《礼书》编成，则"便可块然兀坐以毕余生，不复有世间念矣"（《答李季章》，《晦庵集》卷二十九）。在他临终前一天，仍致书给大弟子黄干，交代《礼书》的后续工作，并将此重责托付给他，足见他对编成此书的重视与

影印宋刊元明递修本《仪礼经传通解》正续编编后记

对黄干的无限期待。

除了前辈学者所言，朱熹编修《礼书》是为了"考古以通今"①"落实仪法度数"②之外，令人好奇的是什么样的动力让他费尽心思想保护此书，临终前仍念兹在兹？在给黄干的信中，他曾说：

> 盖衰老疾病，旦暮不可保，而罪戾之踪又未知所税驾，兼亦弄了多时，人人知有此书，若被此曹切害，胡写两句，取去烧了，则前功俱废，终为千载之恨矣。
>
> （《答黄直卿》，《晦庵续集》卷一）

《答李季章》云：

> 元来典礼淆讹处，古人都已说了，只是其书袞作一片，不成段落，使人难看，故人不曾看，便为憸人舞文弄法，迷国误朝，若梳洗得此书头面出来，令人易看，则此辈无所匿其奸矣。于世亦非小助也。勿广此说恐召坑焚之祸。（《晦庵集》卷二十九）

《答滕德章》云：

---

① 钱穆《朱子之礼学》，见《朱子新学案》，巴蜀书社 1987 年，第 1328 页。
② 戴君仁《朱熹仪礼经传通解与修门人及修书年岁考》，《台湾大学文史哲学报》1967 年 10 月第 16 期，第 1—24 页。

> 此只是修改旧版，但密为之，勿以语人，使之如不闻者乃佳，若与人商量，必有以伪学相沮难，反致传播者，此不可不戒也。（同上，卷四十九）

《答詹子厚》云：

> 此间《礼书》渐可脱稿，若得二公一来订之尤佳，然不可语人，恐速煨烬之灾也。（同上，卷五十六）

庆元元年（1195），从宁宗赵扩免去朱熹经筵讲官的职位开始，以权臣韩侂胄为首的反道学派即刻攻击朱熹为"伪学"，毫不留情地对他以及其追随者展开政治斗争，这就是让朱熹在生命中最后的六年深陷恐惧、动辄得咎的"庆元党禁"。对朱熹来说，受伪学之谤，时时要面对自己的心血恐将付之一炬的心理威胁，使他益发地小心翼翼保护着这部书稿，"完成礼书"，也成了他罢官之后坚强的寄托与信念。

二、编纂《礼书》

在朱熹与友朋、弟子们的讨论中，我们所熟悉的"仪礼经传通解"一名，都被称之为"礼书"。朱熹生前，见不到将《礼书》命名为"仪礼经传通解"的记载，直到朱熹季子朱在刊刻父亲所遗《礼书》，才将他的手定稿命名为"仪礼经传通解"，未定稿则袭旧名为"集传集注"。朱熹清楚地在《乞修三礼札子》中说明编纂的动机：

> 熙宁以来，王安石变乱旧制，废罢《仪礼》，而独
> 存《礼记》之科，弃经任传，遗本宗末，其失已甚！
> 而博士诸生又不过诵其虚文以供应举，至于其间亦有
> 因仪法度数之实而立文者，则咸幽冥而莫知其源。一
> 有大议，率用耳学臆断而已。（《晦庵集》卷十四）

对这样的国家礼制，朱熹感到忧虑，因此想编修《礼书》，
除"使士知实学"之外，最大的作用，是"可为圣朝制作之
助"。清人凌廷堪曾在《礼经释例》中说：

> 考《论语·乡党》"割不正不食"，邢昺疏谓"折
> 解牲体脊胁臂臑之数，礼有正数，若解割不得其正则
> 不食也"，其说甚明。……至于《论语集注》谓"割不
> 正"为"割肉不方正"，不知引《少牢》疏，而引汉陆
> 续母事，则更非经义矣。（卷九）

这里似有批评朱熹不以经解经之意。我们却可以从凌氏此文
说明朱熹对经书的立场：他曾表示，《仪礼》是古礼，需要
了解，但并不表示必须完全遵循不知变通。而《论语集注》
则更接近日常道德行为，是实用之学，非专为解经之作。所
以朱熹说"可为圣朝制作之助"，故知《仪礼经传通解》以
《仪礼》为主，辅以《礼记》等经典文句，附录注疏之说可

补经传者，旨在为讨论当世礼制时提供全面可靠的经典依据，既非以此书为可施今世的礼典，又非汇编历代礼制、礼议的大全。

有了编纂《礼书》的想法，他曾经想要借官方的力量编书：

> 向在长沙、临安皆尝有意欲藉官司之力为之，亦未及开口而罢。（《答应仁仲》，《晦庵集》卷五十四）

在长沙，因"事丛且不为久留计"而作罢；在临安，原以为受到宁宗重用，积极地规划具体编书工作进行所需要的人力物力：

> 欲望圣明特诏有司，许臣就秘书省太常寺关借礼乐诸书，自行招致旧日学徒十余人，踏逐空闲官屋数间，与之居处，令其编类。虽有官人，亦不系衔请奉，但乞逐月量支钱米，以给饮食、纸札、油烛之费。其抄写人即乞下临安府拨贴司二十余名，候结局日量支犒赏，别无推恩。则于公家无甚费用，而可以兴起废坠，垂之永久。（《乞修三礼札子》）

不过，才刚拟好的札子来不及上奏，即被罢官。

罢官之后，他回到建阳考亭，全心投入讲学授徒与编撰书籍中。据几种朱熹年谱的记载，庆元二年丙辰（1196）

332

"是岁始修《礼书》"，时六十七岁。然就今日《仪礼经传通解》规模而言，如何能在短短五年之内迅速编纂完成，则启人疑窦。前人亦觉此条记载犹有不妥，多根据朱在《仪礼经传通解识语》言"先君早岁即尝有志于是书"而发议论，以为早有编纂《礼书》的计划。① 黄干的年谱记云：

> 明年（1197）三月乙亥朔，竹林精舍②编次《仪礼集传集注》书成。条理经传，写成定本，文公当之，而分经类传，则归功于先生焉。然"集注集传"乃此书之旧名，自丙辰、丁巳（1196—1197）以后，累岁刊定，讫于庚申（1200）犹未脱稿，而先生所分《丧》《祭》二礼犹未在其中也。③

杨复《祭礼自序》亦言：

---

① 钱穆先生以为朱子六十二岁（1191），临漳刊《四经》事起，开始有具体的计划，"并已切实略下工夫"；白寿彝先生认为此书的"酝酿期要占了十三四年"，到了庆元年间"正式编集"则毫无可疑；戴君仁先生则以为"是岁始修《礼书》"只是"重新动手，实则以前已作过这工作了"。户川芳郎先生引用上山春平先生《朱子の禮學》的说法，以为淳熙二年（1175）朱熹四十六岁时，已有编纂《礼书》的构想，但这个构想付诸实践，却要到他晚年的时候。
② 竹林精舍修成于绍熙五年（1194），王懋竑《朱子年谱》云："先生既归，学者益众，至是精舍落成，率诸生行释菜之礼于先圣先师，以告成事。后精舍更名曰'沧洲'。"（卷四）
③ 郑元肃录，陈义和编《勉斋先生黄文肃公年谱》，书目文献出版社，《北京图书馆古籍珍本丛刊》据元刻延祐二年（1315）重修本影印，册九十，页十六左。

文献学读书记

> 庆元丙辰，先生六十有七矣，而《家》《乡》《邦国》之礼始成[1]，《王朝礼》大纲举而未脱稿。

朱熹虽曾在信中说"《礼书》亦苦多事，未能就绪"（《答吕伯恭》，《晦庵集》卷三十三）、"此书无一纲领，无下手处。顷年欲作一功夫，后觉精力向衰，遂不敢下手"（《答吕子约》，同上，卷四十八），实际上陆陆续续已见成形[2]，除了《丧》《祭》二礼没有成书，《王朝礼》未脱稿之外，其余内容纲领皆已初步完成。也就是说，在庆元二年前后，《礼书》至少已经完成一半，所以他说"此只是修改旧版"（《答滕德章》，卷四十九）。他在庆元二年之后的工作，主要是让弟子们将已完成的《家》《乡》《邦国礼》附上注疏，逐一审定、写成定本，为已有大纲的《王朝礼》规划实际内容，并与门人商讨《丧》《祭》礼的架构，而非"始修《礼书》"。

或许觉得早年与弟子共同编纂《资治通鉴纲目》成效

---

① 《黄文肃公年谱》引杨复《丧礼后序》、杨复《祭礼自序》均不见"学礼"，朱熹在过世前写给李季章的信中，《礼书》的内容首次出现了"学礼"，清夏炘《跋仪礼经传通解》云："朱子以礼教人之意，欲其行礼之身自家而乡而国，而后推之天下，皆有依据，非欲作此书以夸博洽之名，实欲隐寓《大学》齐治均平之旨也。"（《述朱质疑》卷七，页三，《续修四库全书》第九五二册，据咸丰二年紫山房藏本影印）户川芳郎先生以为朱熹按照"修身、齐家、治国、平天下"的构想，在庆元六年（1200）病殁之前，完成了《学礼》的编纂。其中《大学》《中庸》的内容，仅仅是将《大学章句》与《中庸章句》移录过来而已。参见户川芳郎《解题》，载《和刻本仪礼经传通解》，东京汲古书院 1980 年。

② 关于《仪礼经传通解》内容设计之经过，请参考白寿彝《仪礼经传通解考证》一文。

不错，朱熹晚年编撰的特色，是采取与门人合作的方式，如
《书集传》《韩文考异》等。《仪礼经传通解》更是集众门人
之力而完成的一部巨作。[①] 当时编书的分工情形，正如《黄
文肃公年谱》所言，"条理经传，写成定本"的工作由朱熹
自己负责，"分经类传"由大弟子黄干负责，其他弟子，则
负责将二人拟好的经传之下"附注疏"。余正甫曾建议朱熹
"买书以备剪贴"，但他实际操作后，认为"大小、高下既不
齐等，不免又写一番"，提出自己的方案：

> 不如只就正本籤记起止，直授笔吏写成之为快也。
> 又修书之式，只可作草卷，疏行大字（欲可添注），每段
> 空纸一行（以便剪贴），只似公案折迭成耷，逐卷各以纸
> 索穿其腰背（史院修书例如此，取其便于改易也），此其大略
> 也。（《答余正甫》，《晦庵集》卷六十三）

以后的工作大致上是依照朱熹所指示进行。

"附注疏"的工作在编纂《礼书》中是一项大工程，较
为繁琐，也最容易出错，所以弟子们附好注疏后，都要由朱
熹一一检查删节，写成定本。后来黄干续修《丧》《祭》礼，
仍沿用这种分工的模式。我们可以看到他先命门人完成一部
分附注疏的工作，以作为其他弟子的范本：

---

① 请参考戴君仁《朱熹仪礼经传通解与修门人及修书年岁考》一文。

《仪礼》文字却好，致道一篇已入注疏，他时诸篇皆当放此。或所附之文有难晓者，亦当附以注疏也。（《答赵恭父》，《晦庵集》卷五十九）

欲将《冠礼》一篇附疏，以为诸篇之式，分与四明、永嘉并子约与刘用之诸人，依式附之，庶几易了。（《答黄直卿》，《晦庵续集》卷一）

也有追踪"附注疏"工作进度的记载：

《礼书》方了得《聘礼》以前，已送致道，令与四明一二朋友抄节疏义附入，计必转呈。有未安者，幸早见教，尚及改也。《觐礼》以后，黄婿携去庐陵，与江右一二朋友成之，尚未送来，计亦就草稿矣。（《答应仁仲》，《晦庵集》卷五十四）

《礼书》入疏者，此间已校定得《聘礼》以前二十余篇，今录其目附去，彼中所编早得为佳，此间者已送福州，令直卿与刘履之兄弟参校，写成定本，尚未寄来，若有可增益处，自不妨添入也。（《答廖子晦》，同上，卷四十五）

容略看过，却送去附入音疏，便成全书也。（《答吴伯丰》，同上，卷五十二）

《王朝礼》已送与子约，令附音疏。

修定之后，可旋寄来看过，仍一面附入音疏，速于岁前了却，亦是一事。

明州书来，亦说前数卷已一面附疏。《王朝礼》初欲自整顿，今无心力看得，已送子约，托其校定，仍令一面附疏。

《礼书》附疏须节略为佳，但勿大略。（以上，《答黄直卿》，《晦庵续集》卷一）

《礼书》附疏未到，已与一哥说，不若俟断手后抄之，今只写得一截，无疏，尤不济事也。

《礼书》未附疏，本未可写，以见喻再三，恐丞欲见其梗概，已取《家礼》四卷并已附疏者一卷纳一哥矣。其后更须年岁间方了。（以上，《答蔡季通》，《晦庵续集》卷二）

《王朝》数篇亦颇该备，只《丧》《祭》两门已令黄婿携去，依例编纂次第，非久寄来，首尾便略具矣。但其间微细尚有漏落，传写讹舛未能尽正，更须费少功夫。而附入疏义一事，用力尤多，亦一面料理，分付浙中朋友，分手为之。（《答余正甫》，《晦庵集》卷六十三）

最后还要找抄手负责誊稿抄写，但因受"伪学"之谤，许多人害怕与朱熹牵扯上关系，又在没有任何金钱资助的情况下，工作的进度时常受到影响：

《礼书》便可下手抄写，此中却得用之相助，亦颇有益。（《答黄直卿》，《晦庵续集》卷一）

始者唯恐未有人可分付，如来书所喻二人者，其一初不相熟，其一恐亦未免顾虑道学之累。(《答余正甫》，《晦庵集》卷六十三)

《礼书》已略定，但惜无人录得。亦有在黄直卿处者，闻吉父在彼，必能传其梗概。然此间后来又有续修处，及更欲附以《释文》《正义》，足未得便断手耳。(《答曾景建》，同上，卷六十一)

《礼书》此数日来方得下手，已整顿得十余篇，但无人抄写为挠。盖可借人处皆畏伪学之污染而不肯借，其力可以相助者，又皆在远而不副近急，不免雇人写，但资用不饶，无以奉此费耳。(《答刘季章》，同上，卷五十三)

在这样艰苦的环境下，与弟子们同心协力，分工合作，《礼书》虽离完成已不遥远，但就像他对蔡季通所说的"前卷已有次第，但收拾未聚；后卷则尽欠功夫，未知能守等得见此定本全编否耶"(《答蔡季通》，《晦庵续集》卷二)，最终，朱熹没来得及看到它刊刻成书就过世了(1200)。

三、续修《礼书》

接下来续成的工作，朱熹在临终前一日，交给了黄干。

嘉泰二年(1202)，黄干因丧其兄于福州桃枝山，会朋友于城南乌石山寺，借李筠翁住所，先后创书局于神光寺、仁

影印宋刊元明递修本《仪礼经传通解》正续编编后记

王寺，续修礼书，以成朱熹之志。首先修《王朝礼》，由黄干手定，同门刘砺，门人郑宗亮、潘硫茂、郑文通分任其事，但似乎没有修完。他还曾想重新整理《礼书》，《年谱》记云：

> 时有别定《礼书目录》，揭之壁间。文通以为先生欲遵文公遗言，悉取《家礼》以下，别为次第。此时实与诸君子商确其目。追惟此书终先生之世既不及为，而《目录》手稿具藏，当以编入先师遗言之内。（页二十二左）

不过往后的十多年，黄干皆"奔走王事，作辍不常"，《礼书》的编修工作也就停止了。[①] 即使如此，黄干以及其他朱熹的弟子，也从没忘记要完成此书的责任，黄干在嘉定九年（1216）给李贯之的信中说道：

> 近于乡间取得所修《祭礼》来，幸无去失，并《丧礼》皆可入《礼书》类中。然亦尚欠修整，当官固以无暇观书为恨，间居又以无笔吏抄写为挠。因阅故书中，得庆元三年朱先生所书编礼人姓名，为之感慨，益思是书之不可不蚕定也。然亦须朋友二三人来，方

---

① 这一《礼书目录》，不知与陈宓《与南康郑教授札》《与安南张郎中元简》所说的"有节目一纸，纳在黄堂书中，再录一本拜呈""外有一纸，具载节目"是否同为一物。

可参订。味道、子洪，皆有志于此者，独恨道远难相屈致。干亦无力远出，不能携书以就朋友，观先师晚年于此极惓惓，殊使人为之不安也。……向来从学之士，今雕零殆尽，闽中则潘谦之、杨志仁、林正卿、林子武、李守约、李公晦；江西则甘吉父、黄去私、张元德；江东则李敬子、胡伯量、蔡元思；浙中则叶味道、潘子善、黄子洪，大约不过此数人而已。（《复李贯之兵部》，《勉斋先生黄文肃公文集》卷十四，页六左至页七右）

从黄干"大约不过此数人而已"，可推见当初参与修纂《礼书》的弟子人数不止于此。但一直要到嘉定十一年（1218）十一月，他主管建宁府武夷山冲佑观，续编《礼书》的工作才又展开。

朱熹生前，黄干即沿袭朱熹编书的方法，会聚朋友共同修纂《丧》《祭》二礼。在这段时间，《丧礼》稿本基本完成，只待精修为定本。《祭礼》稿本虽纂集多年，仍有《祭法》一篇至晚年方脱稿，这就是黄干跟杨复所说的"用力甚久，规模已定"。① 黄干所说的"规模已定"，以今日所见的《仪礼经传通解续祭礼》，各篇、章、节、目之经注疏俱备，所引诸书俱全，只是没有黄干的按语。

而朱熹其他弟子中，又以杨复对此事最为用心，胡泳

---

① 杨复《丧服后序》所引黄干之语云："先生尝为复言，《祭礼》用力甚久，规模已定，每取其书翻阅而推明之，间一二条方欲加意修定而未遂也。"

曾记此事：

> 后来黄直卿属李敬子招往成《礼编》，又以昏嫁不得行。昨寓三山，志仁反复所成《礼书》，具有本末，若未即死，尚几有以遂此志也。（《朱子语类》卷八十四）

他在朱熹过世后，到了黄干门下。十三年（1220）夏天，《丧礼》终于修订完成，黄干让杨复作《丧礼》定稿检查的工作。紧接着黄干修订《祭礼》，并与杨复"朝夕议论"（杨复《祭礼后序》）。其中《祭法》一篇，大约也在此阶段编撰；又出示《特牲》《少牢》《有司彻礼》，指示学生以分章句、附传注，终因"素苦痞气"而未果。十四年辛巳（1221）三月，终于所居之正寝，如同朱熹的《王朝礼》，黄干再一次让《仪礼经传通解》成为未定稿之作。

黄干过世之后，陈宓曾写信给杨复说"《祭礼》更须入注疏，俟它日抄录，以广其传""《祭礼》闻已入先儒格言，次第成书，黄先生未遂之志，舍学录孰能当之"（《与杨信斋学录复书》，见《复斋先生龙图陈文公集》卷十三），说明弟子们并没有因此而中断修书的工作。

四、刊于南康军

韩侂胄死后，让朱熹身负污名的"伪学"得到平反，他的门生得以开始正常活动。在黄干奔走王事的十数年之中，朱熹最小的儿子朱在也因承父荫而开始活跃官场。[1] 嘉定十年（1217）八月，朱在任知于南康军，等不到黄干将《王朝礼》写成定本、《丧》《祭》礼完成的情况下[2]，朱在决定于南康道院[3] 先刊刻父亲的礼书。其中前二十三卷（《家礼》《乡礼》《学礼》《邦国礼》）为朱熹定本，题称"仪礼经传通解"，为本书称此名之始；后十四卷（《王朝礼》）为稿本，题称旧名"仪礼集传集注"，且"不敢有所增益，悉从其稿"；至于《丧》《祭》二礼，则"它日书成，亦当相从于此，庶几此书

---

[1] 朱在，字叔敬，一字敬之，受业家庭，又从黄干学。记载朱在一生行事的文献很少，大约只见他累迁官职的记录：嘉定十年（1217），以大理正任知南康军；十三年，提举常平茶盐司；十四年，右曹郎官；十六年，两浙转运副使；宝庆元年（1225），司农卿；二年，工部侍郎；绍定三年（1230），宝谟阁待制知平江府；四年，焕章阁待制知袁州。

[2] 朱熹让年满十九岁的朱在拜黄干为师，两人又有姻亲关系，然《勉斋文集》中未见与朱在商量讨论刊刻《仪礼经传通解》的书信，也未见黄干答复朱在续修《通解》的进展。如前文所言，黄干曾筹设书局修《王朝礼》，但朱在似乎并不知情。不仅如此，朱熹门人与朱在的互动少，几不见记载。仅《朱子语类》中一段："或问朱敬之有异闻乎？曰：平常只是在外面听朋友问答，或时里面亦只说某病痛处。得一日，教看《大学》，曰：'我平生精力尽在此书，先须通此方可读书。'"（《朱子语类》卷十四，贺孙记）关于朱在的事迹，只见宋叶绍翁《四朝闻见录》一段，不知可信否，姑存之以待考："考亭之子在，趋媚时好，遂阶法从，视其父忤淮丞异矣。予尝与闽士同舟，相与叹息在之弗绍，且谓在尽根尽骨卖了武夷山。闽士谓予曰：'子之乡橐只是卖了一座武夷山，我之乡橐却卖了三座山。'三座山，盖指三山。乡橐，谓梁成大也。程源为伊川嫡孙，无懈殊甚，尝鬻米于临安新门之草桥，后有教之以干当路者，著为道学正统图，自考亭之后，剩入当路姓名，遂特授初品因除二令，又以轮对，改合入官，迁寺监丞。伊川、考亭扫地矣。"（卷二，《洛学》）

[3] 淳熙中，朱熹知南康军（江西），因救荒有功，后请于朝，于此修建"白鹿洞书院"。"刊于南康道院"，实即南康军衙署所刊。其后朱在、陈宓、张虑、赵希悦俱知南康军。

始末具备"（朱在《识语》）。有了朱在这句话，我们可以看到之后黄干所续修的《丧》《祭》礼或杨复再修的《祭礼》，从外在形式的行款格式到内容的安排、体例上，悉遵此本，说明朱熹门人或再传弟子对此书"始末具备"的重视。这是《仪礼经传通解》文稿完成后，第一次刊刻成书，已经是朱熹死后十七年的事情了。

嘉定十六年癸未（1223），张虙知南康，因久慕朱熹之学而欲终其志，以全其书。在士友间听说黄干门生陈宓有黄氏已脱稿的《丧》《祭》礼，故去信表示想在南康补刊黄干二礼，并向他索稿。任延平守的陈宓也有意补刊二礼，但当张虙提出在南康刊刻，他认为"盖延平本无此书，刻此二门则无始；南康已有此书，刻此二门则有终"（陈宓《识语》），因此不仅归其于南康，更"遣刻者数辈至"，帮助张虙完成《丧》《祭》礼的刻成。①《与安南张郎中元简》（张元简亦为黄干弟子）也说过类似的话："某本刻之延平，正恐其书无始。……杨丈复乃勉斋上足，十余年补足，专人赍纳乞，趁工匠未散，聚手刊成，一失机会，则为后悔。《丧礼》十六册改字颇多，然非门下好学不倦，何能校勘若此？"《与南康郑教授札》云："《礼书·丧礼门》刊刻极佳，且不甚误，非史君与诸人精勤校定，未易至此，甚善。今纳去十六册，

---

① 陈宓更自费要求印书："《祭祀》必已毕工，今有七十券，望为印《礼书》前后全帙各印四部，……。某归期在初冬，此两人专欲书及送合刻《礼书》四册，系《祭礼》缘杨丈用力久，方能缉写就，有《节目》一纸，纳在黄堂书中，再录一本拜呈。"（《与南康郑教授札》）

有误字处已改，幸白黄堂速修正。"又写信给杨复"《礼书》成编，告之先生祠下，祝文典实，读之怆然。跋语合在后，与图式共作一册，今以在前非是，因书当告郑教误字不能保其无，施刊修可也"（《复斋先生龙图陈文公集》卷十三），不仅对刻成此书不遗余力，对进展与品质也非常关心。

但当张虑收到书稿，发现"《祭礼》有门类而未分卷数，先后无辨"，黄干门徒遂相与商榷，并推举常与黄干讨论编辑《礼书》的杨复整理。杨复因"先生既没，学者不敢妄意增损，谨录其稿而藏之"，因此，他所做的整理工作，实际上除了曾由黄干生前授意为《祭礼》正经"附传记一节"（杨复《丧祭二礼目录后序》）；黄干殁后，将他所交代完成的工作之外，只仿丧礼题"仪礼经传通解续卷几"，以别其次第。书整理完成，共得二十九卷，其中《丧礼》十五卷，黄干撰；《丧服图式》一卷，杨复补订；《祭礼》十三卷，黄干撰稿、杨复分订卷次，这部分，后人称之为"仪礼经传通解续"或"续仪礼经传通解"。

至此，虽然其中仍有朱熹、黄干之未定稿，但终究这部让朱熹心系已久的《礼书》，正式刊刻成书了，文稿被焚毁的恐惧终于不再，在他死后二十三年，化身千万，流传后世。这部涵盖朱熹《仪礼经传通解》《集传集注》以及黄干《丧》《祭》礼的作品，就是今日通行的六十六卷的《仪礼经传通解》与《通解续》。

之后，在南康所刊刻的正续编《通解》书版，被收归于国子监。

影印宋刊元明递修本《仪礼经传通解》正续编编后记

而杨复因为帮忙整理编次，发现黄干所说的"《祭礼》已有七分"（杨复《祭礼后序》），实际上只是将《祭礼》经传注等相关内容分置于各章节条目之下，"其经传异同，注疏抵忤，上下数千百载间，是非淆乱，纷错甚众"（杨复《祭礼自序》）之处，都未曾处理，是故又花了十多年的时间，以黄干《祭礼》为蓝本，再修一部《祭礼》，成为一部服膺朱熹礼学、理论体系完整的礼学著作。此间详情请参见《杨复再修仪礼经传通解续卷祭礼导言》。（见《版本目录学研究》第二辑，2010年，今收入《学术史读书记》。）

宝祐元年癸丑（1253），江南东路提点刑狱公事王佖因书版年久未修补，所印之书"字画漫漶，几不可读，识者病之"，且已收归国子监，因此建议在南康重刊，得到黄干弟子饶鲁的赞同，南康军知事赵希悦佐其费，南康军学教授丁抑主其事。自宝祐元年仲春起雕，至二年季夏刻成。值得一提的是，这次重刊全书，《祭礼》部分因杨复所编撰较黄干的内容精简明净，故改用杨复所撰，这是杨复《祭礼》唯一一次在文献上明确记载刊刻的记录。书刻成后，书版收藏于南康军白鹿洞书院。

以上，是《通解》一书从筹备、编纂、续修、再修到刊刻，历经近半个世纪的整个过程。我们可以了解到这部书的完成，单凭朱熹一个人的力量是办不到的。朱熹生前即深谙此理，召集学生共同为之，在这个过程当中，也将自己的礼学思想传承给自己的学生，可以说，《通解》不仅代表他个人的，也代表朱门的礼学思想。其中《丧》《祭》二礼于朱熹礼学研究中尤其重要，但前人却每每将此二礼排除于他的礼学之外，只要明白《通解》整个编纂的过程，相信也就能够认同并接受此二礼应视为朱熹礼学一部分的想法。同时，随着杨复再修《祭礼》的完成，代表朱熹礼学理论体系的《仪礼经传通解》、黄干《通解续》与杨复《仪礼图》、再修《祭礼》，于是乎得以完整，再加上朱熹实践体系的《家礼》、杨复《家礼注》，我们可以看到朱熹与门人们想统合礼经、礼制与礼俗的企图，这也是今后研究朱子礼学、重新定位宋代礼学的一个非常重要的课题。

五、版本流传

入元，南宋国子监所有的书版未毁于战事者皆收归于西湖书院。元元统三年乙亥（1335）六月，江浙等处儒学提举余谦等刊补黄干《丧》《祭》礼，推测应该就是使用嘉定年间南康所刊书版、后收归国子监者修补印行。实际修补的情形则不可考。余谦等人并为二礼编制目录，《续编目录》前有云"《丧》《祭》二礼，元本未有目录，今集为一卷，庶易检阅耳"，此为二礼通数为二十九卷之始。目录后有"元统三年六月日刊补完成　后学叶森书／儒司该吏高德懋樊道佑／所委监工镇江路　丹徒县儒学教谕杨文龙／江浙等处儒学提举司吏目阿里仁美／登仕郎江浙等处儒学副提举陈旅／承事郎江浙等处儒学提举余谦"六行的补刊年与衔名。

影印宋刊元明递修本《仪礼经传通解》正续编后记

西湖书院的书版到了明代又收归于明国子监。丘浚《大学衍义补》曾提出"《仪礼经传通解》等书，刻板在南监者，亦宜时为备补"（卷九十四）的建议。明嘉靖二十三年甲辰（1544），《南廱志》刊成，其中《经籍考》记录了南京国子监承接自元西湖书院此书旧版片的情形：

> 《仪礼经传通解》二十三卷。好版三百二十面，坏版四百六十面。《仪礼经传通解》为朱熹所编，以《仪礼》十七篇为主，而取记传凡系于礼者，附入之为传。
> （《南廱志·经籍考》下篇）

这说明所余存的版片大约只及原书的三分之一。之后明国子监即以《通解》所残版片为基础，修补印行。宋嘉定南康刊本经过元代、明代的补版，成为今天我们看到的"三朝本"《仪礼经传通解》。正德年间，又有刘瑞因南京国子监所藏《通解》卷帙浩繁，点画漫漶，"因命教授陈竂，教谕粘灿、王士和督诸生手录经传"，付杭郡刊刻，仅取经传文字，无通解注疏，仍置宋嘉定十六年（1223）张虙、杨复、陈宓跋语于其前。

到了清代，这些从南宋流传到明代的国子监《通解》版片则不知其所终。不过，清初康熙年间，吕留良因推崇朱子学，重刻多种朱子著作，其中亦有《通解》一书，有牌记云"御儿吕氏宝诰堂据白鹿洞原本刻印"（应指嘉定年间刊本，非宝祐刊本）。乾隆中，又有梁万方《重刊朱子仪礼经传通解》，

❧ 梁氏重编本 ❧

乾隆原版

《存目丛书》误以覆刻本为乾隆原版

原版首陈序，次雷序，次梁氏后序，此三序版心页次皆各自起数。接续有朱熹《札子》、朱在《识语》、杨复《丧礼》《祭礼》等序、陈宓《识语》等，则用通数页数。陈、雷、梁序皆为乾隆原版所作，故在宋人序跋之前。覆刻本却将乾隆三序置于宋人序跋之后，且全部序跋通数页数，是覆刻本才能有的编排方式。又如左图书影第五行，原版作“明文王”，梁氏出注云：“附按：文王‘文’字似是‘武’字之误。”覆刻本却直接改正文作“明武王”，致使梁氏注语无的放矢。此亦原版不可能出现的编辑失误。覆刻本不待对照原版，仅从内容上便可知其非原版，亦颇有趣。

影印宋刊元明递修本《仪礼经传通解》正续编后记

虽言"重刊",实际上是加己意以重编,已非《通解》原貌。

虽然版片早已不知去向,如今世上仍存有多部宋刊元明递修本《通解》正续编,即使大部分都是残本零卷。所幸经过历代藏书家费尽心力的保护,今天仍然可以看到较完整的本子,其中最重要的有三部:一为南京图书馆藏,丁丙旧藏本(下称丁本),《中华再造善本》曾影印出版。一为东京大学东洋文化研究所藏,傅增湘旧藏本(下称傅本)。一为台湾"国家图书馆"藏,张钧衡旧藏本(下称张本)。

从补版的情况来看,三部《通解》,以丁本刷印的时间最早,见不到版心下方题"监生某某"的明代补版,推测为元代(或明代前期)的印本,但仅存正编三十七卷中的三十二卷(缺第十五卷,卷八、九、十、二十三配抄本),无续卷,其他各卷或多或少皆有缺页,皆配以抄补。书前有"仪礼目录",第十页下象鼻有宋代原刻工胡桂之名,页右行三作"说昏礼之义及其变节合之以为此","说"字前脱"说苑所"三字。碍于一行十四字的限制,修版刻工原本要剜去页右第三、第四行,重新镶补小木条,作"说苑所说昏礼之义及其变节合之 / 以为此篇"两行。可是却因为此页左右内容字数相当(见下图),不慎剜去了不误的左半页三四行,镶上原本应补在右半页的内容。不仅未将右半页的夺字补上,反而造成了更大的错误。

傅本此处错误已修正,刻工为王启。阿部隆一先生将王启归为宋刻工,但从这个例子来看,若排除配补问题,丁本既为元(或明前期)印本,晚于丁本的傅本此页,不能

【丁本】左右两半页内容字数相当，且隔行首字皆为"内"字，恐因此而误剜

【傅本】丁本的错误已修正，丁本左半页三四行原来的内容与傅本相同

影印宋刊元明递修本《仪礼经传通解》正续编后记

是宋代补版。又如卷三十七，页二三右，行四（右小行），丁本作"惧出奔"；傅本补版此三字格挤刻五字，作"卫侯惧出奔"，皆是丁本保留更多原版面貌的例证。丁本书后有杨复所撰《祭礼后序》，仅存后半，自"盖见祭法所说禘郊祖宗"句始，至篇终；陈宓《识语》行书低格写在杨复《祭礼后序》后。杨复《丧祭二礼目录后序》在陈宓《识语》后接连刻之，别无标题，仅存前半，至"南康旧刊朱文公先生"止，自"仪礼经传通解"以下缺。以上三篇为傅本、张本所无。

傅本与张本补版的情况基本一致，总体比较同一版的磨损程度来看，二者刷印的时间先后相当，而傅本略早。傅本有缺页，无缺卷。张本缺卷二十七《乐记第一》、卷二十八《王制甲》二卷[①]，续卷《目录》全缺。此二部可说是目前最完整的宋刊元明递修的正续编《通解》。详细情形请参考阿部隆一先生为二本所作的解题。值得提出的是，二本皆有"任栢川万卷／楼书画之印""栢川／道人"的藏书印。因为张本多数卷首都有此二印，共有十五处，而傅本似无此印，我们以为是阿部先生误将张本的藏印写入傅本的解题中，之后我们重新检查傅本，发现在正编目录首页俨然有此二印。张本、傅本所钤盖的此二印，印色相同，稍微倾斜的角度也相仿，可以确定是同时同人所钤。考虑

---

① 关于张本详细的版本调查请参考阿部隆一《中国访书志·"国立中央图书馆"藏宋金元版解题》，但张本所缺卷，阿氏误作"欠第二六《乐制乐记第一》、第二七《王制甲》凡二卷"。

到傅本仅一处有此印，可以推测张本旧为"任栢川"收藏，后不知何时有人取其正编目录首页配入傅本。若然，张本、傅本此二宋本渊源很深。当初我们只是想用张本补傅本之缺，但随着我们一页一页比对，发现二本虽然大致上相同，却仍可见其间微妙的差异。我们深深地被这些差异吸引住，最后决定将两本所有不同版页悉数并收，将此二宋本汇合为一完璧本。没想到这两本本身早已经过混配，可谓冥冥之中，自有定数。

东洋文化研究所另藏有原由江户时期市桥长昭捐赠给孔庙、后由安田氏家收藏、安田弘捐赠的宋嘉定南康刊、未经后代修补的一卷残本（下称市桥本），所存为第十七卷《中庸》，但缺末页（第四十五页）。据《安田弘先生捐赠正平本论语等十一种》中的《仪礼经传通解》介绍：

> 封皮墨书"中庸章句"，其实是《仪礼经传通解》的第十七卷，只是该卷内容恰好是《中庸》而已。这本残卷是江户时代市桥长昭捐赠给孔庙的三十种宋元版本之一，有市桥氏识语以及昌平坂学问所的藏印。市桥氏的识语由曾经翻刻正平本《论语》的市野迷庵所誊写，今与这批正平本《论语》一并传藏，颇有因缘。市桥捐赠三十种的其他二十九种，今收藏在内阁文库（现在内阁文库作为行政组织已被取消）等，其重要性不用多说了。东洋文化研究所另外收藏《仪礼经传通解》宋版的足本，可以与此第十七卷残本进行比较，两本不

同版（按：据文章作者口述，撰稿时，只能对比卷首数页，匆匆断为不同版，后来始知是同版不同修本），但行格、风格等皆一致。东京大学以昌平坂学问所为滥觞，其中的东洋文化研究所收藏了宋版足本《仪礼经传通解》。今此残卷连同正平版《论语》被捐赠给东京大学东洋文化研究所，令人不能不感到很深的因缘，既难得又可喜。（桥本秀美撰，《明日の東洋學》第12号，2004年10月30日发行）

这三十种宋元版，书后都附有文化五年（1808）二月《文庙宋元刻书跋》，说明市桥氏收书之难与献书之由。后来不知何种原因，这批捐赠书，其余的二十九种到了内阁文库，此部残卷则成为安田家的收藏品。安田弘先生继承了连同此部残卷在内的一批古书，在东洋文化研究所的争取之下，于2004年捐给了该所图书馆。这部非常难得可贵的宋版宋印残卷，没有经过修补，呈现出宋版原来的面貌。《经籍访古志》稿本曾著录此残卷：

> 《仪礼经传通解》卷第十七　一卷　宋椠零本　昌平学藏
>
> 宋朱熹撰，原二十三卷，今存《中庸》一篇，注与今章句本全同，但首章注为小异，盖章句未定本也。此本款格宽裕，字殆钱大，每半叶七行，行十五字，界长六寸三分，幅四寸六分，左右双边，字画端劲，颇有欧柳笔意，版心上方草书记大小数字，下方有刻

工名氏，镌手精良，纸墨共佳，信为宋椠中最清绝者。[①]

　　光绪十一年（1885）聚珍排印本与上引内容大致相同，唯篇末"最清绝者"之后有"卷中慎树等字缺笔，中间有后人补刊"之语，"后人补刊"未作说明，不知据何作此断语。以往学者对于宋版的印象，多是版面磨损严重，每页字体忽大忽小，市桥本虽然只有一卷，且各页的刻工不尽相同，但整卷看来，字体风格完全一致，版心上象鼻记字数，下象鼻记刻工名，双黑鱼尾而且是对鱼尾（▣），两鱼尾中作简体的"仪礼十七"，整齐划一，与元修为顺鱼尾（▣），作"仪礼卷十七"不同。正如森立之所言"镌手精良，纸墨共佳"，让我们见识到与印象中不同的宋代刻工技术。

　　在青铜器断代的研究上，我们通常需要一个时代确切的标准器作为比较的准则，市桥本作为一个版本的最早面貌，即使只有一卷，已经足够可以作为"标准本"，帮助我们厘清与了解这部书版的演变过程。我们拿市桥本与丁本、傅本第十七卷的刻工比较如下：

────────────

① 森立之《经籍访古志》，台北广文书局 1981 年，《书目丛编》据日本书志学会昭和十年（1935）影印稿本影印。据阿部吉雄《东方文化学院东京研究所经部礼类善本述略》云："此零本一册当即故内野皎亭氏所藏本。《官板书目》（内野氏编）中附载'江洲西大路藩主（所领一万八千石）市桥下总守长昭文庙寄藏宋元椠本三十种书目'。其中有《中庸集注》一册，即为此本。"（原载东京《东方学报》，1936 年 2 月，今由刁小龙翻译，刊于《中国文哲研究通讯》第二十卷第二期，2010 年。）

影印宋刊元明递修本《仪礼经传通解》正续编编后记

354

页数	市桥本	丁本	傅本
一	刻工漫漶	同市桥本	补版，刻工祥
二	范（后漫漶）	同市桥本	补版，刻工祥
三	漫漶	补抄	明补，剪去下象鼻，张本刻工作"戴彝"
四	刻工漫漶	同市桥本	同市桥本，刻工王圭
五	弓万	萧汉杰	萧汉杰
六	吴元	补抄	萧"杰
七	刻工漫漶	同市桥本	同市桥本，刻工吴元
八	范（后漫漶）	同市桥本	同市桥本，范（后漫漶）
九	刻工漫漶，似作"翁□"	同市桥本	补版，刻工似作"虞"
十	翁遂	同市桥本	补版，刻工作"成父"
十一	刻工漫漶	同市桥本	同市桥本，刻工范宗海
十二	王（后漫漶）	同市桥本	同市桥本，刻工王文
十三	刻工漫漶	同市桥本	同市桥本，刻工王文
十四	刻工不清	同市桥本	同市桥本，刻工不清
十五	胡杲	同市桥本	补版，刻工不清
十六	胡杲	同市桥本	补版，刻工似作"吉父"
十七	刻工漫漶，版心作"仪礼十七"	补版，刻工李成，版心作"仪礼卷十七"	同丁本
十八	刻工漫漶	补版，刻工李成	同丁本
十九	阮才	同市桥本	同市桥本
二十	阮才	同市桥本	同市桥本
二一	正	同市桥本	同市桥本
二二	正	同市桥本	同市桥本
二三	陈全	同市桥本	同市桥本
二四	陈全	同市桥本	同市桥本
二五	胡桂	启	元修，王荣

续表

页数	市桥本	丁本	傅本
二六	刻工漫漶，似作"胡□"	元修，刻工为单字，但模糊不清	翁
二七	弓万	萧汉杰	同市桥本
二八	弓万	萧杰	同市桥本
二九	吴元	袁珍	袁珍
三十	吴元	袁珍	袁珍
三一	刘伸	丁本为元修，刻工不清，版心题"仪礼卷十七"，页数在下鱼尾下，作"三十一"	同丁本
三二	刘伸	同上	同丁本
三三	刻工漫漶	元修，刻工单字"辅"	补版，刻工经描补，似同丁本
三四	刻工"完"	为元修，刻工单字"辅"	同丁本
三五	王文	元修，刻工单字"亮"	同丁本
三六	王文	元修，刻工单字"亮"	同丁本
三七	刻工"正"	元修，刻工名不清，且版面漫漶	同市桥本
三八	翁遂	同市桥本	同市桥本
三九	翁遂	元修，刻工"李成"	同市桥本
四十	无刻工名	元修，刻工"成"	同市桥本
四一	阮才	同市桥本	萧汉杰
四二	阮才	同市桥本	萧"杰
四三	范宗海	元修，刻工"袁"	同市桥本
四四	范宗海	元修，刻工作"珍"	同市桥本
四五	缺页	刻工作"王文"	补版，版心无字，仅于下象鼻尾有"四十五"三字

356

　　《通解》正续编为五千多页的巨作，版片数量庞大，历经宋刊、元明递修，因此在版本上存在着复杂难理的问题，阿部隆一先生在《中国访书志·"国立中央图书馆"藏宋金元版解题》《日本国见在宋元版本志经部》[①]中将张本、傅本刻工一一辨证，分为"原（宋）刻""元修""明修"，是认定此书为宋刊元明递修的第一人。他曾表示："此版元修的字体也几乎照原刻覆刻，而且尽管有部分漫漶之处，但大部分磨损程度不那么明显，因而判定原版与补版、宋刻与元刻，相当困难。经过仔细观察，看似宋刻的字体，也存在微妙的差异。但这些差异，是原版与补版的差异，还是写版样的巧拙的差异，很难辨别。"[②] 这样犹疑不决的说明，是因为阿部先生鉴定版本仍存在着根据直觉经验而下判断的问题，即使他详尽地为每一部书作记录，我们仍然能看到他先后对张本与傅本鉴定时的转变：张本的鉴定记录，元修刻工葛文、吴辅、辅、高谦、谦、子信、肖昊、陈正、正等人，到了傅本都成了宋刻工；而张本中的宋刻工均佐、虞万全、胡庆、沈寿、刘森等人，在傅本中则为元修刻工。张本宋刻工方得时，到了傅本则不见此人。实际上张本、傅本补版情况大致相同，为数不多的同页不同版，皆在本影印本中并存，

---

① 《中国访书志》是阿部先生于1970—1974年到台北故宫博物院、"中央图书馆"等古籍藏书地的调查报告，于1976年11月由日本汲古书院出版。《日本国见在宋元版本志经部》则于1982年3月发表于《斯道文库论集》第十八辑，后收入《阿部隆一遗稿集》，第一卷《宋元版篇》，日本汲古书院1993年。

② 《阿部隆一遗稿集·宋元版篇·日本国见在宋元版本志经部》，第317页。

① 市桥本（宋刻）卷十七第二页，刻工范□□

❶ 傅本（元修）卷十七第二页，刻工祥

影印宋刊元明递修本《仪礼经传通解》正续编编后记

② 市桥本（宋刻）卷十七第五页，刻工弓万

❷ 傅本（元修）卷十七第五页，刻工萧汉杰

读者可以参阅比对。而阿部先生对张本、傅本刻工的大调动，说明一直以来的版本学家依靠经验直觉作判断，容易产生的游移不定的结果。阿部先生"是原版与补版的差异，还是写版样的巧拙的差异"的疑惑，如今我们通过与市桥本的比对，可以得到解答。

上图版①②为市桥本，❶❷为傅本，①与❶同页，②与❷同页。通过排比，很容易比较出①与❶、②与❷的差异。四张图版的刻工皆不同，但①②的风格一致，❶与❷虽相近，而❶字体较粗，就此四张图版比较，❷比❶更接近宋刻的①②，但根据阿部先生的判定，❶的"祥"是宋刻工，❷的"萧汉杰"是元刻工。实际上两人都应该是元刻工。

若只看傅本，因整部书仅存三分之一的宋刻原版，我们对补版字体会有较深的印象，或许也会产生与阿部先生相同的疑惑。现在，经由与市桥本的比对，字体较小、笔画收敛、中规中矩的宋刻原版，风格特点已经十分明确，可无疑义；版心下方题作"监生某某"的明补也十分明显，毫无疑问。但处于两者之间的补版，如何确定所属朝代，则值得我们进一步探讨。

举例来说，上表中的第十七、十八页，丁本与傅本为补版，刻工李成在阿部先生《宋刊本刻工表》中为宋刻工。①

---

① 李成曾参与刊刻的工作有：宋绍熙三年（1192）两浙东路茶盐司刊宋元递修《礼记正义》、宋宁宗理宗间浙刊宋元后至元二年（1265）江浙等处儒学余谦修《晦庵先生文集》、南宋刊元修本《仪礼疏》，以及南宋前期浙刊《南齐书》《魏书》《周书》（《眉山七史》本）补刻的工作。

影印宋刊元明递修本《仪礼经传通解》正续编后记

同时，在《元刊本刻工表》中，李成也参与刊刻南宋两淮江东转运司刊元修前三史的工作，李成有没有可能是宋末元初人？此其一。

阿部先生通过书影鉴定丁本是明修本，我们比对的结果，似乎并不存在明补版。丁本中与市桥本刻工不同的版页，应该可以推测为元补版。再拿丁本与傅本比较，那么傅本与张本的修版情况，我们就大致能够掌握了。例如正编目录第九页，丁本刻工胡杲，傅本刻工王启；第十页，丁本刻工胡桂，傅本刻工王启；第十五页，丁本刻工蔡延，傅本刻工采；第十八页，丁本刻工阮才，傅本刻工刘森；第十九页，丁本刻工吴元，傅本刻工信；第二十页，丁本刻工虞全，傅本刻工信。今见市桥本，知原版字体风格、版心格式高度统一，而在市桥本中即有胡杲、胡桂等刻工，则二人所刻为原版确凿无疑；王启等人所刻，不论字体风格、版心格式，与市桥本截然不同，其为补版，同样无可疑义。又，丁本虽然包含大量的元补版，而以上诸页仍保留原版，至傅本出现补版，则傅本这些刻工不能是宋人，应该是元人。然在阿部先生对张本的鉴定中，王启、采、刘森均归原刻（宋刻）；对傅本的鉴定中将刘森改归元修，而王启与采仍归宋刻，而且不言有宋末补修，仍然认为是原版刻工。

我们再拿卷一出现的刻工来说明：

丁本刻工	页数	丁本情况	傅本情况	页数	傅本刻工
蔡祥	三五	首行重复前页最末一行	（宋版）	三五	马忠

续表

丁本刻工	页数	丁本情况	傅本情况	页数	傅本刻工
蔡祥	三六	后移一行	（宋版）	三六	马忠
补抄	三七		上可接蔡祥所刻补版，不能接马忠所刻原版	三七	明补
补抄	三八			三八	明补
马忠	三九	（宋版）	后移五行	三九	信
马忠	四十	（宋版）	后移五行	四十	信
马忠	四一	（宋版）	后移五行	四一	信
马忠	四二	（宋版）	后移五行	四二	信
补抄	四三		后移五行	四三	王
补抄	四四		后移五行，末行为空行	四四	王启
刘森	四五	后移六行	后移六行	四五	刘森
刘森	四六	后移六行	后移六行	四六	刘森
马忠	四七	宋版，接不上	补版，接得上	四七	？

丁本基本上都是宋刻工马忠所刻（看来当初第一卷全由马忠一人承担），其中掺杂少数的补版与补抄。第三五、三六页的刻工为蔡祥。在第三五页首行，蔡祥重复刻前一页的最末行，导致第三五页实际内容的第一行往后挪成第二行，第三六页首行的内容原本应该在第三五页的最末行。第三七、三八为补抄，到了三九页，又是马忠所刻。那么，蔡祥所刻的这两页是原刻还是补修？傅本帮我们解答了这个问题。傅本的第三五、

三六页仍是马忠所刻[1]，并没有重复前页末行的内容，说明蔡祥是补版刻工。接着看下面几页。傅本第三七、三八页为明补版，丁本此二页为补抄，今已无法见到这二页的宋刻，也见不到元补。三九页为补版刻工信所刻，这页的内容，较丁本马忠所刻的往后移了五行，但与明补的三八页可以衔接得上，说明明补据以补刻的元补，前面已经多了五行。傅本第四十页至第四四页内容与丁本马忠所刻已衔接不上，且每页都往后移了五行。到了第四五、四六页，丁本与傅本终于有了相同的刘森所刻的版片，内容与傅本的补版第四七页接得上，但与丁本原刻（马忠）第四七页衔接不上，且多出了六行。原因出在第四四页末，恰好是《士冠礼》结束，傅本补版在这里空了一行，我们推测宋版没有空行，《士冠礼》结束后接着刻《冠义》，而补版加上前面多出的五行，共较宋版多了六行。傅本这一路下去到卷终页六一都是补版，有元补，亦有明补。再次说明这里的刘森是补版刻工。阿部先生对刘森，先以为原刻，后改定为元修；但对王启、蔡祥两名，先后都认为是宋刻。上述情况足以证明王启、蔡祥是补版刻工，毫无疑义，但如何确定绝对时间是宋末还是元？据尾崎康先生介绍，南宋前期、中期官刊本，往往未经南宋后期补修，而经元补修。笔者认为，王启、蔡祥、刘森、采等人尽管不能完全排除南宋末补版的可能性，但作为元刻工的可能性更

---

[1] 如果丁本已是补版，何以比丁本刷印时间为晚的傅本还能保留原刻？版片有版片的问题，刷印成书本后，也存在着配补、重新装帧后产生的种种问题，这已经不是我们的能力可以解决的事情了。

大。此其二。

《通解续·祭礼三》，页五十五为补版，页右行一，"次上"误作"以上"、"上宾"误作"比宾"；行二，"众宾"误作"众实"；行三，"侑致"误作"侑盈"、"主人"误作"王人"；行四，"奠爵"误作"并爵"；行七，"不止"误作"不上"。页左行一，"兄弟不称加"误作"元利不缙如"、"兄弟"误作"元芽"；行二，"容有"作"客有"。一页十四行，其中七行有错字，说明补版校勘的漫不经心，按照常理推测，有可能是明补版，但因没有刻工姓名，再从字体较大、外放、粗犷的风格推断，也无法完全排除元补的可能。由元过渡到明，版刻风格不会有太大的差距，确定绝对年代颇有难度。此其三。

以上三点疑义，说明除了宋刻、元修、明修，这部书版还存在着似宋似元、似元似明无法解答的疑惑。不过通过与市桥本、丁本的比较，我们能够了解阿部先生鉴别原版与补版的失实，准确地从傅本与张本中辨别补版，并将宋刻原版归纳出来。可以说在版本的鉴定上，又前进了一步。

日本汲古书院于1980年根据江户时期宽文二年（1662）刊、五伦书屋印本《通解》，与天明二年（1782）越后新发田藩的藏版，京都吉野屋林权兵卫文泉堂、秋田屋山本平左卫门景云堂共同刊刻出版的《通解续》，影印出版《和刻本仪礼经传通解》[1]。虽然目前尚不知二刊本之所祖本，但就内

---

[1] 关于《和刻本仪礼经传通解》的相关资料，请参考附于该书后的户川芳郎先生所撰《解题》。

容而言，文本似乎相当精良。《通解》又有民国上海乐善堂本，实际上就是日人岸田吟香将宽文二年的和刻本版片运至上海，削去训点后印刷[①]，并不是重新刻版印行。（2017年补注：版本问题请参本书第十三篇《嘉定南康军刊本〈仪礼经传通解〉之补修情况》。）

六、影印出版

傅本与张本的版面状态，互有长短。我们把字迹清晰度、补版、描补等各种状况作为标准，选择适合此次影印的底本，举例分述如下：

（一）傅本、张本补版状况

1. 补版的时间先后

【卷二二，页四八】傅本刻工虞全，为宋版；张本题"监生邓志昂"，为明补。

【卷三二，页一〇】傅本刻工陈生，为宋版；张本为明补。

【续卷二五，页一五一】傅本为宋元版；张本下象鼻题孙钦，为明补。

[①] 请参考陈捷先生《岸田吟香的乐善堂在中国的图书出版和贩卖活动》，《中国典籍与文化》2005年3月，第46—59页。文章作"实际上是利用日本宽文九年刊本的版木削去日本人读汉籍时需要借助的训点后印刷的"，"宽文九年刊本"应作"宽文二年刊本"。宽文二年刊本后印本有宽文九年题字，是二年刊版之九年以后印本。

【卷八，页九八】傅本为宋版；张本为元版。

【卷三二，页一九】傅本刻工刘伸，为宋版；张本刻工秀，

　　　　　　　　　为元补。

　　其中后两例，元已有补版，而傅本（与张本一样是明印本）仍存有宋版，这种情况很有趣。以上皆说明张本较傅本为晚。但亦有张本为早者，如：续卷三，页四二，张本刻工范仁为宋元版，傅本为明补。

　　2. 同一页却存在两个不同的版片

　　（1）同本同页不同朝代的版片：

【卷三五，页二二】傅本有两张不同版，一页在正常位置，

　　　　　　　　　一页被当作该卷的第十二页。

【续卷四，页四一】张本有两张不同版，一为宋元版，刻工

　　　　　　　　　定；一为明补，下象鼻题"监生陈俊"，傅本与此

　　　　　　　　　页同。皆先后不同时期版片，却同时存在。

【续卷一，页五〇、五一、五八】傅本缺，张本有；【页

　　　　　　　　　九四、一〇五、一四二】傅本漫漶甚于张本。但

　　　　　　　　　张本以上数页纸色与其他页不同，因此不排除配

　　　　　　　　　补的可能性。

　　（2）不同本同页同朝代的版片：

【续卷七，页十八】傅本、张本均明补，但不同版。傅本下

　　　　　　　　　象鼻作"戴彝"，张本作"廖"，均监生。不宜认

　　　　　　　　　为其一在先，因版片磨损，故又刻为另一版。此

　　　　　　　　　种情形推测应为几乎同时刻同一页，且都使用，

并非其一代替另一，但何以如此，则不得知。

【续卷七，页三三】傅本刻工留成，张本无刻工，版心为大黑口，同为明补，但不同版。

【续卷二二，页三二】出现一个较复杂特殊的例子：

A. 张本

    a. 续卷二二（祭礼六）的页三八被当作续卷六的页三八，续卷二二的页三八成缺页。

    b. 于是页二二被当作页三八补入（全页下半部残缺，看不清楚页数），页二二成缺页。

    c. 接着拿"监生秦淳"的页三二冒充页二二补入（版心页数"三"字看起来像"二"），页三二成缺页。

    d. 又刻了一张一模一样的页三二放入真正的页三二位置。

B. 傅本与张本之 c、d 情况相同。

此处二本皆以"监生秦淳"的页三二当作页二二，为此还重复刻出一模一样的页三二，故本书将前者放在页二二的位置，是本书经过全面调整书页排序之后，唯一保留错误排序的例外。傅、张二本的错页情况很混乱，尤以傅本为甚，现在只能举出此例供读者参考。

（二）傅本、张本同一版片修补、破损的状况

    【续卷三三，页三九、四十】此二页，张本残缺上部三分之一，傅本未残，而在页三九可见细微裂痕。

【续卷二六，页十右】傅本第一行至第四行（夹行八行）
第六字，镶小木条补修，补时字的位置稍偏右。
第五行（左小行）第六字"是"、第六行（右小行）第
六字"与"，中间均有裂痕。张本第一行至第四行
镶补的木条已脱落，成为空白。第五、第六行的
裂痕加大、加粗，并延及左半边。说明张本在傅
本之后。（如下图）

【卷八，页九八】傅本刻工元似为宋版，张本刻工
仁，似为元版。右半页第二行，傅本"知所以中
莫"五字格，张本挤刻"知所以中不中莫"七
字；同行下，傅本"至"，张本补作"至于"，一
字格挤刻二字。此傅本存当初上版时原貌，张本
则经过校正。同页左半页第二行，傅本"○"下

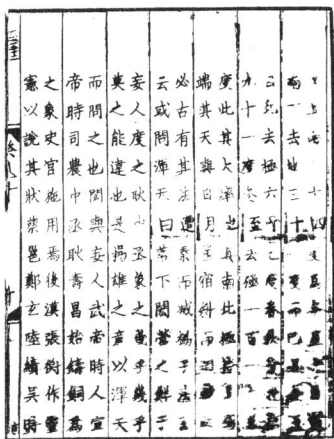

傅本

张本

影印宋刊元明递修本《仪礼经传通解》正续编编后记

空四字，张本作"下文注同〇"，当是宋版删四字
留空白，元版又补回之。

（三）傅本、张本同版印字漫漶、清晰的程度

【卷二二，页一三〇】【续卷一，页一〇九】【续卷二四，页
二六、二七】傅本可辨字较张本多。张本较傅本
清晰之处，大都因为张本描补。但亦有张本较清
晰者。

【卷二二，页一二二】末两行漫漶，张本除有描补外，刷印
字迹可辨者较傅本多。

【续卷一，页九四】张本能辨之字较傅本多。这种情况，除
了应考虑版面状态之外，也应考虑印制的精粗，
所以不宜据少数例证论断。

总体衡量，张本字迹较清晰，傅本版框栏线分明，不
过大部分都是经由后人描补所致。张本基本不描补框界线，
而勤于描补全书字迹模糊的文字笔画，但描补者随意揣度，
常常描补错误，如【卷二，页四五左，行六（右小行）】"庿，
考妣之庿，北方塘下"，两"庿"字张本皆描补作"广"[1]；
傅本则仅在卷一描补文字笔画，但每遇版框、界线残缺处，
皆为之描补。正编卷一首题，傅本作"仪礼经传通解卷第

---

[1] 《朱子全书》校点本《仪礼经传通解》以张本为底本，出大量校记，而不
分宋版与补版。今核张本，知所出校多数是明代补版或描补的错误。

集禮經傳通解卷第一

上冠禮第一　家禮一之上

傳曰夫禮始於冠本於昏重於喪祭

尊於朝聘和於射鄉此禮之大體也

夫音扶朝直遥反○始猶根也本猶幹也鄉鄉飲酒

士冠禮○筮于廟門

筮市制反廟古廟日吉凶於易也冠必筮日於廟門者重以成人之禮成于孫也廟謂禰廟不於

儀禮卷第一

上冠禮第一　家禮一之上

傳曰夫禮始於冠本於昏重於喪祭

尊於朝聘和於射鄉此禮之大體也

夫音扶朝直遥反○始猶根也本猶幹也鄉鄉飲酒

士冠禮○筮于廟門

筮市制反廟古廟日吉凶於易也冠必筮日於廟門者重以成人之禮成于孫也廟謂禰廟不於

乍看两图版似乎是不同版本，实际张本（下）不知何种原因，第一行被剜去，重镶补作"仪礼卷第一"。仔细观察傅本（上）与张本，二者是同版。

影印宋刊元明递修本《仪礼经传通解》正续编编后记

一"，丁本与傅本同，张本第一行则不知何种原因被剜去，镶补作"仪礼卷第一"，这也是傅本早于张本的证据。

傅本凡在版心下象鼻题"监生某某"处辄剪去之，这些"监生某某"，是明补的明证。张本则由于缺正编的第二十七、二十八卷，以至于卷第二十九、三十、三十五至三十七的版心卷次均被截去。这样可以混淆视听，使人不容易察觉此书有缺卷。不论是傅本或张本的改动情形，都说明某一任拥有者、或者是书商，想要隐藏此书的本来面貌以提高价值。要衡量此二部书的优劣，确实相当为难。若以内容存真与版面状态的角度来评价，自然傅本要比张本更具价值。故此次影印，以傅本为底本，逐次比对，遇傅本有缺页、漫漶不清处，而张本不缺，则以张本配补，扫描影印出版。

据东洋文化研究所的图书登记簿记载，傅本是在 1930 年，东方文化学院建立的第二年，6 月 23 日登记，从文求堂购得，支付三千六百日元。《"傅增湘先生逝世六十周年纪念展"东京会场纪事》（桥本秀美、陈捷撰，载《版本目录学研究》第二辑，2010 年）说明此书是顶级善本，"入藏就是镇库之宝"。

读者可以看到在书页左右上方皆有编号，是将东洋文化研究所藏微卷转成扫描档时的编号（如：0008_0002-2）。不论是张本或傅本，书页顺序颠倒的机率频繁，有了这些编号，读者也可以看出原书页排放的顺序。若抽换成张本，则上方无此编号，且于旁注说明之。

虽以傅本作为底本，遇以下情形，则改用张本：

1. 傅本漫漶、破损。

2．傅本墨笔描字过多。

3．傅本印墨散开，模糊不清。

4．傅本刻工名欠清晰。

5．傅本剪去下象鼻以隐藏明补的情况，在本书起始前几例以张本替换，之后皆仅出旁注说明，不加更换。

6．傅本书页背面公文透墨，与印版文字相混，不易辨识。

此外，若二本均缺，或补以傅本抄补，或补以张本抄补。若二本俱无抄补，则付之阙如。丁本若有此页，则加旁注说明版页情况。

为了反映不同时期补版的不同情况，本书采用了特殊的编例，凡遇二本中存在同卷同页不同版，则悉数收录并列之。由于宋版宋印的市桥本（卷十七，《中庸第二九》，《学礼十二》）非常难得，也将此卷与傅本并列：市桥本置于上，傅本置于下，方便读者对照。

《通解》一书的价值与朱熹礼学对南宋以后学者的影响，前人多已大略述及。此书在文献保存上也有很大的功劳，它被明清两代学者作为校勘《仪礼注疏》的根据，清人也多以此书辑出《尚书大传》散佚的内容。既然作为校勘、辑佚的依据，不能没有特殊的需求标准，而方便阅读的排印本无法保证文字来源的可靠性，自然难以满足我们这方面的要求。因此，我们想到了这样的出版方式，可以说是出版史上第一次将分藏于不同两地的同部古籍，依据每页的情况，同页不同版兼收并列，同版则选择版页最佳者合而为一。这种方式最大的优点，就是能让我们对一种版本有立体的了解，上文所述就是其中一端。

以前的版本学家鉴定版本，往往依靠自己长久经眼的经验，以字体、版式风格的变化作为版本鉴定的依据。当然累积经验很重要，但风格可以模仿，甚至刻意造假。遇到覆刻、补版，依靠这样抽象的感觉推测，势必会得出许多不适当的结论。而他们教导学生，通常也是告诉学生多看就会有感觉。到了赵万里、长泽规矩也、阿部隆一、尾崎康等近代学者，除了长久的经验之外，他们更勤于做书本的记录，每部书的版式、行款、刻工姓名，凡是能够区别此书与他书的所有不同处，都一一详实地做成记录，因此突破了对覆刻、补版鉴定的难关。但在他们的时代，只能一部一部书翻看做笔记，有时候还只能看书影。曾听尾崎康先生描述，当年与阿部先生一同到台湾看宋元版，阿部先生的视力很差，屋内的灯光昏暗，看不清楚刻工姓名，不知不觉地拿着古籍往外走，想要看清楚，却因此被馆员责骂。如今，我们拜科技之赐，可以将这些古书全部做高画质的扫描，不仅可以将看不清楚的刻工、书页放大至数倍，更重要的是，原本秘藏在不同地方的多套善本书，居然可以在自己的书桌上翻开同一页进行比对。这样一来，原版与补版以及不同时期的补版，都可以立刻判定，刻工的先后也可以分析得更精确。

本书收录宋版宋印的一卷市桥本，参考了元修的丁本，又比对了两部刷印时间差距较小的傅本与张本。面对一部古书，可以同时亲睹四个同版却不同时期刷印的本子，这是任何一个古人都无法拥有的条件。阿部先生虽获得各个古籍藏书地善意的对待，容许他一部一部地翻阅宋元版书，做版本的调查，他所能看到的，也只有张本与傅本，丁本只见过书影，市桥本则无缘谋面。而即使是张本与傅本，一在台北，一在东京，也不能直接比对。我们却看着这些书版，由完整到磨损，由原版到补版，字体、版式由清晰到漫漶，就好像看着一个人由年轻到衰老的转变过程，这是多么难得的经验。也唯有通过一页一页慢慢地观察与体会，我们才能感受到版本强韧的生命力。

这部书的出版，得到东京大学东洋文化研究所以及台湾"国家图书馆"的帮助，提供我们使用这两部正续编《通解》的微卷与电子档。傅本原在东洋文化研究所的网站上可以全书下载，不过因为这个网站架设得较早，当时的技术无法做到高精细度的影像，因此我们申请借出微卷，以高画质的方式重新扫描。台湾"国家图书馆"则提供给我们彩色电子档，在此一并致上我们由衷的感谢。

本文刊登于 2012 年国家图书馆出版社《版本目录学研究》第三辑，该书影印本同年由北京大学出版社出版。

影印宋刊元明递修本《仪礼经传通解》正续编编后记

嘉定南康军刊本《仪礼经传通解》之补修情况

乔秀岩

一、引言

嘉定南康军刊本《仪礼经传通解》，传本不少，而多残卷。笔者所见有如下四部：

A 无修残本，存一卷（第十七卷），《经籍访古志》著录，今藏东京大学东洋文化研究所。（下文简称**市桥本**）

B 元修残本，存三十三卷（第一至第七卷、第十一至第二十二卷、卷二十四至三十七卷），丁丙旧藏，今藏南京图书馆。（简称**丁本**）

C 元明递修足本，傅增湘旧藏，今藏东京大学东洋文化研究所。（简称**傅本**）

D 元明递修本，缺第二十七、第二十八卷，张钧衡旧藏，今藏台湾"中央图书馆"。（简称**张本**）

又，北京图书馆藏三部元明递修残本，其一存十一卷者（书号四一九七），铁琴铜剑楼旧藏；其一存二卷者（书号七二八〇），涵芬楼旧藏，存卷恰为张本所缺，疑从张本分出；其一存一卷者（书号七二八一），亦涵芬楼旧藏。

北京大学出版社出版《影印宋刊元明递修本仪礼经传通解正续编》，即据市桥本、傅本、张本三本影印，三本中所存所有不同印版，即同一页之原版及不同补版，均兼收并录。丁本有《再造善本》影印本。北京大学出版社影印本书后附录《编后记》（即本书第十二篇），对版本的基本情况已经有所讨论。今在已有认识的基础上，把重点放在补修情况，进行更深入的探讨。《正编》与《续编》之间，情况有所不同，不仅原刻时间不同，即元代补版之情形亦不相同。本文讨论仅限《正编》，不涉及《续编》部分。

二、前人之刻工分析

最早尝试分析此版刻工的是阿部吉雄。1936 年 2 月东京出版的《东方学报》第六册载其文《东方文化学院东京研究所经部礼类善本解题稿》（《中国文哲研究通讯》第二十卷第二期有汉译文本，可从文哲所网页下载），详论傅本，并录"仪礼经传通解刻工名表稿"。表前阿部有说明，抄录如下：

《双鉴楼善本书目》谓本书"宋刊本，无补版"，然如前所述，既有元统之刊记，显然当有元代补版。且依版式与阙笔之有无等推定，可知黑口叶均为元代补版，而白口叶中亦有补版。此尚需以刻工名之调查证明之。饶有趣味者，本书黑口叶及白口叶中确为补版者，多剜去刻工名，掩饰其补版之迹象。虽然，时亦见若干剜而未尽之遗存。即秦淳、廖宾、戴彝、孙钦、留成、陈浚、邓志昂、蔡育等名是也。而此等刻工名大多亦见于白口叶中。是知白口叶中亦有补版矣。近来，长泽规矩也氏强调版本鉴定之际，刻工姓名之调查颇为重要，且已陆续发表其相关研究。今则先揭本书之刻工姓名，再借长泽氏之研究，区别宋元刻工，又略作若干补足，制作一表如下（若记录各卷每叶之刻工名，则可详知担任刻版之实情，便于比较其他宋版《仪礼经传通解》，然颇费纸幅之故，兹暂不从此法）。要之，读者可借此表，大致推知何叶为宋版抑或元版。结合版式与字体考量，即无刻工名之叶，亦可作大致推测耳。然下表中所示元代刻工较少，此乃因元之补叶中刻工名多为剜去之故。换言之，所见多为宋代刻工。

据此可知，当时长泽规矩也强调分析刻工之重要性，阿部在其影响下，进行了初步的探索。阿部结合版式与刻工综合分析，表中用符号标注每一位刻工有无避宋讳以及是否见于长泽《刻工表》、静嘉堂所藏《祭礼》等情况。在当时有限的条件下，他可以说已经竭尽所能。虽因"颇费纸幅之故"，未能按每卷每页逐一列表，然在表中还分《正编》与《续编》为不同栏位。后来的阿部隆一等学者分析刻工，都不分别《正编》《续编》。今按此版刻工，除了明代监生参与《正编》《续编》整部的补修（监生非刻工，他们可能的参与方式是捐钱、写版、校对等，不知具体情况如何）之外，宋元刻工并见《正编》

《续编》者属少数，大都仅见《正编》或仅见《续编》，不仅原版，即元代补版亦如此。从这一点足以看出，阿部吉雄的分析工作十分精细，令人敬佩。唯因未能核查其他传本，进行对比，加上当时版本学界积累的刻工信息也非常有限，所以从现在看来，阿部的结论还需要调整。阿部认为"黑口叶均为元代补版，而白口叶中亦有补版"，今核查张本，知秦淳、廖宾等名上往往冠"监生"，是阿部认为元代补版者，其实为明代补版。虽然误以明为元，但阿部的划分仍然精确，而且在黑口版心皆被截去的情况下，根据推论，列举所有监生姓名，难能可贵。要之，阿部已明确区分明代补版，而其余宋元刻版未及细分。

继阿部吉雄之后四十年，乃有阿部隆一的分析研究。阿部隆一于 1976 年发表《"国立中央图书馆"藏宋金元版解题》，分析张本刻工，分"原刻""元修""明修"三类详列其名；1982 年发表《日本国见在宋元版本志经部》，分析傅本刻工，表列"宋刻""元修"，另附记明代监生诸名（两篇解题汉译文本俱见北京大学出版社影印本卷首）。两篇解题皆不言有宋修，则"原刻"与"宋刻"无异。然而在两篇解题之间，有不少刻工于此列宋，于彼列元，同一刻工是宋是元，颇有出入。两篇相较，傅本解题在后，论述也更详细，自当视为阿部定论。但傅本解题亦云"元修的字体大致上接近原刻的覆刻，可是其中也有优劣的差别，有的几乎可以乱真，有的则相当走样"，是认为有些元修与原版十分接近，不易鉴别。

此版元代在西湖书院，故元代补版刻工皆见西湖书院

嘉定南康军刊本《仪礼经传通解》之补修情况

所藏其他南宋官版之补版。对此，赵万里等学者皆有较全面的了解，《中国版刻图录》常见其说。后来尾崎康先生研究正史宋元版本，经过同版先后印本之对比，分析元代补版刻工之时间先后。如南宋前期两淮江东转运司刊《后汉书》，百衲本所据涵芬楼旧藏本有少数元代补版，静嘉堂藏本有较多元代补版，逐页对校，发现涵芬楼旧藏本之宋版或元代页，在静嘉堂藏本往往为不同元代补版取代。然则涵芬楼旧藏本之元代刻工属于较早时期，静嘉堂藏本新出现之元代刻工属于较晚时期。尾崎康先生又发现宫内厅藏《大德重校圣济总录》之刻工，有不少亦见于涵芬楼旧藏本之元代补版。《大德重校圣济总录》当为大德四年（1300）刊本，于是可以大致确定元代较早时期补修之时间。尾崎康先生投入大量时间、精力研究正史宋元版本，努力调查同一种版本的每一部传本，仔细对校，分析出元代刻工之不同时间，是一项难得的重要发明。

三、原版之认定

我们在编辑影印本之过程中，已经发现市桥本虽仅存一卷，但卷中并无补版，版式、字体都非常统一（本文言"版式"，包括版框大小、行格、框线及版心设计）。版心对鱼尾，鱼尾中间题"仪礼卷几"用简体字，是其版式特点。唯独"吴元"所刻，鱼尾呈括弧形，上下鱼尾之间距较长，版心稍异于其他刻工。（卷一共六十一页，三十六页有原版，其中除三页刻工名不可辨识、两页为"吴元"所刻外，其余皆"马忠"所刻。然则可以考虑卷一整卷当初均由马忠承担的可能性，是不能完全排除"吴元"为宋代补版之可能性。）字体皆工整内敛，夹行小字颇小，据此特点，辨认原版并不困难。丁本所存原版较多，丁本与傅本、张本一一对照，发现大量丁本为原版、傅本张本为元代补版之处，亦有不少相反之情况。经过对比，原版之特点十分明确。

现在推论阿部认识产生偏差的原因，可以概括为两方面。一方面是调查的条件有限。他只看到张本、傅本，没有机会看到丁本、市桥本，就是张本、傅本也没能一页一页仔细检查。张本、傅本是递修明印本，原版与大量元明补版混杂在一起，在剔除容易识别的明代补版之后，剩下原版、元代补版也不少而且很杂。版心设计、字体风格，变化幅度都很大，因而认为原版也容有多种版式、字体。我们见到市桥本和丁本，所以才知道原版的版式、字体原来是统一的。另一方面是阿部已经积累了大量宋元刻工的信息，反而影响了他对原版与补版的判断。

举例来说，如卷二十二第五十二页，张本本身就包含两页，其一刻工"翁遂"，其一刻工"彭达"。"翁遂"是原版刻工，版式、字体亦符合原版特点，然则"彭达"必非原版刻工无疑。"彭达"所刻，版式、字体与虞吉父、萧汉杰等所刻同属一类，可以确定是元代补版。然而阿部列"彭达"为"宋刻"，并且指出亦见淳熙九年（1182）江西漕台刊《吕氏家塾读诗记》等宋版书。今检江西漕台刊《读诗记》，确有刻工彭达，而且是该书原版刻工，则是淳熙九

嘉定南康军刊本《仪礼经传通解》之补修情况

年前后之刻工。现在看来，两版之"彭达"只能认为是同名异人。阿部当年认定《仪礼经传通解》之"彭达"为宋刻工，应该就是因为他事先知道彭达是南宋刻工，判断受此影响。

今得原版刻工如下：

弓万　王文（文）　余千　吴元　阮才（才）　范宗海　邵德昭　胡杲（杲）　胡桂　孙再?　翁定（定）　翁遂（遂）　马忠（忠）　陈生　陈正　陈全（全）　陈昌　陈达　杨春　虞全　蔡延　刘伸（伸）　中　正　圭　范　桂　翁　国　蔡

四、元代补版之认定

傅本、张本中的明代补版，因为字体特点明显，加上张本保留版心"监生"姓名，极易辨别。得见市桥本之后，原版之版式、字体特点也清楚了，在《正编》中指出原版，大致没有问题。拿丁本与傅本、张本对照，因为往往是同一页在丁本是原版，傅本、张本是补版，或者相反，很容易辨别明代以前的补版。看多了之后，也很容易注意到，在这些补版中有多数书页具有明显的共同特点，即版心双顺鱼尾，鱼尾之间题"仪礼卷几"是繁体字，字体刚健粗放。由于特点明显，可以认定大量同一期元代补版，其中包括王启、李成、吴辅、范生、章信、彭达、蔡祥等阿部隆一目为"宋刻"之刻工。

今列此类元代刻工如下：

> 于辛（于、辛） 子信 子晟 王启（王、启） 毛
> 辉（毛、辉） 余才（才） 吴仁（仁） 吴宜（宜） 吴
> 辅（吴、辅） 李成（成） 李盛（盛） 李兴（李、兴）
> 范生 范寅（范、寅） 忠友 胡文宗（胡宗、文宗、
> 宗） 胡明之（胡、明之） 胡兴 袁仲珍（袁、袁珍、
> 珍） 章明远（明远） 章信（信） 华秀发（秀发） 彭
> 达 黄允中（允中、中） 虞吉父（吉父） 虞成父（成
> 父） 熊子 蔡祥（祥） 刘照（照） 刘森（森） 萧汉
> 杰（萧杰、杰） 萧汉贤（萧贤、贤）

> 仁 友 父 仲 生 宗 明 秀 采 亮 英
> 彬 寀 渚？ 章 陈 琇 达 虞 熊

萧汉杰、虞吉父各有一处冠地名称"新吴萧杰""建安
虞吉父"，值得注意。

此类元代补版数量不少，而且经过积极的校订，很容
易令人怀疑是《续编》目录末尾余谦等题识所云"元统三
年（1335）刊补完成"者。但《续编》反而不见此类补版，看
不到双顺鱼尾，也看不到上列诸刻工名。既然如此，不得贸
然认为是元统补版。至于到底何时补版以及正续编在元代是
否分开管理等问题，暂时无法推论。

嘉定南康军刊本《仪礼经传通解》之补修情况

五、原版与元代补版之内容差异

原版与元代补版之间，有少数文字异同是补版失误。如卷一第四页第二行"今时卒史"，元代补版讹"史"作"吏"，以后诸本均作"吏"，阮元《仪礼校勘记》遂称"《通解》作吏"。此类异同，可谓无意之失误，每刻一版皆所不免。然总体而言，元代补版讹误较少，绝非明代补版之比。

元代补版更重要的是有意的改动。元代补版往往有自己核查注疏、音义，改订原版文字之情况。如卷三第三十九页引《内则》疏，原版作"《记》曰'麋鹿为菹，野豕为轩，皆腜而不切；麇为辟鸡，兔为宛脾，皆腜而切之'，是菹大而蕝小也。不云鱼，记者异闻也"。元代补版"《记》"作"《少仪》"，"不云鱼"上补"《少仪》"，下补"此云鱼者"。补版文字与孔疏原文合，而原版文字亦可通，是原版引录孔疏，略为删节，以省字数，元代补版全照孔疏改回。又如引录《释文》，本书体例当分经注，分别注音，而原版偶有失误，元代补版审定是经文之音还是注文之音，校订文本。可见元代补版之前，曾有校勘之举，用经注、《释文》、《正义》，逐一核对。元代补版也注意引书体例上的统一，如引疏要标"○"称"疏曰"之类，原版没有严格遵守，元代补版一一改正。又有一种常见情形是，原版初刻有脱字，后为增补，局部修版，若字少则当行挤补，多至数十字则一行（夹行小字则两行）挤刻四行；至元代补版则照正常行格，重新写版刻之。总而言之，元代补版是带着非常明确的规范化意识来进行校对、修订原版，这种修订，消灭了不少原版无意的失误，纠正了不少原版体例上的不统一，但同时也失去了大量原版上有意义的信息。像上文介绍原版卷三第三十九页的《内则》疏引文，是原作者有意识的改动，并非失误。元代补版不管原作者的意思，单纯拿手头的注疏版本来校改，让文本失去独特性。无论什么时代，即使现在都会有些人喜欢体例、文本的统一，拿一种自以为是的标准版本来窜改历史文献的真面目，令人慨叹不已。

无论是原版后来之增补，还是元代补版时之增补，元代补版均照正常行格重新写版，结果版面变动，在原版与补版之间，相应文本之位置有所不同。尤其目录及前四卷，每页起止文字往往不同。然而丁本及傅本、张本皆原版与元代补版错见，于是在原版页与补版页之间，出现或重或脱的现象。例如丁本卷四第八页是元代补版，第九页是原版，第十页是元代补版，结果第八页与第九页之间，脱大字三十六、小字十七；第九页与第十页之间，重大字二十一、小字五十。傅本与张本第八、第九、第十页皆元代补版，上下页之衔接正常，中间无重复或脱文。这说明元代补版必须连续使用，不能中间夹杂原版。照常理考虑，既然有元代补版，应该用来取代原版。或者说，原版有问题不能使用，才有元代补版。但实际情况是，丁本与傅本、张本之间，大量出现同一页的原版与元代补版并存的现象，而且其中大约三分之二是丁本原版，傅本、张本补版；三分之一是傅本、张本原版，丁本补版。这种混配情况，令人十分迷惑。

嘉定南康军刊本《仪礼经传通解》之补修情况

这一问题，暂时无法解释。在此先否定这批元代刻版原本是一套独立版本的可能性。如果是另一种独立的版本，不知何时与宋版放在一起，产生混配，如此可以解释原版、补版互见的现象。但这批元代刻版，虽然往往重新写版，一页起止与原版不同，但仍然可以看出以原版为基础，试图调整字数，以配合原版的迹象。如卷二第六十七页第五行"不以天子尊乘诸侯"，原版误夺"尊"字；第六十八页左第一行"夫妇之际"下小字注，原版无篇名"列女传"，"○白虎通"下无"义"字。第六十七、第六十八页元代补版皆刘森所刻，补"尊"字及小字"列女传""义"四字，较原版多占三字格（小字四字相当于大字二字）。今检每行字数，此两页当皆一行十五字，而刘森所刻第六十七页第七行、左第二行及第六十八页首行皆十六字，是补版虽然在增补"尊""列女传""义"等字处皆照正常大小写版，但在不显眼处调整一行字数，以吸收增字造成的文字移动，以便前后部分可照原版覆刻。如果是独立版本，则没有必要如此调整，于是可以确定这批元代刻版，就是这套原版的补版，并非混用其他版本之版片。

六、另一批补版

原版、元代补版、明代补版分别都有非常明显的版式、字体特点，已经不难辨识。然而，仍然有不少不属于这三种类型的补版。最能说明问题的例子是第十七卷第二十五页，此页市桥本是"胡桂"所刻原版，丁本是"启（王启）"所刻元代补版，而傅本是"王荣"所刻另外一种补版，也不是明代补版。既非原版，又不是典型的元代、明代补版，到底是何时补版？

这类补版的特点是，版式与原版同，对鱼尾，中间用简体题"仪礼卷几"，字体风格或接近原版而夹行字稍大，或与元代补版相类，或更潦草。从保留原版版式这一点来看，似乎是较早时期的补版。但明代补版偶尔也用类似版式，此类补版也有少数书页字体接近明代补版，则明代补版的可能性也不能完全排除。在这里，文字内容可以为我们提供重要线索。

如上所述，此版目录及首四卷，在原版与元代补版之间，由于增补文字，同一文本之位置往往不同。如卷一第四十九页，"马忠"所刻原版自小字"末上下相乱"起，至大字"六合"止。在"信（章信）"所刻元代补版上，小字"末上下相乱"在第四十九页第七行，是元代补版因上文增补文字，同一内容较原版往后移六行余。第五十页今未见元代补版，而有明代补版，行格正常，上可接第四十九页元代补版，下可接第五十一页"蔡祥"所刻元代补版，可以确定第五十页元代补版之起止当如明代补版。然而丁本第五十页刻工"郁仁"的补版，观其文字，上可接原版第四十九页，下可接原版第五十一页。再往下看，则丁本第五十五页至五十九页连续五页，都属于这类补版。傅本、张本这五页都是元代补版，刻工有章信、刘森等，而与丁本相较，每

嘉定南康军刊本《仪礼经传通解》之补修情况

页起止皆相差六行多。检查与上下部分之衔接，则丁本之补版，上可接"吴元"所刻第五十四页原版，下可接"马忠"所刻第六十页原版；傅本、张本之元代补版，上可接"亮"所刻第五十四页元代补版，下可接"刘森"所刻第六十页补版。可见，这类补版的文字内容，与原版符合，与元代补版不合，因此可以得出的结论是，这类补版的时间在"蔡祥""章信""刘森"等元代补版之前。

"蔡祥""章信""刘森"等之前，是宋末还是元初？在这里，尾崎康先生分析刻工的成果正好可以利用。先列举此类补版之刻工如下：

☆弓华　△王百九　☆王荣　△务陈秀　△何通
均佐　△吴祥　☆沈一　沈允　杜良臣　△阮明　☆周
鼎　△芦垚　☆茅化龙　☆茅文龙（茅文）　郁仁
△张三　☆章文　△章文一　章文郁　△章著　△盛久
△陈日裕　陈明二　△陈琇　△惠新　△惠荣
☆黄亨　△杨十三　△葛佛一　潘估？　△蒋佛老
☆缪珍

元　尤　永　蔡

在这些刻工中，标△或☆者皆见南宋前期两淮江东转运司刊《后汉书》元代第一期补版（百衲本影印），其中标☆者亦见大德四年刊《大德重校圣济总录》残本（宫内厅藏）。其余沈允、杜良臣、章文郁等亦见眉山七史元代补版。详情请参尾崎康

《正史宋元版之研究》综论编第四章、第五章（日文版第86页、112页）。因此可以推论这类补版是在元代前期，大约是大德年间或前后，在西湖书院刊刻的。

按《西湖书院重修大成殿碑》云："至元三十一年（1294）东平徐公琰为肃政廉访使，乃即殿宇之旧改建书院，置山长员主之。"（见《六艺之一录》《两浙金石志》）黄溍《西湖书院田记》云："至元二十有八年（1291）故翰林学士承旨徐文贞公持部使者节，莅治于杭，……郡人朱庆宗以二子尝肄业其中，念无以报称，乃捐宜兴州泊阳村圩田二百七十有五亩归于书院，……凡书板之刓缺者补治之，舛误者刊正之，有所未备者增益之……"则至元末年始建西湖书院，随后即有整修南宋书版之举，与此类补版刻工多见大德四年刻本，情况相符。又按此类补版，除版式一仍原版外，文字内容亦仍其旧，未尝积极校订文本，亦未改动文字位置，基本上可以视为单纯的覆刻，补修性质属于维护性的。

七、原版补版之混配与明代补版

傅本、张本与丁本之间，原版与补版互见，是元代补版刻就之后，原版仍未被废弃，两套印版并存，后之印本混杂用之。丁本用原版较傅本、张本多，而亦有不少丁本用元代补版，傅本、张本仍用原版之处，混配似无规律。然傅本、张本的混配情况基本一致，再仔细观察明代补版，也能确定傅本、张本的混配情况是明代补版时已经固定下来的。

说明问题的仍然是文本位置的先后移动。如卷一第三十六页，丁本元代补版之末行文字即傅本、张本原版之倒数第二行文字，文本位置相差一行。至第三十九页，丁本原版与傅本、张本元代补版之文本位置相差六行。在这中间，第三十七、第三十八两页，丁本缺，傅本、张本的明代补版，上接第三十六页原版，下接第三十九页元代补版，是知此两页明代补版，即以第三十六页为原版、第三十九页为元代补版的情况为前提，重新写版刊刻的。假设上下都要与元代补版衔接的话，中间两页也应该与元代补版一样，可以完全照正常行格编排。但他们要上接第三十六页原版，与元代补版之间有正好一行（十五个字）的错位，为了吸收这十五个字的移位，明代补版第三十八页十四行都低一格（按内容应该顶格），第三十七页第四行小字注末多留一字空白，总共留出十五个字的空白。

从这些现象来猜测明人的整理，应该是这样：当明人整理这套印版时，注意到原版及元代第一期补版与元代第二期补版之间往往有数十字的文本位置差距，结果在上下页衔接之处，往往出现大量重字或脱字的现象，如上第五节介绍。明人调整所用版片，尽量回避这种情况。重字或脱字实在不可避免，则自己重新写版刊刻，调整字数，如上文介绍卷一第三十七、第三十八页。

在明代补版之前，原版与元代补版并存，混配印制经常出现脱字、重字问题，如丁本。经过明人整理，这些问题基本被消除，这套版本由原版，元代第一期、第二期补版，明代补版组成，文本上下连贯，形成一个相对固定的状态。所以不仅傅本与张本的混配情况基本一致，吕氏宝诰堂刊本所据底本也与傅本、张本基本一致。《四库全书》（今仅据文渊阁本电子版为说）文本基本上与吕氏宝诰堂刊本一致，应该是以宝诰堂本为底本。

明人的整理其实并不彻底，所以也保留了一些或脱或重的问题。如傅本、张本卷二第六十页为"伸（刘伸）"所刻原版，第六十一页为"亮"所刻元代补版，两者之间重复"者谓"二字；卷四第十六页为"森（刘森）"所刻元代第二期补版，第十七页为元代第一期补版（无刻工名），两者之间脱"雎所"二字。这些误重、误脱，皆较明显，故吕氏刊本、《四库》本皆得校正，不因袭其误。然而有些地方，问题不易察觉，如卷六第三十六页为"启（王启）"所刻元代补版，第三十七页为"阮才"所刻原版，两者之间脱一"□"，结果"鲁鼓○□○○□□○○"变成"鲁鼓○○○□□○○"。此一"□"，原版在第三十六页末，元代补版在第三十七页首。明人整理，第三十六页选用元代补版，第三十七页选用原版，因而丢失一"□"。吕氏刊本、《四库》本皆失察，因袭其误。

八、朝鲜活字本与日本刻本

在此，顺便介绍朝鲜活字本以及日本刻本的情况。北京大学图书馆收藏有一部朝鲜活字本，有"宣赐之记"印，只有《正编》，无《续编》。据说是沈乃文老师主管图书馆古籍部时所购，是近二十年新购进的书。笔者不了解朝鲜活字的情况，无法判断排印时间，只能大致认为相当于明代。索阅翻页，看到目录"昏义第四"下云"白虎通义说昏礼之义"，"内则第五"下云"宜以次于说苑所说昏礼之义及其变节合之以为此篇"，不禁跳跃狂喜。正如影印本《编后记》所述，此处宋版第十页为胡桂所刻，第二行"昏义第四"目录至"白虎通义"止，第三行自"说昏礼之义"始，其间脱"说苑所"三字。校者拟改第三行作"说苑所说昏礼之义及其变节合之"，第四行当作"以为此篇"，谁料修补刻工将此第三行、第四行修订木条误入左半页第三行、第四行。因此"昏义"目录仍脱"说苑所"三字，"内则"目录误入"昏义"目录之末十八字。这是原版修订失误之结果，如见丁本；元代补版已经纠正，如傅本、张本。现在朝鲜本文字包含原版的修订失误，说明其底本必定是此南康宋版，而且是未经明代修补的较早印本。核查其他文字异同，知朝鲜本文字往往与原版同，与元代补版不同。如上文介绍卷一宋版第四页第二行"今时卒史"，原版作"史"，元代补版讹作"吏"，朝鲜本作"史"，与原版合。朝鲜本文字亦有与原版不同、与元补相同之处，显例如上文介绍卷三"内则第五""饮食"节末段，宋版第三十九页，丁本原版作《记》曰'麋鹿为菹，野豕为轩，皆脄而不切；麇为辟鸡，兔为宛脾，皆脄而切之'，是菹大而齑小也。不云鱼，记者异闻也"，傅本、张本元代补版照孔疏原文校改，朝鲜本文字一如元补，是其底本已经为元代第二期补版，而且原版与元补之混配情况与丁本不同。又如卷五"五宗"引《文王世子》"丧纪以服之轻重为序不夺人亲也"下，宋版第三十二页，傅本、张本元代第一期补版"纪犹事也〇"挤刻于四字格，当是原版初刻脱"〇"，后为补入；丁本元代第二期补版"〇"下更补"疏曰"二字。朝鲜本同元代第一期补版，不同于第二期补版。据此可知，原版（包括元代第一期补版）与元代第二期补版之间的混配情况，朝鲜本底本与丁本之间也有差异。

朝鲜本也有少数与原版、元补皆不一致的情况。如宋版卷六第十五页，元补第七行小字有"今按"，左第二行小字及左第五行均有"〇疏曰"，皆原版所无。朝鲜本有第七行"今按"、左第二行"〇疏曰"，而无左第五行"〇疏曰"。又如宋版卷四第三十页，引《左传》"守曰监国"下，丁本原版及傅本、张本元补，皆无"监古衔反"四字，独朝鲜本有之。另外，我们也应该注意朝鲜本挖改及留空的情况。如卷一第五十七、第五十八页，丁本元代第一期补版错字较多，傅本、张本元代第二期补版已经改正。核朝鲜本，如"以丧冠者虽三年之丧可也"下引疏中"节""月""待""女"诸字皆挖纸补字，当是朝鲜本初印因袭元代第一期补版之误，后为改正。又如卷三十七宋版第三十页引《孔丛子》，傅本、张本元代第二期补版下端多漫漶。"古之听讼者恶其意不恶其人"下小字"恶乌路反下同〇非喜怒其人但疾其意之有险害"，傅本、张本"非喜怒""有险害"笔画模糊，朝鲜本皆留空白。总之，朝鲜本所据底本印制时间较早，未经明代修补，原版与元代第二期补版之混配情况与丁本不同，排字基本忠实于底本，只有少数挖纸校改。

日本刻本刊于 1662 年，即康熙元年，只有《正编》(《续编》另刻于百年之后)，流传颇广，清末版送上海，故中国国内收藏亦甚多，有"上海四马路乐善堂藏板"刊记者即此。有 1980 年日本汲古书院影印本，书尾附户川芳郎先生《解题》云"日本刻本应该是据某种明代刻本翻刻，但今未知其底本究竟是何本"。今据朝鲜本对校，知日本刻本实以朝鲜本为底本，文字特点几乎全同，唯因经过校改，有少数出入之处而已。如上列朝鲜本诸例，"目录""昏义"末十八字入"内则"之失，日本刻本已改正；卷三十七引《孔丛子》注，朝鲜本空六字处，日本刻本补入"言不疾""所由起"，与宋咸注原文不同，盖出日人妄补。又如卷三十宋版第十四页载成王"削桐叶为珪以与叔虞"之故事，傅本、张本原版未注出处，留二字墨丁，宝诰堂本亦作墨丁，朝鲜本留空(活字本无墨丁，仅留空白)。元代补版补"史记"二字，日本刻本亦然，而《四库全书》补"通鉴"二字。此事固不见《通鉴》，而《通鉴外纪》《通鉴辑览》等有之。要之，此类空白，后人填补，未必恰当。

九、结论

此版原版已经有多处明显的校补痕迹，这些都是在原版上进行局部修补，增补字数少则当行挤补，多至数十字则有一行挤刻小字四行之处。

此版尚未看到宋代末期的修补情况。

元代前期，大约在大德年间，经过一次修补。补版内容基本上与原版一致，版式相同，一页起讫的文本位置也没有改动，所以用这期补版替换原版，与上下页之间的衔接密合无间。大部分字体还算工整，但也有较潦草的。被补版取代的原版版片，应该被废弃了。

元代中后期，有过一次较大规模的修补。这次修补，对原版文本进行积极校订，统一体例，注疏、释文都核对原书，照原书校改。有些是原书编者无心的失误，经校改得到纠正；有些是原书编者有意的删节，经校改变成直接抄录原文。原版上挤刻增补的文字，都照正常行格重新写版刊刻，所以一页起讫的文本位置有不少移动。

这次补版刻好之后，相应内容的原版及元代前期补版的版片没有被遗弃，原版与补版开始产生混配。丁本就是这样形成的印本。因为元代中后期补版的文本位置往往与原版不同，经与原版（及元代前期补版）混配，上下页之间经常产生衔接不起来、或误重或误脱的现象。

由监生参与的明代补版，在刊刻补版之前，对原版、补版混配的情况进行了调整，尽量回避上下页衔接不起来的问题。实在回避不了的地方，调整字数重新写版，刻成补版。经过这样的整理，形成一套由原版、元代两期补版、明代补版组成的印版，上下连贯，没有大段误重误脱的问题，

嘉定南康军刊本《仪礼经传通解》之补修情况

这种状态相对稳定，所以傅本、张本以及吕氏宝诰堂刻本的底本都是用这套印版来印制的。

朝鲜活字本的底本是未经明代补版的较早印本，日本刻本据朝鲜本翻刻。

如今影印傅本、张本已出版，是宝诰堂本、《四库》本所由出，可以作为一个基础。若欲进一步探索文本变化之迹，可以核对《再造善本》影印丁本及影印日本刻本。日本刻本若有较有意义的异文，则不妨再核查朝鲜本。依目前资料条件来说，南康宋版的利用方法应当如此。

【2015年附记】经廖明飞、马清源、李裕杓、白辉洪诸友帮助，知韩国高丽大学图书馆及韩国中央图书馆分别在网上提供朝鲜活字本《正编》彩色图像、《正编》《续编》黑白图像，均可免费下载全书。韩国中央图书馆藏本《正编》有缺页，可用高丽大学藏本补足。两家图书馆之无私奉献，对深入研究此书极为有利，记此表示感谢。

本文发表在2013年《中国典籍与文化》第2期。2015年中华书局出版《朱熹礼学基本问题研究》收录此文，后加"附记"，并录《傅张丁本修补情况表》。今仍存"附记"而《修补情况表》从略。

师顾堂影印《仪礼正义》识语

乔秀岩

上世纪 90 年代初，北京大学中文系倪其心教授到东京大学讲课。当时我在东京大学读硕士，所以有机会上倪老师的课。后来上博士，申请到北大留学，跟倪老师学习。当时只有一个心愿，即希望能够读懂《仪礼疏》。我请倪老师帮忙找校点《周礼正义》的王文锦先生或陈玉霞先生，看有没有机会向他们请教。当时根本不了解王老师是何许人，也不知陈先生原来是师母，就凭《通典》《周礼正义》的校点工作，认定他是当代中国第一高人。倪老师通过傅璇琮老师了解到王老师的情况，带我一同拜访中华书局王老师的住所，请王老师收我为徒弟。拜师成功后，一开始按自己的计划阅读《仪礼疏》。每两周先写一封信，列出自己阅读时感到的疑问，让老师先看看，然后拜访王府，听老师讲解。过一段时间后，王老师建议我读《仪礼正义》，而且要我边学边校点。我知道王老师对校点工作要求很高，所以怕自己做不好。回学校跟倪老师商量，倪老师没反对，王老师也说他会把关，于是下定决心校读《正义》。当时我能利用北大和东大的资料，抄录了背景资料，复印了底本以及大部分参考资料。就每段经文，我都先看那二十来种参考书，然后再看

《正义》，所以《正义》每一句话的来源都看得一清二楚，了解到胡培翚做得没那么好，杨大堉简直瞎编。为说明问题，我都会写比较详细的报告给王老师看，王老师看了，有疑问再跟我确认，择要写成简明的校记。至今印象最深刻的是《昏礼》正义引用吴廷华《章句》，出现"从肝席也"这种荒唐句子，是《皇清经解》刻版误将下面经文大字刻成小字，杨氏不察，径与吴廷华语连读。王老师看到我的说明，高兴地跟我说"这是铁的！"不止一次。那段时间，我投入全部精力，专心校读，平均一天看一页原书，王老师看我报告，经过讨论，做到两人互相彻底理解，让我享受到人生一种最深层的乐趣。

师顾堂沈老师将要影印《仪礼正义》，特意标记纪念王老师九十冥诞，还附录当年王老师整理的校记，令我这不肖弟子激动不已。影印《仪礼正义》，供天下学人阅览，我不敢强加私情。然此仅占全书四分之一的校记，至今仍不无参考价值，相信能够获得读者的谅解。谨此说明，并向沈老师表示衷心的感谢。下面散录当年我留意到的一些情况，供读者参考。

一、郝敬《仪礼节解》传本罕见。当时还没有《续修四库》，郝敬之书北大、东大都没有收藏，只好复印东大所藏一部抄本来用。乾嘉以后学者鄙视明人著作相当普遍，所以清代很少有翻刻版本，明代版本也很少流传，因此连北大、东大都找不到一部。另一方面，少数有心人有兴趣，就要手抄来满足需求，所以我在东大找到了清代恐怕是日本人抄录的全本。近代以前的抄本犹如今日复印本，我们经常买不起或舍不得花钱买书，从图书馆借来复印，自己装订来看。古代刻本也不容易弄到手，所以经常用抄本代替。

二、胡培翚校《礼经释例》可参考。《仪礼正义》一半的篇幅是照抄四部清代著作。校勘经注引用阮元《校勘记》，文字训诂引用胡承珙《仪礼今古文疏义》，串讲经义引用盛世佐《集编》，分析仪节引用凌廷堪《礼经释例》。可见这四方面前人已经有很好的成果，胡培翚只要照抄，基本内容已经都有了。其中盛世佐《集编》不算罕见，但从来没有影印本，部头很大，我也无法复印，只能复印《四库》本用（当时还没有电子版）。值得注意的是《礼经释例》，胡培翚的引文，有些地方与刻本不同，而且文本内容更恰当。我怀疑是胡培翚做过调整，也不排除胡培翚得乃师手校本的可能性。要之，校读《礼经释例》，应当参考《正义》引文。又，《礼经释例》所据《仪礼》经注似乎是毛本。

三、褚寅亮《管见》至道光九年（1829）始有刻本。道光九年三月二十四日胡培翚致陈奂书（见《流翰仰瞻》）云："褚先生《仪礼管见》闻已付梓刻成，尚祈觅示为感。"道光十年王引之致陈奂书云："奉到《管见》及胡主政书，已送交。《管见》学力深而用心细，实不可少之书，便中仍望见赐一部为祷。"道光十一年王引之致陈寿祺书云："苏州新刻褚氏《管见》，亦颇精实。惜剞劂稍迟，阮夫子《经解》内未及载入。"是道光九年胡培翚闻苏州刻成《管见》，委请时居苏州之陈奂购买，陈奂购买一部送至王引之，由王引之转交胡培翚。辑刻《皇清经解》始于道光五年（1825），成于九年（1829）。阮元、王引之等人皆未见未闻，可证在此之前绝无刻本。或称有乾隆刻本，可断为臆说。

四、右引道光九年三月二十四日胡培翚致陈奂书，"褚先生《仪礼管见》闻已付梓刻成"之上，有云"本月奉到手教并江先生《仪礼》两本"，是陈奂将江筠《仪礼私记》馈送胡培翚，胡培翚于道光九年二月始见之。江筠《私记》十分精辟，胡培翚也经常引用，尤其《丧服》部分胡培翚以江筠说为主要参考，而其书无刻本，我们无本可校。当年我与王老师商量，曾拟一份出版计划，请书局考虑。可惜当时古籍出版的环境相当恶劣，书局里竟有"多出书多赔钱，不出书不赔钱"一说，像《仪礼私记》这种学术精品，算不上几大名著，自然不在考虑之列了。前几年顾迁先生到南图抄录全书，我盼望能够看到顾先生的整理本。又，江筠生卒年未有人考，按《梁溪诗钞》《清史列传》均云江筠卒年六十二，不知在何年。据其弟江声嘉庆四年（1799）卒，七十九岁，则生于康熙六十年（1721），江筠生年当早于此，卒年六十二则最晚在乾隆四十六年（1781）之前。《梁溪诗钞》有江筠《哭戴东原先生》诗，云："忽惊体却将归老，差幸途经许过予。篷舍正悬凉榻侍，那知飞度有云车。"是乾隆四十二（1777）年五月戴震卒时，江筠仍在世。台湾"央图"藏孔继涵抄《周官新义》，卷六末朱书题识云："丁酉八月二十五日校。是日闻江孝廉筠震苍、余布衣萧客仲林皆下世。"丁酉正是乾隆四十二年。是知江筠当生于康熙五十五年（1716），卒于乾隆四十二年（1777）五月至八月之间。

五、吴廷华《疑义》不足观。张金吾《诒经堂经解》毁于战火，而单本有转抄本流传。东大有一部抄本，五十卷仅缺卷三十八、卷三十九二卷。我当时全部复印，以便校对。《正义》引吴廷华说，混引《章句》与《疑义》，幸好有复印本，否则很多地方都无法确定有无讹误。但其内容平凡，并无可观之处，弃之不可惜。张金吾《言旧录》道光八年（1828）下云："读《三礼疑义》一过。吴氏《三礼疑义》，金吾得之钱塘何氏，以其久佚仅见，即列之《藏书志》，且写入《续经解》中。既竣，卒读一过，乃知其书惟以推击郑贾为事，于经义实无所发明。"又云："金吾不及卒读，辄谓吴氏《三礼》之学具有根柢，著之《藏书志》，灾梨祸枣，悔不可追。故备列之，以自著其失云。"张氏所言宜然。

六、王士让《仪礼紃解》，我当年复印东大藏本来校对。后见《续修四库全书》所收，是同版早印本。《续修》影印封面左边题"晋水鉴湖培植堂藏板"，后印本改作"志经堂藏版"，又多道光二年（1822）陈寿祺序。

七、《仪礼正义正误》可参。《仪礼正义》后印本有同治七年（1868）陆光祖书后、胡肇智跋，知陆建瀛使苏州刻字铺刻版，咸丰三年（1853）为太平军所害，卒于南京。咸丰四年陆氏后人得书版，而不便载运，咸丰九年（1859）暂存山阳友人所。此时丁晏曾借印二十部，见《文禄堂访书记》（我们校点《正义》，复印东大研究所所藏原版早印本为底本，有"山阳丁氏收藏"印，不知是否丁晏所印）。同治六年（1867）书版移至北京，补修已

师顾堂影印《仪礼正义》识语

残蚀之版，是补修出陆氏后人。补版错字颇多，正如陆光祖自称"惜原稿已佚，覆校莫由，亥豕传讹，在所不免"。至同治七年版归胡宣铎智。北京大学图书馆藏1920年胡宣铎活字印本《仪礼正义正误》凡十页，未闻有第二部，十分难得，我当年委请戴莹师姐代为誊录。据胡宣铎书后知，胡实中先请汪士铎馆其家，后汪将离，荐胡肇昕以代己。《汪梅村先生集》有咸丰六年（1856）序胡肇昕《方言补注》一篇，知其有来往。咸丰七年起，胡肇昕馆胡实中家，教胡宣铎等，又教《仪礼正义》刊本讹误。六十年后胡宣铎整理排印，存当年胡肇昕所见，颇有特殊的历史意义。

八、三种校点本。1993年江苏古籍出版社出版段熙仲先生校点本，正如我以前发表书评中所论，尽管校勘、标点、编辑都有很多问题，但文本基本忠实于《续经解》，版面舒朗，装订得体，非常好用。比起用线装原书、缩印《续经解》，翻阅效率不知高出多少倍，实在是功德无量。后来一直没有重印，年轻人都买不到，非常可惜。沈文倬先生也曾校点《仪礼正义》，准备由中华书局出版。书局收稿时，王老师已不在世，知情的书局编辑叫我看排印样稿。我看沈先生没能仔细对校胡培翚、杨大堉所据材料，校点问题较多，未必优于江苏古籍版。书局了解到情况，没有直接出版，后来如何加工，我就不了解了。第三种校点本是北大《儒藏》本。《儒藏》本由徐到稳学兄等合作校点，我曾提供王老师校记供他们参考，他们校勘似乎也很认真，只是限于体例，未能详细说明文本的问题。再说，《儒藏》开本大，价位高，并不适合年轻学者参考阅读。

1994年我来北京，就买到江苏古籍点校本，随后在海淀中国书店也买到有补版的原书，买价四百人民币。现在买不到江苏古籍版，原版更不是学生买得起的价位。这次师顾堂影印原版早印本，稍微缩小，以便阅读；开本不大，易于翻检；文字够大，阅读不费力，正好可以满足广大学者、学生的需求。《仪礼正义》所有版本都从此版衍生，只要拥有这部影印本，就可以确定原始文本，其他一切异文，不是讹误就是后人校改，读者可以自己判断孰是孰非。

本文附录于2017年广西师范大学出版社
出版的师顾堂影印《仪礼正义》卷尾。

《礼记》版本杂识

乔秀岩

2006 年春学期，与诸生讲习《礼记》，以业师王文锦先生《礼记译解》为读本。备课参考《古逸丛书三编》影印抚州公使库本、台湾影印民国影余仁仲本、《四部丛刊》影印纂图互注本及彭元瑞《石经考文提要》、阮元《校勘记》、张敦仁《抚本考异》等，就《礼记》版本问题稍有所识。迄今学界似无系统梳理《礼记》版本之作，因草就此文，聊备读《礼记》者参考。

一、唐石经

经书版本始于五代，经文以《唐石经》为本，《唐石经》可谓后世经书版本之始祖（参《经义考》卷二百九十三）。1997 年中华书局影印皕忍堂刻本，流传最广。皕忍堂本据称出陶湘手（见魏隐如《中国古籍印刷史》第十六章。2013 年补注：陈乃乾有《近代两大藏书家》一文云"曹锟翻刻开成石经本《十三经》，即是兰泉一手经理，曹氏失败时，心绪烦乱"云云。陈文初刊于 1946 年 1 月 25 日《民国日报》《觉悟》副刊，今据 2009 年国家图书馆出版社出版《陈乃乾文集》。又，刻本卷首有序，为中华书局影印本所删），摹刻精美，学者称便。

然《唐石经》屡经改补，流传拓本文字每异，历代学者所见各不相同，情况复杂。如唐代始刻改刻之异，阮元《校勘记》注意甚少，而《抚本考异》多为补充，以示其间取舍判断之意义。皕忍堂本所据并非唐宋旧拓，且仅凭此一民国刻本，绝不能了解始刻以来文字变化之种种现象。目前尚无全面整理《唐石经》之著作，利用《唐石经》只能多方参考历代学者所作记录（戴震、钱大昕、王昶、严可均等校录《唐石经》者甚多，不备举），至于皕忍堂本仅备参考而已。

二、抚州公使库本

嘉庆二十五年（1820）顾千里跋抚州公使库本《礼记释文》云：

> 南宋椠本《礼记》郑氏注六册，明嘉靖时上海顾从德汝修所藏，后百余年入昆山徐健庵司寇传是楼，两家皆有图记。乾隆年间余从兄抱冲收得之，其于宋属何刻未有明文也。有借校者臆断为毛谊父所谓旧监本，而同时相传皆沿彼称矣。抱冲续又收得单行《释文》两种，一《礼记》，一《左传》，亦皆南宋椠本，《礼记释文》即此也。与《礼记》版式、行字以至工匠、记数，罔不相同，而名衔、年月在焉。余于是始定《礼记》之即淳熙四年（1177）抚州公使库刻也。（见《思适斋书跋》卷一）

《抚本考异》卷尾出"抚州公使库新刊注礼记二十卷并释文四卷",云:

> 案：或目此为"宋监本"，最误。盖不知此一叶元连之耳。今订正。凡此抚本与宋监本，有同有异，略见毛居正《六经正误》中，兹于其异者未悉出，因毛所举大概皆监之误，而此多不误故也。

嘉庆十一年（1806）顾氏跋抚州公使库本《礼记》亦云：

> 末有名衔一纸，装匠误分入《释文》首。不知者辄认以为旧监本，非也。（顾氏手迹见《古逸丛书三编》影印本，其文亦见《思适斋书跋》卷一）

据此知抚州公使库本《礼记》后附《释文》，淳熙四年（1177）抚州公使库刊行名衔装订在《释文》卷首，而经注正文与《释文》分别流传，因此学者不知此宋本《礼记》为何时何地所刊。顾之逵（字抱冲）先后收得正文与《释文》，始知为淳熙四年抚州公使库本。后又分散，正文归海源阁，《释文》归铁琴铜剑楼。如今延津剑合，正文、《释文》均归北京图书馆（此本流传可参《冀淑英文集》等），而《古逸丛书三编》影印本仅收正文，遗落《释文》，令人遗憾且不解。（《古逸丛书三编》"出版说明"云："遍查此书，这纸装错位置的衔名却怎么也不见了。"既云在《释文》卷首，何谓"遍查此书"？又，日本东京大学东洋文化研究所网页可查阅其所藏抚本《礼记释文》全部书影，但其本补抄甚多，当不如北图藏本。2013年补注：北图藏《礼记释文》今有《再造善本》影印本。东洋文化研究所藏本之详情，请参华喆《赵烨行实与抚本〈礼记释文〉简介》，载《版本目录学研究》第二辑，2010年。）

顾千里谓"有借校者臆断为毛谊父所谓旧监本，而同时相传皆沿彼称矣"，又谓"或目此为宋监本，最误"，又谓"不知者辄认以为旧监本，非也"，皆据段玉裁及《校勘记》编者洪震煊等而言。《校勘记》卷首《引据各本目录》"经注本"无抚州本，《释文》始见"抚州公使库本"。然《校勘记》中每引"宋监本"，按其文字，知即抚州。又检《校勘记》，于《中庸》《缁衣》《乡饮酒义》《射义》皆引"段玉裁校云宋监本作如何"，《檀弓上》引段玉裁《且字考》有"南宋《礼记》监本"语（《经韵楼集》所收《且字考》不言"南宋《礼记》监本"）。是段玉裁曾校抚州本，因不见刊行名衔，遂目为"宋监本"；洪震煊编《校勘记》，参用段玉裁校本，亦因袭"宋监本"之称。今既知此本有抚州公使库刊行题记，则其非监本，初不足辨。然细察毛居正《六经正误》摘录当时监本之讹字，知抚本与监本之间仍有某种渊源关系。如《曲礼上》注"齐谓祭祀时"，毛引监本"祭"讹"察"，抚本不误。按：毛所举监本讹误多无谓如此，抚本不误，乃属正常。又注"睼眄也"，毛引监本"眄"字右旁讹"分"，抚本同。按：如此字形小讹相同，非偶然可致，抚本当与毛引监本同出一源。又，抚本经文与《唐石经》最近，然则段玉裁等目抚本为宋监本，误则误矣，但其推测失之不甚远。盖抚本原出北宋监本，底本尚佳，校勘精良，故讹误较少；毛所见南宋监本，几经改版，校勘失审，故多讹误。如今《唐石经》不得善本，且无郑注，南宋监本亦不可得见，则此抚州本可谓"《唐石经》——宋监本系统"现存最精良完整之善本。

此本虽称初刻初印本，书中有数处剜改痕迹。《抚本考异》据字数推测，认为剜改前之文字为传统文本，渊源有自，而抚本校刊者据别本加以改动。如《曾子问》"殷人既葬而致事"，抚州本下有"周人卒哭而致事"七字，孙志祖、段玉裁以有此七字者为正，《抚本考异》云："以行字计算，剜改添入也，初刻无之。唐石本及各本皆与初刻同。……兴国本改注为经，而抚本乃依之剜添，失之矣。"段玉裁驳《抚本考异》而云："计其字数，去此七字则此行空二寸许，决不然也。"（段玉裁《周人卒哭而致事经注考》，见《经韵楼集》。）今检《古逸丛书三编》影印本，知抚本此处连三行重刻剜改，而此三行行字皆不同常规，是三行之内剜添七字。段玉裁谓不得在一行之内增加七字，是误会顾氏之意。

张敦仁覆刻抚州本影响甚大，而无近代影印本。《古逸丛书三编》影印本缺《释文》，且已不易购得。希望出现附《释文》之平装影印本，以供学者校读研究之用。

三、越刊八行本

越刊八行本为注疏汇刊之始，《礼记》有绍熙三年（1192）

黄唐题识，尤可珍重。潘明训影刻本流传较广，而文字未必尽如原本，当以珂罗版影印本为据。当撰《校勘记》时，诸儒不得亲见八行原本，据以校勘者，乃所谓"惠栋校宋本"及《七经孟子考文》引"宋板"而已。"惠栋校宋本"及《七经孟子考文》引"宋板"偶有不符者，或为所据原本先后印本修版之不同（可参《宝礼堂宋本书录》），或为校录、传抄之讹误（如《檀弓上》注"曾子言非礼祖而读赗"，《校勘记》云"《考文》之宋板即惠栋所校之宋本，今惠校作'祖'，《考文》作'袒'，疑'袒'误也"）。惠校所据实非潘氏旧藏本（说详汪绍楹《阮氏重刻宋本十三经注疏考》。2016 年补注：撰此文时，手头无影刻八行本，更无由见影印本，故不得其详。后来自己编影印本，始知此说实误，详参本书第十六篇），《七经孟子考文》所据日本足利学校藏本亦无影印本，版本实情无由验证。但小小异同仍不足以疑其非出八行真本。

今就《校勘记》所引八行本文字核校抚本，知八行本经注与抚本大多一致。其偶有不同者，《抚本考异》云："凡彼（谓《七经孟子考文》）所据宋板与此（谓抚本）歧者每误。"其实亦有抚本误而八行本不误者，如《曲礼上》注"定，安其床衽也"，《七经孟子考文》引"宋板"如此，抚本"定安"二字倒，《校勘记》《抚本考异》并谓"定安"为是。要之，八行本文字可考者，有惠栋校宋本、《七经孟子考文》引"宋板"与潘氏旧藏本，三者之间不无异同，而基本一致；八行本经注文字与抚本之间亦不无异同，而大抵相同。

四、余仁仲本

彭元瑞《石经考文提要》校《礼记》经文，曾用余仁仲本。《天禄琳琅书目后编》著录者即彭元瑞所见本，《后编》条录余仁仲本经文之优于监本者，全出《石经考文提要》。然天禄琳琅本后不见藏书家著录，盖已亡佚（2013年补注：此本卷一至卷九在上海图书馆，卷十至卷二十在北京图书馆，参张丽娟先生《宋代经书注疏刊刻研究》、刘蔷先生《天禄琳琅研究》，两书均由北京大学出版社出版）；《校勘记》《抚本考异》皆不引余仁仲本，可见流传之稀罕。民国二十六年（1937）来青阁影印余仁仲本，附王荫嘉、王欣夫跋及《余本岳本对校札记》。此本完好无损，后经周叔弢收藏，今归北京图书馆。来青阁影印本今亦不易得，幸有台湾学海出版社影印本，仍可购得。

余仁仲刻《公羊》在绍熙二年（1191），刻《谷梁》在绍熙四年（可参《书林清话》及张政烺《读〈相台书塾刊正九经三传沿革例〉》。2013年补注：又请参考张丽娟先生《南宋建安余仁仲刻〈春秋谷梁传〉考》，见《版本目录学研究》第一辑，2009年），则其刻《礼记》当与八行本（绍熙三年，1192）几乎同时，上去抚州本（淳熙四年，1177）亦不足二十年。然其经注文字与抚本、八行本大异，而十行本与此大同。就《校勘记》十行以下诸本与抚本、八行本相歧之处（"十行以下诸本"谓十行及闽、监、毛本等，抚本即所谓"宋监本"，八行本则"惠栋校宋本"或《考文》引宋板"），核校余本，则余本与十行本，十有九合（十行本自致误者，上无所承，而下为闽、监、毛本所因袭。如此则十行以下诸本与抚本、八行本不合，与余本亦不合）。如《表记》注"节以其行一大善者为谥耳"，抚本、八行本如此，而十行本"节"讹"即"，余本与十行本同。《昏义》注"教之者女师也"，抚本、八行本如此，而十行本涉上文误衍作"教成之者"，余本与十行本同。《儒行》"慎静尚宽"，《唐石经》如此，抚本、八行本讹作"而宽"，十行本更作"而尚宽"，余本与十行本同。《射义》"反求诸己而已"，《唐石经》、抚本、八行本涉上文误倒作"求反"，十行本作"反求"不误，余本与十行本同。诸如此类小小异同，皆余本与十行本同而与抚本、八行本不同，随翻即得其证，不胜枚举。又如《曲礼上》"言不惰"注"忧不在私好"，抚本、八行本如此，而余本下更有"惰不正之言"五字，十行本与余本同（《校勘记》《抚本考异》均谓此五字据《正义》而衍，王欣夫跋余本则以为此五字乃郑注原文）。凡此种种，皆可证抚本、八行本为一类，余本、十行本为一类，文本系统判然有别。

抚本《释文》在全书之后，兴国于氏本"音义不列于本文下，率隔数叶始一聚见"（《九经三传沿革例》语），至余仁仲本乃将《释文》分系于经注之下，是余仁仲本之体例特点，且为十行本所因袭。但"《唐石经》——宋监本系统"文本与《释文》所据经注文本来源不同，每多歧异，有不可强合者。今余本《释文》紧接经注之下，则其间龃龉不得不显。因此余本有依《释文》改移经注文之例，如《曲礼上》注"晋舅犯"，抚本、八行本如此，《释文》出"咎犯"，云"其九反"，是所据注文不同。而余本改注作"晋咎犯"，并载《释文》"咎，其九反"。何以必知余本审改正文，而非所据底本原出《释文》系统旧本？则余本经注之与《释文》不合而与"《唐石经》——宋监本系统"相同者，俯拾皆是，尤以"《唐石经》——宋监本系统"文字与《释文》"本亦作"同者，余本正文皆与"《唐石经》——宋监本系统"同，是余本经注非属《释文》系统。又有余本改之不尽者，如《学记》"燕譬废其学"，注"裒师之譬喻"，《唐石经》经文、抚本经注如此，而《释文》出"燕辟"，云"音譬，注及下'罕辟'同"，是《释文》本上下皆作"辟"。余本改此经"譬"作"辟"，而注及下经"罕辟"仍作"譬"，是改之不尽者。《大学》"人之其所亲爱而譬焉"，情况全同，是知余本所据经注文字本不合《释文》，只因经注文下紧接《释文》，故有稍改经注以牵合《释文》之例。《释文》出经注文字，下有音义，若改《释文》所出经注文字，则音义遂不可解，因此只得改移经注正文，从便耳（偶亦有余本改《释文》以就经注者，如《曲礼》"暑毋褰裳"，《释文》作"謇"，而余本《释文》仍作"褰"，是其例）。今更以十行本相校，则凡此等处，正文、《释文》之改与不改，十行本与余本全同。又按：十行本《释文》讹字有与余本同者，如《月令·仲夏》《释文》"句龙，古侯反"，十行本"反"讹"同"，余本同。《内则》《释文》"糟，子曹反，徐徂到反"，十行本"徂"讹"但"，余本同。诸多例证，足以证明十行本经注、《释文》均与余本同出一源。

然则十行本经注、《释文》文本是否以余本为底本？曰：似是而尚未可必。按：有十行本误脱文字，适在余本改行处者；如《檀弓下》注"多服此者"，十行本误脱"此"，而余本"此"字恰在行首;《王制》"斑白者不提挈",十行本误脱"者",而余本"者"字恰在行首;又如《曾子问》注"内子大夫适妻也",十行本误脱"适",而余本"适"字恰在行底;《表记》注"不为回邪之行以要之",十行本误脱"以",而余本"以"字恰在行底;又注"言述行上帝之德",十行本误脱"之",而余本"之"字恰在行底。颇疑此等误脱,因十行本以余本为底本,而偶忽行首、行底一字,或底本行首、行底有缺损所致。然十行本讹误极多,情况复杂,仅此数证,尚不得论断。又按:十行本形讹字,如"少"讹"以","其"讹"莫","衔"讹"御","贝"讹"具"等,核以余本,则见余本字体极易讹误,十行本或因余本而讹。然十行宋本今不可得见,此等讹字亦不知为十行宋本始刻之讹,抑为十行补版、重刻之讹。因十行本亦属建本,字体亦与余本相类,不得据此等形讹遽谓十行本以余本为底本。又按:亦有余本讹误而十行本不误者,如《丧大记》《释文》"散,悉但反",余本"散"误"去",十行本不误。要之,十行宋本之原貌既不可得,种种推测终不得定论。若云十行本经注、《释文》以余本为底本,尚无确证;若云其底本非余本,亦无依据。不若谓十行本经注、《释文》文本与余本同出一源,较为稳当。但八行本经注文本与抚本之关系,仅得泛称同一系统;至十行本经注、《释文》文本与余本,则关系极近,非八行与抚本之比。

又,此本亦经多处校改,行字不同。如《曲礼下》注"众介北面锵焉",抚本及毛居正引监本如此,惠栋校宋本及毛居正引兴国于氏本作"跄焉",十行以下诸本皆作"锵锵焉"。今按余本挤补一字作"锵锵焉",是余本初刻作"锵焉"或"跄焉",校者重字,始与十行以下诸本同;又如《檀弓上》注"东西南北,言居无常也",抚本、《考文》引宋本如此,十行以下诸本作"无常处也",今按余本挤补作"无常处也",是余本初刻无"处"字,校者补字,始与十行以下诸本同。《抚本考异》论抚本初刻据传统文本,剜改据别本校改。余本是否亦如此?例证尚少,亦无别本可参,不可的知。要之,校改后之余本文本,与十行以下诸本符合,形成一类。

五、纂图互注本

《四部丛刊》影印纂图互注本,亦洪震煊、顾千里等所未见。虽有李兆洛、吴宪澄跋论其文字之善,但所列此本善处,抚本、余本、岳本亦多不误,则皆未见此本在诸版本中之地位。按:此本特点在经注、《释文》之外,增添重言重意。今且不论重言重意,仅就经注、《释文》文字而论,此本文字与余本几乎全同。如上节举例《表记》注讹"即",《昏义》注作"教成之者",《儒行》作"而尚宽",《射义》作"反求",《学记》、《大学》经注、《释文》"辟""譬"互见,《内则》《释文》讹"但",余本与十行本同,此本莫不皆同;又如《丧大记》《释文》余本讹"去",十行本作"散"不误,而此本仍与余本同;又如《檀弓上》注"无常处也",校改后之余本与十行本同,此本亦同(上节亦出《曲礼》

三例，而此本缺《曲礼》，无可对校）。其此本与余本不同者，如上节论《月令》《释文》，余本、十行本"反"讹"同"，此本作"反"不误；又如《文王世子》注"前歌后舞"，余本、十行本"舞"讹"武"，此本作"舞"不误；《乡饮酒义》注"礼者阴也"，余本"者"讹"也"，此本作"者"不误。是知此本经注、《释文》与余本几乎全同，而偶有余本显讹，此本不误者。盖此本为南宋末建本，所据底本当与余本几同，或即以余本为底本亦未可知。然则，余本、十行本及此本，经注、《释文》同属一类，而其间歧异极少。

六、宋刻十行本

宋刻十行本《礼记》今不可得见，而乾隆间当有二本：一、彭氏《石经考文提要》引"刘叔刚本"；一、和珅影刻本所据。《毛诗》《左传》宋十行本皆出刘叔刚，和珅影刻本亦有"建安刘叔刚宅锓梓"木记，故知皆为宋十行本（2013年补注：元刻《毛诗注疏》照刻宋版"刘叔刚"木记，则仅凭"刘叔刚"木记，不知是宋版还是元版。2016年补记：也不排除底本初无木记，由书贾造假的可能性）。然此二种资料，殊难据以论宋十行本：一则宋刻亦有先后印本之别，后印本经修补，则文字与初刻原版不同（十行宋本及宋本修补等问题，可参汪绍楹《阮氏重刻宋本十三经注疏考》及《十三经影谱》等），彭、和所据不知是否初刻原版。二则和氏影刻剜改甚多，已非底本原貌；彭氏条录众多版本，校对整理或不免有讹误。如《曾子问》"及反藏诸祖庙"，彭氏引"刘叔刚本"如此，而和氏影刻本"藏"讹"葬"，两者不同，按：余本、纂图互注本、阮元所据十行本、闽本、监本、毛本皆作"葬"，则宋刻十行本似亦当作"葬"，疑彭氏记录有误。又如《丧服小记》"麻同皆兼服之"六字并注六十一字，抚本、余本、纂图互注本皆有，但阮元所据十行本、闽本、监本均脱，和氏影刻本挤补此数十字，重新写版，是所据底本亦脱，而彭氏谓"刘叔刚本"有此，不得不以为疑。

元刻明修十行本，盖据宋刻十行本覆刻，虽其缺损、讹误愈来愈甚，但版面文字位置当多因仍宋刻十行本之旧。今据《校勘记》检核阮元覆刻十行本，知其行首、行底常有误脱、误重字。如《内则》注"脯皆析干其肉也"，抚本、余本皆如此，阮所据十行本"干"字至行底，脱"其"字，次行首字为"肉"，闽本以下诸本均脱"其"；《杂记上》注"丧大记曰大夫之丧将大敛既铺绞纻衾君至此君升乃铺席"，抚本、余本皆如此，阮所据十行本"既铺绞纻衾"至行底，脱"君至此君升"五字，"乃铺席"在次行首；《丧大记》注"悲哀之至"，抚本、余本皆如此，阮所据十行本误重"悲哀"，行底一"悲哀"，次行首又一"悲哀"；又如上举《丧服小记》"麻同皆兼服之"六字并注六十一字，十行本似因涉上经"麻同"而误脱。此等皆当为宋刻十行本写版之误，非后印本修补之误，可见其校勘不精。

和珅影刻本卷十九第二十一页字体与他页不同，闽、监、毛本均缺相应部分，阮元所据十行本亦缺此页，盖宋刻十行后印本已失此页，故元刻十行本亦缺。是知宋刻十行本后印本已多缺损。

七、元刻明修十行本

元刻明修十行本，历经修补，脱字讹误愈来愈甚。至其后印本失初刻原貌甚远，有尚不如闽、监、毛本者。如《王制》注"田肥墝有五等收入不同也"，余本、闽本、监本、毛本如此，而阮元所据十行本作"日肥墝有五等候入不同也"。凡《校勘记》言"闽、监、毛本作甲，此本甲误乙"者，皆属此类，其例甚多，是闽、监、毛本虽出十行本，所据十行本之讹谬犹不如阮元所据十行本之甚。

十行本版片缺损多在行首、行底。今用中华书局影印本《十三经注疏》，往往可见版面上下方有一大片文字均附黑三角号（如一六三三页中栏、下栏，即阮刻本卷五十三第七、第八页），是十行本缺损，而此等处闽、监、毛本亦多缺字，可见闽、监、毛本所据十行本亦缺。十行本缺损处，闽、监、毛本亦有填补者。如《月令·孟秋》注"疟疾寒热所为也今月令疟疾为疾疫"，十行本"也"字及"疾疫"之"疾"皆在行首，二字并缺，而闽、监、毛本妄补作"疾疫寒热所为者今月令疟疾为厉疫"。此等闽、监、毛本补字，初无依据，凭臆填字，不足深论。

八、岳本

武英殿影刻岳本，首冠乾隆题诗，每卷后附《考证》，有多种覆刻本，影响深广。据《九经三传沿革例》，岳本以世彩堂本为底本，而世彩堂本以兴国于氏本及余仁仲本为主，参校多种版本而成（参张政烺《读〈相台书塾刊正九经三传沿革例〉》）。世彩堂本于旧本多所校改，《释文》附加朱熹音，是其特点。《九经三传沿革例》所列参校版本今皆不可得见，且以抚本为"《唐石经》——宋监本系统"之代表，以余本为另一系统之代表，则岳本文字可谓此两系统之合成品。为方便计，假设岳本以余本为底本，用抚本校改者，大多文字可得以解释。如《大学》"若有一介臣"，抚本如此，而《释文》出"一个"，云"古贺反，一读作介，音界"。余本附载《释文》，故正文改作"一个臣"，以牵合《释文》。岳本正文乃据抚本等旧本，回改作"一介臣"，因而《释文》亦改为"介，古贺反，一音界"，不知"古贺反"自是"个"字读音，"介"字不得读"古贺反"，"一音界"乃是"介"字音。"《唐石经》——宋监本系统"经注文字与《释文》所据本不相同，必欲牵合，只得改经注正文以就《释文》，如余本所为；若以改《释文》以牵合经注正文，则《释文》不可读，如岳本所为。岳本所以如此者，是岳本底本已附载《释文》，如余本，而参用抚本等旧本校改经注正文，故于正文与《释文》之龃龉，少所措意。

前人未见余本，故以岳本为善本。如上第四节论《曲礼上》注"忧不在私好"下十行本多出"惰不正之言"五字，《抚本考异》谓"因岳本取《正义》语附载之，遂误入郑注耳"。是以岳本为十行本所本。实则余本已有此五字，而岳本见抚本等旧本皆无此五字，故于其上标"○"以相隔。十行本若据岳本，亦当以此五字置于"○"之下。岳本佳处，皆见抚本与余本，而岳本糅杂两种系统文本，非其原本。今既得见余本与抚本，则岳本已不足贵。

九、《校勘记》与《抚本考异》

《校勘记》刊于嘉庆十三年（1808），而嘉庆八年、九年（1803、1804）段玉裁已为校订，则其稿成编更早（参汪绍楹《阮氏重刻宋本十三经注疏考》），是以嘉庆十一年（1806）顾千里撰《抚本考异》，已得见《校勘记》全稿。《抚本考异》间论校勘原则，如《曲礼上》注"武谓每移足各自成迹"下云："注例前后如此者多矣。"《檀弓上》"司徒旅归四布"下云："古本之似是而非有如此者，附辨以发其凡。"《文王世子》"反养老幼于东序"下云："凡书不可辄改而经为甚，其例视诸此。"《礼运》"夏则居橧巢"下云："苟云传写误，岂郑传写经误耶？将孔、陆传写郑而误也？何《御览》独不得有传写误乎。斯不然矣。"又"十二食还相为质也"下云："凡书以所引改本书、及以本书改所引，而其弊有不可胜言者。顾千里持此论，予以之为然。"《儒行》注"充诎喜失节之貌"下云："凡《正义》有复举经注如其文者，有自说义而增减以顺文势者，非可一例。读《正义》者最当知此也。"《乡饮酒义》注"不敢专大惠"下云："凡书必博稽而后知其例，知其例而后是非无惑。否则随所见而悬揣之，正难免于因误立说也。"凡此等议论，皆所以斥责《校勘记》之庸陋。具体校勘驳正《校勘记》之处，比比皆是，两书俱在，对读即知，今不详论。《校勘记》备录诸本异同，《抚本考异》条目较少，两书固不可偏废，然论其校勘之精审，则《校勘记》不如《抚本考异》远甚。

《校勘记》成稿后，经段玉裁校订。若《毛诗校勘记》，顾千里撰之，而其说多暗驳段玉裁，此以《校勘记》与段氏《诗经小学》《毛诗诂训传定本》《说文注》相校可知者。而《校勘记》用"〇"相隔，其下所论又反驳顾说，则当出段氏笔。[①]《礼记校勘记》则出洪震煊手，无甚高见，"〇"下所论多文字古今、正俗之辨而已。又如《礼运》"夏则居橧巢"下《校勘记》引洪颐煊说，误据《左传正义》版本讹字立说，为《抚本考异》所驳，而段氏《说文注》亦言《左传正义》版本之讹。"〇"下所论果出段氏手，则何不为之纠正，而待《抚本考异》批驳？是"〇"下之说是否出段玉裁，不无疑义。然"〇"下称引学者之说，仅见段玉裁，且亦有引"段玉裁《说文注》"者，按：《说文注》嘉庆九年（1804）阮元始为段氏刻其六篇上，撰成全稿在嘉庆十二年（1807），至嘉庆二十年（1815）乃刻成全书。然则《校勘

---

① 段氏校订问题，可参汪绍楹文。汪文引《敬孚类稿》录方植之语，今按方氏《援鹑堂笔记刊误补遗》云："当刊《校勘记》时，阮以定本送段玉裁审覆，段见顾千里有所勘正，大怒，乃肆行驳改。凡今本载驳旧说者，皆是忿设诐辞，非笃论也。"此可与《敬孚类稿》所录互证。段顾校雠问题，当另撰专文讨论。

记》之引《说文注》，当是段氏自引稿本，犹《抚本考异》之引"顾千里《思适斋笔记》"耳。虽无确证，姑以"○"下目为段氏说，似无不可。

十、阮刻本

台湾艺文印书馆影印本仍用阮刻原本，而中华书局影印本用世界书局缩拼覆刻本（请参本书第 325 页【补白】），且有描改。阮刻原本亦多讹字，如《祭义》"立敬自长始"，阮刻"敬"讹"教"，诸本皆作"敬"，因无异文，《校勘记》亦未言及。又如《哀公问》"如此国家顺矣"，阮刻原本如此，而闽、监、毛本"如此"下衍"则"，《校勘记》以无"则"为正，而阮刻附录《校勘记》删落此条，至覆刻本挤补"则"字，是阮刻原本不误，覆刻本误。阮刻原本之讹不少，覆刻本有改正者，亦有改误者。

十一、结论

上文讨论《礼记》经注文本，认为《唐石经》、抚州公使库本、八行本为一类，《唐石经》为始祖，抚本为现存最精最完本；余仁仲本、纂图互注本、十行本以及闽、监、毛本为一类，余仁仲本不妨假设为此类文本之渊源，纂图互注本与余仁仲本几乎全同，岳本则介乎两类之间。明乎此，考论版本异文有方矣。如阮刻本《射义》注"《驺虞》《采蘋》《采繁》，毛诗篇名"，此必有讹误。《驺虞》《采蘋》《采繁》皆《国风》名篇，不独《毛诗》，三家皆有之，郑玄必无言"毛诗"之理。然《校勘记》无说，岂诸本皆如此者？此必须核查版本。版本众多，当查何本？则先查余仁仲本为便，因余本之经注文本姑可目为十行本所自出故也。若无余本，查纂图互注本亦可，因其文本与余本相差无几。检余本、纂图互注本此注作"今诗篇名"，正可与下文"《狸首》逸"相对，亦合郑氏语例，是作"今诗"为正，"毛诗"为讹，断然可知。然则"毛诗"必无所依据乎？更查抚本或八行本，可决此疑。今案头无八行本，且查抚本，亦作"今诗篇名"。至此可断旧本皆作"今诗"，其作"毛诗"者，后世版本之讹字。若必欲究明讹字所由来，则可查闽、监、毛本[1]。此处闽、监、毛本皆不误，则十行本亦当不误，是知此乃阮元刻本之讹字，因其讹出于阮本，故《校勘记》亦无说耳。若闽、监、毛本已讹者，则可推测其讹起于十行本。版本异文当知其意义，必须辨其为版刻偶讹乎？抑或传统异文乎？版本众多，若不识其版本系统，则无从考辨，是此小文不得不作矣。当世专家更进而为之全面详细研究，固所企望也。

　　十行本讹误极多，其中有宋刻十行原本之误，亦有元刻明修之误，错综复杂。而洪震煊、顾千里等未见余本、纂图互注本，因而未能论析此等讹误之由来以及十行本与八行

---

[1] 东京大学东洋文化研究所网页可查阅闽本、毛本全部书影。京都大学人文科学研究所网页可查阅闽本全部书影。

本之关系。^①今得余本、纂图互注本相校，始知十行本所据底本当如余本，亦知十行本与八行本之间初无直接之关系。

钱大昕《养新录》卷十三有云："南宋初乃有并经注、《正义》合刻者，其后又有并陆氏《释文》附入经注之下者。"今按：先有八行经注、疏汇本，后有十行经注、音、疏汇本，事实如此。然十行本编辑之实况，乃非据经注、疏汇本附入《释文》，而用经注附《释文》之本附以疏而成。是则钱氏此言，虽不误，亦难称精确。

本文发表在 2006 年《北京大学学报·哲学社会科学版》第 43 卷第 5 期。

---

① 王欣夫跋谓《曲礼上》注十行本衍"惰不正之言"五字，实出余本，可谓特识。

影印南宋越刊八行本《礼记正义》编后记

乔秀岩、叶纯芳

一、越刊八行本《礼记正义》

儒经注疏诸版本中，越刊八行本最为清代以来学者所重。近年又有深入研究，如张丽娟先生梳理版本问题，全面精深；李霖先生讨论编辑体例，颇有创获；王锷先生专门调查《礼记正义》，周详细致，今皆不重述，请参文后参考文献表。今特就未成学界共识之问题，略述鄙见，供读者参考。

（一）单疏本与八行本

越刊八行本合编经注疏，重点在义疏。黄唐跋开端即言"六经疏义自京监、蜀本皆省正文及注"，显然以"疏义"为主语。八行本《周易注疏》《尚书注疏》避讳至"构"字，而不避"慎"字，单疏本《周易正义》《尚书正义》避"构"字、"慎"字，学者认为八行注疏本在单疏本之前。合编本在单行本之前，看似悖理，其实不然，因为南宋单疏本与八行本均属北宋版单疏之翻刻本。李霖先生认为单疏本与八行本可以互补。南宋前期官方刊行群经义疏，或可分两阶段理解。南宋初期，朝廷急需配备一套经籍版本，分派不同官衔完成。绍兴府直接据北宋单疏本覆刻《毛诗正义》，《礼记正义》亦有覆刻北宋单疏本；而两浙东路茶盐司以注疏合编八行本形式刊行《周易》《尚书》并《周礼》三经义疏。两种单疏与三种八行注疏（今且不论其他诸经），共同形成一套义疏版本。两浙东路茶盐司为何将《周礼》优先于《毛诗》《礼记》刊行？盖因《毛诗》《礼记》已有单疏。至孝宗朝以后，一般认为《毛诗》《礼记》皆有单疏本，虽能满足基本需求，但两浙东路茶盐司之注疏合编形式既受好评，何不继续出《毛诗》《礼记》？黄唐跋之主旨，大致如此。与此相反，《周易》《尚书》已有八行注疏本，则续刊单疏之意义当较小。学者指出《周易》《尚书》单疏校字不精，往往不如八行本，盖有由矣。又，《尚书》单疏本之体例，标起止单独占一行，是不满足于单疏原式，稍加调整以期更便阅读。总之，《毛诗》《礼记》单疏及《周易》《尚书》《周礼》八行本，为南宋第一代义疏刻本，《毛诗》《礼记》八行本及《周易》《尚书》单疏本为南宋第二代义疏刻本。版本价值之总体认识，当谓南宋第一代优于南宋第二代，不当谓单疏本优于八行本。可惜《礼记》单疏传世仅八卷，今不得不以八行本为《礼记正义》最善本。

顺带一提，潘氏旧藏八行本《礼记正义》有李盛铎跋（详下第三章），引黄唐跋而云："是绍兴庚司为注疏第一合刻之地，《诗》《礼》二疏，因即为唐所合编，故它经后仅附唐跋，此经独列校正诸官衔名。"按：此说殆非。所谓"它经后附唐跋"，疑皆据《礼记》跋移录附后，未闻它经宋版实有唐跋之事例（又《木樨轩藏书题记及书录》著录此跋，"因"字作"目"，文义不通。盖编者误认手跋字体，请直接参考影印手跋）。

（二）单疏本可贵，十行本不可废

《礼记正义》单疏，今存日本旧抄本卷五残卷，有 1928 年影印卷子装复制本。1935 年商务印书馆据影印本覆影收录于《四部丛刊三编》，则以一行裁为两行，形式大异，而文字固无异。另有单疏南宋版残本存卷六十三至卷七十，1930 年东方文化学院影印，《四部丛刊三编》亦据以收录，后来台湾艺文印书馆又有原大影印东方文化学院影印本。1927 年内藤湖南发表一篇杂文介绍八行本《礼记正义》，有言"《礼记正义》的单疏本，仅有的传本是抄本残卷两卷而已"，是当时未有影印卷子本，更不知宋版残卷尚存人间，仅据《嘉业堂丛书》翻刻本为说。1914 年嘉业堂刊本，据转抄本翻刻，与 1928 年影印本同出一源。张丽娟先生指出，嘉业堂误据六十三卷俗本分卷，故以卷五残卷误认为卷三尾及卷四首。内藤此言"残卷两卷"，当因嘉业堂本而误。今日既有影印本之便，阅读八行本自当取以对校。

十行本编辑体例、文本质量远不如八行本，亦不能偏废，因为十行本自据单疏本编录孔疏，并非据八行本转载。其最著者，八行本《乐记》孔疏有一整段一千多字之脱文（八行本卷四十八第六页，十行本卷三十八第六页以下），此一问题，潘明训《校勘记》、常盘井《宋本校记》皆有揭示，王锷先生亦有介绍。十行本《礼记》，无宋版传世，若欲补八行本之不足，阮元刻本即可为用。

（三）八行本经注文本

八行本不仅为《礼记正义》现存最佳版本，所收经注文本亦极精善，传世版本中仅抚州公使库本可以媲美。抚州本刊行于淳熙四年（1177），为南宋前期官刊经注本之仅存者。抚本文字之细节，往往与毛居正《六经正误》所言南宋后期监本吻合，如《内则》"子弟犹归器"注"当以善者与宗子"，毛居正云监本"与"作"与"，是偶用俗体，现存版本皆作"与"，而抚本独作"与"。类似情况甚多，可以推论抚本即覆刻南宋初期监本，大体保留南宋初期监本之面貌。刊行八行本《礼记正义》在绍熙三年（1192），稍晚于抚州本，且按章节割裂，插入于《正义》中间。然其文本可以与抚州本互证，往往得以纠正抚本之失，即便为讹误，若与抚本相同，则不妨视为南宋初年监本之原貌。例如《檀弓上》"周公盖祔"，《檀弓下》"卫人之祔也离之"，余本以下诸本皆如此，而抚本与八行本"周公盖祔"字作"附"（八行本卷九第十二页），"卫人之祔"作"祔"（八行本卷十四第三十三页），前后不同。两处郑注同云"谓合葬"，是义同而字异，似不如余本以下俗本统一用"祔"字为佳。其实《唐石经》与抚本、八行本同，而《经典释文》"周公盖附"作"祔"，不难理解，前后不同乃《唐石经》以来传统文本，前后统一为余本据《释文》窜改之结果。又如《曲礼下》"曰予一人"，注"《觐礼》曰'伯父实来，予一人嘉之'，余予古今字"，抚本、八行本（卷六第十三页）如此。郑玄解释"余予古今字"，必当据此《曲礼》与《觐礼》用字不同，抚本、八行本皆作"予"，必有一误。《抚本考异》据此处《释文》及《玉藻》孔疏，论定《曲礼》当作"余"，注引《觐礼》当作"予"，说极精审。今更为推论，则《唐石经》据《礼记》郑注而仅录经文，校定者见注引《觐礼》作"予"，以为作"予"为正，遂改《曲礼》正文作"予"。至五代编定监本经注，经文以《唐石经》为主，于是产生经注皆"予"之文本。北宋监本、南宋初监本辗转因袭，故抚本、八行本皆如此。余仁仲知经注两"予"字必有一讹，见《释文》出"予一人"三字，以为《曲礼》正文当作"予"，遂改郑注引《觐礼》作"余"，为后来俗本所因袭。正如《抚本考异》所言，《释文》"予一人"三字据郑注引《觐礼》，余仁仲误会而改经文，卢文弨又据俗本而窜乱《释文》，皆不可取。

　　八行本之经注文本大体接近当时监本，然亦似曾受俗本影响。如《乡饮酒义》注"不敢专大惠"下，八行本误入《释文》一百零八字（见第六十八卷第十七、第十八页），山井鼎曾非之，《校勘记》则疑为注文，而《抚本考异》断为《释文》误入。《射义》"称道不乱"注"称犹言也，行也"，八行本衍五字作"称犹言也，道犹行也，言行也"（卷六十九第八页），正如《九经三传沿革例》所言"越本"。《沿革例》误以多五字为是，段玉裁（见《校勘记》及黄焯《经典释文汇校》引）、顾千里（《抚本考异》）并以为非。

八行本经文又有颠倒次序之处。《沿革例》"脱简"条云："诸经惟《记礼》独多见之，《玉藻》《乐记》《杂记》《丧大记》注疏可考。兴国本依注疏更定，亦觉辞意联属，今则不敢放之，第以所更定者系于各篇之后，庶几备尽。"兴国于氏本今不可见，而殿版覆岳本《玉藻》等诸篇卷末附录"兴国于氏改正本"，如《沿革例》所言。今八行本《乐记》《丧大记》据注说颠倒经文，与兴国于氏本同，而《玉藻》《杂记》仍旧文，体例不一。不知是合编注疏时顺手调整，抑或参考其他经注文本，待考。十行附释音注疏本，则经注文字与余仁仲本同，所谓"错简"皆仍旧。

（四）八行本分章，十行本分章分段

郑注《礼记》传统文本皆无分章标识，如抚本然。八行本亦无标识（《月令》有几处标圈，可谓例外），而大致据孔疏分章列经注。余仁仲刊本始于每章首加圈，十行本仍之，而每章又细分数段，经注与义疏互见。八行本往往先录长段经注文，下录孔疏连续数页，疏与经注相距甚远，或嫌不便对照。然郑玄注《礼记》，每参上下文句推定文义，若据十行本，上下经文分离甚远，令人忽视郑玄思路。如《曲礼下》"君子行礼，不求变俗"，注："谓去先祖之国，居他国。"郑意，此经谓君子居他国，不改自己故国之俗。按通常理解，此句文义当谓君子不强行改变民间旧俗，且郑玄于别处引《礼记》此句亦如此理解（见孔疏引《郑志》。

2015 年补记：《周礼》《仪礼》注不仅一次引用《曲礼》此句，均以为不改当地旧俗。《记》言"不求"，自当谓别人之习俗。郑玄于《曲礼》注解释为不改自己旧俗，明知"求"字不可通，故特云"求犹务"。凡郑注云"某犹某"，往往是郑玄曲解之训诂，必当仔细探索郑玄不惜曲解词义而保全之经文大义。如《明堂位》"鲁郊非礼"，郑注"非犹失"，意谓鲁郊本合礼，细节有失误而已，完全扭转"非礼"原意）。然则郑玄在此为何提出如此异解？盖郑玄读此经，与下经"去国三世，爵禄有列于朝，出入有诏于国，若兄弟宗族犹存，则反告于宗后；去国三世，爵禄无列于朝，出入无诏于国，唯兴之日，从新国之法"等为一章，以为一章经义连贯，故谓"君子行礼，不求变俗"即君子自身不改故国旧俗，而非君子不改民间旧俗。此章八行本在卷五第二十五页，一章经注皆在一处。十行本乃将此章割裂为三段，"君子行礼，不求变俗"在卷四第六页，而"唯兴之日，从新国之法"在第八页，当读第一段时，往往不知必须结合第二段、第三段始得理解郑玄用意，故读注云"谓去先祖之国，居他国"，只觉奇异。郑玄注经，望经为说，古人已有定评，百多年来，郑注本意晦而不彰，学者往往专据阮刻十行本，未必非其重要原因。

二、足利学校藏本

山井鼎《七经孟子考文》及物观《补遗》，详校足利学校所藏宋本《礼记正义》，阮元《校勘记》据以转录足利所藏宋本之异同，学者知足利藏本既久且详，但所知不出《七经孟子考文》并《补遗》所记之外，故始终难免各种疑惑。

《七经孟子考文》指称各种版本，有特定词例，且每经不同。就《礼记》而言，所谓"古本"专指足利学校所藏一部日本旧抄本，所谓"足利本"乃日本古活字本（山井鼎误以此种活字本为足利学校所印，故用此称），八行本则称"宋板"。阮元《校勘记》等参据《七经孟子考文》，皆因袭原书用词，因而《校勘记》中所见"足利本"与本书影印之"足利本"（即《考文》及《校勘记》之"宋板"）为两种版本，互不相干，特请注意。

山井鼎撰《七经孟子考文》，有誊抄本传世，而未尝有单行刊本。《七经孟子考文》在刊行之前，由物观覆查，撰《补遗》，故《考文》刊本皆附《补遗》。然《补遗》用词不遵山井鼎体例，不免令人迷惑。如《郊特牲》注"宾为苟敬"，俗本讹作"尊敬"，《抚本考异》云："山井鼎所据宋板注及《正义》俱不误。但此于彼所据为缺卷，而仍称宋板，未知究指何本耳。"此注于八行本在卷三十四第九页，恰为足利本缺卷。此处山井鼎实无说，其言"宋板"见《补遗》。山井鼎于"宋板"缺卷起始处，自述体例云："宋板《正义》本，三十三卷至四十卷缺，有人补写足之。今比校之，讹谬相仍，固不足征也。其有一二可取者，乃称以'补本'云尔。"山井鼎遵用此例，故八行本卷三十三至卷四十，《考文》偶见"补本"而不见"宋板"。然《补遗》在此范围仍

影印南宋越刊八行本《礼记正义》编后记

然详记"宋板"异同，不言"补本"，是知顾千里忽略《考文》与《补遗》之差异，不曾想《补遗》竟以"宋板"称补抄，故不得不迷惑。

山井鼎、物观之后，关注此部《礼记正义》而留下记录者，有近藤正斋，参见本文后附常盘井论文、阿部解题。《经籍访古志》亦著录此部，而卷数称六十三卷，不符事实，启人疑惑。杨守敬曾介绍致误之由云："《访古志》载绍熙壬子黄唐刊本《礼记注疏》七十卷，与曲阜孔氏藏本同。姚君（笔者注：姚文栋，字子良）但见通行《礼记注疏》六十三卷，遂悍然据改之。"（见《日本访书志》卷六《太平寰宇记》条。）董康为潘氏藏本制作珂罗版之后，内藤湖南发表介绍文章，言及足利学校藏本，但仅认为同版，并谓足利本缺八卷，潘氏本有缺页，可以互补，显然不知两本修补之不同。1932年常盘井贤十开始调查足利本，发现足利藏本印制时间较潘氏藏本早，补版较少，因而文字有不少出入。1933年发表阶段性报告，至1937年出版《宋本礼记疏校记》，学界始知足利本与潘氏本异同之详情。但常盘井《校记》只校孔疏，不校经注文字，未为详备。本书对照影印两本，可以直接观察两本异同，则常盘井《校记》之正文，可不必参考，但其总述版本相当周详，仍有价值。1937年，足利学校出版长泽规矩也撰《足利学校贵重特别书目解题》，亦言潘氏本印刷晚于足利本。1973年出版《足利学校善本图录》，收录《礼记正义》卷一首半页、卷三首半页及孔序首半页书影。1982年阿部隆一发表《日本国见在宋元版本志经部》，详细讨论此部刻工，见本文附录。阿部先生曾在中国台湾、日本调查大量宋元版本，每部皆留下详细记录，汇编出版之调查成果有《中国访书志》《日本国见在宋元版本志经部》等，为版本学界提供资料基础。阿部先生之论述相当可靠，但研究条件毕竟有限，自然不免于失误。如在本书之前，本丛刊出版《影印宋刊元明递修本仪礼经传通解正续编》，笔者参与编辑，就发现阿部先生所认定宋元刻工，包含少许失误。阿部先生在论述《礼记正义》补版刻工时，以"李成"为宋代补版刻工，谓见于《仪礼经传通解》原版，其实《仪礼经传通解》中"李成"所刻乃元代补版，则当为同名异人，不能引以互证。当然，些许失误无损于阿部先生考论之价值。

足利本有后人用墨笔补字，如《檀弓下》注"封可手据，谓高四尺所"，八行本脱"所"字（卷十四第十六页），而足利本用毛笔补"所"字。毛笔补字及描写笔画，皆不难辨认，幸勿与宋版文字混为一谈。

三、潘氏宝礼堂旧藏本

（一）递藏经过

因资料有限，以往学者了解此部流传之经过颇有不明之处，如常盘井在1933年论文中叙述此部由山东孔氏流出，为盛昱所获之经过，只得根据两则辗转多次之传说，至1937年出版《宋本礼记疏校记》，始得补充一条《缘督庐日记抄》之记载。如今可参考之资料更多，不妨稍为补充。

潘氏旧藏本有"秋壑图书""北平孙氏"及季振宜诸印，与北图藏八行本《春秋左传正义》同。其中"秋壑图书"，傅增湘等皆定为伪印，而未明言其理由，故世人或不免疑虑。其实，鉴定伪印，不必就印文本身论证，最近张丽娟先生指出，此部为元修本，不可能有宋人贾似道藏印。一经点破，简单明了。

此部后有乾隆十四年（1749）惠栋跋，云为璜川吴氏所藏。《藏园群书经眼录》著录殿本注疏孔继涵校本（原书今藏上海图书馆），移录孔继涵跋云："后归璜川吴氏，吴曾以质三百金于朱文游家，戴东原先生借阅，补今本缺文。丙申（乾隆四十一年，1776）之春，有挟之入都者，索价五百金，无售者，东原欲借重校而不得。九月之朔，持质百金于余……"

盛昱得此部之经过，缪荃孙《琉璃厂书肆后记》有云："伯希辞官以后，探得打磨厂兴隆店，外来书贾货车萃焉，五更开市，各书陈列于地，论堆估值，厂友悉趋之。伯希时时襆被往宿，遂得宋本七十卷之《礼记注疏》、《杜诗》黄鹤注、旧钞《儒学警悟》。"[①] 按：此说与常盘井论文注中所记缪荃孙语（经徐森玉、杉村、吉川辗转重述）相符，则常盘井所记，谓此部自曲阜孔氏流散后，先归山西某氏，书贾于山西得之，运至打磨厂，为盛昱所获者，或属可信。周肇祥《琉璃厂杂记》卷二云："曲阜孔氏，清初好藏书，多善

---

① 今据孙殿起《琉璃厂小志》第三章所引。

本，近为书估捆载来京出卖。抱存（袁克文）所得宋刻小字八经，前藏季沧苇者，森玉所得钱谦益批本《通鉴》，皆孔家故物。"①是述当时曲阜孔氏藏书大批流散，与此部《礼记正义》先归山西某氏之说，并不矛盾。另，今人刘晴撰《晚清名士盛昱研究》②，附录《盛昱年谱简编》，据载，盛昱道光三十年（1850）生，光绪三年（1877）中会试，十五年（1889）因病奏请开缺，十八年（1892）六月获此宋本《礼记正义》，二十五年（1899，因在年底，公历实已入1900年）卒。光绪十八年获得此部，即在辞官之后，与缪荃孙所言符合。唯此一信息，刘先生不言所出，刘先生云王懿荣之子王崇焕曾撰盛昱年谱，有稿本藏天津图书馆，据以参考，不知是否见王崇焕所撰年谱稿。

邓之诚《骨董续记》卷一"盛伯希收藏"条云："盛伯希祭酒，自谓所藏以宋本《礼记》、《寒食帖》、刁光胤《牡丹图》最精，为'三友'。身后为其养子善宝斥卖，至今意园已为日人中山商会所有，盖无余物矣。'三友'以壬子（1912）夏归于景朴孙。后《礼记》为粤人潘明训所得，《寒食帖》归于日本人菊池惺堂，《牡丹图》初归蒋孟萍，复卖于美国人。有得当时善宝与景所立契约言：'今将旧藏宋板《礼记》四十本、黄苏合璧《寒食帖》一卷、元人字册一十页、刁光胤《牡丹图》一轴及《礼堂图》一轴，情

① 周肇祥《琉璃厂杂记》，北京燕山出版社1995年。
② 黑龙江大学硕士论文，2010年。

愿卖与景朴孙先生，价洋一万二千元正，绝无反悔。日后倘有亲友欲收回各件，必须倍价方能认可。恐空口无凭，立此为据。善宝押。旧历壬子年五月二十日。'盖祭酒为肃宗，景虑后患，故要约为此。"周肇祥《琉璃厂杂记》卷二云："抱存以一万金购宋板七十卷黄唐《礼记》、婺州本《周礼》、黄善夫刻《苏诗》、《于湖集》、黄鹤注《杜诗》五种于旗下人景朴孙。景初得书于盛伯羲家，费仅五百金。伯羲故后，其嗣子痴呆，不知贵，约正文斋谭估往估值。谭估将此数种，杂以他书，置屋隅，故贱其值，留以待己。景适继谭而往，发见其覆，问值几何，曰估二百金，景以五百取之。及谭估再往，知书已为景得，呕血死。"以上两种叙述，稍有出入，均属传闻，容有讹传。傅增湘致张元济信函中，屡及购买盛家藏书事。[①] 如壬子四月一九日（1912年6月4日）云："盛书殊费手。除老谭巧取不计外，此外传闻有耆寿民、宝瑞臣、景朴孙三人。耆自用，宝、景皆营业。"又云："景殊巧。渠不言己物，谓代我取阅。然闻其略购数十种，亦未必皆其物也（原注：亦实有向盛取者）。"同年五月一四日（公历6月28日）函中言"昨日（原注：一三日也）又得介绍人，始入盛宅看书，自十二点起，至六点止"，并详述此部《礼记正义》之情形。至同年八月廿五日（公历10月5日）则云："闻《礼记》确为景二所得。与人言宋本六种须洋二万元，亦恐难以出手。计开：

---

① 今据《张元济傅增湘论书尺牍》，商务印书馆1983年。

《礼记》《纂图互注周礼郑注》《张于湖集》《千家注杜诗》《王注苏诗》《春秋胡传》。"傅增湘、张元济等一直有意购买，但书贾要价太高。《礼记正义》尚在盛家时，书贾称卖价四千金，见壬子四月一四日函、壬子五月初九日函。其归景朴孙之后，书贾言"至少恐须三千元"，而张元济只能答应《礼记正义》与《于湖集》两种一共三千元（同年九月廿二日，公历10月31日函），价位悬殊，傅增湘不得不表示"来示言《礼记》二种还三千元，必无效"（同年十月七日，公历11月15日函）。至第二年五月二五日（公历1913年6月29日），傅增湘言《礼记正义》《于湖集》仍在景朴孙手里，问张元济有意购买否。此后，傅增湘函中皆不见《礼记正义》事，恐已放弃。通过傅增湘信函可以了解，此部《礼记正义》1912年6月确曾在盛氏宅中，至10月已归景朴孙手。在景朴孙手里待估两年，至民国三年甲寅（1914）冬，为袁克文所获。

此部《礼记正义》，书后有"丙辰惊蛰后二日"李盛铎跋、"洪宪纪元三月十三日"袁克文跋（皆在民国五年，1916），为潘氏影印本、影刻本所不载，而皆见《涉园所见宋版书景》第二辑影印，颇便参阅，故本书不重收①。李跋云"壬子之夏，翿华书籍散出，是书辗转遂归三琴趣斋"，袁跋云"比移都下，知尚在景家，因丐庾楼妹倩代为论值，遂以

---

① 李跋录文亦见1985年北京大学出版社《木樨轩藏书题记及书录》，袁跋录文亦见《文献》2011年第4期，李红英撰《袁克文经部善本藏书题识（上）》。

万金兼得《纂图互注周礼》、小字本《春秋胡传》、《黄注杜诗》、黄善夫刻《王注苏诗》、《于湖居士文集》五书",皆不言何时所得。按袁克文跋《纂图互注周礼》则云:"《纂图互注周礼》十二卷,南宋坊刻之至精者,曾载入《传是楼书目》,卷首有徐乾学藏印可证也。予以万金与三山黄唐本《礼记正义》、小字本《春秋胡氏传》、《黄氏补千家注杜工部诗史》、黄善夫刊本《王状元注东坡先生诗》、《张于湖居士文集》六宋刊购自景贤家,多为盛伯兮祭酒故物,皆宋刊无上上品,遂启予幸得之冀,而为佞宋之始。日溺书城,不复问人间岁月矣。甲寅冬月获于京师,时居后水泡寓庐。"[1]知袁克文得此部于景朴孙,在民国三年甲寅。袁跋言"庾楼妹倩",指张允亮,字庾楼,为袁克文姐夫。所得六种宋版,与壬子八月廿五日傅增湘函中所言完全一致。了解此部书由盛氏鬱华阁流出,终归袁克文之经过,即知景朴孙可谓掠贩家之末流。景朴孙在此部稀世珍本乱盖私印,俨然以藏书家自居,最属可笑。

袁克文于 1916 年跋此部《礼记正义》云"经年所获,已可盈百,爰辟一廛以贮之,而以此书冠焉",随后袁世凯去世,袁克文"资斧不给",将此《礼记正义》与《公羊解诂》转让潘明训,潘氏遂以新居名为宝礼堂[2]。伦明《辛亥以来藏书纪事诗》云"潘明训少时供事洋行,现充英工

---

① 见《袁克文经部善本藏书题识(上)》引。
② 见 1938 年《宝礼堂宋本书录》自序。

部局总办"，则内藤湖南云潘氏将所藏善本寄存"英国工部局的警察"，似乎合理。据宋路霞先生介绍，潘明训于1939年去世，藏书由潘世滋先生继承。1941年，为避日寇掠取，潘先生将所藏善本运至香港，藏于汇丰银行保险库[1]。50年代潘氏藏书归公，1959年《北京图书馆善本书目》著录此部《礼记正义》，并注"潘捐"，亦见《中国版刻图录》收录。

此部在潘氏时，董康借以制作珂罗版影印本及木版影刻本。珂罗版精美无伦，可谓近代珂罗版影印本之最，而传本极罕见。影刻本有80年代中国书店重印本，流传甚广。影刻本有失误，亦有校改，已非潘本原貌。常盘井《校记》曾言珂罗版亦有疑经描改处，则笔者至今未见可疑之处，待考。潘氏又有《校勘记》，《宝礼堂宋本书录》有详跋，据云皆出张元济手。王国维于潘氏见此部，有跋见《观堂集林》。

（二）惠栋所据宋本即潘氏本

潘氏旧藏本是否当年惠栋所校宋本？多年来不少学者表示怀疑，根本原因在惠校所言宋本文字与潘本不符。阮元等人编撰《校勘记》，已见惠校宋本与《七经孟子考文》所引"宋板"往往不符。阮元解释云："《七经孟子考文补遗》所载宋板《礼记正义》，与惠栋校所载宋本是一书。间有不

---

① 宋路霞撰《潘氏宝礼堂宋版书的命运》，载《世纪》2007年第2期。

合处，不及千分之一，亦传写之讹，非二书有不同也。"①
阮元不知两部宋版之间修补情况有差异，内藤湖南亦然，已
见上节。张元济先见潘氏藏本，后又见旧内阁大库残本，发
现两者"一一吻合，惟间有原版、补版之别"，于是猜想
《考文》引"宋板"与惠栋校宋本之差异，当非"传写之
讹"，而为"原版与补版之异耳"②。1928 年张元济访日，又
知足利本与潘本"有不合者，为原版、补版之别，即同一补
版，亦有先后之殊"③。然持影印潘本核惠校引宋本，仍有不
少出入，因而不得不认为惠栋所据宋本当非此潘氏本。汪绍
楹先生于《阮氏重刻宋本十三经注疏考》④ 中，又举三证：
一、陈仲鱼《经籍跋文》云"钱听默窃以所储十行本，重临
惠校，缀以原跋"，阮元《校勘记序》亦云"书贾取六十三
卷旧刻，添注涂改，缀以惠栋跋语"。汪先生认为，惠跋既
为钱听默缀附十行本，则八行本不当仍有惠跋。今潘氏本有
惠跋，当非原件。二、潘氏本卷二十六卷首题作"礼记注
疏"，而惠校仍作"礼记正义"。汪先生认为潘氏本卷二十六
第一页并非原版，故与惠校所据有差异。三、潘氏本后附黄
唐跋，一览即知此部为南宋刊本，惠栋岂容误认为北宋本。
汪先生推测，惠栋所见八行本当缺黄唐跋。汪先生考论精
审，王锷先生赞同其说，张丽娟先生虽存疑，亦称其说颇有

---

① 见《校勘记》卷首。
② 见《涵芬楼烬余书录》。
③ 见《宝礼堂宋本书录》。
④ 载《文史》第三辑，1963 年。

理据。

其实，常盘井已有论证，可以破除此一疑惑。常盘井言，惠校所言缺页与潘氏本吻合，足以确定惠栋所据即今潘氏本。在 1933 年论文中常盘井指出，潘氏本有五处补抄，与惠校所言缺页起止吻合，而在 1937 年《校记》卷首说明又加两处，共七处皆与惠校吻合，另有两处潘氏本缺页，惠校虽不言缺，然亦无校记，并不矛盾（今按：常盘井据珂罗版以为潘氏本缺卷三九第八页，其实潘氏本不缺该页，见下第六节）。八行本《礼记正义》全书一千七百九十七页，而潘本缺页仅八处，竟皆与惠校吻合，不容视为巧合。（2017 年补记：缺页通常是版片破损的结果，则同时期印本的缺页情况大致相同，所以缺页一致并不能直接证明是同一部印本。只是考虑到此版印制时间之久，全书页数之多，而缺页完全一致，与其认为前后印制几百年的版本，流传到清代仅存两部偶然是同一时间的印本，不如认为其实就是同一部印本。怕读者误会，特此补充说明。）

既知潘氏本即惠栋所据，则汪先生所论当如何解？汪先生之第一点，可谓误会。今按陈、阮二家之意，当谓钱听默持十行本加工，正文乱加批校，书后伪造附加惠栋跋，冒充惠栋所见宋本。"原跋"谓惠栋跋，非谓惠栋手书原件，故阮元特言"跋语"。正如内藤指出，潘本所附惠栋跋，"余案《唐艺文志》，书凡七十卷"下有"此本卷次正同，字体仿石经，盖北宋本也"十六字，为和珅刻本惠栋跋所缺。钱听默伪造惠栋所见宋本，"卷次正同"云云非删除不可，否则跋言七十卷而书仅六十三卷，和珅虽愚亦不受其欺。可见钱听默"缀以原跋"绝非惠栋手书跋，不必因此怀疑潘本所附惠栋手跋。潘本所附惠跋究竟是否惠栋手迹，则尚待从字体等其他角度鉴定，今不敢确定。《昭代名人尺牍》所收惠栋笔迹（且据文哲所出版《东吴三惠诗文集》卷首），似与潘本惠跋同出一手；张素卿先生又与复旦大学所藏《易汉学》手稿对照，认为诸多字形笔画结构极相似，整体笔意亦颇为一致，记此供读者参考。汪先生之第二点亦不确。卷二十六第一页，足利本、潘氏本同为"陈又"所刻原版（2017 年补记：《经学研究论丛》第二十一辑中李霖先生《读汪绍楹〈阮氏重刻宋本十三经注疏考〉》已指出），惠校文字与八行本不符合，另有原因，见下文论述。唯独汪先生之第三点，惠栋为何误认为北宋本，仍不可解。

深入讨论此问题，必须核查惠校引宋本之具体文字。《曾子问》"今墓远则其葬也如之何"节孔疏，闽、监、毛本均有大段脱文，乃因十行本，不知从何时，均缺卷十九第二十一页。相应部分在八行本卷二十七第二十六页、第二十七页，全文俱在，故山井鼎与惠栋皆分别记录，而阮元翻刻十行本《礼记注疏》，即据惠栋校本重新写版补此页。然山井鼎、惠栋两家录文有出入，《校勘记》指出有七处不同[1]。今核查宋本，即知山井鼎、惠栋两家所据同为"蒋伸"所刻原版。经校对，知山井鼎录文准确，七处异文皆惠栋录

---

[1] 《校勘记》先录惠栋所记全文，后详言惠栋所记与山井鼎录文之异同。然其全文，已有三处反与山井鼎录文同，是《校勘记》编校失误。而阮刻十行本照用《校勘记》所载全文翻刻，不顾其文已经混淆两家录文，可谓草率。

文之讹字。其中八行本第二十六页末行孔疏"今谓曾子见时世礼变，皆棺敛下殇于宫中，而葬之于墓，与成人同。路今既远，不复用舆机于尸"，惠校录文"路"讹作"隆"。作"隆"则属上读，"与成人同隆"，但下文"今既远"稍嫌不辞，自以作"路"为正。然作"路"作"隆"，语义悬殊，惠氏录文岂容致误？对照足利本与潘氏本，即恍然大悟：此字在行底，紧接版框，足利本完全正常，而潘氏本因印制时间晚，版框及"路"字大部分笔画已经磨损，仅见"路"字最上边部分笔画而已，惠栋据此猜测此字为"隆"。然则惠栋所据宋本之版面状态，当与潘氏本相同，此亦可证潘氏本即惠栋所据。

惠校文字与八行本不符，或当由于过录者之失。如《檀弓下》"晋献公之丧"节，十行本分两段，下段孔疏开头标起止作"稽桑至远利也"（卷九第十页），而《校勘记》云"惠栋校宋本无此六字"。今按八行本作"稽桑至利也"（卷十二第十二页），不难想象当初惠栋在毛本"稽桑至远利也"之"远"字旁批注"宋本无"，过录者误会惠栋原意，以为宋本皆无此起止六字。惠校文字，或为惠栋据宋本自为笔记，并非照录宋本文字。如常盘井在1938年《校记》卷首中指出，各卷尾题"礼记正义卷几终"之"终"字当为惠栋所加。今据《校勘记》推测，惠栋当于八行本各卷起处标"礼记正义卷第几"，八行本各卷讫处标"礼记正义卷第几终"，并记"凡若干页"。"凡若干页"为惠栋所记，非宋本文字，"终"字亦然。其意在记录八行本分卷，故如卷二十六宋本首题偶作"注疏"，惠栋仍作"正义"。惠校文字，亦当有惠栋据其他材料记录异文之处。如《礼运》"五声六律十二管还相为宫"注"终于南吕"，诸本皆如此，八行本（卷三十一第一页，足利本原版，潘本补版）、十行本（卷二十二第六页）亦然，而《校勘记》引"惠栋校宋本'吕'作'事'"。此注《释文》作"南事"，孔疏云"诸本及定本多作'终于南事'"，是惠栋据《释文》、孔疏记异文，非录宋本异文。惠校文字，亦当有惠栋据文义校定之处。如《月令》孟冬"大饮烝"注"燕谓有牲体为俎也"，八行本（卷二十五第十二页）、十行本（卷十七第十三页，阮刻经挖改）皆如此，而《校勘记》引"惠栋校宋本作'烝'"。此处"燕"乃显讹字，孔疏亦可证，惠栋自当校改，无须版本依据。惠校文字，亦当有惠栋之备忘笔记。如《礼运》"是谓合莫"注《孝经说》曰上通无莫"，诸本皆如此，而孔疏云"正本'元'字作'無'"，八行本（卷三十第十三页）、十行本（卷二十一第十八页）皆同。《校勘记》引"惠栋校宋本'無'作'无'"。段玉裁注《说文》"无"字引此疏而云"按此注疏今本讹误不可读，而北宋本可据正"，所谓"北宋本"亦即"惠栋校宋本"，别无版本依据。惠栋据孔疏，推论此处"元"讹"無"，乃由"元""无"形近，"无""無"相通而生，遂记一"无"字，实与宋本无关。

上列诸例可知，所谓"惠栋校宋本"，内容颇杂，非皆宋本文字。其实古人"校本"往往如此，一部校本中，或记不同善本异文，或录别人校记，或据文理校改，偶尔亦记小考证，均属常见。或用不同颜色分别记录不同内容，但难免产生混淆，尤其经几次过录之后，混淆更甚。《文禄堂访书记》著录一部毛本《礼记注疏》，据云有嘉庆十八年（1813）陈奂手跋曰："此本系江艮庭（声）先生取惠先生校本用墨笔过者。嘉庆己巳（十四年，1809）江铁君（沅）师复将段懋堂师所过惠本微有异同，因又用黄笔检校，其同者用黄笔圈之，兹则于校宋本处悉用红笔，于批阅处用墨笔，使读者可了然也。"据此跋，江声过录本用墨笔，段玉裁过录本似亦然，未尝用其他颜色。陈奂自言校宋本处用红笔，批阅处用墨笔，当据文字内容区别，仅记异文者视为校宋本，有论述考证者为批阅，如此而已。不难推测，惠校经传录，其中或记宋本文字，或录《释文》、孔疏异文，或据文义校改，不同内容已经混淆，无法分辨。近代以来学者，往往单纯以为凡《校勘记》言"惠栋校宋本"者，除容有传写讹字之外，悉皆惠栋所据宋本文字，因而无法理解其与潘本之差异，不得不认为潘本当非惠栋所见宋本。

　　两年前笔者合作翻译平冈武夫《村本文库藏王校本白氏长庆集——走向宋刊本》一文[1]，曾经遇到类似问题。据平冈先生所述，村本文库藏王校本《白氏长庆集》，据宋本校字。然所据何宋本？平冈先生指出王校记中有两处言"宋刻缺"，与文学古籍刊行社影印宋版之缺页一致，当非巧合。然平冈先生又提示王校中宋本文字与文学古籍本不符处，因而认为王氏所据为另一种宋版。笔者认为，寻求符合所有校

---

① 载北京大学出版社《版本目录学研究》第四辑，2012年。

记之一部宋版，当属幻想。王氏所校宋本，当即文学古籍刊行社影印之底本，其校记与该宋本不符之处，容有据别人校记转录、据其他版本校等多种内容。

四、分藏各地之残本

足利本、潘本之外，八行本《礼记正义》传世尚有不少残本分藏各处，表列如下：

北京图书馆藏卷三、卷四、卷十一至十八、卷二十四、卷二十五、卷三十七至四十二、卷四十五至四十八、卷五十五至六十，《涵芬楼烬余书录》《北京图书馆善本书目》著录。

北京大学图书馆藏卷一、卷二，见《北京大学图书馆藏善本书录》（1998 年北京大学出版社出版）。

上海图书馆藏卷五残卷（存第六页左半至二十页），见该馆联网目录。

东京大学东洋文化研究所藏卷六十三，见《日本国见在宋元版本志经部》。

京都大学图书馆谷村文库藏卷六十四，见《日本国见在宋元版本志经部》。

"史语所"傅斯年图书馆藏卷六十六，见《傅斯年图书馆善本书志经部》（2013 年"史语所"出版）。

《文禄堂访书记》著录一部残本，存序、卷一、卷二、卷

六十三至卷六十六，据云有"君子堂""敬德堂图书""勘谊
彦忠书记""吴兴沈氏"印。涵芬楼旧藏本亦有相同印记，
而且存卷不冲突，可以认定原属一部，分为两批。北京大学
图书馆藏本，有关诸目皆云存卷一、卷二共三十三页，其实
卷一、卷二共三十二页，此本又有序第三页，故为三十三
页。序第三页及卷一、卷二皆见"君子堂"等印记，则其为
文禄堂所记无疑。东京大学东洋文化研究所藏本为东方文化
学院旧藏本，傅斯年图书馆藏本为东方文化委员会旧藏本，
则皆购自厂肆，虽未见晋府等印记（卷六十三缺首页），其为文
禄堂著录本无疑。长泽规矩也曾言："在北平，那位姓高的
将可能属于内阁大库本的三朝本八行《礼记正义》及南宋刊
本《重校添注音辨唐柳先生文集》的零本各二册拿来，我替
东方文化学院各购进一册，自己买下其余两册。"① 据其上下
文，时间似在 1928 年前后。所谓高姓书贾，乃琉璃厂路南
翰文斋店员②。笔者曾查东京大学东洋文化研究所藏东方文
化学院购书账簿，卷六十三残本由文求堂购进，当因学院不便
购自长泽个人，故中间夹文求堂一层，书价八十一元，注册
时间为 1931 年。

　　上海图书馆所藏第五卷，不在文禄堂著录残本之内。
或在内阁大库本分为两批之前，单独流散，亦未可知。据
陈先行先生教函，此卷五残页，有原版亦有修版，缺首尾，

---

① 见《长泽规矩也著作集》第六卷，汲古书院 1984 年，第 261 页。
② 同上书，第 264 页。

故无图记可考。陈先生又教示，上海图书馆著录卡片之原始记录曰"一九五二年以旧币五十万元购自刘晦之"，晦之（1879—1962）名体智，安徽庐江人，四川总督刘秉璋子。

上列现存残本，与文禄堂所记存卷相较，知尚有卷六十五不知下落。然长泽规矩也编《十三经注疏影谱》（1934年出版）收录卷六十五第一页（宋修，与足利本同版而后印）及第三页（明修）书影，则当时卷六十五似在长泽手中。

要之，现存残本共三十四卷，存卷一、卷二、卷三、卷四、卷五、卷十一至卷十八、卷二十四、卷二十五、卷三十七至卷四十二、卷四十五至卷四十八、卷五十五至卷六十、卷六十三、卷六十四、卷六十六，又有序第三页，盖皆原属一帙，为晋府旧藏内阁大库本。卷六十五亦出同源，民国时期仍有著录，今不知下落。其余三十五卷则未闻有踪迹，或在内阁大库时已残缺。

据卷六十三、卷六十四、卷六十五可知（卷六十三、卷六十四据《日本国见在宋元版本志经部》，卷六十五据《十三经影谱》），此残部为明印本，时间晚于潘氏旧藏本。然《涵芬楼烬余书录》云："潘本卷四第二十一页首行'载自随也'此作'义曰随也'，次行第一字'故'字此作'者'，循绎上文，自以此本为优。潘本此叶刻工姓名记一'徐'字，此为'马松'二字，故知此为原版而彼为补版。"若如此言，则潘本补版之页，此部为原版。核卷四第二十一页，足利本原版，刻工"马松"，潘本补版，刻工"徐"，但文字无异。今按此疏，当以作"载自随也""故"为是，其作"义曰随也""者"

者，疑原版磨损，补修局部，妄为填字。无论文字如何，此残部书页所用印版有早于潘本之处，恐属事实。后印本夹杂较早版片之印页，虽不合常情，然在部帙较大之递修版本中，不乏其例。究竟何因，今且存疑待考。

五、八行本之修补与文本变化

对照足利本与潘本，可以观察一张版片逐渐磨损之过程。如《王制》注"情性缓急"疏"赋命自然"，八行本在卷十八第十三页，足利本、潘本皆"许咏"所刻原版，而潘本"自"字上部笔画残缺，潘氏影刻本遂讹作"日"。类似情况屡见不鲜。

磨损自需修补。除整版重刻之外，亦有局部修补。本书对照两本，则变化之迹一目了然。如卷三十一第四页，两本同为"徐珣"所刻宋代补版，而足利本有三处墨丁及一段二十多字的衍文，潘本已补墨丁文字，删除衍文，留下空白；卷三十一第十五页，两本同为"毛端"所刻原版，而足利本有修补木块，在潘本已经脱掉，留下方形空白。此等现象皆常见于各种递修印本。

局部修版，偶或涉及大问题，饶有趣味。如《檀弓》"饰棺墙置翣"，诸本"墙"字下有"墙之障柩犹垣墙障家"九字注，抚本及八行本皆然，《七经孟子考文》引古本无此注，现存版本独婺州蒋宅刻本（北京图书馆藏残本，有《再造善本》影印本）无此。顾氏见抚本此处经修补（卷二第十二页首行），刻字特密，一行大十二字小十一字（小字仅数夹行右行字数，下同），若据初刻行格，大字十二则小字仅容六字，于是推知抚本初刻无此九字注（夹行右行五字），说见《抚本考异》。今按八行本（卷十第二页，足利本、潘本皆"徐仁"所刻原版）亦如抚本，第二页左第四行行底"子之丧公西"五字及第五行大九字、小十二字皆扁小，按八行本初版行格推测，初刻时第四行至"孔子之丧"止，第五行大字自"公西"至"置翣"共十一字，中间小字仅容有"公西"至"章识"，当无"墙之障柩犹垣墙障家"九字注。抚本与八行本，一在绍兴（修补在国子监），一在抚州（修补仍在抚州），互不相干，而此处初刻皆无此注，修版又皆挤补九字，同出一揆，令人惊异。盖两本经注，初皆以南宋初监本为主，后人据俗本校对，误以为夺文，妄补此九字注。

笔画细节之修改，亦堪玩味。如《曲礼》"侍坐于君子"节注"淫视，睇盼也"，抚本如此，与毛居正《六经正误》引监本合；余仁仲本"盼"作"眄"，与毛居正引建本合；抚本《释文》作"盻"，右旁从"丂"。此注八行本在卷三第十三页，两本同用"马祖"所刻宋代补版，而足利本字作"盻"，潘本修改右旁作"眄"。按《五经文字》出"眄盻"二字，云："上《说文》，下经典相承隶省。"《抚本考异》据此推论（顾千里当时未见抚本《释文》，更不知足利本作"盻"），监本原当作"盻"，后形讹作"盼"。今足利本作"盻"，与抚本《释文》同，当存南宋初年监本之旧，可证顾千里推论不误。潘本作"眄"，或余仁仲本等俗本改，或据《五经文字》等字学书改，皆不可知。如《月令》"季夏行冬令"节"鹰隼蚤鸷"，八行本在卷二十四第七页，两本同用"徐琪"所刻宋代补版。然足利本"鸷"字作从"折"之"鷙"，与抚本同，当为南宋初监本之原貌，而潘本作"鸷"，与《释文》及后世诸本同。南宋以后校勘版本文字者，往往据《释文》及《五经文字》等字学书窜乱旧文。又如《曲礼》"凡为君使者"注"《聘礼》曰若有言"，抚本、婺州蒋宅本、余仁仲本以下诸本皆讹"若"作"君"。八行本此注在卷四第十一页，两本同用"方坚"所刻原版，而足利本作"若"，潘本作"君"。《抚本考异》及《校勘记》皆言山井鼎所引"宋板"作"若"，而惠栋校宋本无说，故不无疑虑。今日始知，此版在宋代后期或元代曾经校勘，据俗本讹字挖改传世唯一准确之原版文字。凡此等修改，皆甚微小，若单独翻阅潘本，不易察觉其字已经修改，可证足利本之可贵，不仅在其原版较多，即潘本原版亦往往经过修改，若非足利本无以证其原貌。又如《乐记》"鼓鼙之声讙"注"闻讙嚣"，《六经正误》引监本"嚣"讹作"嚚"，抚本同。八行本此注在卷四十九第三页（刻工"陆训"，当为原版），两本无异，注及孔疏标起止，字皆作"嚣"而字形怪异，中间"页"似经挖改。不妨推测八行本当初亦作"嚚"，如抚本及毛居正所见监本，后经修改。要之，南宋后期或元代官方修改旧版，经一批庸人校勘，妄据俗本、俗学窜乱旧版而自以为是。旧传版本颇有历史渊源之特殊文本、字形，至此逐渐为通俗版本、通俗字学所统一，令人慨叹不已。不得不庆幸天下尚存足利本，得以窥识原版原貌。

六、本书技术情况及编辑思路

足利学校遗迹图书馆保管善本唯恐有闪失，不敢轻易开库，笔者亦不敢奢望重新就原书拍照。检查该馆供读者阅览之缩微胶片，虽年代已久，版面文字尚可辨认，认为可据以影印，经申请获准，据胶片扫描电子图像。缩微胶片本为保存档案设计，清晰度不如缩微胶卷，且需手工扫描，效果较差而费用更高，完成扫描，开始剪裁拼接电子图像之后，渐觉图像质量难以接受。此时忽然想起庆应大学附属斯道文库早年在日本各地调查古籍，制作大量缩微胶卷，翻查《斯道文库收藏缩微胶卷等目录》（1987年出版），知其确有缩微胶卷。幸得高桥智、住吉朋彦两先生热情支持，借阅缩微胶卷，见其图像之清晰，远过足利学校胶片，不禁欣喜雀跃。唯因制作时间早，至今已三四十年（2016年补注：影印本出版后，始知拍摄时间为1964年，请参本书第七篇），胶卷已酸性化，散发醋味，令人忧虑。经足利学校与斯道文库双方批准，先复制胶卷，以免后顾之忧，再据以扫描电子图像。至此获得同一底本之两套不同电子书影。

两套书影，似皆出上世纪70年代，而拍照情况不同。胶片当由足利学校自行拍照，对比度高，亮度亦高，纸张部分全白，表面细节皆不得见，文字笔画亦往往偏灰。胶卷当由斯道文库拍照，对比度低，亮度亦低，拍照时翻开底本，用锥子压边，防止书页弹回。图像质量尚佳，但灯光不均，有不少书页一部分过黑。另，恐因原胶卷酸性化，整体胶卷出现竖向条纹，类似造纸帘纹。本书拼图，以斯道文库胶卷之扫描电子版为主，遇拍照效果不佳之处，乃用足利学校胶片之扫描电子版替换。

如此处理，主要问题有三：第一，由于斯道文库胶卷图像偏黑，足利学校胶片图像偏白，因此抽换足利学校胶片图像之处，与斯道文库胶卷图像拼接，左右半页亮度有明显差异。第二，摊开线装书拍照，右边为前一页左半，左边为后一页右半。今经剪裁，重新拼接每一书页之左右半。斯道文库拍照时，用锥子压书口，亦即版心部分，锥子压到之处往下沉，上下部分浮起。拼接结果，不仅版心出现锥子形状，而且版心部分上下不平，左右版心往往无法配齐。第三，图像偶见胶卷之竖向条纹。以上三点，本书选择保留原样，未为求图像顺眼，刻意加工。

珂罗版影印潘本，亦属珍贵善本，不便使用平板扫描仪，本书使用数码照相，以半页为一拍，拍照全书，效果甚佳。珂罗版影印潘本有一问题，即缺卷三十九第八页。当初笔者怀疑数码拍照时或有遗漏，委托东京大学小寺敦先生核查珂罗版，答言原书即缺。笔者又疑东京大学藏本装订时或有脱落，委托京都大学梶浦晋先生核查京都大学人文科学研究所藏珂罗版，答言亦缺，又言查潘氏影刻本《校勘记》云"八叶原阙，今从十行本，去其《释文》补刻，字数正合"，以为此部在潘氏时已缺此页。然王锷先生已经指出，

《再造善本》影印潘氏旧藏本，即有此页。此时友人陈冠华先生为笔者言，数年前于旧书店购得潘氏旧藏本全部之照片，是一箱冲印散页，疑为 80 年代末所拍。于是借来翻查，卷三十九第八页果然在焉，且与《再造善本》所印一致，今本书此页扫描陈先生照片补入。然则潘氏旧本即有此页，而珂罗版缺页，影刻本据十行本补，当如何解？今按《宝礼堂宋本书录》著录此部，详录其中缺页，云："卷二第十、十一二叶（笔者按：原脱一'十'字，今补），卷三第二十叶，卷十九第十八叶，卷二十八第八叶，卷四十一第二十一叶，卷四十六第三叶，均钞配。又卷四十六第十三叶缺，误以他叶配入。"所述情形，皆与珂罗版吻合，唯独不言及卷三十九第八页。则卷三十九第八页未尝缺少，制作珂罗版误脱而已。据云潘氏典藏善本，管理严密，不易示人。其制作影刻本并编撰《校勘记》时，所据当即珂罗版影印本，非亲据宋版，因而以为原书已脱，据十行本重新写版刻印，《校勘记》亦云原缺。

顺带说明，八行本卷十四有页次跳号现象。当初标版心页次，跳过"十三"，第十二页之后，第十三页误标"十四"，以下每多一号，故此卷共三十二页而页次至"三十三"。后来发现跳号，故足利本（原版）于"十二"下方加"十三"，意谓此无脱页，潘本（元代补版）又作"十二之十三"（2016 年补记：笔者当初弄错，以为初刻标号跳过"十二"，真第十二页标上"十三"，后补作"十二 十三"。影印本出版后始知"十二 十三"之"十二"在正常位置，是初刻跳过"十三"。此已更正）。跳号则上一页并标两号，重号则下一页页次作"又几"，为版刻常规，宋代至近代皆如此处理。为避混乱，本书书影旁边注记页次，仍以原书版心所标页次为准，第十二页指称"第十二之十三叶"，真第十三页指称"第十四叶"，以下类推。

文献学立足于怀疑白纸黑字。俗本注疏讹误多，不足信，故惠栋、山井鼎皆持宋本校勘，于是有惠栋校本及山井鼎《考文》。然惠栋校本、山井鼎《考文》岂得全信？所谓"惠栋校宋本"其实包含大量非据宋本之文字，已见上第三节。此外亦不免有各种讹字，如《檀弓上》注"礼祖而读赗"，抚本如此，《校勘记》引惠栋校宋本同，而《七经孟子考文》所引"宋板""祖"字作"祖"。《校勘记》云："《考文》之宋板，即惠栋所校之宋本。今惠校作'祖'，《考文》作'祖'，疑'祖'误也。"今核八行本，潘本、足利本均作"祖"，可证《校勘记》推测不误，是《考文》在编辑过程中产生讹误。如此字形小讹，可谓无处不在，如《杂记上》注"某甫，且字也"，毛居正《六经正误》言监本"且"讹"旦"，抚州本亦作"旦"，是南宋初监本已讹。

影印本失真，亦属常态，此不赘缕。然本书影印图像，离底本有多远？足利本拍照于70年代，制作胶卷及胶片，经三四十年之后，电子扫描、电子拼版、制作菲林片、用油墨印刷。潘本在20年代拍照，制作玻璃版，用油墨印刷，经七八十年之后，用数码相机拍照、电子拼版、制作菲林片、用油墨印刷。屡经加工，其间导致图像失真之因素可谓不少，然则影印图像如何取信于读者？笔者认为唯有比较。

影印南宋越刊八行本《礼记正义》编后记

惠栋校本、山井鼎《考文》不可全信，但若两者一致，则足信其为宋本文字。因为一在日本，一在中国，互不相干，杜撰不能巧合。常盘井曾疑珂罗版影印潘本似有描修之处，但未言何处？今对照两本，则大多疑虑可以消解。如《曾子问》疏"成就妇人盥馈之义"（卷二十六第二十三页），"成"字乍看似经墨笔描写，对照两本，知足利本、潘本字形无异，足以确定木版刻字即如此。两百年前，《七经孟子考文》与惠栋校宋本可以互证，今日影印足利本，可与潘本互证，在因缘巧合之中，仍有文献学之一贯道理寓焉。

影印本逐页并排两部宋本书影，不仅可以补救来源图像不清晰之憾，又为对照阅读版面信息提供最大便利。希望对照影印此一新形式，能为读者提供无穷之乐趣。

参考文献

张丽娟《宋代经书注疏刊刻研究》（北京大学出版社，2013 年）

《八行本〈周易注疏〉的原版与修补版》（载《新世纪图书馆》2013 年第 8 期）

李　霖《宋刊群经义疏的校刻与编印》（北京大学博士论文，2012 年）

《南宋越刊八行本注疏编纂考》（载《文史》2012 年第四辑）

《南宋越刊〈易〉〈书〉〈周礼〉八行本小考》（载《中国典籍与文化》2012 年第 1 期）

王　锷《八行本〈礼记正义〉传本考》（载《古籍整理研究学刊》2001 年第 6 期）

《字大如钱　墨光似漆——八行本〈礼记正义〉的刊

刻、流传和价值》（载《图书与情报》2006 年第 5 期）

《国家图书馆藏八行本〈礼记正义〉研究》（载《古文献整理与研究》第一辑，中华书局，2015 年）

本文发表在 2014 年北京大学出版社出版《影印越刊八行本礼记正义》卷尾，后附解题资料译文，今从略。又载北京大学出版社《版本目录学研究》第六辑，2015 年。

聂崇义《三礼图》版本印象

——纪念多一种蒙古时期山西刻本的发现

乔秀岩、叶纯芳

传世宋代版本，绝大多数是南宋江浙、福建刻本，又有少数蜀刻本，北方刻本较罕见。然北方刻本偶有与南方刻本迥异者，或出流传北方的北宋刻本，价值不在南方刻本之下；即其与南方刻本大同小异者，亦可用来衡量南宋刻本文本的价值，具有不可替代的重要意义。一种版本如果是孤本，我们只能如实接受这一版本，以之为我们能够了解的现存最早面貌；如果有两种以上的版本传世，我们可以通过对比两者，推测比这两种版本更早时期的文本面貌。南宋刻本与金蒙山西刻本对校，不仅能够讨论金蒙山西刻本的性质，也能加深对南宋刻本的认识。这次参加"晋学与区域文化学术研讨会"，笔者出于如上考虑，建议设置以版本学为主体的分组，幸蒙主事者认可。本文以《三礼图》为例，探索蒙古时期山西刻本与南方刻本之间的关系。

一、材料说明

毛氏汲古阁旧藏《析城郑氏家塾重校三礼图》，近代为蒋氏传书堂所藏，后经涵芬楼，归北京图书馆。笔者无缘目睹原书，所见只《四部丛刊三编》影印本而已。据影印本，除首二卷整卷及卷九末页皆补抄外，某些书页下半部笔画纤细，疑有原书书页破损，经过补抄之处。又，商务印书馆影印古籍，例有描修，不得据影印本遽以为原书实况。钱曾、季振宜旧藏淳熙二年（1175）镇江府学刻本《新定三礼图》，近代为海源阁所藏，后经周叔弢先生，归北京图书馆。2012年北京图书馆举办纪念周先生古籍展，展出此本，笔者有幸隔玻璃瞻仰风采。今所见1984年上海古籍出版社影印本，此影印本影印前似无描修，但原书有些笔画是否出后人补笔，则不易遽断。凡此两本，笔者且据影印本讨论，核查胶卷，可待异日。《天禄琳琅续目》著录两部宋版，经刘蔷先生调查，已知实皆通志堂本（见刘著《天禄琳琅研究》)，则清代以来此书宋、金、蒙古版本之传存者，当不外此二帙，未尝有第三部。通志堂刊本，今有哈佛图书馆网上公布的彩色扫描电子版，所据康熙原版，清丽可喜。

二、析城郑氏刊本为山西刻本

《析城郑氏家塾重校三礼图》，王国维据《后序》定为蒙古定宗二年（当宋理宗淳祐七年，1247）刊本，而谓析城在河南南阳，郑氏不知何人。笔者见《后序》称郑氏为"国家大将军"，又云"郑侯武纬文经，勋名久当书史册"，颇疑当可考得其人，于是咨询研究元史的友人李鸣飞先生，第二天即收到推测此郑氏当为阳城郑鼎的回复。

郑鼎于《元史》有传，《（成化）山西通志》载其神道碑，另有其父郑皋之神道碑、其子郑制宜之行状皆传世，山西师范大学延保全先生曾撰《大元制诰特赠碑与郑鼎》一文（载《文献》2003 年第 2 期），介绍相关情况，只是从未有人把刊刻《三礼图》的"析城郑氏"与蒙古武将阳城郑鼎结合在一起。李鸣飞先生与华喆先生已经搜集了资料，梳理了相关情况，准备撰文发表（2016 年补记：《〈析城郑氏家塾重校三礼图〉与郑鼎关系略考》一文发表在《文献》2015 年第 1 期），此不赘述。经他们考证，阳城郑鼎的经历条件完全符合出资刊行《析城郑氏家塾重校三礼图》的"国家大将军""郑侯"。我们据《后序》的叙述，可以论定《析城郑氏家塾重校三礼图》是蒙古定宗二年由郑鼎出资，由王履编辑，在山西阳城刊行的。王国维以来，一直认为此本为蒙古时期河南刻本，近百年之后，始知原来是山西阳城刻本，我们于是多获得了一种蒙古时期山西刻本的实例，这在金元版刻史研究上有不容忽视的重大意义。

三、分析前人评论

笔者持郑氏本与镇江本相校，又参校通志堂本，以为淳熙镇江本与蒙古郑氏本同出一源，通志堂本以镇江本为基础，参用郑氏本校订而成。据此认识，重读前人有关论述，以往的疑点可以解释。

民国七年（1918），傅增湘于蒋氏传书堂见郑氏本，《藏园群书经眼录》云：

> 此书余借校一过，殊少佳字。（戊午见）

在《四部丛刊三编》影印郑氏本之前，《三礼图》只有通志堂本及其影印本、翻刻本流传。傅增湘用郑氏本对校的底本，也应该是通志堂本。查《中国古籍善本书目》知今存两部傅氏手校通志堂刊本《三礼图》，一在北图，一在山西文管会，疑即用郑氏本校。对校通志堂本与郑氏本，我们很容易发现郑氏本有大量讹字、脱字，相当混乱，远不如通志堂本，然依鄙见，通志堂本是一种校订本，郑氏本之佳字已经吸收，郑氏本之讹字已经修改，则傅氏以郑氏本校通志堂本，谓郑氏本"殊少佳字"，不过是必然结果。我们必须持镇江本校郑氏本，才能看出郑氏本不可替代的重要价值。傅氏一句"殊少佳字"，虽然不诬，却容易令人误会。以往藏书家每持通行本校善本，求其中"佳字"，以多得"佳字"者为善，唯因据此标准评估版本，所以才有人说清代精校刻本优于宋版，这是重实用，求好不求真的态度。我们今日有条件持多种影印善本互校，分析其间关系，探索版本演变的具体过程，这是重历史，求真不求好的态度。在我们看来，所谓"佳字"多寡，不可能是衡量版本价值的标准。

民国八年（1919）起，蒋氏约请王国维撰书志。今见《传书堂藏善本书志》郑氏本"提要"云：

此汲古阁藏书，毛子晋、何义门皆目为宋本，实则蒙古刊本也。通志堂所刊即据此本，而改其行款。何义门评通志堂本云："汲古宋本序文稍有讹处，已经改正。书中讹错颇多，以不依宋本款式也。"今以此原本校之，如卷四《宫寝图》前有"宫寝制"及"天子五门，曰皋，曰库，曰雉，曰应，曰路"注"旧本只图五门，而无名目，今特添释之"共二行，通志堂本移在此节之末；卷八《并夹图》，中有一矢，通志堂本失画矢形；卷十三《斛釜》后有"三鼎序"一行，通志堂本夺：皆由不遵原本行款，故有此失。则义门之言不诬。

按：何义门、王国维皆只见郑氏本，未见镇江本，遂谓通志堂本以郑氏本为底本，改其行款而成。今见镇江本，则通志堂本以镇江本（或其影抄本）为底本，灼然可见。王国维举《宫寝图》、《并夹图》、"三鼎序"三例，以讥通志堂本"不遵原本行款"，今见镇江本皆如通志堂本，则其非通志堂本之失，无须多辨。何义门、王国维皆得亲见郑氏本，而未知有镇江本；今日我们无缘亲翻善本书，而郑氏本、镇江本皆有影印本可对校。资料条件不同，所见因此又不同。

何云通志堂本"讹错颇多，以不依宋本款式也"，王云"皆由不遵原本行款，故有此失"。今知通志堂本悉仍镇江本，则"讹错颇多"当视为镇江本之失。镇江本自是宋本，不得谓"不依宋本款式"，而仍可谓"不遵原本行款"。（笔者认为镇江本以蜀本为底本而改动款式，详下文。）王国维读书精细，此本提要所举三处编辑失误，亦可以为推测镇江本编辑情况之参考。

民国二十五年（1936）商务印书馆影印郑氏本，张元济跋有云：

> 是本宋讳，玄、敬、殷、贞、徵、让、桓、慎、敦、廓等字，均不缺笔，但恒、筐二字仍避。语涉宋帝，亦各提行空格。王履《跋》明言袭藏已久，是必以宋本翻刻，故宋讳偶有未尽删削之迹。

按：此说不误，而可以补充。郑氏本"贞"字字形怪异，下部犹如"身"字下部。据此不仅知郑氏本据宋版翻刻，底本"贞"字缺末笔，亦可证郑氏本为蒙古山西刻本，编者或刻工不习宋讳阙笔字，遂成如此怪字形。又，卷八"蓍韇"下云"《易》曰：蓍之德圆而神少"，郑氏本"圆"字外框"囗"写成圆圈，颇为奇特，怀疑出于写版者或刻工的幽默。

四、郑氏本与镇江本同出一本

郑氏本、镇江本，讹误频见，往往不可卒读。两本讹误互见，难兄难弟，而其中仍有两本同误之处。如：

> 卷五"瑟"下：郑氏本、镇江本同作"越瑟比底孔"

"比"字误衍，两本同。

卷八"鹿中"下：郑氏本、镇江本同作"克木为之"
"刻"同作"克"。

卷十"缫藉"下：郑氏本、镇江本"礼含文色之帛"
此句文义不通，两本同，则两本底本已如此。
按孔疏，"礼含文"与"色之帛"之间尚有四十
字。聂文容经删节，当与孔疏原文不同，但此必
有讹误。通志堂本仍同两本。文渊阁本作"各用
所尚色之帛"，而一行字数增一字，可见出馆臣臆
改，其底本仍如通志堂本。

卷十"缫藉"下：郑氏本"为地则系于"，镇江本
"为地则系玉"
"则"上两本均脱"无事"二字，通志堂本亦
然。郑氏本"玉"讹"于"为小异。

卷十一"苍璧"下：郑氏本、镇江本"皆长尺二
寸之璧"
此句文义不通，两本同，则两本底本已如此。
窃疑"长"当作"无"。通志堂本"皆"下补入
"九寸"二字，盖以意补字，别无依据。

卷十一"玄璜"图注：郑氏本、镇江本"色黄"

此当云"色玄"，而两本皆误，疑两本底本已然。通志堂本改作"色玄"。

卷十二"丰"下：郑氏本、镇江本"以相其不异也"

"明"讹"相"，两本同，则两本底本已讹如此。

卷十三"洗罍"下：郑氏本、镇江本"汉礼记器制度"

两本同衍"记"，则两本底本如此。通志堂本删"记"字，留空格。

卷十三"敦"下：郑氏本、镇江本"孝纬说"

两本同误"纬"，则两本底本如此。通志堂本仍之。

卷十六"牡麻绖"下：郑氏本、镇江本"古本在上者也"

"右"讹"古"，盖两本底本如此。通志堂本同，文渊阁四库本改作"右"。

卷十六"大功布衰"下：郑氏本、镇江本"故与成人故"

此说据《丧服传》疏，下"故"当作"异"，盖两本底本已误"故"。通志堂本作"殊"，当属臆改，别无依据。

卷十六"緦衰衣""緦衰裳"

"緦"皆当作"穗"，两本皆讹"緦"，则两本底本已然。又，两本皆作"谓之邓纪"，"穗"讹"纪"，两本亦同误。

卷十九"兆域"下：郑氏本、镇江本"比无正文"

"此"讹"比"，盖两本底本如此。此引贾疏，讹误明显而两本仍同误。

卷二十"朱袜"下：郑氏本、镇江本"职此之由中一孔疏引"

"中一"二字不可解，盖两本底本已讹如此。通志堂本同，文渊阁四库本作"孔疏中引"，当属臆改，别无依据。

除了两本同误，还有一些地方，两本显示出共同的版面编辑特点，如：

卷三"缁布冠（周制）"下：两本皆作"吉凶冠皆直缝_{直缝}者"

小字"直缝"亦正文，当作大字，而两本皆
作小字。

卷十一"四圭有邸"下：郑氏本"大宗伯　青圭
等"，镇江本"太宗伯　青圭等"

两本"伯"下皆空一格，盖两本底本已如此。
镇江本"大"字稍讹作"太"。

卷十二"圆壶"下：郑氏本、镇江本"此云
所谓"

"此云"下，两本均空三格，盖两本底本已如
此。此上下主据《燕礼》疏，此处底本盖因删节
失妥而留空。

卷十四"画布巾"下："此画布当用"上，郑氏本
标一圈"〇"，镇江本约空十五格。

盖两本底本当如镇江本，此处引孔疏，删节
失妥，留此空白，郑氏本以"〇"代之。

这些特殊情况，无法巧合，只能认为出自共同的祖本。

还有很多情况，两本文字不同，但仍然可以推测其底
本文字相同，即郑氏本保留底本文字，镇江本经过校改的情
况较多，例如：

卷三"周弁"下：郑氏本"增其头色有收笄"，镇江本"缯^{其上似爵头}_{色有收持笄}"

镇江本小字亦正文。盖两本底本如郑氏本，镇江本初刻同郑氏本，后据《续汉志》校改。

卷三"通天冠"下：郑氏本"如袍随五时五色"，镇江本"有袍随五时 色"

镇江本"有"字经挖改，"色"上空一格。盖两本底本如郑氏本，镇江本初刻同郑氏本，后据《续汉志》校改。

卷四"小宗子"下：郑氏本"五世合迁之宗"，镇江本"五世而迁之宗"（两见皆如此）

镇江本"而"字经挖改。盖两本底本如郑氏本，镇江本初刻同郑氏本，后据《丧服小记》校改。按：作"合"沿用孔疏语言，虽非《礼记》正文，不得谓讹误。通志堂本又改作"则"，盖涉上文而误，别无依据。

卷四"四等附庸"下：郑氏本"为其禄者"，镇江本"为其有禄者"

郑氏本脱"有"字，镇江本挖改挤补。盖两本底本如郑氏本，镇江本初刻同郑氏本，后补"有"字。

卷四"井田"图中说明：郑氏本"方八里面加一里"，镇江本"方八里旁加一里"

镇江本"旁"字经挖改。盖两本底本如郑氏本，镇江本初刻同郑氏本，后据《小司徒》注校改。按：此处非引录郑注，作"面"沿用贾疏语言，不得谓讹误。通志堂本从镇江本作"旁"。

卷五"相"下：郑氏本"糠一名相"，镇江本"糠名相"

镇江本删"一"字，而仍有空白。盖两本底本皆如郑氏本，有"一"字。

卷七"藃鼓"下：郑氏本"谓夜戒守鼓也"，镇江本"谓夜戚守鼓也"

镇江本"戚守"二字经挖改。盖两本底本如郑氏本，作"戒"不误，镇江本初刻同，后涉上文误改。

卷八"鹿中"下：郑氏本"鹿中髹"，镇江本"鹿中形"

镇江本"形"字经挖改。盖两本底本如郑氏本，作"髹"不误，镇江本臆改。

卷八"佩玉"下：郑氏本"于末擊玉"，镇江本

"于末繫玉"

　　镇江本"繫"字下部"糸"经挖改。盖两本
底本如郑氏本，"繫"讹"擊"，郑氏本仍之，镇
江本初刻亦仍之，后校改挖修。

　　卷九"氊"下：郑氏本"盖若燕尾也"，镇江本
"若燕尾也"

　　盖两本底本如郑氏本，镇江本初刻亦有"盖"
字，后剜去。

　　卷九"熊旗"下：郑氏本"若目下则"，镇江本
"若臣下则"

　　镇江本"臣"字经挖改。盖两本底本如郑氏
本，"臣"讹"目"，镇江本初刻仍之，校改挖修。

　　卷九"熊旗"下：郑氏本"卿大夫六命虽为六
斿"，镇江本"卿大夫六命则为六斿"

　　镇江本"则"字似经挖改。盖两本底本如郑
氏本，作"虽"不误，镇江本初刻同，后涉上文
误改。

　　卷十"琰圭"下：郑氏本"大行人职曰殷覜"，镇
江本"大行人职曰殷覠"

　　镇江本"覠"字左旁经挖改。盖两本底本如

郑氏本，"覸"讹"规"，郑氏本仍之，镇江本初
刻同，后校改挖修。

卷十一"苍璧"下：郑氏本"贾释云玉人"，镇江
本"贾释云古人"

镇江本"古"字似经挖改。盖两本底本如郑
氏本，作"玉"不误，镇江本初刻同，后臆改挖
修。通志堂本同镇江本。

卷十一"白琥"下：郑氏本"一名驵尾倍其身"，
镇江本"一名驵虞尾倍其身"

镇江本"虞尾倍"三字字小密排，盖两本底
本脱"虞"字，郑氏本仍之，镇江本初刻同，后
挤刻补之。

卷十一"玄璜"下：郑氏本"以玄璜礼北方"，镇
江本"以玄黄礼北方"

镇江本"黄"字经挖改。盖两本底本如郑氏
本，作"璜"不误，镇江本初刻同，后臆改挖修。

卷十一"圭璧"下：郑氏本"知风师"，镇江本
"知兆风师"

镇江本经挖版挤补"兆"字。盖两本底本
如郑氏本，脱"兆"字，镇江本初刻同，后挤刻

补之。

卷十一"方明坛"下：郑氏本"降拜中等"，镇江本"降拜于中等"

镇江本经挖版挤补"于"字。盖两本底本如郑氏本，脱"于"字，镇江本初刻同，后挤刻补之。

卷十四"著尊"下：郑氏本"赤中图有朱带"，镇江本"赤中旧图有朱带"

镇江本"旧图有朱"四字经挖修挤刻。盖两本底本如郑氏本，脱"旧"字，郑氏本仍之，镇江本初刻同，后校补挖修。

卷十四"玉爵"下：郑氏本"厚康成解缮爵又言"，镇江本"原康成解缮爵又言"

镇江本"原"字经挖改。盖两本底本同讹"厚"，郑氏本沿其误，镇江本初刻同，后校改挖修。又，"又"字当为"之"字之讹，此亦两本底本同讹。通志堂本皆已改正。

卷十四"罍"下：郑氏本"彝鸟上尊"，镇江本"彝为上尊"

镇江本"为"字经挖改。盖两本底本如郑氏

本，"为"讹"鸟"，郑氏本仍之，镇江本初刻同，后校改挖修。

卷十六"正小功"：郑氏本"从父祖父母从祖祖父母报"，镇江本"从祖祖父母从 祖父母报"

镇江本"从祖祖"上"祖"经挖改，"父母从"下空一格。盖两本底本如郑氏本，"从祖祖"讹"从父祖"，"从祖父母报"误重"祖"，郑氏本仍之，镇江本初刻同，后校改挖修。

卷十六"缌冠"下：郑氏本"大夫命相吊"，镇江本"大夫命妇相吊"

镇江本"妇相吊"三字挖修挤刻。盖两本底本如郑氏本，脱"妇"字，镇江本初刻同，后校补挖修。

卷十七"衿"："衿"字三见，郑氏本皆作"衿"，镇江本皆作"纷"

镇江本此三字"糸"旁皆经挖改。盖两本底本如郑氏本，皆作"衿"，镇江本初刻同，后校改挖修。

卷十七"驵圭"下：郑氏本"疏璧琮之敛尸"，镇江本"疏璧琮以敛尸"

镇江本"以"字经挖改。盖两本底本如郑氏本，"以"讹"之"，镇江本初刻同，后校改挖修。

卷十七"驵圭"下：郑氏本五见"琢"字，镇江本独"云渠眉玉饰之沟琢者"作"琢"，其余四处作"瑑"

镇江本四"瑑"字，右旁皆经挖改。盖两本底本如郑氏本，五处皆作"琢"，镇江本初刻同，后校改挖修其四，而"云渠眉玉饰之沟琢者"漏校未及改。

卷十七"薯"下：郑氏本"受命曰哀子某"，镇江本"受命命曰哀子某"

镇江本"命曰哀子某"五字挖修挤补。盖两本底本如郑氏本，脱一"命"字，镇江本初刻同，后校补挖修。

卷十八"遣车"下：郑氏本"又租实之终始也"，镇江本"又俎实之终始也"

镇江本"俎"字左旁经挖改。盖两本底本如郑氏本，"俎"讹"租"，镇江本初刻同，后校改挖修。

卷十九"柳车"下：郑氏本两见"幄弈"，镇江本皆作"幄帟"

　　镇江本"帟"字似皆经挖改，下"帟"字下部"巾"明显偏右。

　　卷二十"玉具剑"下：郑氏本"一品绿绶绶四采绿紫黄"，镇江本"一品绿绶四采绿紫黄"

　　镇江本"四采绿紫黄"五字字距稍大，占六字格。按：此当作"绿綟绶"，两本底本讹作"绿绶绶"，郑氏本仍之，镇江本以为底本误重"绶"字，遂删其一。通志堂本同郑氏本。

众多例子，都可以推测两本底本都如郑氏本，而镇江本经过修改。其中有底本错讹，郑氏本仍之，镇江本修正者；亦有底本不误，郑氏本仍之，镇江本臆改者。与此相反，也有少数镇江本保留底本原貌，郑氏本经过修改的地方，例如：

　　卷五"编钟"下：郑氏本"是故击^{其所}县"，镇江本"是故击其县"

　　郑氏本小字亦正文。盖两本底本皆如镇江本，脱"所"字，郑氏本校补挤刻。

　　卷八"袗"下：郑氏本"其绣白黑采"，镇江本"其绣白黑文"

郑氏本"采"字似经挖改。盖两本底本如镇江本，作"文"不误，郑氏本臆改。

卷八"佩玉"下：郑氏本"旧说云"，镇江本"旧谓云"

疑两本底本作"谓"，郑氏本改作"说"。通志堂本又改作"图"，盖是也。

卷九"车盖"下：郑氏本"近部二尺五寸"，镇江本"近部二尺稍平"

郑氏本"五寸"似经挖改。盖两本底本如镇江本，作"稍平"不误，郑氏本初刻同，后臆改作"五寸"。

卷十二"梌"下：郑氏本"特牲馈食礼"，镇江本"特牲馔食礼"

郑氏本"馈"字似经挖改。盖两本底本皆讹"馔"，镇江本仍之，郑氏本初刻同，后校改挖修。

卷十六"正小功""叙服"：郑氏本"恭敬慎而寡言 者"，镇江本"恭敬慎而寡言母者"

郑氏本"言"下空一格。盖两本底本如镇江本，"言"下衍"母"字，镇江本仍之，郑氏本删"母"字留空。

卷二十"四圭有邸"下：郑氏本"礼部尚书许^{敬宗}"，镇江本"礼部尚书许宗"

郑氏本"敬宗"二字小字挤刻。盖两本底本如镇江本，脱"敬"字，镇江本仍之，郑氏本补之。

这些例子，都可以推测两本底本都如镇江本，而郑氏本经过修改。其中有底本错讹，镇江本仍之，郑氏本修正者；亦有底本不误，镇江本仍之，郑氏本臆改者。

统观诸例，足以了解两本的底本十分接近。尤其像卷八"佩玉"下"繄"讹"擎"，卷十"琰圭"下"覣"讹"规"，卷十二"丰"下"明"讹"相"，卷十四"玉爵"下"原"讹"厚"、"之"讹"又"，卷十七"驵圭"下"瑑"讹"琢"等，皆属笔画小讹，两本若合符节，足以令人惊异。还有两个例子，也显示两本底本在细节上的高度一致。

"左"字或作"㞢"：

卷十五"冠绳缨"下，"左"字四见。郑氏本第三个"左"字作"左"，其余皆作"㞢"。镇江本第三个"左"字作"左"，第四个作"㞢"，第一个、第二个字形不自然，在两者之间。盖镇江本底本亦如郑氏本。

聂崇义《三礼图》版本印象

"房"字首笔作一横：

> 卷十二"禁"下，郑氏本"乡饮酒云 房户
> 间"，镇江本"乡饮酒云一房户间"。卷十三"房
> 俎"，"房"字屡见，郑氏本往往在"房"字上有
> 小小空白，镇江本往往作"一房"，"一"与"房"
> 或连为一字，或似两字密排。盖底本"房"字形
> 似"一房"。

至此我们确定两本底本十分接近，甚至不排除两本用同一版
本作底本的可能性。

五、图文编排体例

郑氏本是右图左文，镇江本是上图下文，直观印象截
然不同，因而笔者以往也以为两本有不同来源。今经上节讨
论，无法否认两者底本十分接近，甚至有可能用同一版本做
底本。然则编排体例之不同，不知当如何理解？

先从文字内容来看，如卷三"缁布冠"下云"今别图于
左"，"毋追"下云"备图于右"，则至少在撰述之初，在撰述
者观念里，应该是自右往左、互见图文为基本体例。《四库提
要》云"内府所藏钱曾也是园影宋抄本，每页自为一图，而
说附于后，较为清整易观"，且不论钱曾影抄本的来源，"每
页自为一图，而说附于后"，应该符合撰述者的原意。

郑氏本右图左文，若图较小，则两图上下并列，亦有

三图并列，然后左边录其说。这种体例，比较接近撰述者原意，恐怕也较接近底本。镇江本则对图文编排进行合理化整理，若图不大，则上图下文，减少空白，节约版面。镇江本之编排，每一版页，先设置图画，然后在图下填入说明文字。因图下空间大小与文字多寡不相应，因此需要调整文字大小及字距疏密，镇江本文字大小疏密不统一，是出于这种编辑上的需要。然而仔细观察，我们发现镇江本的文字编排，事先规划不够充分。如卷十四"鸡彝舟"，图下有六行，另有一整行，可以容纳相关说明，而实际上相关说明已经溢出范围，进入"鸟彝"图下，结果"鸡彝舟"的说明与"鸟彝"的说明就连接了起来。卷十六"大功牡麻经"下，有十一行空间，而字数较多，所以排字较密，然而后三行较之前八行，排字密度明显加大，尤其最后一行，如"世父母叔父母"六字排字密集，只占正常大小三个字的空间。可见镇江本编者写版样，写到第八行发现，照此下去，剩下三行空间容不下所有文字，于是从第九行开始加大密度，最后一行再加大密度，才做到所有文字挤入此页之中。据此可以推测，这种编排恐怕始自镇江本。如果镇江本的底本已经有如此编排，则镇江本据以翻刻，调整文字密度比较容易，文字可以编排得更均匀。所以通志堂本以镇江本或影抄镇江本为底本，文字大小密度做到了非常均匀，像"鸡彝舟"的说明恰好到一行行底，"大功牡麻经"的十一行说明，文字大小、字距疏密皆统一，而且最后文字恰到末行行底。通志堂本能够编排均匀，是因为通志堂本在镇江本的基础上进行调整。

镇江本出现排字疏密不一的问题，应该是因为如此编排尚属草创。

郑氏本右图左文，不像镇江本需要调整图下空间与字数之关系，因而文字大小、字距疏密全书一贯，如同普通书籍。然郑氏本仍然需要考虑版框与图画的位置关系，所以出现临时调整的情况。卷七"金铙"下，"谓金""欲退""此金"共六字，郑氏本皆作夹行小字，每两字挤入一格空间，镇江本相应文字都正常编排。郑氏本如此处理，是因为在写版样的过程中，发现照正规排写，此页多出三个字，故临时采用夹行形式，挤出三个字的空间，用来做到最后一字在此页末行底。

在此，我们也不妨回过头来讨论王国维指出的卷四"宫寝制"的问题。王国维未见镇江本，以为通志堂本以郑氏本为底本，改易行款，所以出现问题。现在我们知道通志堂本以镇江本或其影抄本为底本，有关"宫寝制"的问题，镇江本情况正如通志堂本。于是有必要重新讨论郑氏本的编排与通志堂本亦即镇江本的编排，看哪种编排更接近原貌。先录文字内容如下：

> 天子五门，曰皋，曰库，曰雉，曰应，曰路。_{旧本只图此五门，曰"王宫五门"而无名目，今特添置之。}

郑氏本、镇江本、通志堂本皆如此，王国维引此注，删省作"旧本只图五门，而无名目，今特添设之"，省去"曰王宫五门"五字，"释"讹作"设"，会影响判断。这条小注说，因为旧图只称"王宫五门"，不标注五门各自的名称，所以现在写这一行，补充说明五门名称。镇江本的编排，先有图，后有说明，最后有这一行补充说明，本来没有可疑之处。小注若作"旧本只图五门，而无名目，今特添设之"，似谓旧图虽画五门，却无五门条目，故今加设"天子五门"条目。如此一来，这一行文字，很适合放在"宫寝制"标题之后、图画之前，如郑氏本。撇开王国维引文不确的因素，就郑氏本、镇江本、通志堂本共同的文字内容而言，这条补充说明放在图之前，如郑氏本，还是说明之后，如镇江本、通志堂本，笔者认为都无不可。既然是补充，不属于固有内容，插入位置可以有弹性。郑氏本放在标题之后、图画之前，有很现实的理由：郑氏本此图标题"宫寝制"三字，在右半页倒数第二行，右半页只剩一行，而"宫寝制"的图画较大，只能放在左半页，于是右半页有一行空白。假设郑氏本底本的编排与镇江本相同，"天子五门"一行在文字说明之后，郑氏本完全有理由将此一行移到图之前。

《三礼图》最早画在国子监宣圣殿后北轩之屋壁，后"于论堂之上，以版代壁"，如至德二年（757）李至《三礼图记》所言，也不过在木版上画图，非有刻版印行。在屋壁上或在大木版上画图，图的周围有附带的标题及说明，位置关系比较自由。后来以抄本、刻本流传，有固定的顺序，但每一图都有相对的独立性，图的顺序容有变动。如卷十三，郑氏本图的顺序是簠、簋、敦、笾、笾巾、豆、登，镇江本图的顺序是簠、簋、敦、豆、笾、笾巾、登。然检郑氏本卷首目录,则簋先簠后,与镇江本同,再结合"簠"图下说明的最后一句"所盛之数及盖之形制,并与簋同",怀疑郑氏本底本也是簋先簠后,只是因为通常连言"簠簋",所以临时颠倒顺序。又检镇江本卷首目录,则以"敦、豆、笾、登、笾巾"为序,弥觉混乱,不知当如何解。

六、音注的调整

《三礼图》有句末注音之例。如:

> 卷五"雅"下:"奏《祴夏》,以此三器筑地,为之行节,明不失礼也。'祴',音拔。"
>
> > 郑氏本、镇江本同。音注不在"祴夏"下,而在整句之后。

> 卷九"玉辂"下:"钖之所在,若诚心观之,则诸辂皆可知矣。'钖',音迆。"
>
> > 郑氏本、镇江本同。音注不在"钖"字下,而在整句之后。

音注在句末,盖是原书体例。今郑氏本与镇江本,对音注分别有所调整。

卷十二"概尊"下：郑氏本"凡祼事用概^{祼音}_埋"，镇江本"凡祼^音_埋事用慨"

郑氏本音注在句下，盖是底本原貌。镇江本移置该字下。又，"祼"不当"音埋"，此盖涉下"貍"之音注而误。镇江本"概"讹"慨"。

卷十五"斩衰"下：郑氏本"每幅辟褶^音_皵三"，镇江本"每幅辟褶三^胞_斩"

镇江本音注在句下，盖即底本原貌。郑氏本移置该字下。又，镇江本讹误，不成文义。盖以"皵"之右边"又"与"音"字合为"胞"，"皵"去"又"为"斩"。

卷十五"苴绖"下：郑氏本"缁布冠之颊^{去蕊}_反项"，镇江本"缁布冠之颊项^{去蕊}_反"

镇江本音注在句下，盖即底本原貌。郑氏本移置该字下。

卷十七"重"下：郑氏本"斛即籔^音_蔑也"，镇江本"斛即籔也^音_蔑"

镇江本音注在句下，盖即底本原貌。郑氏本移置该字下。

卷十八"功布"下：郑氏本"启殡^音_鼻也"，镇江本

“启殣也^音異”

　　　　镇江本音注在句下，盖即底本原貌。郑氏本
　　移置该字下。

　　　　卷十八“功布”下：郑氏本“有所拂^芳勿反拚^芳周反”，镇
　　江本“有所拂拚^下芳周芳勿反”

　　　　　　镇江本于句下注二字音，郑氏本分系各字下。

又，反切注音，郑氏本往往删省“音”字，如：

　　　　卷三“长冠”下：郑氏本“皆袀玄^袀居匀反”，镇江本
　　“皆袀玄^袀盲居匀　反”

　　　　　　镇江本“盲”当为“音”，字之讹。郑氏本无
　　“音”字。

　　　　卷十二“蜃樽”下：郑氏本“献^素何反”，镇江本
　　“献^音素何反”

　　　　　　镇江本有“音”字，郑氏本无。

　　　　卷十五“疏屦”下：郑氏本注“^藨平表反，删苦怪反”，镇江
　　本“^藨音平表反，删音苦怪反”

　　　　　　镇江本有“音”字，郑氏本无。

因有镇江本“音”讹“盲”之例，可以推论两本底本当皆有

"音"字。是郑氏本删"音"字，不是镇江本补"音"字。

七、形讹

郑氏本、镇江本都有大量形讹字，而且其讹不同。上节举例中，已见镇江本"音輒"讹作"胞斬"、"音"讹"盲"等情形。更有甚者，如：

> 卷九卷首目录：郑氏本"翻旗^{取作}_{寿旌}"，镇江本"翻旗^{又作}_{翻旌}"
>
> 镇江本不误，郑氏本讹误，不成文义。盖"翻"之右旁"羽"与"又"字相合为"取"字。

> 卷十三"匜"下：郑氏本"乃容一斗之数"，镇江本"乃容耳之数"
>
> 镇江本误以"一斗"为"耳"。

综观全书，小字部分讹误甚多，且大都属形讹。盖两本底本笔画不清晰，两本据以翻刻，小字部分又不细审，以致出现大量讹字。

八、底本与翻刻

镇江本有陈伯广题识，知据熊克所得"蜀本"翻刻。

于是我们不免联想到淳熙三年（1176）即陈伯广题署"淳熙乙未"的第二年，张杅于广德军刊刻《史记集解、索隐》合编本，也是据自己所藏蜀刊小字本翻刻。陈伯广与张杅都是当时地方长官，因为《三礼图》及《史记集解、索隐》合编本都不容易看到，而手里恰好有蜀刻本，所以据此翻刻。郑氏本有王履《后序》，知据自己多年袭藏之本翻刻。王履是昌元人，王国维推测"以蜀人长南阳山，盖蒙古之俘虏也"，若其说可信，则王履所藏为蜀刊本的可能性也较大。上文讨论可知，两本底本十分相似，不仅出现大量相同的讹误，细至笔画之末也有雷同的情况，两本所据很可能是同一版本。综合考虑，两本据同一种蜀刊本翻刻的可能性比较大。

书中也有一条校记，也为探索两本底本提供了一定的线索：

卷十三"钘"下：郑氏本"^{监本无此}_{已上文}"，镇江本"^{本无此}_{已上文}"

镇江本"本"上空一格。通志堂本作"旧本"。

所谓"此已上文"，内容与以下部分重复。校记说明某本无以上一段文字。郑氏本的"监本"，令人十分好奇，而"监"字镇江本作空格，通志堂本作"旧"，则不得不慎重看待。首先，暂时无法确定"监"字是否郑氏本固有，也就是有必要确认"监"字是否后人补入。依笔者陋识，未见国子监刊行《三礼图》的迹象。北宋皇帝尊重《三礼图》，都到国子监观看墙壁上或大木版上手工描画的图，南宋学者又多认为《三礼图》不足取，笔者颇疑《三礼图》始终没有国子监印本。若有监本，陈伯广应当不必据"蜀本"翻刻。且不论"监"字，这一条校记既然同样出现在镇江本与郑氏本上，可以排除是镇江本自己写这条校记的可能性，因而可以推测"蜀本"已经有这一条校记。目前只有这一条校记，只能讨论到这里。

陈伯广看到蜀本，云"予观其图，度未必尽如古昔，苟得而考之，不犹愈于求诸野乎"，态度比较冷淡，这就难怪镇江本错字满篇。但主事者仍然重新调整图画与文字说明的位置，对底本文字也进行了校改，校勘水平较低，所以不仅漏校甚多，又有不少误改处。相对而言，镇江本对底本的改动，较郑氏本为大。镇江本题"新定三礼图"，笔者猜想所谓"新定"当就镇江本自己的编辑加工而言。

郑氏本底本有可能是与陈伯广所用相同的蜀本。不然，也是与该本十分接近的一种本子。郑氏本编排体例当与底本相仿，但也不是直接覆刻底本，而是重新设计版式。例如卷十七"蓍"下有一条夹行小字注，"度谋"至"崩坏"共四十二字，郑氏本夹行左边较右边多出两字，是因写版样草率，未及调整左右边字数。若据底本覆刻，则调整字数易如反掌，必不至此失。郑氏本也经过一定的校勘，上文已见诸例，但总体而言，郑氏本较镇江本保留了更多底本原貌。

通志堂本以镇江本或其影抄本为底本，故版面设计、图画与文字之位置关系，一如镇江本，而在此前提下，对文字大小、字距进行合理调整，做到了版面整齐。其文字已经参校郑氏本，择善而从，也有臆改之处。四库本有臆改，全不顾原文之病，相对而言，通志堂本的校改尚属稳妥，若以文本合理而言，通志堂本可谓最善本。然其所以为善，无非自郑氏本、镇江本两本而来。今欲探索《三礼图》在两宋、金、蒙的文本演变情况，只需对校郑氏本、镇江本即可，通志堂本无法提供更多信息。

九、图及其标注

郑氏本与镇江本两本的图，大致相同，而有小异。最明显的例子是王国维指出的卷八"并夹"图，郑氏本画出并夹夹着矢的状态，而镇江本的图失去矢的前后，仅存一点黑块，似乎是并夹有嘴。通志堂本与镇江本同。又如卷九"玉辂"，郑氏本画太常有日、月、星辰，盖有垂帷，镇江本皆无，通志堂本盖无垂帷与镇江本同，太常有日、月、星辰与郑氏本同，可见通志堂本以镇江本为底本，参用郑氏本。类似例子也有一些，此不赘。

比起图本身，附带的标注更重要，而且有些问题较复杂。如卷二"缁布冠"，卷首目录有"缁布冠_{三制}""太古冠_{新增}""缁布冠_{新增}"三项，其图有五。依内容推测，第一、第二、第三幅相当于"缁布冠_{三制}"，第四幅相当于"太古冠_{新增}"，第五幅相当于"缁布冠_{新增}"。今两本均于第二、第三幅标注"太古冠_{新增}"，第四幅标注"缁布冠_{大古缩缝者}"，第五幅标注"周制_{横缝者}"。

可见两本之底本已经发生标注的混乱。又如卷五“埙”有三图，郑氏本第一幅标注“古埙”，第二幅标注“今埙”，第三幅标注“上二埙后各有二孔，故图此以晓之”。因第三幅标注字数较多，故镇江本将第三幅标注刻于图右一行，在三幅图之右，不易察觉是第三幅之标注。又如卷九“玉辂”，镇江本在图上空白处刻出“节服氏六人，与王同服衮冕，掌祭祀朝觐，维王之太常”二十一字，应当是对玉辂图中右方六个人的标注。郑氏本将此二十一字视为对图的文字说明，放在有关玉辂的长文解释之后。“埙”“节服氏”二例，可见郑氏本与镇江本之间不同的编辑处理。

十、结语

《三礼图》有奇特的命运。北宋最初画在国子监，未尝刻版印行。北宋开始有学者对其内容表示不满，南宋以后学者轻视此书更为普遍。如今有镇江“新定”本与“析城郑氏家塾重校”本奇迹般流传下来，而且都有影印本，是极具可读性的一部书。

聂崇义等人综合参考《三礼》经注疏、唐朝《礼》《令》以及实际礼器编成此书。他们参考引用的《三礼》经注疏，都是未经宋朝校定的文本，与今本之间容有一定的距离。再加上聂氏等人引文较随意，有删节、有合并、也有改动。我们必须全面掌握相关文献材料，才能探索聂氏撰述的具体过程。

同时，我们也要读镇江"新定"本与"析城郑氏家塾重校"本这两个版本。通过对校两个互有讹误的版本，一方面要探索两本底本的面貌以及更早时期文本的情况，另一方面也要分析这两本的内容由底本演化过来的过程。

此书内容、版本都可读，有挑战性，也有可行性。希望将来得暇，慢慢校读。

本文报告于 2013 年山西师范大学召开的"首届晋学与区域文化学术研讨会"，发表在北京大学出版社《版本目录学研究》第五辑，2014 年。

后　记

　　没有人不读书，那么叫"读书记"有什么意思？是想要突出我们"读书"的方法。很多人读书，从书中获取自己所要的信息，作为自己思考的材料，这是作为手段的读书。我们的读书是目的，我们为读书而读书，所以在书面前思考，探索这部书在说什么，能从这一段话读出什么意思，要知道这部书、这一句甚至这一个字、这一笔画的所以然。我们乐意承认自己无能，看不太懂书，所以在"读书"上耗精力。不过我们这样"读书"，确实读出了很多有趣的东西，丰富多彩，有滋有味，十分享受，所以希望跟大家分享。

　　2013 年我出过个人论文集《北京读经说记》。书中没有解释书名，让有些人产生误会。那些文章只有在 2004 年到 2012 年那一段我在北京时的特殊文化、社会环境中才能写出来，因而冠以"北京"两字，"读经说记"也是"读书记"，只不过将"书"限定为"经说"而已。以前看黄以周说一句"读经难，读经说亦不易"，印象深刻。我不会读经，专门读经说。多亏李猛老师、吴飞老师的热情推荐，可以将论文集混进"古典与文明"丛书中出版，现在将个人论文集改为与叶纯芳两人的论文集，从《北京读经说记》中淘汰三篇杂文，保留其他十四篇，加上后来发表的文章以及叶纯芳的文章共二十篇，分《文献学读书记》《学术史读书记》两册，各收十七篇文章并札记若干条。

2010 年开始，我的北京生活变成我和叶纯芳的共同生活。一开始叶纯芳帮《儒藏》看校点稿，本来是很枯燥的工作，我们却在其中找到了乐趣，几乎每一部书稿都有令人莞尔的发现。如《周易集解纂疏》，中华书局点校本以"三馀草堂"版为底本，用《湖北丛书》本校。其实《湖北丛书》本亦即"三馀草堂"版，用同一版本校对，居然还能出校记，我们怀疑点校者说的《湖北丛书》可能是《丛书集成》排印本。又如《新学伪经考》三联点校本有两处内容无法理解，对校以后发现中间有五百多字的颠倒。要说错简，这五百多字与底本一页的起止完全不同，于是我们做了一个十分荒唐的猜测，怀疑点校者可能拿自己在《出版说明》中贬损得一文不值的古籍出版社点校本为工作底本。去图书馆查书，看到《丛书集成》文字符合中华版出校的《湖北丛书》本文本，三联版颠倒的五百多字正好是古籍出版社版一页的内容，我们不禁对视，击掌而笑。当然也有更多积极、正面意义的发现。文献学如果只能挑毛病，告诫别人不要犯错，而做不出创造性发明的话，实在太无聊，不如不做了。当时我就让她将这种思想连同那些有趣的经验写成一篇文章。古籍好像很庄重，带着一种权威性压迫感，我们面对古籍好像需要严肃恭敬，然本册以此文开头，是想为读者拨去这种沉重感。其实写古籍的人、编辑古籍的人跟我们一样，其中固然包含很多精彩的内容，同时也有更多无聊的、荒唐的，甚至搞笑的因素。

我们"读书"，除了写文章发表心得外，也为自己编辑适合"读"的书。我对自己写文章、编书的要求目标是：要好玩，要创造，要永久。都不好玩，愁眉苦脸图什么？没有创造，不值得问世。希望最好几百年前、几百年后的人看到我的书都会觉得有意思。能不能做到是另一回事了。回顾以往，十分幸运，这十年来我们编书、写文章都很愉快，而且基本都有创造性因素。最早我跟宋红老师合作编书，出过《明州本文选》《旧京书影》和《毛诗正义》三部书。一开始没什么经验，现在看来不无遗憾。不过《文选》请尾崎康先生专门写过一篇文章，说明版本问题，又附录从东京、台北的藏书单位要来的相关版本书影，为读者提供了解版本源流所需的基本材料，这在大陆影印古籍出版事业的历史上，恐怕是创例。《旧京书影》1929 年问世，后来一直被学界遗忘，只有少数日本版本学家当作重要资料参考使用。我出这部书之前，大家都不知道有这种书，一旦出版，便被认为是不可或缺的重要文献：能出这种书自然令人痛快。我跟宋老师合写《出版说明》，首次梳理京师图书馆、北平图书馆藏书及编目的大致情况，很多情况在编此书之前我们都没想象过。《出版说明》以《魏书》为例，也向大家提示了"读"图书馆藏书目录的乐趣。还有许多细节，充满发现的喜悦。后来复旦的林振岳兄继续深入探索，情况越来越清楚，看到这种结果，不得不感到能出这部书的幸福。《毛诗正义》单疏本有 1936 年的影印本，后来一直没有重印本，所以大陆学者很难看到。为此书我搜集了现存所有唐抄残本，一共四种（后来石立善老师告示另外还有一种残卷照相，被我忽视了），都提供了全部书影，其中包括东京博物馆、天理图书馆、高知大学图书馆等所藏，十分难得。编书本来是个人爱好，没有官方背景，也没有经费（后来编的两种书得到了古委会的经费支持，记此致谢），以个人身份跟藏书单位商量，收录那些书影，很有成就感。《出版说明》请当时正在研究《毛诗正义》的李霖兄提供基本材料，在其基础上改写成一个故事，把一部书的历代版本概况比拟为一个人从成熟到衰老的过程，也是一种半开玩笑半认真的尝试。

我与叶纯芳一起编书，从 2009 年跑静嘉堂对着胶卷机抄录杨复《祭礼》开始。长期以来学者混淆通行《续编·祭礼》与杨复《祭礼》，陆心源拿到此书之初即误当作通行《续编·祭礼》的不同版本，后来才发现是孤本。阿部吉雄也曾提醒其价值，而战后一直无人问津。我们抄书抄了三个月，后来打字，校对标点，工作量庞大，主要由叶纯芳担任完成。通过长时间的编排整理，阅读几百年没人看过的书，当逐渐发现这部《祭礼》理论性很强，可以视为朱门礼学的理论总结，具有极大的学术价值时，我们的兴奋自然不能言表。静嘉堂藏本不能影印，我们希望将来有别的传本发现，所以排版保留了底本的行格形式，除了小字夹行改为直行，都按照底本排列，只要指定第几卷第几页第几行第几字，马上可以核查。这恐怕是空前的排版方式，出版审查不容易过，排版复杂，每次校样都出现新的错误，所以交稿后到出版之前的过程也相当艰难。我们视此书为自己的儿子，小心呵护，耐心等待，使其出世。后来顺利生产，也办过一次研讨会，又由中华书局出版论文集《朱熹礼学基本问题研究》，感到杨复可以独立行走江湖才放心。

编杨复《祭礼》的同时，我们也开始准备影印《仪礼经传通解正续编》。此书能看到的影印本除了《四库》之外，只有汲古书院影印的日本刻本。当初打算用东京大学藏本影印，缺页用台湾"央图"藏本配补。不过到台湾"央图"核对胶卷后，却发现这两套几乎同时的明代印本之间，用的版片有不少出入。因为补版情况复杂，所以决定兼用两套印本，其中所有不同补版都要并录。结果有些书页有三四张不同版片印的书影，对了解历代修补很有帮助。影印本同时并录不同补版，恐怕也是创例。书名主动打出"元明递修"也应该是首例，因为"元明递修"一般意味着版本价值低、文本较差，隐瞒不提才是常态。我们对当初原版及元明补版有较全面的了解，相信我们的书可以体现这些变化，所以才敢用这种书名。不过我们编书也是为了自己阅读方便，反过来说，在书还没出版之前，我们自己翻阅还很不方便，只有拿到一部样书之后，再详细调查补版情况，才能厘清大致情形，另外写一篇补充说明的文章。这是情非得已的情况，也说明我们编书的必要性和实用价值。

《影印八行本礼记正义》也是一部我们很得意的书。《礼记正义》现存单疏只有残本，目前最好的版本是足利学校所藏越刊八行本。然而此帙从来没有影印本，即使在日本都没有印过。经过多年的交涉，取得足利市的许可，首次公布这部最重要的版本，我们自然很愉快。编这部书，拿足利藏本与潘明训影印本并列，这也是影印古籍的创例。足利本与潘本是同一版本，很多地方用同一版片，两套并列岂不重复？非也。版本的变化很微妙，影印的过程很复杂。从编辑的角度，影印本毕竟与原书不同，免不了走样失实，两套书影并排，可以互证。更重要的是，即使同一张版片，后印时也会经过笔画窜改，这些细节，只有仔细对照才能发现。我在《编后记》中指出一二例证，足以证明这些差异的重大意义。重印时的窜改，他们的本意是"改正"，但他们用后世（即当时）的规范意识来"改正"，自然要偏离古书的早期面目，所以古书只能越校越糟，是必然的道理。至于《影印南宋官版尚书正义》《周易正义》两部，都是过去已经有影印本的版本，算是学界熟悉的内容。不过我们重新制版，拿八行本与单疏本拼合，以便对照，也算一种创例。《尚书正义编后记》只是说明基本情况，并无创见，本书没有收录；《周易正义编后记》虽然也没什么创见，因为包含对《礼记正义编后记》的补充，所以本书一并收录。

顺便说明《礼记版本杂识》是 2006 年上课跟研究生同学们一起读《礼记》的结果。十行本可以理解为余仁仲本中间分段插入孔疏的版本，并非八行本注疏加入《释文》而成，余仁仲本是十行本以下劣质经注文本的源头。这种认识，现在看来十分简单，而当时还没有人想到过。随后刁小龙兄开始校点《公羊注疏》，因为《公羊》也有抚州本和余仁仲本传世，所以请他留意情况是否跟《礼记》一样，结果刁兄证实了我的猜测，也是很愉快的回忆。又，我最近又为福建人民出版社即将出版的《影印张敦仁影刻抚本礼记》写过简短的介绍，为怕重复，本书没有收录，但自认也有一点意思，请有兴趣的读者找书看看。

《孝经述议复原研究》是继杨复《祭礼》之后，我们一起"生产"的二儿子。中间《仪礼经传通解》《礼记正义》《尚书正义》《周易正义》虽然也都由我们两人编辑，可毕竟都是影印，没有怀胎十月、用心养育的感觉。这部书的主体内容是影印日抄《孝经述议》及辑佚，只要解决版权问题，拿来编印并不困难。不过这样大家都看不懂内容，因为《述议》以《孔传》为前提，而《孔传》在中国早已失传，清代从日本还流，也遭到学界质疑，民国以后绝无版本。好比在看不到毛传、郑笺的情况下阅读《毛诗正义》，只能看其外表，无法深入理解。二十年前我就这样只看《述议》的表面，写过博士论文中的一节，既然要重新出版，不得不解决这个问题。所以请苏州大学顾迁老师帮忙，仿八行本体例编排《孔传述议读本》作为附录。正式出版后，得到一些朋友们的指教，发现《读本》有很多错字，有的误认日本抄写字体，错得很离谱（《读本》经过我反复改动，最后的文本只能由我负责，顾老师被人错怪，也很抱歉）。尽管如此，《读本》编排我选择了自认最合理的方式，自己暂定文本，不出校记，自己十分满意。《读本》本来期待读者自己动手校读，这样才有"读书"

的乐趣。刻意编出"无误"的文本，期待众人学习，那是政治宣传，离"读书"最远了（我不敢文饰自己的失误，将来有机会重印，自然会尽量消灭无谓的错误，使《读本》变得更好用）。在编辑的过程中，我们看到《孔传》暗袭《管子》的情况以及《述议》掩饰这一情况的各种说法，开始思考《孔传》的来源问题。关于隋代的思想状况，除了王通、颜之推、陆法言、陆德明等个别人物相关的讨论外，以往只有 Wright 的《隋代思想意识的形成》一文可以参考。叶纯芳翻阅史料，发现隋文帝时的思想状况，作为出现《孔传》的背景十分合适。二十年前我通过与《毛诗正义》等的比较，论证《孝经述议》确实是刘炫作品，不可能是伪书，现在看到《述议》掩饰《孔传》瑕疵的情况，就知道今本《孔传》就是刘炫看到过的内容，也可以推测晋宋时期流传的《孔传》恐怕还没有掺入《管子》，今本应该是隋代第一次出现的。我们不认为自己的看法可以作定论，不过就所及范围内进行观察，形成这种猜测，目前最为合理，所以提出来供读者参考。因为学术史上的意义比较大，所以《孝经述议编后记》连同杨复《祭礼》的《导言》都编进了《学术史读书记》中。

作为一名读书爱好者，我对版本一直有浓厚的兴趣，但从来没有机会接受版本学教育。这一点，我很羡慕叶纯芳当年从昌彼得先生学过版本学。当撰写博士论文讨论《仪礼疏》版本时，我都不能分析刻工时代，甚至连《长泽规矩也著作集》都没看过。2004 年到历史系任教，发愿要引进尾崎康先生《正史宋元版之研究》，开始边翻译边讲课。通过翻译，逐渐加深对版本学的理解，时常向尾崎老师请教，尾崎老师也不惜花费时间和精力，耐心教导我和叶纯芳以及我们历史系的李霖、聂溦萌等学兄学姊。编辑出版《旧京书影》也算翻译尾崎老师大作的准备工作之一。我们编《仪礼经传通解正续编》时还没有辨别元代两期补版的能力，所以编排补版不能按时间顺序，出版后才有清楚的认识。后来学校加强工作量管理，我被迫要给本科生上课，讲过两次《版刻图录》，才第一次认真阅读此书，收获很大。谁都知道《版刻图录》的重要性，可是因为部头大，很难随时翻出来，认真学过的人未必很多。所以我们撰写了一篇文章，谈我们自己阅读的心得。《旧京》一篇提示了古籍目录的可"读"性，这一篇则提示了《版刻图录》的可"读"性。有兴趣的读者不妨找别人对《版刻图录》的评论看看，应该很容易理解我们如何"读书"。

虽然不是版本学家，我们却因偶然的机会，对版本学也做过一次重大贡献。2013年我们的兄弟张焕君在山西师大要举办一次晋学研讨会，我们跟他商量组织了一个讨论版本的小组。为了这次会议，我们都要讨论金蒙刻本，叶纯芳选择《周礼》，我选择了《三礼图》。金刻《周礼》与婺州本比较，蒙古刻《三礼图》与镇江本比较，是自然的选择。在这里，我们对这些书的内容和版刻技术的一定了解诱导我们发现了南北两本之间的文本差异大部分是由于校改。简言之，两版文本不同之处，都有一版经过挖改的痕迹，而另一版保留较原始的文字。所谓"原始"文字，除了单纯的讹误外，还包括乍看不规范而其实不错的文本。容易看出，北版挖改的地方，挖改之前应当如南版文字，相反亦然。如果恢复到挖改前的文字，再排除异体字因素，两版文字应该一致，换言之，南北两版同出一个底本。《周礼》金刻本、婺州本，《三礼图》蒙古本、镇江本都是现存最早的南北刻本，世上没有任何更早版本，现在经过对校，我们能恢复其底本的文字，亦即可以追溯到更早的版本，岂不快哉！（从结果来看，我们的分析方法可以视为继承顾千里遗绪，而当时自己没有意识到。）那段时间我们分别做一书，结果发现异曲同工，实在太妙。我们一开始有点怀疑，每校完一卷都加强推测，对视兴奋，校到最后确定情况，高兴得跳起来了。我们认为这也是我们"读书"的重大成果，很想让大家知道挖改痕迹等版面细节可以"读"，版本错字可以"读"，仔细探讨这些现象的所以然，真可以"读"出名堂来。

本册《文献学读书记》前六篇是版本目录学的一般性讨论，后十一篇是具体文献的讨论，依经书次序编排。有些认识随着时间有变化，而本书排序不反映这些变化。我们相信读者会以批判的态度翻阅拙文，所以不怕里面包含不成熟的观点。十七篇内容很杂，自己琢磨，恐怕《版刻图录》和《礼记正义》两篇比较容易获得读者的认可，而属于最前沿的成果应该是《周礼》和《三礼图》两篇。没空看全部的读者，请先看这四篇。

叶纯芳与我已经是你中有我、我中有你，都不好分。在此也要说明我们相当特殊的有利条件，同时表示我们的感谢：我们在北大历史学系，承蒙学校上下诸多师友的热情支持，完全没有业绩攒分的压力，所以写文章随心所欲，体裁不受任何限制，发表优先考虑非核心出版品，尽量回避被审稿，也经常联名，有时还不署名。负责各种刊物、出版品的各位师友也慷慨地给我们保证了最大的自由。我们充分享受这种自由，也深知这种自由得来不易。衷心感谢各位师友，希望我们这两本自由的成果能够给广大读者增添一些乐趣。

乔秀岩

2017 年 10 月 30 日